华中师范大学中国农村研究院

中国农村研究
CHINA RURAL STUDIES
2023年卷·上

中国社会科学出版社

图书在版编目（CIP）数据

中国农村研究. 2023 年卷. 上 / 徐勇主编. —北京：中国社会科学出版社，2023.6

ISBN 978 – 7 – 5227 – 2309 – 9

Ⅰ.①中… Ⅱ.①徐… Ⅲ.①农村经济—研究报告—中国—2023 Ⅳ.①F32

中国国家版本馆 CIP 数据核字(2023)第 139855 号

出 版 人	赵剑英
责任编辑	朱华彬　李　立
责任校对	谢　静
责任印制	张雪娇

出　　版	中国社会科学出版社
社　　址	北京鼓楼西大街甲 158 号
邮　　编	100720
网　　址	http://www.csspw.cn
发 行 部	010 – 84083685
门 市 部	010 – 84029450
经　　销	新华书店及其他书店
印　　刷	北京君升印刷有限公司
装　　订	廊坊市广阳区广增装订厂
版　　次	2023 年 6 月第 1 版
印　　次	2023 年 6 月第 1 次印刷

开　　本	710×1000　1/16
印　　张	23
插　　页	2
字　　数	387 千字
定　　价	138.00 元

凡购买中国社会科学出版社图书，如有质量问题请与本社营销中心联系调换
电话：010 – 84083683
版权所有　侵权必究

《中国农村研究》编辑委员会

主　　　　编 徐　勇
执行主编/编辑 李华胤
编　　　　委 （以姓氏笔画为序）

丁　文　万婷婷　马　华　邓大才　卢福营
田先红　冯春凤　朱华彬　任　路　刘义强
刘金海　刘筱红　李华胤　肖盼晴　吴　帅
吴春宝　何得桂　冷向明　张大维　张利明
张启春　张晶晶　陆汉文　陈军亚　陈　明
金江峰　郝亚光　胡平江　袁方成　徐　刚
徐　勇　徐增阳　黄凯斌　黄振华　符　平
董江爱　慕良泽

目　录

基层协商治理研究

协商式嵌合：结构—行动框架下五社联动的交互逻辑
　　——趋向基层治理现代化的多案例比较
　　　　………………………………… 张大维　赵益晨　马致远（ 3 ）
农民参与协商民主的困境检视及优化路径
　　——基于协商系统理论的解释 ………………… 张　航（21）
主导型协商：传统时期游牧部落矛盾纠纷的治理逻辑及当代价值
　　——以川西北麦洼部落的本土化协商实践为例
　　　　…………………………………………… 钟楚原　朱冬亮（33）
我国基层治理研究：知识图谱与趋势展望 ………… 胡建锋（47）

乡村治理研究

政社关系的阶段性特征及社会组织的自治性逻辑
　　——以社会整合理论为分析视角
　　　　………………………… 丁　文　喀斯木江·麦麦提依明（69）
农村党支部选举制度创新动力生成机制研究

——基于一个村庄实践的深度分析 …………………… 梁俊山（91）
党建引领"三治融合"乡村治理体系的理论逻辑和实践
　　路径 ……………………………………… 喻　琳　李传兵（105）
基于精英的"双向赋能"：党建引领乡村治理的重要
　　路径 ……………………………………… 吕越颖　李威利（123）
调适与统合：新时代农村基层党组织组织力提升的政治
　　逻辑 ……………………………………… 尤　琳　史亚博（139）

农村社会研究

宗祠到礼堂：党建引领乡村价值观念的实践逻辑
　　——基于H省M乡的实践考察 …………………… 杨　灿（157）
中国共产党百年农村反贫困的历程、成就与重要经验 …… 李文君（169）
新发展格局下城乡居民相对贫困治理体系研究
　　……………………………… 申　云　陈　慧　杨　晶（183）
社会记忆与农村集体行动：一个耦合性演化博弈命题 …… 詹国辉（202）

乡村振兴研究

教育援藏促进西藏乡村振兴：时代内涵、根本目标与路径优化
　　——基于内地西藏班和"组团式"教育人才援藏政策的分析
　　………………………………………… 杨长友　黄　静（225）
环境政策如何促进农村居民生活自觉亲环境行为发生？
　　——基于生产与生活环境政策交互的视角
　　……………………………… 滕玉华　金雨乐　刘长进（240）
新时代农民参与和数字乡村建设协同创新：理论逻辑、

现实困境与实践路径 ……… 豆书龙　金红艳　周　静　常　亮（256）
名实分离或名实相符：双重约束下贫困地区基层政府培育
　农业产业的行动逻辑 ………………………… 朱天义　黄慧晶（272）

博士生论坛

乡村社会中的文化治理：运行机制与逻辑特征
　　——基于鲁西南G村的调查 ……………… 彭晓旭　张慧慧（293）
"关系—行为"视角下贫农的行为逻辑研究
　　——基于山西M村农业合作化运动口述史调查 ……… 冯　超（308）

双向互动：乡村建设行动中的国家与社会互构
　　——基于湖北省秭归县"幸福村落"建设的案例研究
　　……………………………………………………… 杨　坤（321）
补位治理：传统时期分散型村庄治理形态研究
　　——以江汉平原B村"嘹亮人"为个案 …………… 邓　佼（336）

书　评

田野政治学：中国农村基层政治研究的新学科范式
　　——读徐勇教授的《田野政治学的构建》 …………… 李全喜（353）

基层协商治理研究

◆ **协商式嵌合：结构—行动框架下五社联动的交互逻辑——趋向基层治理现代化的多案例比较**

鼓励社会力量参与基层治理，创新社区与社会组织、社会工作者、社区志愿者、社会慈善资源的联动机制，是中央提出的加强基层治理现代化的新要求。"五社联动"是对既有社区、社会组织、社会工作者"三社联动"的提升和发展，也是推进基层治理现代化的新引擎。本文以湖北省武汉市江夏区城乡接合部的闸东社区为研究个案，归纳呈现出 5 个五社联动的案例予以分析，总结并提出了五社联动下多层次交互的基层治理"闸东模式"。通过结构—行动框架对其五社联动的交互逻辑予以深度剖析后发现了协商与五社联动之间的结构性嵌合，呈现出"五社"之所以能"联"和"动"，关键在于其形成了一种协商式嵌合。进一步分析得出以下基本结论：一是五社联动多层次交互过程相较于三社联动有了质的提升；二是不同的协商结构及其对应形成的服务交互模式应以务实、灵活为导向；三是协商与五社联动的嵌合为解决"五社"主体的"联"与"动"提供了方向指引；四是五社联动的高度适应性为后续演变发展提供了新的可能。

◆ **农民参与协商民主的困境检视及优化路径——基于协商系统理论的解释**

农民在农村基层协商民主中扮演着至关重要的角色，但其协商参与现状不容乐观。既有文献对此的探讨多局限于农民个体因素，缺乏整体性分析。本文将协商系统理论的视角引入农民协商参与研究之中，在德雷泽克的六要素分析框架基础上，选取开放论坛、信息传播以及元协商三个维度探析农民广泛参与协商民主的可能。我国农民参与协商短板多集中在参与渠道、参与意愿以及参与能力这三个方面。本文尝试运用协商系统理论，发现通过设置开放协商论坛，可以拓展农民协商参与渠道；多元化协商信息传播，可以激发农民协商参与意愿；体系化协商流程，可为农民协商参与提供制度性保障。协商系统的观点能够有效改善农民协商民主的参与困境，推动农村基层协商民主走向治理有效。

◆ **主导型协商：传统时期游牧部落矛盾纠纷的治理逻辑及当代价值——以川西北麦洼部落的本土化协商实践为例**

协商被赋予解决基层矛盾纠纷的新的路径期待。以往研究仅关注协商在矛盾纠纷治理中的工具性方案和介入性逻辑，忽视了作为协商主导的多元主体及其有效调解矛盾纠纷的内隐机制和过程逻辑。本文通过考察川西北麦洼部落的"说口嘴""丢谢特""尼尔冬"等本土化协商实践，发现国家不在场的传统时期，部落纠纷通过协商方式加以自治解决。协商表现为"权威主导"的实践逻辑，具体概括为"主导型协商"。存在能力差异和理性冲突的当事主体，在相对独立的权威主导下，通过权力让渡及整合，形塑公平对垒的协商参与空间，同时结合权威主导下的规则博弈和说服策略，促进当事主体协商共识的达成，有效化解部落治理难题。中国基层社会内生有丰富的协商因子并延续至今，在高度分化及流动的现代社会，挖掘并激活基层社会的"主导型协商因子"，对于如何构筑党领导下的善治共同体具有重要启发意义。

协商式嵌合：结构—行动框架下五社联动的交互逻辑[*]

——趋向基层治理现代化的多案例比较

张大维　赵益晨　马致远

（华中师范大学中国农村研究院　湖北武汉　430079）

内容提要：鼓励社会力量参与基层治理，创新社区与社会组织、社会工作者、社区志愿者、社会慈善资源的联动机制，是中央提出的加强基层治理现代化的新要求。"五社联动"是对既有社区、社会组织、社会工作者"三社联动"的提升和发展，也是推进基层治理现代化的新引擎。本文以湖北省武汉市江夏区城乡接合部的闸东社区为研究个案，归纳呈现出5个五社联动的案例予以分析，总结并提出了五社联动下多层次交互的基层治理"闸东模式"。通过结构—行动框架对其五社联动的交互逻辑予以深度剖析后发现了协商与五社联动之间的结构性嵌合，呈现出"五社"之所以能"联"和"动"，关键在于其形成了一种协商式嵌合。进一步分析得出以下基本结论：一是五社联动多层次交互过程相较于三社联动有了质的提升；二是不同的协商结构及其对应形成的服务交互模式应以务实、灵活为导向；三是协商与五社联动的嵌合为解决"五社"主体的"联"与"动"提供了方向指引；四是五社联动的高度适应性为后续演变发展提供了新的可能。

---

* 基金项目：国家社会科学基金项目"协商系统理论下农村社区治理的参与—回应联动机制研究"（20BZZ020）。

作者简介：张大维，男，华中师范大学政治学部中国农村研究院教授、博士生导师，主要研究比较政治与协商治理；赵益晨，男，华中师范大学中国农村研究院博士研究生，主要研究基层协商；马致远，男，华中师范大学中国农村研究院博士研究生，主要研究地方治理。

感谢李书晓、丁越、杨长虹等对本文调查素材的整理。

关键词：五社联动；协商；嵌合；协商式嵌合；结构—行动

一 文献回顾与问题提出

社区作为基层的基本单元承担了治理的功能，前后历经"社区服务""社区建设""社区治理"三个阶段。1986年，民政部首次提出社区服务的构想，并于1987年在武汉召开了"全国社区服务工作座谈会"，标志着社区服务的正式启动。随后，2000年由中办、国办联合印发的《中共中央办公厅、国务院办公厅关于转发〈民政部关于在全国推进社区建设的意见〉的通知》标志着社区建设的实验探索转向在全国范围内的正式推行，并以和谐社会与和谐社区的建设方向为旨归。党的十八大以来，随着以习近平同志为核心的党中央对城乡社区治理的一系列顶层设计不断深化，城乡社区治理理念逐渐为社会所熟知，多方联动与多元互动则成为社区治理现代化的探索趋向。2015年，民政部在重庆组织召开了全国社区社会工作暨"三社联动"推进会，"三社联动"也从最开始的政策尝试向理论探索和治理实践迈进，并最终推动了社区"五社联动"的发展与创新[①]。已有相关研究可从政策与学术两方面回顾。

一方面，从政策梳理看，社区治理的初期探索中，上海最早引入了社会工作力量，于2004年提出发挥社区、社工、社团"三社互动"的作用，以服务社区建设。三社联动这一概念的提出，则是民政部门在三社互动基础上进行思路调整的结果，更加强调了联动效果和协同效应的发挥。2013年，民政部将三社联动列为社区治理创新的工作重点，在城市社区开始推进与实践。2017年，在社区领域首份以中共中央、国务院名义印发的《关于加强和完善城乡社区治理的意见》中指出，要推进社区、社会组织、社会工作的三社联动，制定三社联动机制的相关配套政策。在中央确立三社联动的顶层设计和安排后，各地结合自身优势在实践中不断探索，产生了一系列经验，包括上海的专业化社工推动模式、南京的街居体制改革模式、广州的"135"模式、北京的"4+3"模式、苏州姑苏区"政社互动"相结合模式等，三社联动作为基层社会治理的创新点呈现出

---

① 参见夏建中《从社区服务到社区建设、再到社区治理——我国社区发展的三个阶段》，《甘肃社会科学》2019年第6期。

相应的治理成效。然而，在各地经验做法不断增多的同时，三社联动的发展也不可避免地伴随着一些新问题的出现，表现为三社主体参与的泛化、联动效应的虚化等。针对实践中三社联动出现的问题，为进一步补充和完善社区的治理力量，多地探索提出五社联动的新模式试图解决已有的不足。例如安徽、广东、浙江、湖北等地都有针对五社联动的不同探索，其中以湖北省在新冠肺炎疫情下由民政部指导提出的五社联动较具代表性，其在三社联动基础上，融合社区志愿者、社会慈善资源等两类新主体，形成"五社联动"助力化解"疫后综合征"，推动疫后的经济社会重振，为湖北乃至全国展示了创新基层社会治理、激发社会活力的"湖北经验"。鼓励社会力量参与基层治理，创新社区与社会组织、社会工作者、社区志愿者、社会慈善资源的联动机制，也体现在2021年由中共中央、国务院印发的《关于加强基层治理体系和治理能力现代化建设的意见》之中。

另一方面，从理论研究看，学界以往主要还是以三社联动为切入点，但已开始关注五社联动。学界早期主要集中于三社联动的应然价值，后期更加注重实证考察，主要可分为四类。一是对三社联动的整体性研究。包括三社联动的内涵外延[1]、历史演进[2]、发展条件[3]等方面，这一类研究主要集中于应然层面，对三社联动进行了规范性认识。二是对三社联动运行机制的探讨，主要包含结构—机制[4]、嵌入型机制[5]、接纳—嵌入—融合机制[6]、机制—流程[7]等视角，实证讨论了三社联动的运转过程。三是借

---

[1] 参见顾东辉《"三社联动"的内涵解构与逻辑演绎》，《学海》2016年第3期。

[2] 参见徐永祥、曹国慧《"三社联动"的历史实践与概念辨析》，《云南师范大学学报》（哲学社会科学版）2016年第2期。

[3] 参见关爽《城市社区治理中"三社联动"的发展条件与支持体系建设——基于治理情境的分析》，《华东理工大学学报》（社会科学版）2019年第6期。

[4] 参见曹海军《"三社联动"的社区治理与服务创新——基于治理结构与运行机制的探索》，《行政论坛》2017年第2期。

[5] 参见徐选国、徐永祥《基层社会治理中的"三社联动"：内涵、机制及其实践逻辑——基于深圳市H社区的探索》，《社会科学》2016年第7期。

[6] 参见王学梦、李敏《接纳、嵌入与融合："三社联动"的内在机理与关系建构》，《治理研究》2018年第6期。

[7] 参见闫学芬、韩建民《基层社会治理中的"三社联动"：机制与流程分析——基于典型城市的实践探索》，《广西社会科学》2017年第9期。

助不同理论考察三社联动,包括协同型治理①、共生型治理②、协商式治理③等治理视角,以及项目制的视角④,复合党建的政策执行视角⑤等,这些不同视角拓展了三社联动的认识空间。四是从主体维度考察三社联动效应,如强调专业社工的缺位与补位⑥、社工机构的介入作用⑦等。这些不同的理论侧面,丰富了对三社联动的认识,也对五社联动的提出和发展提供了有益的基础。而针对五社联动的研究还相对较少,主要是对五社联动的内涵界定⑧、城乡要素⑨、疫后重振⑩、为民服务⑪、共建策略⑫、社工作用⑬等方面的经验总结和分析,从理论层面把握五社联动的主体优势⑭、模式归类⑮等研究还相对

---

① 参见方舒《协同治理视角下"三社联动"的实践反思与理论重构》,《甘肃社会科学》2020年第2期。
② 参见闫臻《共生型社区治理的制度框架与模式建构——以天津KC社区三社联动为例》,《中国行政管理》2019年第7期。
③ 参见杨晟途、牛海英《"三社联动",社区协商议事接地气》,《中国社会工作》2021年第15期。
④ 参见曹海军《"三社联动"视野下的社区公共服务供给侧改革——基于S市项目制和岗位制的案例比较分析》,《理论探索》2017年第5期。
⑤ 参见颜克高、唐婷《名实分离:城市社区"三社联动"的执行偏差——基于10个典型社区的多案例分析》,《湖南大学学报》(社会科学版)2021年第2期。
⑥ 参见张大维、赵彦静《"三社联动"中社会工作的专业缺位与补位》,《中州学刊》2017年第10期。
⑦ 参见谢蓓、王希《"三社联动"下社工机构介入社区服务专业化探析》,《广西民族大学学报》(哲学社会科学版)2017年第3期。
⑧ 参见任敏、胡鹏辉、郑先令《"五社联动"的背景、内涵及优势探析》,《中国社会工作》2021年第3期。
⑨ 参见任敏、齐力《"五社联动"框架下"五社"要素的城乡比较》,《中国社会工作》2021年第7期。
⑩ 参见武汉市民政局《汇众智 凝共识 聚合力 以"五社联动"新模式助力武汉疫后重振》,《中国民政》2020年第20期。
⑪ 参见湖北省民政厅《开展"五社联动"行动 用心用情为群众服务》,《中国社会报》2021年6月7日第3版。
⑫ 参见汪阔林《"五社联动"中的共建共治密码》,《中国社会工作》2021年第10期。
⑬ 参见夏学娟、张威《"五社联动":社工"穿针引线"助力基层治理》,《中国社会工作》2021年第16期。
⑭ 参见湖北省民政厅"五社联动"课题组《"五社联动"中社会工作者的专业优势初探》,《中国民政》2021年第10期。
⑮ 参见任敏《"五社联动"参与社区治理的三种模式及其共同特点》,《中国社会工作》2021年第10期。

缺乏。

在回顾了已有政策和理论研究后可知，各界的关注点开始从三社联动迈向五社联动并非巧合。虽然各地五社联动主体各不相同，但是目标较为一致，即通过发挥社区中更多主体和资源优势，进一步提升社区的服务能力。那么，实践中的五社联动，对三社联动的提升体现于何处？仅仅体现为联动主体数量的增加，还是对既有联动模式和联动效应的提升，这需要在实践和理论上得到回答。对此，以近期开展的武汉市江夏区城乡社区样板打造项目为契机，笔者研究团队进驻样板社区并与项目购买社工合作开展现状评估和实验工作后发现，在武汉市中心城区或明星社区以外，远城区已呈现出了较有代表性的五社联动经验模式，其中以江夏区金口街闸东社区较为典型，且在研究团队的介入下已取得初步成效，这为五社联动在远城区社区治理中的推广和应用提供了借鉴意义。

二 五社联动的个案社区选取及其案例呈现

（一）个案社区的禀赋结构

本文选取的个案闸东社区不是明星社区，也不是中心城区发展相对成熟的城市社区，而是特大城市远郊城区中城镇化过程中的城乡接合部社区，其能在治理疫情综合征过程中通过五社联动驱动社区治理创新，体现出了一定的实践可复制性和学理可分析性。闸东社区隶属于武汉市江夏区金口街道，位于湖北省长江支流沿线两岸，其成立于2000年4月，由原两个渔业村合并而成，占地面积2平方公里。闸东社区由东河嘴、内河嘴、曹家榜、提防四个自然村板块构成，被划分为2个网格，7个居民小组。社区总居民户729户，其中农业户口占104户；常住人口800人，其中60岁以上老人444人，80岁以上93人，属于典型的城乡接合老龄化社区。

根据2021年4月湖北省民政厅关于印发《湖北省城乡社区"五社联动"工作指引》的定义，五社联动是以社区为平台、社会工作者为支撑、社区社会组织为载体、社区志愿者为辅助、社区公益慈善资源为补充的新型社区治理机制。紧接着中央提出了"创新社区与社会组织、社会工作者、社区志愿者、社会慈善资源的联动机制"，通常也被称为"五社联动"机制。而闸东社区从总体上看已具有五社联动的发展基础和个案分析的研究价值，具体来看有以下几个层面。

一是社区层面，闸东社区两委6人，社区干事6人，其中1人持有中级社工师资格。社区工作人员以老党员居多，平均年龄为43岁，班子成员团结一致，工作思路具体明晰，是社区工作的核心力量。二是社工层面，闸东社区自2016年引入居家养老社工服务机构，主要负责为社区居民提供医疗咨询、精神文化服务等内容，受到社区居民的好评。社区书记持有中级社工师证，具有社工专业技能。此外，社区先后与两家社工机构签订协议，以开展社区活动、挖掘志愿者、培育社区社会组织为主要内容。同时，社区联合社工将"积分兑换"机制纳入志愿队伍管理，已取得积极成效。三是社区社会组织层面，目前有老年大学、舞蹈队、志愿保洁队等3个较为成熟的社会组织。老年大学在每周一、周三、周五下午开展楚剧（戏曲）、乐器演奏等文娱活动，参与人员具有一定文艺特长，年龄普遍集中于60岁以上。舞蹈队成员20余人，以闸东社区及周边妇女为主，年龄集中于45—70岁，日常活动集中于跳广场舞，部分参与一些舞蹈节目。志愿保洁队由9人构成，在队长影响下主动开展环境保洁工作，效果明显。四是社区志愿者层面，社区在册志愿者300余人，其中网上注册100余人；实际常驻社区志愿者180余人，包括单位下沉党员志愿者70余人以及开展志愿服务的社区社会组织成员等，主要集中于道路清扫、防汛巡逻等活动。五是社区慈善资源层面，社区一方面注重日常性社区慈善资源积累，另一方面也积极发挥社区各类能人资源链接临时性慈善资源。

（二）五社联动的案例呈现

为积极响应民政部和湖北省推进五社联动实践的号召，闸东社区从疫情后期便积极投身五社联动工作中，从社区抗疫到疫后社区治理常态化，闸东社区不断丰富五社联动的具体实践，以下五个案例是基于深度访谈和参与观察总结形成的，并以个案形式展现闸东社区多元主体之间的互动与联结，试图从中归纳出闸东社区五社联动的经验做法和运行机制。

1. 疫情防控期间五社主体联动的自觉组织与有效延续

以下两个案例主要展现了2020年武汉抗疫期间闸东社区不同主体参与社区抗疫的代表性经验，在此过程中，社区、社会组织、社会工作者、社区志愿者、社区公益慈善资源在没有政策指导的情况下，社区党组织根据实际需要通过不同主体间的联动配合，为抗疫成功发挥了关键作用，并将其经验成功延续至疫后社区服务和治理中。

案例1：社区链接慈善资源，商议助力疫情有效防控

疫情防控期间，为全力应对疫情防控期间的医疗物资匮乏问题，闸东社区组建了社区干部主导，志愿者辅助，慈善资源助力的社会服务网络。一方面，社区动员辖区内两家企业捐赠各类防疫物资。一名社区工作人员表示，"当时我们就想尽办法找防疫物资，社区内两家企业正好是从事生物制药的，我们就主动链接了一定量的防疫物资，两家公司也是慷慨解囊，能给我们那么多物资在当时来说真是不容易"（访谈记录：20210726ZYX）。另一方面，社区居民也广泛参与自救，由社区发动居民参与的公益资源链接机制为社区防疫募集了大批资源，这些资源均通过社区网格员、志愿者的服务机制进行了合理分配。一名社区网格员表示，"刚开始我们给居民们买菜买药，那真的是繁杂得很，人手不够用，一天忙到晚事情都做不完，后来在街道的帮助下，找到了专门代买生活用品的公司，我们就将居民的需求与公司提供的套餐相对接，极大地减轻了我们的工作难度"（访谈记录：20210726ZXZ）。疫情结束后，针对居民身心健康方面的强烈需求，社区工作人员凭借自身资源，在与社区成员商议后向街道层面积极申报协调，成功为社区链接到江夏协和医院的专家义诊资源，并在社区开展了专家义诊服务。这名社区工作人员后来回忆说，"那次活动是提前两天就通知的，但没有想到能来那么多居民，义诊当天下着小雨，本来是9点钟开始，7点多的时候居民就排到居委会院子外面去了，人太多了，就像炸锅了一样，好在义诊最后能有序进行，居民们都十分满意"（访谈记录：20210726ZXZ）。

案例2：发掘内河嘴志愿力量，商量以规范环保服务

闸东社区内河嘴片区在疫情防控期间自发组建了一支流动志愿者队伍，队长是一名退休职工，其开展志愿服务的动机起先是缓解志愿者的道路值守压力并顺便做一些道路保洁工作。"我们旁边就是公路，来来往往的车较多，害怕司机乱停车，再有就是看着这些守点的人三班倒太辛苦了，我们能换就换一下，好让别人休息休息。"（访谈记录：20210611XNS）在其影响下，周边部分居民也参与到清扫片区垃圾的志愿活动中来。"我们也是看到徐姐有时候在清理河边的垃圾，我们就帮她一把，后来也就自然而然地跟着她做了，反正我们退休了，也比较闲，做点事情锻炼了身体，又美化了社区环境。"（访谈记录：20210613LNS）社区网格员在走访过程中发现志愿居民的志愿行为后，上报社区书记，在徐阿姨与社区、社工的充分协调沟通后，在疫情期间，"内河嘴环保志愿服务队"正式成立，设队长 1 名，固定成员共 9 名，社区为其配备马甲、帽子、扫把等设备。社区书记表示，"志愿者肯定要大力支持啊，这也是在培养他们自我管理生活区域，提高他们的自治能力。"（访谈记录：20210623ZYX）疫情后，在社工培训指导下，"积分兑换"机制与志愿服务结合了起来，作为队长的徐阿姨已经能够自行管理积分账本，并教会队员以积分兑换生活用品。

2. 疫后五社联动服务机制的广泛运用与成熟发展

以下三个案例展现了疫后闸东社区广泛通过五社联动服务机制开展具体社区服务和治理工作的大致过程。同时，相较于疫情防控期间的即时性要求，疫后五社联动服务机制运行更具条理性，在应对不同类型的社区公共事务上也更加成熟化。

案例 3：社区联结家委会，协商成功安装曹家塝路灯

曹家塝小组居民主要由某生物制品厂改制后遗留的退休职工组成，属典型老旧居民区。为方便夜间出行，居民希望能够在半山腰安装 2—3 盏路灯，并先后向企业负责人、社区工作人员表达过相关诉求，但由于特殊历史背景，该片区管辖主体不清晰，长期维持"两不管"现象。2021 年上半年，居民集体向社区提出三条要求，第一，"X 公司有责任为退休老职工提供相关服务与保障，有义务更新维护原属于生物制品厂的生活基础设施"。（访谈记录：20210604WXS）第二，"目前居住的多是 60 岁以上的退休职工，视力较差，晚上出行没有路灯怕摔着，另外夏天经常有蛇出没，夜间过黑容易引发安全问题"。（访谈记录：20210604ZNS）第三，"山上虽然只居住了几家人，但并不是只有这几家人有需求，居民间难免晚上会串门，照明是为所有居民提供便利"。（访谈记录：20210604YNS）与此同时，居民也运用了一些灵活策略，通过拨打市长热线、向媒体反映等方式引入外部力量增强曝光度。以样板社区打造为契机，专业社工能够以第三方身份进行入户调研充分了解居民诉求，并将主要意见分别向 X 公司家委会和社区沟通反映，尝试协商解决策略。最终，在金口街道协调，闸东社区与 X 公司及其家委会的多次协商下，X 公司愿意出资作为公共服务资源在半山腰处安装 3 盏路灯，并由其家委会承担路灯管理、缴纳电费等责任。社区书记也通过向街道反映电路分线问题，成功联系到电力部门上门搭线，使片区居民的生活出行得到了安全保障。

案例4：社工发动大学生志愿者，议定暑期特色课程

2021年暑假期间，社工、专家团队及社区工作人员在入户走访中发现，孩子家长对暑期作业辅导或托管服务有强烈需求。于是，在专家团队指引下，社工们通过入户宣传邀请辖区内部分孩子和家长共同参与了青少年活动协商。在第一次协商后，社工团队决定一周开展两次青少年活动，但在开展第二次协商确定活动类型与形式前，社工表示工作压力过大，"我们承担的工作内容较杂，除了青少年群体外，还要围绕妇女、老人开展一系列活动，一周开设两次青少年活动对我们来说工作量较大，若是有人可以协助活动筹备及开展的话，就能稍微缓和一些。"（访谈记录：20210714ZY）于是，通过社区书记和社工的多方宣传，成功发掘2位本地在读大学生通过社区志愿者身份加入其中。社工回忆说："我找到的大学生是学体育专业的，能够带领小朋友们开展健美操等体育娱乐活动。"（访谈记录：20210721ZY）随后在与家长二次协商时，2位本地大学生志愿者分别向各位家长介绍自身专业及特长，并主动承担起社区暑期青少年活动中的作业辅导及日常工作任务，获得家长一致好评。

案例5：社区社工全力配合，舞蹈队协商新建摄影队

舞蹈队是闸东社区目前最为活跃的社会组织之一，成员约50余人，人员流动性大，灵活性强，主要来自社区及周围居民。而她们大部分也是社区妇女之家的重要成员，是日常国家政策、法律法规的重要传递者。社区网格员表示，"阿姨们参与活动很积极，平时的精神面貌也能够带动其他居民。"（访谈记录：20210617LQ）疫情后为有效探索五社联动机制，2021年6月以来，社工邀请专业老师向舞蹈队讲授仪体仪态课程，大家的爱美意识有所加强，激发起一些成员的摄影兴趣。一位成员表示，"看到同龄的老师那么有气质，会生活，我们也要向其学习，不仅学习跳舞，也要学学摄影，把自己拍美一点。"（访谈记录：20210604WNS）获知该想法后，社工趁热打铁，课后便建立微信群尝试拉队伍。摄影课程及外出拍摄实践活动的开展，吸引了居民加入其中。随后，在社区积极支持下，社工精心组织队员们开展"我的队伍我做主"协商活动，引导大家就摄影队队名、队长、队服、队规等议题展开讨论。目前，闸东社区金河公益摄影服务队正式成立，设队长1名，成员将近15人。队员们表示，"我们自己给队伍起了名字，有了队服，正式了不少，接下来就要好好地为邻居们拍照片啦，还是蛮开心的。"（访谈记录：20210726SNS）随后，社工又尝试将"积分兑换"机制纳入摄影活动，引导摄影队为居民服务，为社区服务，拉近了各片区居民关系，推动形成了邻里互助的和谐氛围。

三 五社联动下多层次交互的关键环节聚焦

基于上述5个案例的总结和提炼，本研究发现从抗疫中不断丰富发展的闸东社区五社联动实践也逐渐累积形成了系统性的经验创新。其中，信息交互、主体交互、服务交互等三个层次的交互过程是闸东社区五社联动的三个关键环节，正是这三个环节使五社联动相较于三社联动发生了质变，在空间拓展、机制建设、活动实施中显现出强覆盖、强引领、强回应的特质，同时又能相互衔接，最终形成五社联动多层次交互的"闸东模式"（见表1），该模式主要包括以下三个方面。

（一）信息交互强覆盖

信息交互是开展社区服务的基础环节。没有足够的信息，社区服务也就无从谈起。五社联动的价值突破点之一就在于将更多的社区资源和力量组织到社区的统一部署和领导之下，并重新使其下沉到社区的日常服务与生活交往之中，进而获取更多的关键内容，拓宽社区对信息掌握的覆盖面。

在闸东社区的5个案例比较中，强覆盖体现在两方面：一方面是多样性，信息的表达方与需求方的主体都更加多元，既可以是普通居民、社会组织负责人，也可以是社区工作者、志愿者；另一方面是主动性，信息接收方获得信息更多是"五社"主体在主动开展上门服务的过程中通过与信息表达方的交谈得知的。多样性与主动性进一步拓展了信息交互的传播空间，尤其是在居民的日常生活空间和"五社"主体的社区空间之间建立起了更为丰富的联系和纽带，为开展社区服务提供了更多可能。

（二）主体交互强引领

主体交互是开展社区服务的核心环节，该环节主要表现为事件相关主体间的交互过程。在此过程中，从五社联动中的社区层面看，党组织必须发挥更加关键的引领作用，从而牢牢把握住对社区工作的领导权，也进一步使社区各主体之间的工作更加规范化、明晰化。

在闸东社区的5个案例比较中，强引领主要呈现出两方面特征。一方面是聚合性，这与信息交互过程密切相关。"五社"主体所接收的信息最终聚合到社区进行协调，并由社工开展推进实务工作，充分发挥各主体间的优势治理效能①；另一方面是协商性，通过前述案例可知，协商往往是社区在处理各项问题时的常用方式，由社区邀请相关利益主体参与到协商讨论之中，并逐步达成解决方案。在聚合性和协商性的作用下，主体间的交互过程使得社区这一核心力量的作用更加突显，既有了前瞻性的问题把握，也有了制度化的协商机制，为社区服务的广泛开展与工作衔接奠定了基础，指明了方向。

（三）服务交互强回应

服务交互是开展社区服务的实施环节。服务交互与主体交互密不可分，不同的主体交互过程塑造了不同的服务交互方式。总体而言，五社联动所形成的服务交互过程表现出强回应的特质，并呈现出三种交互模式。而能够实现强回应，既是五社联动内部要素互动的产物，也是五社联动在信息的空间交互、主体的机制交互下产生的结果。

在闸东社区的5个案例比较中，强回应主要表现为两个方面，一是保障性，这与五社联动的内部要素中的社区公益慈善资源密不可分。无论社区服务还是社区治理，必要的资源投入是开展工作的基础，而社区公益慈善资源就为夯实基础提供了必要保障。由案例可知，一旦缺少了该资源的介入，案例1和案例3存在的居民需求未必能够以目前所呈现的方式得到解决，同时还可能出现更大困难。二是灵活性，根据不同主体交互形式的差异，服务交互过程也呈现出相应变化。例如，案例1和案例3的主体交互过程主要以社区为主导，因而服务交互过程表现出更为明显的简单需求—回应模式；而案例2的主体交互过程中有了居民社会组织代表的参与，服务交互过程也随之呈现出代表参与—回应模式；案例4和案例5的主体交互则有更多居民愿意主动参与，因而其服务交互过程也呈现出大众参与—回应模式（见表1）。

在保障性和灵活性的带动下，五社联动的服务实施环节既有相似特征，也带有明显差异，但均能依托不同主体及多种回应模式在具体行动中实现需求与服务的交互，逐步提升社区服务的参与感和效能感。

---

① 参见张大维《优势治理：政府主导、农民主体与乡村振兴路径》，《山东社会科学》2018年第11期。

表1　"闸东模式"中五社联动的多层次交互过程

案例及其交互形态		信息交互		主体交互	服务交互
		信息表达方	信息接收方		
案例1	能人链接慈善资源	社区居民	社区	社区、能人（社区工作人员）	简单需求—回应模式
案例2	内河嘴环保志愿服务队规范化	内河嘴居民	社区网格员	社区、社工、志愿队队长	代表参与—回应模式
案例3	曹家塝路灯安装	曹家塝部分退休职工	社区、社工、家委会	社区、家委会	简单需求—回应模式
案例4	暑期特色活动链接本地大学生志愿者	社区居民	社工、社区	社区、社工、居民	大众参与—回应模式
案例5	摄影队建设	舞蹈队负责人、曹家塝居民	社区、社工	社区、社工、居民	大众参与—回应模式

表格来源：笔者自制。

四　结构—行动框架下五社联动的协商嵌合

前文依据5个具体案例归纳出五社联动下多层次交互的"闸东模式"，并从信息交互、主体交互、服务交互等三个层次归纳总结了闸东社区的五社联动经验。在此基础上，本文以结构—行动框架为切入，试图深度剖析并阐明五社联动运转的内在逻辑，提出协商结构是主导服务交互模式的关键因素，不同服务交互模式所对应的协商结构与五社联动的多层次交互过程形成了结构性嵌合，从而使五社联动运转起来。

（一）协商结构类型及其对应的服务交互模式

前文分析已指出，协商是五社联动在主体交互过程中不可或缺的机制性安排。进一步的实证调研发现，不同的协商参与主体会形成不同的协商结构，具体而言包括了权威引领型结构、能人协同型结构和包容混合型结构，由此对应了五社联动服务交互的简单需求—回应模式、代表参与—回应模式、大众参与—回应模式等三种模式（见表2）。

表2 协商结构类型及对应的五社联动服务交互模式

协商结构类型	协商结构的主体特征	服务交互模式
权威引领型	社区权威单方面主导	简单需求—回应模式
能人协同型	社区权威和能人代表共同协商	代表参与—回应模式
包容混合型	社区权威和居民大众共同协商	大众参与—回应模式

表格来源：笔者自制。

1. 权威引领型协商结构——简单需求—回应模式

权威引领型协商结构是指在五社联动过程中，仅以围绕社区两委为核心的关键少数"权威"参与的协商状态。由于社区多元主体之间在权力上的非对称状态，社区两委相较于社会工作者、社区社会组织、社区志愿者、社区居民等主体，具有组织、权力、资源、信息等方面的优势。因此，由社区少数权威主导协商过程往往具备更高效率，有利于减少社区内公共物品供给与社区治理中的低效性、无序性。

在前述案例中，案例1和案例3表现出较为明显的权威引领型协商结构，即由社区权威单方面主导协商过程，并形成方案推动相关服务开展，由此对应了简单需求—回应的服务交互模式，即由"问题提出—社区权威接收简单需求并开展协商讨论对策—以服务回应满足相应诉求"的三个步骤构成。

2. 能人协同型协商结构——代表参与—回应模式

能人协同型协商结构相较于权威引领型协商结构的重要特征在于，社区正式权力场域之外的社区能人代表被整合纳入了社区协商机制之中，社区协商过程中的协同合作过程初步显现。究其原因，是社区居民需求的多样化与社区服务的精准化之间存在的客观张力，使少数权威式的协商结构难以涵盖社区居民的利益诉求和主张，从而促使权威引领型协商结构向能人协同型协商结构转变，并由此在五社联动的主体交互中出现了少数社区能人代表的参与，推动协商的主体结构由单一的社区权威向社区权威和能人代表共同协商转变。

在前述案例中，以案例2为代表的清洁服务队负责人的协商参与表现出较为明显的能人协同型协商结构，由此对应了代表参与—回应的服务交互模式，即由"问题提出—社区权威接收需求并与议题相关的社区能人协商讨论—形成方案共同推动服务"的三个步骤构成。

3. 包容混合型协商结构——大众参与—回应模式

包容混合型协商结构是指在社区协商过程中，包含社区权威、社区能人、社区普通居民等在内的行动者均能被纳入协商结构，均可以通过一定的机制和程序参与到社区协商中来。包容混合型协商结构的最大特征是包容性，不仅是参与主体的包容，而且是参与环节的包容——从主体到场所，从决策到监督，整个过程都具有广泛的包容性。[①] 以社区协商共治为制度导向的五社联动，其所具有的正当性、合法性以及权威性在一定程度上正是取决于其所体现出来的包容性，即作为社区治理对象的社区主体被有效纳入治理决策的制定过程中，在协商对话中表达诉求与意见，并对社区治理的决策发挥着平等的影响。

在前述案例中，不论是案例4的居民参与式协商还是案例5的社会组织成员共同参与式协商，各类主体均可参与到协商过程中去，表现出较为明显的包容混合型协商结构；同时，案例4中孩子家长们的积极讨论以及案例5中舞蹈队成员的群体性参与，都鲜明反映出大众参与—回应的服务交互模式，即由"问题提出—社区权威接收需求并与议题相关的居民协商讨论—形成方案共同参与服务"的三个步骤构成。

综上可见，第一，不同的协商结构与服务交互模式之间呈现出较为密切的对应关系；第二，不同协商结构既会受到议题类型的影响，同时也和社区居民的活跃度密切相关；第三，五社联动的过程既可以呈现出单一主体的协商结构，同样也能够呈现出能人参与、大众参与的协商结构，有着更加多元、更加务实的特征。

（二）协商与五社联动交互过程的结构性嵌合

"嵌合"一词多用于生物医药等学科，而在社会科学研究中主要指作为系统整体层面的各要素之间所具备的内在一致性联系[②]。前文分析指出协商类型与五社联动的交互模式之间存在着一一对应关系。从"闸东模

[①] 参见张大维《包容性协商：中国社区的协商系统模式与有效治理趋向——以天长市"11355"社区协商共治机制为例》，《行政论坛》2021年第1期。

[②] 参见张晓岚、沈豪杰《内部控制、内部控制信息披露及公司治理——嵌合治理框架的建构及理论诠释》，《当代经济科学》2011年第6期。

式"五社联动的多层次交互过程来看：第一，元协商的价值内涵①同信息交互环节高度一致；第二，不同的协商结构主要由五社联动的主体交互环节呈现；第三，与协商结构相应的服务交互模式也和五社联动的服务交互环节一致。由此可见，协商与五社联动二者之间表现出一致的结构性嵌合关系，"五社"之所以能"联"和"动"，关键在于其形成了一种协商式嵌合逻辑，同时也展现出多层次交互过程中信息交互、主体交互和服务交互的内在次序（见图1）。

以此为导向，一方面，可进一步探讨五社联动中信息交互、主体交互、服务交互这三个交互环节的内在关联，即按照"信息交互—主体交互—服务交互"这一顺序不断循环的过程（见图1）。如前文所述，呈现元协商内涵的信息交互传递是主体交互的关键环节，通过聚合过程将信息汇集到社区，从而推动主体交互与协商结构的形成，主体交互的不同协商结构又进一步塑造出不同的服务交互模式。而信息交互与社区服务过程息息相关，后者为信息的空间交互和传递提供了关键的必要条件。另一方面，协商在信息交互、主体交互和服务交互中的嵌合带动作用，为五社联动的多层次交互过程提供了重要的原动力，从而将五社联动在多层次的交互环节中运转起来，实现"联"与"动"的有机结合。

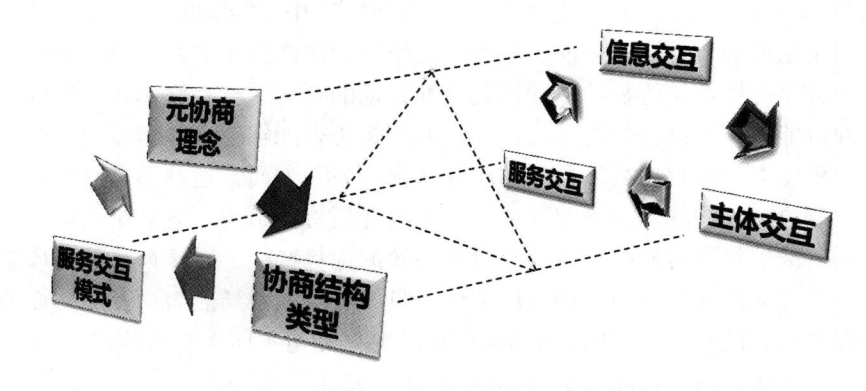

图1　协商嵌合五社联动的关联示意图

---

① 元协商的价值内涵是指，一些话语和行为实体尽管并非完全具有协商特征，然而在某一特定的时间点上这些话语和行为实体能够为协商过程提供合理的发展线索。参见 D. F. Thompson, "Deliberative Democratic Theory and Empirical Political Science", *Annual Review of Political Science*, Vol. 11, no. 1 November 2008, pp. 497 – 520.

五　结论与延伸

以五社联动促进社区治理，是实现社区治理现代化的新路径。武汉市江夏区闸东社区以协商嵌合五社联动，在三社联动实践的基础上进一步总结提升出信息交互、主体交互和服务交互的多层次交互过程，形成了具有自身特色的五社联动"闸东模式"，并进一步以结构—行动分析框架呈现出协商在五社联动中的关键作用，体现为协商式嵌合以驱使"五社"能"联"和"动"，阐明了五社联动运转的内在逻辑。通过上述分析，可以得到以下主要结论。

一是五社联动多层次交互过程相较于三社联动有了质的提升。相较于三社联动，"闸东模式"五社联动的价值体现在其多层次的交互过程之中，具体表现为更强覆盖的信息交互环节，更强引领的主体交互环节以及更强回应的服务交互环节。在这三个环节作用下，信息的空间拓展、主体的机制建设、服务的活动实施都有了不同以往的新发展和新特征。

二是不同的协商结构及其对应形成的服务交互模式应以务实、灵活为导向。本文通过运用结构—行动框架联结了"闸东模式"下三种协商结构及其对应的服务交互模式，比较了不同模式间的联系和区别。但在此应特别指出的两点是：一方面，尽管权威引领型协商结构有其优势，但仅有这种类型的协商结构显然不能达到五社联动的要求，五社联动仍然需要更多社区能人、社区公众的参与，而协商结构是否能够达到包容混合的状态某种程度上便反映出社区参与的实际情况。另一方面，这并不意味着权威引领型协商结构的质量一定落后于包容混合型协商结构，应立足实际，认识到权威引领型协商结构也具有行动高效的优势特征，对于社区而言应选择符合实际情况的协商结构开展工作，只要能增强协商能力、提高协商质量都可以尝试[①]，不必因协商结构中缺乏更多参与主体而有所顾虑。

三是协商与五社联动的嵌合为解决"五社"主体的"联"与"动"提供了方向指引。前文分析可知，协商结构与五社联动之间形成了结构性嵌合，一方面体现在三种协商结构与服务交互模式之间的对应关系，另一

---

① 参见张大维、张航《农民协商能力与农村社区协商系统质量关系研究——基于乡村建设行动中三个农村社区协商实验的比较》，《中州学刊》2021年第11期。

方面则表现为社区协商过程与"闸东模式"五社联动的对应关系。由上述两对关系延伸出协商在运转五社联动中的关键作用，即协商是"五社"主体"联"和"动"的重要原动力，推动了信息交互、主体交互、服务交互这一循环过程。

四是五社联动的高度适应性为后续演变发展提供了新的可能。五社联动提出的背景是在已有三社联动的基础上，针对疫后综合征的问题所进行的治理创新。结合"闸东模式"的经验总结可以进一步看到，该模式的潜力不仅局限于对疫后综合征的治理，还在于由特殊治理模式到常态化治理模式的切换与转化，实现与常态化治理的衔接。在这个过程中，体现出一种高度适应性特征，某种程度上是一种适应性治理，这种有机的转化和调整，也为五社联动的后续演变发展乃至基层治理现代化都提供了新的可能。

Deliberative Chimerism: the Interactive Logic of the Co-action of Community, Social Organizations, Social Workers, Community Volunteers and Social Charity Resources in the Framework of Structure-Action
——Multi-Case Comparison under the Background of Grass-roots Governance Modernization

Zhang Dawei Zhao Yichen Ma Zhiyuan

(Institute for China Rural Studies, Central China Normal University, Wuhan, Hubei, 430079)

Abstract: Encouraging social forces to participate in grass-roots governance and innovating mechanisms for linking communities with social organizations, social workers, community volunteers and social charity resources (the "Five-society Co-action"), is the central government to strengthen the modernization of grass-roots governance of the new requirements. The "Five-society Co-action" is the promotion and development of the "Three-society Co-action" of existing communities, social organizations and social workers, and it is also a new engine to promote the modernization of grass-roots governance. Based on the case study of Zhadong community in the urban-rural fringe of Jiangxia District, Wuhan, Hubei Province, this paper summarizes and presents five cases of the "Five-society Co-action", and puts forward the "Zhaodong Model" of grass-roots governance under the "Five-society Co-action" and multi-level interaction. Through the analysis of the interaction logic of the "Five-society Co-action" in the framework of structure-action, we find the structural chimerism between deliberation and the "Five-society linkage", which shows the reason why the "Five societies" can "Unite" and "Action", the key lies in the formation of a deliberative chimerism. Further analysis leads to the following basic conclusions: First, the multi-level interactive process of the "Five-society Co-action" is better than the "Three-society Co-action". Second, different deliberative structures and corresponding service interaction modes should be pragmatic and flexible. Third, the chimerism of deliberation and the "Five-society Co-action" provides direction guidance for the "Unite" and "Action" of the solution subjects of the "Five-society Co-action". Fourth, it adds new possibilities for the subsequent evolution and development to the high adaptability of the "Five-society Co-action".

Key Words: the "Five-society Co-action"; Deliberation; Chimerism; Deliberative Chimerism; the Framework of Structural-Action

农民参与协商民主的困境检视及优化路径[*]

——基于协商系统理论的解释

张 航

(浙江师范大学政法学院 浙江金华 321004)

内容提要：农民在农村基层协商民主中扮演着至关重要的作用，但其协商参与现状不容乐观。既有文献对此的探讨多局限于农民个体因素，缺乏整体性分析。本文将协商系统理论的视角引入农民协商参与研究之中，在德雷泽克的六要素分析框架基础上，选取开放论坛、信息传播以及元协商三个维度探析农民广泛参与协商民主的可能。我国农民参与协商短板多集中在参与渠道、参与意愿以及参与能力这三个方面。本文尝试运用协商系统理论，发现通过设置开放协商论坛，可以拓展农民协商参与渠道；多元化协商信息传播，可以激发农民协商参与意愿；体系化协商流程，可为农民协商参与提供制度性保障。协商系统的观点能够有效改善农民协商民主的参与困境，推动农村基层协商民主走向治理有效。

关键词：协商民主；基层治理；农民参与；协商能力；协商系统

一 问题提出

农村基层协商民主是我国现阶段民主政治建设领域的一场广泛而伟大的实践创举。在温岭市、邓州市、天长市、辉南县等多个地区涌现出形式

---

[*] 基金项目：2022年度教育部人文社会科学重点研究基地重大项目："共同富裕的浙江实践与治理创新研究"（22JJD810013）。

作者简介：张航，男，浙江师范大学法政学院讲师，主要研究基层治理、协商民主。

多样、效果显著、意义重大、引人注目的农村协商民主典型案例,但农村基层民主协商在全国各地的实践中不同程度地面临着困境,尤其是在协商主体参与方面。协商主体参与是农村协商民主顺利开展的初始性、基础性和前提性条件。而农民是农村中数量占绝大多数的群体,由农民作为协商主体对涉及自身利益的事务进行充分表达,既能提升治理与决策的质量,又彰显着我国人民当家作主的真实性。农民作为农村基层协商民主的重要主体,其参与范围、参与程度和参与质量显著影响着农村基层协商民主的实际效果。

2015年7月,"两办"印发《关于加强城乡社区协商的意见》指出,要"引领城乡居民和各方力量广泛参与协商实践"[1]。但在全国各地农村协商民主实践中,农民参与协商的积极性和水准普遍不高,致使协商民主实践陷于精英化、形式化、悬浮化的困境,与协商主体广泛参与的制度设想相违背,这也造成了农民协商需求同参与现状的张力凸显,农村协商民主的真实性大打折扣,农民的诸多民主权利并未得到保障。

学界对农民的协商民主参与困境的研究多集中在农民个体因素上,认为随着农民内在的意愿和能力的提升,可以改变农村协商民主参与的不利局面。如邓谨等[2]认为村民在政治德性和参与能力方面缺失,需要通过转变观念、多方支持和培育协商主体予以克服;韩小凤等[3]从协商民主的社会基础视角出发,发现提升农民的组织化水平,能够提高农民的参与能力和参与效能;季丽新[4]研究发现,农民政治水平的提高关乎农村民主协商治理机制优化,但农民政治协商能力不容乐观,因此提升农民政治文化水平至关重要。尽管已有研究称得上是相当丰富,但仍然存在着值得深入探讨之处:其一,对于农民协商参与问题的思考多是在就事论事,有"头痛医头,脚痛医脚"之嫌,缺乏系统性、整体性的视角与站位;其二,

---

[1] 《关于加强城乡社区协商的意见》,http://www.gov.cn/gongbao/content/2015/content_2909255.htm.

[2] 参见邓谨、王海成《论我国农村协商民主中的主体培育》,《西北农林科技大学学报》(社会科学版) 2016年第5期。

[3] 参见韩小凤、高宝琴《农民组织化:农村协商民主治理优化的社会基础》,《探索》2014年第5期。

[4] 参见季丽新《以农民政治水平的提升促进农村民主协商治理机制的优化》,《当代世界与社会主义》2014年第4期。

现有的研究多将目光聚焦在协商参与主体本身，忽略了协商作为一个系统性工程，系统之中各个环节存在着联系，协商系统的各个环节均能对协商主体参与产生影响。

协商系统理论是协商民主理论的最新转向。自20世纪80年代协商民主理论面世以来，经历了从理论解释、指导实践到制度取向的三个代际发展，[①] 协商系统理论普遍被视为第四代协商民主理论的标识。协商系统理论旨在矫正协商民主的"微观倾向"，主张从广泛的系统视角去理解多个协商场所及其关系，系统整体中协商和非协商实践之间的关系。[②] 因此，本研究拟将协商系统理论的视角引入农民协商参与的研究之中，在全面检视农民协商参与困境的基础上，从协商系统理论的分析视角提出农民参与协商民主的若干优化路径，为改善农民协商参与的不利局面提供理论参照。

二 协商系统理论：一个理解协商主体参与的新视角

尽管协商民主理论一经问世，即成为民主理论界的主流观点，但在规模性和应用性等方面还是受到了一些批评。为此，协商民主理论出现了协商系统理论的转向。John Parkinson 等学者在协商系统理论的标志性著作《协商系统：大规模社会的协商民主》（*Deliberative Systems*：*Deliberative Democracy at the Large Scale*）之中，将协商系统定义为"通过辩论、示范、表达和说服等方式，以谈话为基础的方法来处理政治冲突和解决问题的系统"，并总结了协商系统的三大优势：大规模的社会角度、系统不同部分的分工与互补、宏大的背景和广泛的系统性[③]。王宇环是最早关注到这一转向的国内学者，并以协商系统为视角分析协商和民主、政治代表与

---

① 参见［英］斯蒂芬·艾斯特《第三代协商民主》（上），蒋林、李新星译，《国外理论动态》2011年第3期。

② 参见佟德志、程香丽《当代西方协商系统理论的兴起与主题》，《国外社会科学》2019年第1期。

③ 参见 Jane Mansbridge，"A Systemic Approach to Deliberative Democracy"，in John Parkinson，Jane Mansbridge，eds. *Deliberative Systems*：*Deliberative Democracy at the Large Scale*，New York：*Cambridge University Press*，2012，pp. 1 – 3.

公众、代表的回应性等问题。佟德志、张继亮、刘华云等学者陆续对其进行关注，进一步拓展了国内学界对协商系统的认识。而张大维最先将协商系统理论运用于社区治理实践之中，并分析了协商系统的条件、类型与质量辨识等问题。[①] 城乡社区是我国协商民主实践最广泛的试验场，更需要对协商系统这一前沿性理论予以追踪，以营造协商主体广泛参与的良好局面。

应对协商系统的分析框架进行聚焦，进而找到理解协商主体参与的新视角。现阶段，在学界影响力较大的协商系统分析框架是德雷泽克的六要素分析框架：开放的公共空间、特定的授权空间、公共空间影响授权空间的传播联系、公共空间对授权空间的问责、元协商以及内部决断性。[②] 我们可以认为，当以上协商六要素同时具备时，就形成了一个成熟的协商系统。为更好地发挥协商系统对我国城乡社区协商治理的借鉴指导作用，笔者对德雷泽克的协商系统分析框架予以整合，并充分考虑我国协商实践的发展阶段，拟从开放论坛、信息传播以及元协商三个维度建立分析框架，以此分析农民协商参与的困境及出路。（参见图1）

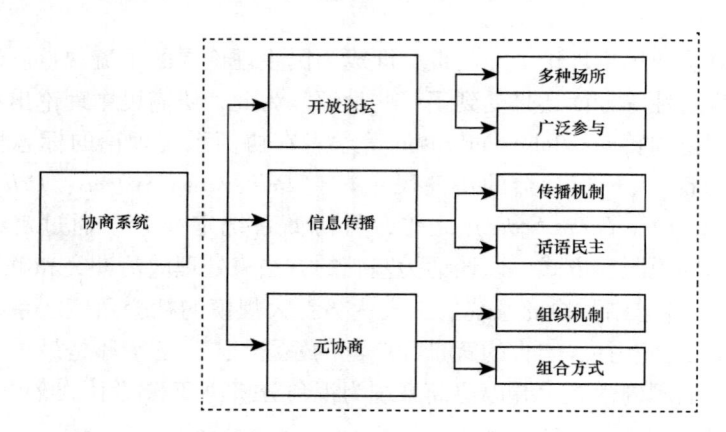

图1　以开放论坛、信息传播以及元协商形成协商系统的内在逻辑
资料来源：笔者自制。

---

① 参见张大维《社区治理中协商系统的条件、类型与质量辨识——基于6个社区协商实验案例的比较》，《探索》2020年第6期。
② 参见 John Dryzek, "Democratization as Deliberative Capacity Building", *Comparative Political Studies*, Vol. 42, No. 11, 2009, pp. 1379 - 1402.

（一）开放论坛

协商论坛是农民参与协商民主的具体场所。现阶段，全国各地普遍建立了形式多样的协商论坛，如陈家刚分析了温岭的"民主恳谈"、彭州的社会协商对话会、盐津的"参与式预算"、万东"圆桌议事会"等农村基层协商民主平台。[①] 但协商论坛总体上仍然是相对封闭的：一方面，协商多发生于既定的协商论坛之中，具有一定片面性及协商窄化的弊端；另一方面，农民作为最广泛的协商参与主体并未有效参与论坛之中，协商真实性不足。协商系统理论则认为，协商可以发生在多种场所之中，如结构化的论坛和非正式的公共领域。[②] 将多元的协商场所纳入协商系统之中，可以最大程度地纾解协商主体参与受阻困境，实现协商主体的广泛参与，借此推动大规模民主协商成为可能。

（二）信息传播

传播是协商系统理论的重要组成要素，德雷泽克[③]认为政治运动、言辞运用、争论或社会运动等传播手段会使得协商空间产生联系。在协商场所之中，作为协商主体的农民可以通过信息传播相互联系、相互影响。信息传播可以视为传播机制本身，也可以理解为一种话语民主，协商相关信息通过话语的传播引入农民之中，才有了进一步参与协商、做出决策的可能。信息传播目的与使命是引发协商主体对协商事项的关注、倡导、批评、质疑、支持抑或几者的结合。[④] 及时且充分的信息传播既可以吸引协商主体的参与，又能为协商活动深入开展创造条件。

（三）元协商

元协商涉及协商系统本身的组织问题。元协商代表了协商的组织机制和组合方式，在其影响下协商主体与协商空间可以发挥协商系统的自我反思与自我改造能力。不难理解，协商发生的具体空间、协商参与主体的规模、协商议程的制定等都属于元协商的范畴之内。有学者认为元协商作为

---

① 参见陈家刚《基层协商民主的实践路径与前景》，《河南社会科学》2017年第8期。

② 参见佟德志、程香丽《基于协商场所的西方协商系统要素研究》，《浙江学刊》2019年第3期。

③ 参见 John Dryzek, Democratization as Deliberative Capacity Building, *Comparative Political Studies*, Vol. 42, No. 11, 2009, pp. 1379–1402.

④ 参见张大维《包容性协商：中国社区的协商系统模式与有效治理趋向——以天长市"11355"社区协商共治机制为例》，《行政论坛》2021年第1期。

一种促进协商系统自我组织的机制,必须把公众的公共空间和决策的授权空间连接起来。①

三 农民参与协商民主的困境检视

纵观我国各地的农村基层协商民主实践,农民的协商民主参与呈现出参与渠道受阻、参与意愿有限和参与能力欠缺等方面的困境,相当程度上限制了农村基层协商民主进一步发展。应准确把握农民协商参与痛点,从而提出针对化建议。

(一) 农民协商参与渠道受阻

改革开放以来,农民的经济、文化、社会生活均发生了翻天覆地的变化,但在政治生活方面并没有太多实质性的改善。在上层政治生活中,制度设计方面农民主要依靠人民代表大会制度、信访制度、听证制度发挥作用,但在实际操作中,农民很难真正参与其中。而在基层政治生活中,村民自治的伟大实践肇始于广西合寨村,至今已走过四十多个年头。但我国广大农村的多数地区在长时期内,除了民主选举之外,其余三个民主均未能落到实处,"选举时有民主,选举完没民主",农民普遍缺乏有效的利益诉求渠道和实现机制。

被视为村民自治自我修复、补充和完善机制的农村协商民主,发轫于温岭民主恳谈会,距今不过二十余年。纵观各地涌现出的协商民主探索,虽然出现不少可推广可借鉴的实践案例,也伴随着不同程度的制度界定模糊②、选择性协商③、协商会议形式化④、协商实践异化⑤等问题,民主协商出现的不良趋势使得协商的真实性大打折扣。此外协商组织还存在强行政性弱自主性的顽疾:一方面众多农村协商组织的设立是为了响应上级指

---

① 参见张大维《党领群议:协商系统中社区治理的引领式协商——以天长市"1+N+X"社区协商实验为例》,《中州学刊》2020年第10期。
② 参见曲延春、陈浩彬《农村基层协商民主制度化:实践困境与推进路径》,《农村经济》2017年第10期。
③ 参见李传兵《"选择性协商":村级党组织行动逻辑的组织基础分析——以安阳"思辩堂"、瓮安"5531"模式为例》,《江汉论坛》2015年第4期。
④ 参见张国献《论人口流动背景下的乡村协商治理》,《中州学刊》2016年第2期。
⑤ 参见唐鸣、黄敏璇《新型城镇化背景下农村社区协商实践创新的规范化与制度化研究——基于全国16个农村社区协商典型案例的分析》,《中共中央党校学报》2017年第3期。

令、完成指派任务，协商组织成员以两委干部、乡村精英为主，协商组织对农民的动员与吸纳远远不足，使得农民对协商民主的制度认同较低，实际参与不足；另一方面，尽管各地涌现出形式各异的协商组织，但总体而言农村基层社会的协商活力远远不足，农民群体呈现出协商积极性欠缺、协商参与范围不广、协商参与质量不高的局面。因此，在协商民主实践探索中，协商参与渠道的制度化、广泛化、常态化是必要的发展方向。

（二）农民协商参与意愿有限

参与意愿是影响个体参与行为的动机因素，反映了个体是否愿意参与相关政治活动并为此付诸行为的努力。[1] 国人对政治参与意愿的论述早已有之，在春秋战国时期，《左传》就有"肉食者谋之，又何间焉"相关论述，顾炎武振聋发聩的"保国者，其君其臣肉食者谋之；保天下者，匹夫之贱与有责焉耳矣"更是影响了千百年来中国人的政治参与意愿。

当前，学界普遍对我国农民的政治参与意愿现状不乐观。杨雅厦从历史维度分析了绵延千年的封建专制使中国农民的臣民意识根深蒂固，历朝历代的农民习惯了当"臣民"，依附型政治文化特征强烈，不具备现代民主活动该有的参与意愿。[2] 徐勇教授在《岳村政治》一书的序中谈道："在中国长期的历史上，只有皇权、绅权、族权，而无个人作为主体的民权。农民只是臣民、小民、草民，而不是主权者的公民。"[3] 马克思对此也有着精辟的比喻："他们（小农）不能代表自己，一定要别人代表他们。他们的代表一定同是他们的主宰，是高高站在他们上面的权威，是不受限制的政府权力，这种权力保护他们不受其他阶级侵犯，并从上面赐给他们雨露和阳光。"[4]

将目光聚焦在农村基层协商民主可以发现，受多元因素影响，农民协

---

[1] 参见郑建君《政治效能感、参与意愿对中国公民选举参与的影响机制——政治信任的调节作用》，《华中师范大学学报》（人文社会科学版）2019年第4期。

[2] 参见杨雅厦《协商民主视角下农民政治参与的困境及对策研究》，《东南学术》2016年第4期。

[3] 参见于建嵘《岳村政治——转型期中国乡村政治结构的变迁》，商务印书馆2001年版，第2页。

[4] 《马克思恩格斯选集》（第1卷），人民出版社1995年版，第693页。

商参与意愿有限：一方面，从长期以来的政治文化来看，无论是根深蒂固的中庸观念，还是村庄的"熟人社会"属性，都使得在村庄公共治理时农民参与的意愿不高，更多抱着"看热闹"和"随大流"心态而不擅于独立思考和理性表达，实际参与时普遍存在以精英为主导的情况①；另一方面，从农民的协商参与结构来看，农民"半工半耕"的生计模式造成农民协商参与结构缺位，进而影响协商参与意愿，这就会导致协商主体的不完整性和协商代表的局限性，对协商的顺利开展形成制约，并在一定程度上影响协商参与和协商质量。农民的政治文化和参与结构决定了当前农民协商参与意愿有限，表面化、形式化协商现象泛滥，协商结果并未能体现真实的民意。

（三）农民协商参与能力欠缺

协商民主是一项对协商主体的政治素养有着较高要求的政治活动，协商主体具备一定的参与能力可以有效降低协商民主制度成本，有效支撑协商事项的顺利开展。根据阿玛蒂亚·森的可行能力理论②，我们可以将协商参与能力视为协商主体通过合法的协商渠道实现利益诉求所具备的功能性组合，体现着协商有效参与的内生驱动力。

学界总体上对农民的协商民主参与能力的评价不高。徐行等认为大多数留守农民受教育程度较低，见识不广，掌握与协商相关的各种信息也少，表达水平也有限，因此他们很难站在主体的角度充分发表自己的看法和意见。③ 杨弘等以一事一议为例，将农民协商参与困境概括为：参与意识不高，公共意识、公共精神欠缺以及议事能力低下。④ 可以说，农民协商参与诉求与参与能动性之间存在着明显的张力，农民协商参与能力欠缺使其陷入"政治贫困"的境地，普通农民在协商民主之中难以获得与村干部、农村精英同等的地位，极大地限制了这一群体的协商参与。

---

① 参见吴倩《精英、德治与教化——传统乡村自治与当代基层协商治理》，《中国农村研究》2019 年第 1 期。

② 参见［印］阿玛蒂亚·森《以自由看待发展》，任赜、于真译，中国人民大学出版社 2002 年版，第 2 页。

③ 参见徐行、陈永国《主体性困境：农村协商民主进一步发展的障碍》，《长白学刊》2016 年第 2 期。

④ 参见杨弘、郭雨佳《农村基层协商民主制度化发展的困境与对策——以农村一事一议制度完善为视角》，《政治学研究》2015 年第 6 期。

四 协商系统理论视角下农民参与协商民主的优化路径

农民的协商意愿和能力提升是一个长期性过程，不可能一蹴而就，但农村协商民主的需求和实际又充满紧迫性。因此，文本从协商系统理论视角出发，尝试提出既着眼于未来又立足于当下，既立竿见影又潜移默化的手段来改变农民的协商参与现状。

（一）常态化与开放性的协商论坛设置

农民有效的协商参与需要以协商论坛的系统化为依托。现阶段全国各地可推广、可复制的农村协商民主形式，如民主恳谈、参与式预算、社区决策听证、民主评议等，都在不同程度实现了系统化协商论坛。通过协商论坛发挥促进协商参与应有的作用，可考虑以下两个关键要素：其一，保持协商渠道的常态化。将协商机制真正嵌入乡村治理体系当中，使之常态化、制度化，避免协商"一阵风"和"走过场"。要明确协商民主的范围与边界，列出哪些是农民可以通过协商解决的事宜，哪些是征询农民意向的，可考虑村庄相关公共事务在村（居）民自治、乡村振兴及其他公共利益相关范围内，即可纳入相关协商程序之中。通过协商渠道的常态化设置，使协商民主成为乡村治理的重要环节，使农村基层干部与村民在乡村治理中自觉地采用协商民主手段，自觉地遵守协商治理的制度要求。[1] 其二，推动协商论坛的开放性。这里的开放性既包括公共空间的开放性，又包括协商参与人员的开放性。前者意味着协商既可以发生在具象的、狭义的协商会议室之中，也可以发生在抽象的、广义的协商空间之中，但凡能推动协商发展的空间均可视为协商论坛；后者侧重于在两委干部之外，利益相关方、专业人士、普通村民等群体均可以在协商事项中扮演相关角色。

（二）线上与线下并重的协商信息传播

协商信息传播的系统化是农民有效参与协商的重要基础。充分的协商信息传播可以实现农民对协商事项的相对全面了解，可以有效提升农民协

---

[1] 参见张等文、郭雨佳《乡村振兴进程中协商民主嵌入乡村治理的内在机理与路径选择》，《政治学研究》2020年第2期。

商参与意愿,并为协商科学化、有序化、透明化提供保障。通过协商信息传播促进协商参与,有以下两种途径:一方面,要注重既有的线下信息传播渠道。村干部可在协商议题采集、协商代表选取、协商议程设置、协商方案实施、协商结果公示等相关协商环节,及时公示协商信息,以此提升农民的协商认同和参与热情。上级政府和主管部门可将村庄协商信息公开情况纳入协商考核之中,以此激发村干部对信息传播的重视程度。另一方面,探索符合发展趋势的线上信息传播渠道。采取以技术换空间的方式,能够有针对性地打破时空阻隔,保障农民合法的政治权利,显著提升协商主体代表性。因此,农村协商应当创新线上信息传播形式,吸引更广泛农民群体的协商参与,并在此之中注重恪守相关的协商原则、规则和程序,避免公共领域无序化与公共理性缺失等不利局面的发生①。安徽省天长市是"全国农村社区治理实验区"首批试点之一,该市的信息传播做法值得借鉴,当地在开展农村社区协商治理实践中,结合既有的智慧社区建设,创新智慧协商渠道,建立村庄QQ群、微信群,通过网络问卷等方式收集意见,尤其注重倾听外出务工人员、年轻人的意见,极大地提高了农民的协商参与度。

(三) 规范化与体系化的协商开展流程

元协商所代表的协商组织机制问题是协商系统的关键一环,在具体的协商实践中往往表现为协商开展流程。协商开展流程的设置模式与遵循原则决定了协商实践的走向,也是改善农民有效参与协商的重要因素。

通过协商开展流程促进协商参与,需要重点考虑以下两个原则:一是协商流程的规范化。亨廷顿指出政治参与应当同政治制度化相适应,"政治参与可能衍生出好的政治秩序,亦有可能是无秩序的政治不稳定甚至是政治衰败,一切取决于政治制度"②。2015年中共中央印发《关于加强社会主义协商民主建设的意见》也明确提出要"规范议事流程"③。毋庸置疑,规范议事流程能够为农民公平参与协商创造客观条件和制度保障,进

---

① 参见王永香、王心渝、陆卫明《规制、规范与认知:网络协商民主制度化建构的三重维度》,《西安交通大学学报》(社会科学版) 2021年第1期。
② [美] 塞缪尔·亨廷顿:《变化社会中的政治秩序》,王冠华等译,上海三联书店1989年版,第51页。
③ 《关于加强社会主义协商民主建设的意见》http://www.gov.cn/xinwen/2015-02/09/content_2816784.htm.

而推动协商治理机制持续有效运行。因此，各地在实践中应当充分领会中央协商民主纲领性文件精神，在遵循协商民主基本原则的前提下，对协商各项流程予以确定和规范。二是协商流程的体系化。对协商各个流程予以充分衔接，才能形成程序合理、环节完整的协商民主体系，从而发挥协商的制度合力。体系化协商流程是从制度层面上弥补农民协商能力不足的重要途径。如天长市以"五步五单"规范协商议事程序，围绕协商事项的采集、交办、办理、结果公示、成果评议五个重要环节，通过相对应的清单形式确保流程之间的衔接，形成一个衔接紧密的运行体系。农民提出协商事项时，只需按照"五步五单"的流程展开，具有极强的可操作性。

五 结语

农民应当成为农村基层协商民主的重要主体已然是实务界与理论界的共识，农民的协商民主广泛参与既是国家治理能力现代化的要求，也是农民合法权利诉求的体现。当前，农民囿于协商参与渠道受阻、协商参与意愿有限和协商参与能力欠缺，其整体参与现状远不能令人满意，距离广泛参与的理想状态仍相去甚远。再加上农民参与协商的意愿有限、能力缺失具有长期性特征，并非朝夕之间可以改变，亟须通过相关理论找寻破解之道。

协商系统理论是当前协商民主研究的前沿理论，其中蕴含的系统性、分工与互补等观点，可以有效实现农民协商参与现状的动态转化。开放协商论坛的设定，可以拓展农民协商参与渠道；多元的协商信息传播，可以有效激发农民协商参与意愿；体系化协商流程，则可为农民协商参与提供制度性保障。本文从协商系统的视角重新审视农民协商参与问题，充分考量所在系统内各个环节对农民参与的影响和作用，以供农村协商民主实践发展和深入研究进行参考借鉴。

A Review of the Predicament and Optimization Path of Peasants' Participation in Deliberative Democracy
——interpretation based on deliberative system theory

Zhang Hang
(College of Law and Political Science, Zhejiang Normal University, Jinhua, Zhejiang, 321004)

Abstract: Farmers play a vital role in rural grass-roots deliberative democracy, but the current situation of their deliberation and participation is not optimistic. The discussion on this in the existing literature is mostly limited to the individual factors of farmers, lack of holistic analysis. The perspective of deliberation system theory is introduced into the study of farmers' deliberation participation. on the basis of Dryzek's six-element analysis framework, open forums, information dissemination and meta-deliberation are selected to explore the possibility of farmers' extensive participation in deliberative democracy. The short board of Chinese farmers' participation in deliberation is mainly concentrated in three aspects: participation channels, participation willingness and participation ability. Trying to use the deliberation system theory, it is found that by setting up an open deliberation forum, farmers' deliberation participation channels can be expanded; diversified deliberation information dissemination can stimulate farmers' willingness to negotiate and participate; systematic deliberation process can provide institutional guarantee for farmers' deliberation participation. The viewpoint of deliberation system can effectively improve the plight of farmers' participation in deliberative democracy and promote rural grass-roots deliberative democracy to effective governance.

Key Words: Deliberative democracy; grass-roots governance; farmers' participation; deliberative capacity; deliberation system

主导型协商：传统时期游牧部落矛盾纠纷的治理逻辑及当代价值[*]

——以川西北麦洼部落的本土化协商实践为例

钟楚原　朱冬亮

（厦门大学马克思主义学院　福建厦门　361005）

内容提要：协商被赋予解决基层矛盾纠纷的新的路径期待。以往研究仅关注协商在矛盾纠纷治理中的工具性方案和介入性逻辑，忽视了作为协商主导的多元主体及其有效调解矛盾纠纷的内隐机制和过程逻辑。本文通过考察川西北麦洼部落的"说口嘴""丢谢特""尼尔冬"等本土化协商实践，发现国家不在场的传统时期，部落纠纷通过协商方式加以自治解决。协商表现为"权威主导"的实践逻辑，具体概括为"主导型协商"。存在能力差异和理性冲突的当事主体，在相对独立的权威主导下，通过权力让渡及整合，形塑公平对垒的协商参与空间，同时结合权威主导下的规则博弈和说服策略，促进当事主体协商共识的达成，有效化解部落治理难题。中国基层社会内生有丰富的协商因子并延续至今，在高度分化及流动的现代社会，挖掘并激活基层社会的"主导型协商因子"，对于如何构筑党领导下的善治共同体具有重要启发意义。

关键词：主导型协商；部落矛盾纠纷；权威主导；规则博弈；说服策略

---

[*] 基金项目：国家社科基金重点项目"土地集体所有权权能改革实践与农村治理能力建设研究"（20ASH004）。

作者简介：钟楚原，男，湖北钟祥人，厦门大学马克思主义学院博士生，主要研究乡村治理现代化；朱冬亮，男，福建将乐人，厦门大学马克思主义学院教授、博士生导师，主要研究农村改革与发展。

矛盾纠纷构成基层治理的重要内容。党的二十大报告指出："在社会基层坚持和发展新时代'枫桥经验'，完善正确处理新形势下人民内部矛盾机制。"可见，探索常态化的矛盾调处机制成为实现基层善治的重要路径。对此，川西北麦洼部落以传统时期的部落治理为契机，以协商为切入点，有效化解部落矛盾纠纷，并建立了长效治理机制。其中所包含的治理经验，具有重要学理启迪和应用价值。

一　文献回顾与问题提出

传统时期，矛盾纠纷产生于普通民众的日常交往之中，发生频率高且覆盖面广。国法不及的宏观背景与地方知识的区域差异相交织，增加了矛盾治理的技术难度。由此，基层矛盾治理备受学界关注并成为重要议题。总体而言，当前基层矛盾治理研究主要呈现三个面向。

首先，规则调节论。弥散于乡村社会的习俗、准则、规范等组成的半正式治理规则，构成传统时期中国普通民众调解矛盾纠纷的主流方式之一。对此持肯定观点的学者较多，包括费正清、费孝通等。其中，费正清认为代际积累且根深蒂固的行为准则和社会习俗，是处于极端困苦条件下的中国农民得以化解各类矛盾并维持高度文明生活的"密钥"所在。[①] 在此基础上，费孝通进一步阐明，乡土中国属于"礼治"社会，人们经"礼治"教化而主动养成遇事服膺传统，即遵循经验习惯的纠纷解决之道。[②] 可见，习俗、经验、习惯等内生性规则构成传统基层社会调解纠纷的兼具有效性和主流性的方式之一。

其次，权力嵌入论。相对于规则之治，部分学者认为乡村纠纷解决中的权力之治占据主流且效果更优。在纳德尔等看来，正是对权力的追逐，激发人们运用纠纷解决程序的动机。[③] 追溯历史发现，传统乡村纠纷解决中，贯穿着人为因素主导的"权力操作、策略及技术化的控制"[④]。内生于村庄社会的权力结构成为整合传统纠纷秩序的关键。随着乡村社会急剧

[①] 参见［美］费正清《美国与中国》，张理京译，商务印书馆1987年版，第17页。
[②] 参见费孝通《乡土中国》，北京大学出版社2012年版，第82—86页。
[③] 参见 Laura Nader Harry F. Todd, Jr《人类学视野中的纠纷解决：材料、方法与理论》，徐昕译，载《洪范评论》第8辑，中国法制出版社2007年版，第165页。
[④] 易军：《乡村纠纷解决中的权力研究》，博士学位论文，云南大学，2017年。

变迁，"权力的文化网络"转型至"权力的利益网络"[1]，传统熟人社会逐渐瓦解为"半熟人社会"[2]，包括外生性机制和多元权力主体的新权力体系在乡村重组[3]。事实上，这种外赋的权力体系正是基于对适当网络结构的嵌入，才重新获得对基层矛盾纠纷的规制能力。

最后，自然消融论。层出不穷的矛盾纠纷极易造成乡村秩序耗散。基于"血缘关系、地缘关系、生产关系等各种自然生成和人为建构的关系"[4]，使得矛盾纠纷得以在乡村日常生活生产中自然消解。不宁唯是，熟人社会生成和运作的"面子"，亦构成乡村秩序再生产过程中反复涉及的权威性资源和配置性资源，即对行动者产生控制的各种转换能力。[5] 具言之，兼具工具性和价值性的"面子"以及由此带来的外在压力，通过对村民与村民、村民与村庄关系的隐形渗透，持续规训普通村民的行为模式并调试彼此关系，以期让各类矛盾防患于未然或消弭于无形。换言之，这种基于面子或关系的"渗透—规训"机制，成为传统时期自然消融村庄矛盾的内隐通道。

概言之，无论是规则调节论、权力嵌入论，抑或是自然消融论，主要解释了乡村社会矛盾纠纷调解的工具性方案以及权力介入性逻辑，包括内生的社会规则、外嵌的权力装置或面子、关系等非正式制度丛结，但却忽略了以下事实：矛盾纠纷产生于普通民众的日常生活生产中，属于难避免的大概率事件，更需要依靠多元权力主体加以有效治理。基于此，本文的问题意识是：这种"工具性"和"介入性"是如何依托多元权力主体在矛盾频仍的基层社会展开的？换言之，在"皇权不下县"的传统时期，为工具性方案和介入性逻辑所遮蔽的多元权力主体，其有效调解基层矛盾纠纷的权力配置和过程逻辑是如何通过更细微的内隐机制生发和实现的？对此，学界并未深入探讨。

---

[1] 郑永君、张大维：《社会转型中的乡村治理：从权力的文化网络到权力的利益网络》，《学习与实践》2015年第2期。

[2] 贺雪峰：《论半熟人社会——理解村委会选举的一个视角》，《政治学研究》2000年第3期。

[3] 参见张鸣《乡村社会权力和文化结构的变迁》，广西人民出版社2001年版，第2—6页。

[4] 徐勇：《"关系权"：关系与权力的双重视角——源于实证调查的政治社会学分析》，《探索与争鸣》2017年第7期。

[5] 参见[英]安东尼·吉登斯《社会的构成：结构化理论大纲》，李康、李猛译，生活·读书·新知三联书店1998年版，第98—99页。

2017年7月至10月，笔者在四川省阿坝藏族羌族自治州红原县色地镇茸塔玛村开展游牧部落制度调查，其间对当地矛盾纠纷治理进行深度调查并发现，1958年以前，游牧中的麦洼部落矛盾纠纷时有发生，并通过"说口嘴""丢谢特""尼尔冬"等本土化的协商机制得到有效治理。"矛盾纠纷"构成部落公共事务之一，其有效治理既不完全依赖于部落成员普遍遵守的习惯法规则，也不完全依赖于外部权力体系的结构性嵌入，更不完全依赖于草地社会的人情面子关系，而是更集中地依赖于一套完整的协商机制体系。为此，本文以"说口嘴""丢谢特""尼尔冬"等为研究对象，通过深描其运行过程，以展示背后的治理逻辑及价值意涵，并探讨该机制对于新时代构建党领导下的善治共同体有何启发。

二 麦洼部落矛盾纠纷治理的历史实践

麦洼部落位于川西北康藏高原东部，因山岳阻塞、道路狭窄，对外交通极为不便，这种自然条件使得政府行政力量在当地矛盾纠纷治理中呈现出悬浮状态。与此同时，流动状态下的部落内外矛盾频发。为了定分止争，部落基于实践探索出"说口嘴""丢谢特""尼尔冬"等本土化的矛盾治理方式。

（一）"说口嘴"：乡老当乡与居中调解

川西北部落的草场牲畜冲突、雇工矛盾，尤其是因此引发的命案纠纷，除小部分经由官府审结外，部分亦由当地乡老居中当乡，即乡老通过"说口嘴"并利用调解组机制从中进行调解。当普通牧民发生重大纠纷时，多由瓦浑[①]、虚火[②]以及土官近亲等乡老组成调解组；而当死者与活佛有涉时，则由一名寺院管家、两名喇嘛以及土官近亲等乡老组建调解组。调解期间，乡老通常利用自身的非正式权威，对涉事双方进行言语开导，并引导双方和解。以索案为例，约伙[③]索朗贡波替人帮牧，长期被拖欠工钱，于是逃往他处另寻生计，结果半路被雇主之子截住并打死，双方家庭发生命案纠纷。

[①] 瓦浑：当地方言，指部落内各个瓦卡组织的族长。
[②] 虚火：当地方言，指富裕牧民。
[③] 约伙：当地方言，指男性帮工。

索案发生后，雇主方认为索朗贡波干活偷懒且毁契在先，而雇工方则要求返还工钱并赔偿命价，彼此协商无果。应双方邀请，由索朗·日格罗、日格西、索朗·穷片日及夏河多组成乡老调解组，在走访知情牧民的同时，利用当事者的血缘关系和乡老自身的声望优势，不断拉近双方的心理距离。同时通过"说口嘴"，指明雇主失手伤人在先，雇工私自毁契失理，充分弥合双方的失衡心理。此外，乡老一再强调部落习惯法介入后的惩戒性后果。在反复规劝和压力机制的作用下，乡老最终以"说口嘴"的方式促成双方和解，即雇主方支付阿日岗歇尔[①]以及雇工费用，而雇工方则放弃请求习惯法介入。当事双方除供应乡老当乡期间的伙食费，无须额外支付调解费用。但是，由于乡老缺乏强制约束力，当事双方又曾多次爆发冲突。

（二）"丢谢特"：土官进场与日常纠纷

麦洼部落由八大分支部落构成，由于生存资料有限，内部成员常因草场资源、牲畜偷盗、两性矛盾、经济纠纷等发生争议乃至械斗。为维持基本运行秩序，土官尝试建立依托习惯法自行消解矛盾的部落自律机制。然而，单纯依靠习惯法的部落自律机制并不成功，疑难杂症或重大纠纷往往难以凭借涉事主体间的自行协商达成有效和解，反因沉疴日久致远恐泥。为了维护部落秩序有序运转，土官经与部落管家协商，提议每年牧闲之际定期主持召开调解大会"丢谢特"，在土官或经其授权的管家主持下，提出申请的涉事方通过反复调解形成和解方案，协商结果接受前者监督。

麦洼部落每年十月举办"丢谢特"。参加者多为主动申请的涉事主体以及麦洼部落各分支部落土官、管家。以离婚纠纷为例，土官列罗及管家阿丹齐聚公共放牧空间色尔塘，分坐帐中等待当事人阿西·让洛与乔依·桑俄前来申请调解。其间，二人先在所属分支部落管家阿丹的主持下协商，无果则按照"分支部落土官—麦洼部落大管家—麦洼部落大土官"的层级顺序提出申诉。为避免不必要的纷争，阿丹通常让涉事双方分别进入帐中阐明原委。在兼听则明的基础上，他再召集双方对垒。乔依·桑俄根据习惯法提议按照家庭人口均分家产，阿西·让洛则坚称对家庭经济贡献较大，加之嫁妆颇丰，要求分得家产大半。为持公允，阿丹建议双方在夏草场若柯平分家产。经过协调，双方各退一步，最终就家产分割形成一

---

① 阿日岗歇尔：当地方言，指丧葬事宜。

致意见并达成口头协议。

(三)"尼尔冬":活佛出面与停战谈判

资源稀缺的传统时期,麦洼部落与周边部落经常因为草场边界、牲畜归属引发械斗乃至部落战争。为化解战争动荡,相较于悬浮的国家权力,部落间更倾向于寻找双方信服的宗教权威活佛前来"尼尔冬",即协商命价赔偿。以盗马案为例,1944 年夏,欧拉拉德部落盗走麦洼部落千余头牛马,为此双方经年械斗,彼此损失惨重,均有止战之意。德高望重的完马桑活佛受邀出面调停。谈判期间,活佛坐在正对帐门的方向,以示公允和持重,麦洼与欧拉拉德的管家代表对席而坐。由于命价赔偿标准不一,两位管家代表由此发生争议,加之积怨既深、互不让步,协商陷入相持状态。

面对争议双方,完马桑活佛采取合意策略,即遵照利益交易规则,使当事人之间达成合意。该策略下,活佛坚持以情动人,表达对双方所受委屈的理解,出于朴素的宗教情感,双方的激动情绪暂时得以平复。同时活佛还以理服人,对于欧拉拉德部落,除了说服教育,活佛强调其抢夺牲畜引发纠纷在先。对于麦洼部落坚称无辜的态度,则明确指出其早期掳掠行为为此次纠纷埋下的祸根,瓦解双方侥幸心理的同时,使其心服口服接受调解。不宁唯是,活佛秉持互谅互让的教义旨归,在折中两部落命案赔偿标准的基础上,力促二者形成合意的解决方案。最终,经完马桑活佛开导,双方代表达成合意,并按照藏俗誓约,以此内化对调解结果的认同。

三 主导型协商:部落纠纷治理机制何以有效的内在逻辑

"深度中国调查"发现,类似于麦洼部落"说口嘴""丢谢特""尼尔冬"等治理矛盾纠纷的形式普遍存在于川西北草地社会。草地社会具有流动性,部落边界及范围经常变动,由此导致矛盾纠纷频繁,在国家悬浮的背景下,部落内生出一套有效化解矛盾纠纷的"土办法"。

(一)部落权威"主导":构建平等协商的矛盾治理平台

规则调节论、权力嵌入论、自然消融论均认为基层矛盾主要依靠自治解决。自治的依据是工具主义主导下的规则之治或结构主义主导下的权力之治,自治的逻辑是"自然消融"的消极治理。但在麦洼部落,对于各类矛盾纠纷，以习惯法为代表的规则之治离不开多元权威主导下的主体之治，同时矛盾治理逻辑表征为战略性积极和策略性消极。即以土官、活佛、乡老等为代表的部落权威在战略层面积极制定化解纠纷的各类本土化机制，但这些机制的启动策略并不依赖部落权威的主动介入，而是以"被邀请"和"被申请"的方式消极展开，在实践中表现为"请求—主导—共参"的治理方式，即纠纷双方邀请或申请部落权威介入矛盾治理，在权威主导下，当事主体共参新的矛盾协商议程。部落权威以"主导"为核心的治理方式被动介入矛盾协商，有着深厚的社会根源。

一方面，"被动介入"源于部落理性及深层个体理性。身处纠纷频发的草地社会，部落权威始终保持对矛盾纠纷的积极干预，既有悖于部落理性支配下的柔性维稳需求大于刚性利益博弈的逻辑，又有违个体理性包裹下的权责对等思维和人情面子观念。换言之，积极介入各类矛盾纠纷，既非部落权威人力之所能及，又非权威主体物力之所能担，同时损害情感维度的部落共同体观念建构。但是，经"被邀请"和"被申请"的部落权威，不仅为纠纷主体搭建了柔性"下场"的"阶梯"，同时也增强了部落权威参与纠纷调解的可及性和合法性。

另一方面，被动介入的"主导"权威构建了平等共参的协商平台。在吉登斯看来，生存性矛盾是部落社会面临的主要矛盾，并广泛存在于人们共同在场的日常生活中。共同在场的社会特征要求生存性矛盾的化解以彼此身体的空间性接触为基础，即面向他人及经验自我的共同参与。而由于草地生存性资源的稀缺性和排他性特征，语义构建的牧民之间和部落之间的均衡矛盾博弈往往受到当事双方非均衡资源配置的冲击，由此消解涉事双方通过协商达致矛盾自治的可能性，周期性的秩序动荡在所难免。出于部落理性支配下的整体秩序诉求，矛盾双方通过权力让渡与整合，邀请并赋权第三方权威，在其主导下重启协商议程，既保证了当事人作为积极主体的直接参与，又成功实现彼此的话语权重置和均衡性对垒，进而构建了平等的协商平台。

（二）基于"说服"的协商：权威主导矛盾纠纷治理的技术策略

国法不及的部落非正式矛盾治理行动以及由此构建的协商空间中，矛盾纠纷之所以难解主要在于两点，其一是发生纠纷的牧民个体由于行动范式差异导致彼此认知理性相互抵牾，其二是代表牧民个体行动范式的认知理性与代表部落共同体实践法则的工具理性经常冲突，矛盾双方在二重理性博弈中无法达成关系自治,该背景下,即便在权威主体的被动介入与主动引导下,由于缺乏协商技术的精密支撑,协商过程也极易陷入战略相持。为推进协商空间的建设性拓展和协商秩序的一致性恢复,缓和认知理性和工具理性冲突的交往理性诞生,即强调第三方以柔性、非暴力的对话技巧,说服矛盾双方、化解矛盾纠纷并达成协商结果。由此,交往理性支配下的柔性说服策略成为部落权威解决矛盾纠纷的工具支撑。

事实上,部落作为基层自治组织,并未获得国家明确赋予的各项事权,因而在矛盾治理中需要基于牧民权力的让渡与集中,采取非正式的治理行动。其中,说服无疑是方式柔和、成本低廉且相对容易使矛盾双方接受的技术策略。具言之,矛盾双方通过申请、邀约等方式主动引入土官、乡老、活佛等部落权威。为重新达成协商秩序的一致性,作为部落代理人的部落权威,往往需借助柔性对话方式统合争议双方意见,其中很重要的对话策略是"说服",这种柔性协商对话技巧主要表征为"说口嘴"时乡老对矛盾双方的反复规劝,"丢谢特"时土官管家对争议主体的协调建议以及"尼尔冬"时活佛情理兼顾的合意策略。

因此,部落权威基于交往理性的柔性"说服"策略,推动部落矛盾纠纷的协商治理,构成"说口嘴"等部落矛盾治理机制的技术意涵。"说"即说服、商议或协商,"口嘴"即部落内外的矛盾纠纷,"说口嘴"即说服、说和矛盾纠纷的双方,有效纾解部落矛盾纠纷,维护部落运转秩序。

(三)权威主导下的"规则博弈":矛盾协商的基本特征及成效规制

麦洼部落的矛盾治理,并不限于当事者的直接参与,还有基于其权力自由让渡的第三方权威介入与主导,由此构成直接参与与委托代理相统一的矛盾协商风格。该过程中,协商不仅是化解纠纷的常见行为,同时还是制定规则以约束参与主体的过程。以邓大才[1]、李华胤[2]、肖盼晴[3]等为代表的田野政治学派发展了协商的规则性。规则性的重要意义在于,权威主导下的协商不仅笼罩了用于平衡协商个体的规则总体,确保当事主体在协

---

[1] 参见邓大才《规则型自治:迈向2.0版本的中国农村村民自治》,《社会科学研究》2019年第3期。

[2] 参见李华胤《可协商性规则:传统村落"田间过水"的秩序基础及当代价值——基于鄂西余家桥村的深度调查》,《社会科学研究》2019年第4期。

[3] 参见肖盼晴《理性一致:公共水资源的协商治理规则及逻辑——以云南省大具乡的"轮水班"为个案》,《山东社会科学》2019年第1期。

商过程中受到总体性规则的约束，它还是当事双方为达至力量平衡而选择的妥协办法。在权威主导下，矛盾双方通过谈判，形成一致认可的行为规则体系。该规则体系包括以物质化产出为内涵的实体性规则和以规则达成程序为指向的程序性规则。

该语境下，三类矛盾化解机制均带有明显的规则博弈特征并形成相应的治理效果。以索案为代表的乡老主导型协商表现为"强实体性—弱程序性"的规则博弈特征。基于个体理性，当事主体以话语各异的实体性规则作为对垒工具。乡老调解组则在摆脱程序性规则掣肘的同时，借助反复规劝和压力机制弥合双方基于实体性规则产生的利益分歧和情感嫌隙。但是，由于纠纷双方仅承担调解组的食宿费而不支付口嘴费已成为部落约定俗成的规定，这被戏称为无成本纠纷。同时，正是由于"纠纷"和"协商"位置倒置，"纠纷"不是为了"协商"，"协商"却是为了解决"纠纷"。这恰恰形成了一种纠纷激励机制，使得乡老主导型协商无法成为解决部落内部冲突的约束机制，反而在实体性规则的刺激下，带来更大的不稳定性，并导致程序规则不足型劣序的治理成效。

土官主导型协商呈现出完全相反的规则特征。作为部落管理者，土官等的作用并不在于绝对公平地厘清纠纷双方的利益归属，而是依习惯法对纠纷等引发部落秩序动荡的越界行为加以约束，以维持部落正常运转的底线。这种底线诉求决定了土官主导型协商不会给当事人带来明显的实体增益。同时，"帮助协调指导"的土官等深谙"社会行为受社会规范的制约"[1]，严格规范协商程序，包括申请调解、主持协商、分开陈述、合并布告等环节，程序性规则特征明显。因此，土官等主导下的纠纷协商很少有谈判回合，通常一次"丢谢特"便能达成口头协议。可见，土官等基于最低秩序需求而对协商实体规则加以消解，这使得部落矛盾治理面临程序规则过密化所导致的实体增益减弱，并引发周期性的纠纷动荡，由此形成实体规则不足型劣序治理效果。

兼顾程序规则和实体规则的活佛主导型协商，致力于探索源头治理部落纠纷的制度化路径。活佛汇集了跨部落的宗教感情和内生信任，活佛主导型协商带来了实质性的经济成果。在盗马案中，经活佛合意开导后的两

---

① 参见［英］安东尼·吉登斯《社会的构成：结构化理论大纲》，李康、李猛译，生活·读书·新知三联书店1998年版，第6页。

部落倾心向化，而且这种相互妥协得到传统盟誓的保障。在具体协商过程中，活佛会提出基于部落习惯法和宗教教义的双向补偿机制，其最终的谈判结果往往是涉事双方都会得到一个相对均衡的赔偿方案，这种基于合意的内在服从为双方长期发展营造更为稳定的外部氛围。在稳定氛围中得到长足发展不仅使各部落满意，也使活佛主导型协商成为跨部落利益表达的制度性渠道，在活佛与各部落的互动过程中，区域动荡得到有效控制，并由此形成规则完备型良序的治理效果。

表1　　　　　　　不同类型主导型协商形成的规则组合特征

协商类型	分布场域	程序性规则	实体性规则	治理成效
土官主导型	部落内/跨部落	强	弱	实体规则不足型劣序
乡老主导型	部落内	弱	强	程序规则不足型劣序
活佛主导型	跨部落/部落内	强	强	规则完备型良序

（四）主导型协商：部落矛盾治理的运行逻辑

在麦洼部落，矛盾纠纷的当事主体向部落权威发出邀请，接受权力让渡及整合的部落权威被动介入矛盾治理。在权威主导下，这种治理方式借助于规则博弈和说服策略，既保障了当事主体基于共同参与而形成的直接协商，又化解了资源配置失衡和二重理性博弈下的非平等协商困境。这种既能保障程序正义，又能实现实体增益的矛盾治理方式本质上可概括为"主导型协商"。

其一，协商主体的公共性转化构成主导型协商的前置性条件。公共性是促成当事主体达成协商的重要机制。主体公共性主要包括言论公共性、实践公共性以及价值公共性，与之相对应的分别是协商空间建构、协商主体参与以及协商精神传递，三者共同作用于权威主体的公共性生长。在三类本土化的矛盾化解机制中，当事主体间的私性对垒扩展至同一帐篷内的权威主导下的公共协商，在建构公共协商空间和保障当事主体参与的同时，基于公共精神的依次放大，土官、乡老、活佛等权威的主体公共性相应扩展，并间接规制协商覆盖范围以及矛盾化解成效。

其二，主导型协商的合法性来源于自由表达与柔性说服。在政治社会学看来，有效性构成合法性的重要来源。协商的有效性主要体现在两方面：基于表达自由的程序效率和基于结果达成的实体效能。在三类部落矛盾治理案例中，作为主导的部落权威，不仅以帮助协调指导、走访知情牧民以及分别听取陈述的方式充分保障当事主体的表达自由，同时利用反复规劝、协调建议以及合意策略等柔性说服技巧促进矛盾双方的心理弥合、倾心向化和顶经膜拜。

其三，主导型协商基于当事主体的理性共识形成治理结果。共识是政治过程参与者在充分协商基础上所形成的，并对所讨论问题表现出的一致性。[①] 主导型协商的功能在于通过协商形成理性共识，进而促进当事主体的程序自利或实体增益。在表达、申诉、说服等沟通环节，主导型协商既要求当事主体服膺相应的博弈规则，同时要求其必须克服个体认知理性与部落工具理性的固有差异，继而基于权威主导下的柔性说服策略，完成交往理性的观念耦合和共识达成。

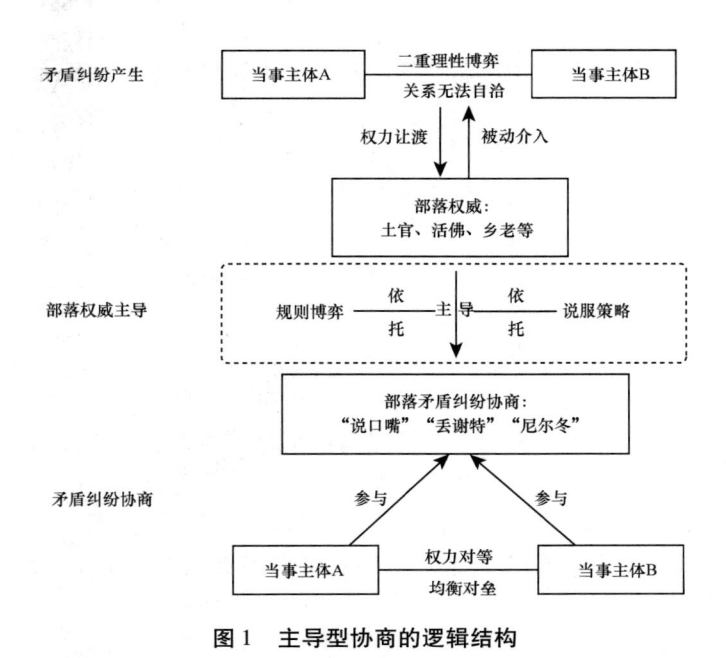

图 1　主导型协商的逻辑结构

---

① 参见陈家刚《协商民主：概念、要素与价值》，《中共天津市委党校学报》2005 年第 3 期。

四　主导型协商作为部落本土化纠纷治理机制的当代启示

虽然以"说口嘴"等为代表的主导型协商机制是国家不在场的传统部落社会治理矛盾纠纷的内生方式，但是其中所富含的协商因子，对于新时代党领导下的基层治理有效，仍有较大启发价值。

（一）作为治理的协商在中国基层具有广泛的内生根基

既有协商研究多在民主理论框架下展开，其结果便是中国自古以来的协商实践难逃"威权主义"的归因逻辑，并由此被排斥在西方主流协商话语体系之外。但是，随着研究视角从"民主"向"治理"的转变，中国历史进程中以协商化解矛盾的事实重新焕发出新的实践感。即便在游牧边陲地区，依靠协商进行治理仍有广泛的适用根基。

第一，国家政权淡出对日常纠纷的直接干预是部落协商治理产生的结构性条件。草地政府对于部落纠纷的直接干预让自身始终处于矛盾调解一线，行政责任和运行成本猛增。同时，罔顾藏区民情民规的刚性维稳手段引发的矛盾治理效果难持续问题也日趋明显。多重压力下，草地政府重新评估自身角色定位，实施减少干预的羁縻政策，鼓励涉事方通过协商解决问题。在这种"集权的简约治理"[①] 新思路影响下，部落内部事务逐步转为由争议双方通过谈判协商直接加以解决，草地政府的转变为多元权威介入部落矛盾纠纷治理创造了条件。

第二，部落理性与个体理性的交织催生了"主导型协商"。在草地社会，部落作为相对独立的政治、经济、文化单元，将整体观和平等观视为基本理性诉求。由此，无论是个体之间还是跨部落矛盾纠纷，基于及时恢复整体秩序以及平抑当事主体差异的底线思维，部落权威呈现出力图主导矛盾治理的战略性积极一面。同时，个体理性支配下的治理成本考量，迫使部落权威在矛盾繁多的草地社会只能呈现出被动介入的策略性消极一面。在此基础上，双重理性交织催生了"主导型协商"。

第三，在现代化进程中，协商的社会土壤并未改变，协商因子仍广泛

[①] 参见黄宗智《集权的简约治理——中国以准官员和纠纷解决为主的半正式基层行政》，《开放时代》2008年第2期。

散落在涵括部落边陲的基层社会。随着民族国家的兴起，作为行政力量源泉的权威性资源进一步延伸至基层社会。但是，一系列的正式制度丛结保障了基层自治的结构性空间不被压缩，并以前所未有的"抽离化机制"将作为自治因子的部落协商带入跨区域的交往方式之中。近年来，各地纷纷涌现民主恳谈会、协商对话会、参与式预算、民意裁决团等多种矛盾纠纷协商形式，均说明草地社会所蕴含的协商因子并未在现代化进程中消解，反而在区域交往中得到新的形式延续和效能扩散。

（二）主导型协商对新时代基层协商自治的价值

"十四五"规划纲要指出，健全党组织领导的自治、法治、德治相结合的城乡基层治理体系，完善基层民主协商制度。这说明在新的历史时期，协商自治是构建党领导下的社会良性治理共同体的有效路径。当前基层社会正处于快速现代化的关键时期，但是现代性的增长并没有为文化网络日益崩解、利益诉求趋向多元的基层社会创造出可供信任的共同体整合新秩序。如何在结构分化的基层社会形成一致性的运行秩序及规则体系，成为当前基层治理面临的难题。

有效的参与构成民主的首要标准。[①] 基层协商则为普通民众有效参与社会治理提供了可行通道。但是，参与仅构成有效治理的必要非充分条件，在此基础上，还需考虑参与主体的可行能力和理性差异。由于并非所有民众都具备判断自身利益最大化的可行能力，加之基于利益分化的个体认知理性冲突，这种能力差异和理性冲突所形成的不平等将削减对话效率并对协商效果形成实质影响。有鉴于此，主导型协商可有效化解这一不足。其重要价值在于，在高度分化及流动的现代社会，基于当事主体的自由权力让渡，由具备更大公共性的第三方权威，尤其是超越阶级局限并以人民为中心的中国共产党，对差异化的当事主体进行权力平抑和理性引导，进而形塑公平对垒的协商参与空间，同时借助权威主导下的柔性说服策略达致协商共识，为新时代打造党领导下的善治共同体提供可供索引的策略化工具和制度化路径。

---

① 参见［美］罗伯特·达尔《论民主》，李柏光、林猛译，商务印书馆1999年版，第43页。

Leading negotiation: conflicts and disputes of nomadic tribes in the traditional period Governance Logic and Contemporary Value
——Localization Consultation Practice of Maiwa Tribe in Northwest Sichuan

Zhong Chuyuan Zhu Dongliang

(School of Marxism, Xiamen University, Xiamen, 361005)

Abstract: Negotiation is given a new path to resolve grassroots conflicts and disputes. Previous studies only focus on the instrumental scheme and interventional logic of negotiation in the governance of conflicts and disputes, ignoring the implicit mechanism and process logic of multiple subjects dominated by negotiation and their effective mediation of conflicts and disputes. This paper examines the localization negotiation practices of the Maiwa tribe in northwestern Sichuan, such as "speaking mouth" "Duchette" "Nierdong" and finds that in the traditional period when the state is not present, tribal disputes are resolved autonomously through negotiation. Negotiation is the practical logic of "authority leading", which is summarized as "leading negotiation". The parties with capacity differences and rational conflicts, under the leadership of relatively independent authority, through the transfer and integration of power, shape the space for fair negotiation participation. At the same time, combined with the rule game and persuasion strategy under the leadership of authority, promote the agreement of the parties, and effectively solve the problem of tribal governance. China's grass-roots society has rich endogenous negotiation factors and continues to this day. In a highly differentiated and mobile modern society, mining and activating the "dominant negotiation factor" of grass-roots society has important inspiration for how to build a good governance community under the leadership of the Party.

Key Words: Leading negotiation; Tribal disputes; Authority leading; Rule game; Persuasion strategy

我国基层治理研究：知识图谱与趋势展望*

胡建锋

(许昌学院马克思主义学院　河南许昌　461000)

内容提要：基层治理是国家治理的基石。基于 CiteSpace 和 VOSviewer 的文献计量分析发现，我国基层治理研究形成了以政治学、公共管理学、社会学为主体，马克思主义理论、法学、传播学等多学科参与的研究格局。研究的热点议题，主要涉及基层治理的政策导向、关键领域、主体类型、价值目标与改革进路等方面。研究的演变历程，经历了以解释基层制度变迁为关切的萌芽起步阶段（1999—2006 年）、以构建多元治理格局为旨归的缓慢发展阶段（2007—2012 年）、以实现治理现代化为目标的快速增长阶段（2013—2019 年）、以提升基层治理效能为取向的爆发跨越阶段（2020 年至今）。面向未来的基层治理，应重点加强长周期的历史研究，拓展趋势性的前瞻研究，丰富宽区域的比较研究。

关键词：基层治理；热点主题；演变历程；治理现代化；治理效能

一　问题提出与研究设计

(一) 问题提出

基层治理是国家治理的重要内容，是实现国家治理现代化的基础工程。党的十八大以来，习近平总书记高度重视基层治理工作，反复强调

---

* 基金项目：国家社科基金重大项目"中国共产党工农关系政策史料收集、整理与研究（1921—2021）"（21&ZD037）。

作者简介：胡建锋，男，管理学硕士，许昌学院马克思主义学院副教授、河南省中国特色社会主义理论体系研究中心研究员，主要研究三农问题与基层社会治理。

"基层强则国家强，基层安则天下安，必须抓好基层治理现代化这项基础性工作"①，为加强和创新基层治理提供了根本遵循。2021年，中共中央、国务院印发的《关于加强基层治理体系和治理能力现代化建设的意见》，明确提出了实现基层治理现代化的阶段目标、工作原则与重大部署②，为新时代加强和创新基层治理指明了前进方向。党的二十大报告进一步强调："坚持大抓基层的鲜明导向，抓党建促乡村振兴，加强城市社区党建工作，推进以党建引领基层治理。"③ 这一重要论断，再次凸显了基层治理在新时代党和国家治国理政中的重要地位。

20世纪90年代，"治理"概念由西方引入中国，学术界随即开启了关于"基层治理"话题的讨论，几十年来已进行了长时段的追踪研究、多学科的观察分析、多视角的理论解读，形成了多元化的研究成果。但这些研究成果尚未得到系统性梳理，影响了对基层治理研究动态的总体性掌握，削弱了其对基层治理实践的指导性意义。基层治理研究经历了哪些发展演进？有何阶段特点？探讨了哪些热点主题？未来的演变趋势如何？这些问题亟待通过系统性的理论梳理予以回应。为此，本研究旨在系统梳理以"基层治理"为主题的文献资料，总体把握基层治理的研究动态、热点主题、阶段特点与前沿趋势，为推动基层治理实践高质量发展提供参考借鉴。

（二）研究方法

文献计量法是开展基础研究的常用方法，也是把握学术动态的基础方法，能够为总体了解基层治理的研究动态、前沿趋势提供方法支撑。为科学实施文献计量分析，本研究使用CiteSpace和VOSviewer作为分析工具。其中，CiteSpace作为可视化分析工具，可以通过关键词共现、关键词聚类、关键词时间线等图谱分析，为认识基层治理研究的热点主题、阶段演进与前沿趋势提供依据；VOSviewer的呈现方式更加美观，生成的分析结果作为CiteSpace知识图谱的检验参照，辅助检验CiteSpace分析结果的可

---

① 习近平：《向全国各族人民致以美好的新春祝福 祝各族人民幸福吉祥祝伟大祖国繁荣富强》，《人民日报》2021年2月6日第1版。
② 参见《中共中央国务院关于加强基层治理体系和治理能力现代化建设的意见》，《人民日报》2021年7月12日第1版。
③ 习近平：《高举中国特色社会主义伟大旗帜 为全面建设社会主义现代化国家而团结奋斗》，《人民日报》2022年10月26日第1版。

信度。两者结合使用,有助于保障文献计量分析的可靠性,为科学把握基层治理的研究动态与理论前沿提供有力支撑。

(三) 数据来源

本研究选择的样本数据,均来自中国知网 (CNKI) 中文数据库。中文电子数据库查询的便捷性,为研究的顺利开展提供了有力条件。同时,鉴于 CSSCI 来源期刊权威性强、认可度高等优势,在进行文献检索时,研究专门将检索类别设置为 CSSCI 来源期刊。截至 2022 年 11 月 4 日,以"基层治理"为主题词,以 CSSCI 来源期刊为检索类别,共检索出期刊文献 3085 篇。为充分保障数据来源的可靠性,人工逐一对检索出的文献资料进行筛选,剔除了会议综述、主持人语、书评、期刊征文等与主题词关联度不强、内容匹配度不高的部分文献,最后确定符合研究主题的有效数据为 2753 篇。

二 我国基层治理研究的热点主题

关键词共现、关键词聚类是总体把握研究文献热点主题的两大核心指标。借助关键词共现知识图谱,可以总体把握基层治理研究的高频词汇,形成对热点主题的初步判断。通过关键词聚类知识图谱,可以对基层治理研究的高频词进行自动归类,为综合把握热点主题提供重要参照。为此,基于 VOSviewer 的基层治理研究关键词共现图谱发现:基层治理、社会治理、基层社会治理、乡村治理、乡村振兴、社区治理、基层政府、村民自治、党建引领、精准扶贫是排名前 10 位的高频关键词,直观呈现了基层治理研究的热点话题。基于 CiteSpace 的基层治理研究关键词聚类图谱,共得到 14 个主要类别,即#0 基层治理,#1 治理效能,#2 基层政府,#3 社区治理,#4 基层党建,#5 资源下乡,#6 乡村治理,#7 基层干部,#8 社会治理,#9 精准扶贫,#10 社区,#11 自治,#12 社会工作,#13 基层政权,其中,Q 值 = 0.609,S 值 = 0.862,说明聚类效果显著,可信度较高。综合高频关键词和聚类分析结果,可以将基层治理研究的热点主题归纳(如表1),分别为:政策导向、关键领域、主体类型、价值目标与改革进路。

表1　　　　　　　基层治理研究的关键词聚类信息表

类型	聚类号	聚类名称	主要节点
政策导向	#0	基层治理	基层治理；城市更新；精英规划；北京；责任规划师
	#5	资源下乡	资源下乡；数字治理；技术赋能；技术治理；村级治理
	#9	精准扶贫	精准扶贫；脱贫攻坚；政策执行；治理机制；媒体融合
关键领域	#3	社区治理	社区治理；党建引领；城市社区；农村治理；法治化
	#6	乡村治理	乡村治理；乡村振兴；新乡贤；基层治理；基层法治
主体类型	#2	基层政府	基层政府；治理；基层社会；基层治理；制度创新
	#7	基层干部	基层干部；形式主义；基层减负；乡镇政府；数字政府
	#10	社区	社区；合作治理；社会组织；项目制；多元主体
价值目标	#1	治理效能	治理效能；国家治理；村民自治；协商民主；党的领导
	#11	自治	自治；德治；法治；桐乡经验；持续创新
改革进路	#4	基层党建	基层党建；城市治理；创新；新时代；治理能力
	#8	社会治理	社会治理；公共服务；共同体；村庄治理；微治理
	#12	社会工作	社会工作；系统论；实践性知识；理论体系；互嵌
	#13	基层政权	基层政权；建构者；公共治理；权力文化网络；共同利益

（一）基层治理的政策导向

不同时期基层治理的发展变迁，深受国家政策导向的影响。围绕基层治理的政策导向，学者们分析了基层治理的历史变迁、演变逻辑与实践模式。

一是基层治理的历史变迁。学者们立足不同的政策制度背景，重点探讨基层治理的历史底色与发展演变。如深入考察秦汉乡里制的发展变迁，解释乡里制度变迁对古代基层治理的深刻影响[①]，探究基层治理的历史底色。再者，关注当代中国基层治理的历史演变，以城市管理政策的发展变迁为依据，回溯中华人民共和国成立以来，我国城市基层治理经历的单位制、街居制、社区制的历史变迁[②]；以土地政策的优化调整为线索，分析土改时期、合作化时期和人民公社时期、家庭承包制时期我国基层治理中

[①] 参见孙闻博《从乡啬夫到劝农掾：秦汉乡制的历史变迁》，《历史研究》2021年第2期。
[②] 参见杨君、纪晓岚《当代中国基层治理的变迁历史与理论建构》，《毛泽东邓小平理论研究》2017年第2期。

国家与农民关系的发展演变①。

二是基层治理的演变逻辑。学者们从制度、政策等多元视角探寻基层治理的演变逻辑：从历史制度主义视角指出，宏观制度背景是影响城市基层治理体制变迁的根本原因，要善于从制度视角把握城市基层治理体制从单位体制、街道体制到社区体制的多重演变②；从政策变迁视角强调，政策演化是影响基层治理变迁的关键因素③，如精准扶贫政策的引入，形塑了基层治理向积极治理与精细化治理④的转型发展，而数字治理政策的引入，推动基层治理向整体智治⑤的方向迈进。还有学者主张，解释基层治理变迁，应当回归"基层"，关注基层政权的组织方式、社会团体的数量类型与基层治理的管理手段⑥。

三是基层治理的实践模式。学者们从能力、组织、主体等视角，分析了不同政策制度背景下基层治理变迁中的多元模式：从国家能力视角指出，传统社会以来的我国基层治理模式先后经历了"双轨政治""赢利性经纪人""全能主义""乡政村治"等多重模式演变⑦；从政权建设视角指出，改革开放以来我国农村基层政治变迁，经历了从"乡政村治"到"乡村治理"的模式变迁⑧；从组织化视角主张，百年来党领导基层治理的实践模式，可以划分为全能控制、党政主导与合作共治⑨等多种模式；

---

① 参见陈世伟、尤琳《国家与农民的关系：基于执政党土地政策变迁的历史考察》，《社会主义研究》2012年第4期。

② 参见李靖、李春生《我国城市基层治理体制变迁研究》，《湖北社会科学》2018年第1期。

③ 参见蔡小慎、王淑君《中国基层社会治理政策变迁：演化、特征与经验》，《西南民族大学学报》（人文社科版）2020年第6期。

④ 参见袁明宝、余练《精准扶贫嵌入与全面脱贫的基层治理逻辑》，《开放时代》2021年第3期。

⑤ 参见邓念国《整体智治：城市基层数字治理的理论逻辑与运行机制》，《理论与改革》2021年第4期。

⑥ 参见刘学《回到"基层"逻辑：新中国成立70年基层治理变迁的重新叙述》，《经济社会体制比较》2019年第5期。

⑦ 参见尤琳、陈世伟《国家治理能力视角下中国乡村治理结构的历史变迁》，《社会主义研究》2014年第6期。

⑧ 参见陈军亚、肖静《从"乡政村治"到"乡村治理"：政权建设视角下的农村基层政治变迁》，《理论月刊》2022年第6期。

⑨ 参见颜德如《中国共产党百年来对基层治理的探索：基于组织化的视角》，《理论探讨》2022年第4期。

从政党视角强调，中国共产党领导基层治理从"动员型"向"统合型"[①]的模式演变。

（二）基层治理的关键领域

社区治理与乡村治理构成了基层治理的关键领域。学者们围绕社区治理与乡村治理进行了多维探索，形成了丰富的理论成果。

一是社区治理的有关议题。已有研究围绕社区治理的现实问题、运作机理与机制建构进行深入探讨。在社区治理过程中，动员能力不足[②]、居民参与不够[③]等现实挑战，影响着社区治理的实践效果。在解释社区治理"何以有效"时，学者们提出了互动式治理[④]、嵌合式治理[⑤]、情感式治理[⑥]等多元解释，为认识社区治理的实践运作提供了理论视角。为持续改善社区治理，学者们提出建立嵌入式引领机制[⑦]，强化党组织对社区的引领作用；建立赋能式的资源传导机制[⑧]，为社区治理提供可靠的资源保障；搭建政府、社会与居民的良性互动机制[⑨]，推动构建社区治理共同体。

二是乡村治理的多维探索。学术界重点分析了乡村治理的基本单元、运作机理与实现机制。学者们关注治理单元对实现治理有效的影响，主张

[①] 参见李春根、罗家为《从动员到统合：中国共产党百年基层治理的回顾与前瞻》，《管理世界》2021年第10期。

[②] 参见蔡斯敏《城市基层社区动员效能提升的困境与路径探析》，《北方民族大学学报》2022年第5期。

[③] 参见任燕、任育瑶《单位老旧小区治理中居民有效参与的困境与出路》，《西安财经大学学报》2022年第4期。

[④] 参见王智强、何旺旺《城市社区互动式治理：运作机理、现实困境与实现路径》，《西安财经大学学报》2022年第5期。

[⑤] 参见戴祥玉、唐文浩《嵌合式治理：行政主导下老旧小区"微更新"的实践探索》，《学习与实践》2021年第9期。

[⑥] 参见郭根、李莹《城市社区治理的情感出场：逻辑理路与实践指向》，《华东理工大学学报》（社会科学版）2021年第2期。

[⑦] 参见陈柏峰、石建《党建引领嵌入社区治理的机制研究》，《江苏大学学报》（社会科学版）2022年第5期。

[⑧] 参见陈伟东、姜爱《社区治理中的资源传导机制及其效应差异》，《江汉论坛》2022年第7期。

[⑨] 参见彭宗峰《政府、社会与居民良性互动的社区治理何以可能》，《求实》2022年第4期。

根据治理的实际需要，动态调整基层治理的单元大小[1]，逐步建立自然村、行政村、乡镇等多层次的基本治理单元体系[2]。结合治理实践，总结提炼了柔性治理[3]、非正式治理[4]等治理模式，用以解释乡村治理的运作机理。着眼实现乡村治理有效，提出构建农户参与机制[5]、内生动力的驱动机制[6]等机制保障。

三是"过渡型"社区的已有研究。学术界围绕"村改居"社区、移民安置社区等"非城非乡、亦城亦乡"特点的"过渡型"社区展开研究，着重分析了"过渡型"社区面临的现实挑战与转型路径。在"村改居"社区，重点关注社会记忆离散[7]、社会秩序失范[8]等问题，并给出相应转型发展的路径。在移民安置社区，聚焦身份认同困境[9]、生计保障不足[10]、内生动力不够[11]等方面，并提出相应治理转型之路。

（三）基层治理的主体类型

治理主体是基层治理研究的重点议题。学者们围绕基层治理的主体类型，特别是基层政府、基层干部、社区多类主体等进行了分析探讨。

一是关于基层政府的分析探讨。学术界重点探讨了基层政府的行为逻

---

[1] 参见郭瑞敏、蒋雨泓《多层次治理：后功能主义视角的基层治理单元调整》，《财经问题研究》2022年第10期。

[2] 参见谭文平《乡村治理基本单元的多层化体系建构》，《西部论坛》2021年第3期。

[3] 参见胡卫卫、佘超《乡村柔性治理的发生逻辑、运作机理与应用路径》，《兰州学刊》2021年第5期。

[4] 参见张丹丹《行政包干制：乡镇非正式治理的常态化机制》，《华南农业大学学报》（社会科学版）2020年第4期。

[5] 参见陈鲁雁、吴童《柔性政策动员：乡村治理中农户参与的实现机制》，《云南民族大学学报》（哲学社会科学版）2022年第3期。

[6] 参见杨铃、张欢《内驱与外引：层级视角下乡村治理的驱动机制研究》，《地方治理研究》2022年第4期。

[7] 参见郭明《空间变革中"村改居"社区共同体的式微及再造》，《科学社会主义》2020年第3期。

[8] 参见吕青《"村改居"社区秩序如何重建？》，《华东理工大学学报》（社会科学版）2015年第6期。

[9] 参见陈光普《城镇拆迁安置社区治理的现实困境及其破解路径》，《中州学刊》2020年第12期。

[10] 参见吕璟、潘知常《再造居民——社会空间视角下拆迁安置房社区失地农民问题研究》，《南京社会科学》2018年第4期。

[11] 参见杨智《城乡融合视阈下社区教育赋能安置移民内生发展能力提升的机理与路径》，《贵州社会科学》2021年第10期。

辑与治理模式。不同的治理情境，基层政府会选择不同的行为策略。以推广新冠病毒疫苗接种为例，基层政府在政策执行中，曾先后采用常规执行、运动执行、迂回执行与代理执行等多样行为策略[1]，展现出"应势而动"的行为特征。在解读基层政府的行为逻辑过程中，形成了获取晋升政绩或逃避问责惩处的自利动机[2]、追求资源公共利益最大化的公益动机[3]、主动回应民众意愿诉求的善治动机[4]等多种观点。除此之外，还有研究基于基层政府的治理实践，总结提炼了攻坚式治理[5]、运动式治理[6]等多元治理模式。

二是关于基层干部的分析研究。学术界主要分析了基层干部的行为逻辑、现实问题与提升之道。学者们基于问责压力激增的背景，考察基层干部的消极避责行为[7]，剖析干部不担当不作为带来的多重危害。关注困扰基层干部的"减负"难题[8]，阐明其对干部工作积极性的严重挫伤，主张持续为基层减负增效，让基层干部有时间、有精力抓落实。考察基层干部的工作能力，指出群众工作方法、工作能力不足[9]是影响基层治理的突出问题，并提出了践行党的群众路线、加强不同岗位历练等解决之道。

三是社区多类主体研究。研究关注到社区内党组织、居民、社会组织等多元主体在基层治理中的作用及其互动关系。社区党组织是社区治理的

---

[1] 参见王法硕《"应势而动"：持续增压情境下基层政府如何完成任务？》，《公共管理学报》2022年第4期。

[2] 参见丁煌、李新阁《干部考核作用下基层政府政策执行力的动力机制及其优化》，《行政论坛》2019年第5期。

[3] 参见陈颀《"公益经营者"的形塑与角色困境》，《社会学研究》2018年第2期。

[4] 参见李华胤《治理性回应：从自设性工作组看乡镇政府的行为逻辑》，《探索》2020年第6期。

[5] 参见徐明强、许汉泽《运动其外与常规其内："指挥部"和基层政府的攻坚治理模式》，《公共管理学报》2019年第2期。

[6] 参见宋维志《运动式治理的常规化：方式、困境与出路》，《华东理工大学学报》（社会科学版）2021年第4期。

[7] 参见田先红《从结果管理到过程管理：县域治理体系演变及其效应》，《探索》2020年第4期。

[8] 参见王向阳《国家治理转型与基层减负悖论》，《理论与改革》2022年第3期。

[9] 参见俞好爱、王向阳《找回"群众工作"：当前农村基层治理形势研判及其战略选择》，《科学社会主义》2022第2期。

关键所在①，应逐步强化党建引领社区治理。居民有效参与是社区治理的动力支撑②，应持续提升居民参与社区治理的内生动力。社会组织是社区治理的重要力量③，应强化保障、创造条件、放宽门槛、加强引导，促使社区社会组织充分发挥专业优势，持续提升基层治理的实践效能。

（四）基层治理的价值目标

基层治理实践是有目标指引、有价值追求的治理活动。学界围绕基层治理的价值意蕴、价值遵循与价值转向进行了多维探索，取得了一定的研究成果。

一是基层治理的价值意蕴。学术界分析了基层治理在推进乡村振兴、改善国家治理、贡献中国方案、推动理论发展等方面的重要价值。从实践层面看，实现基层治理现代化，是全面推进乡村振兴战略的重要基础④，是夯实国家治理现代化基层基础的重要保证⑤，能够为国际社会特别是广大发展中国家提供基层治理的"中国方案"。从理论层面看，基层治理的理论与实践发展，有助于丰富中国特色社会主义基层治理理论体系，彰显我国党建引领基层治理的鲜明特色⑥。

二是基层治理的价值遵循。学术界注重分析基层治理的指导理念，从中探寻基层治理的内在价值追求。如在基层治理实践中，各地普遍把追求合法性与有效性作为价值目标，前者强调基层治理应获得治理对象的认同和程序上的合法，后者关注基层治理实践应以高效的方式和最佳的效果开展，基层治理的理想状态是实现两者的契合⑦。当前，治理有效已经成为

---

① 参见陈志远、杨雨洁、汤镇源《党建引领与社区应急治理的双向赋能：理论逻辑与实践进路》，《社会科学家》2022 第 8 期。

② 参见王静、邹农俭《改革开放以来居民参与基层社会治理的实践形态》，《南京师大学报》（社会科学版）2022 第 5 期。

③ 参见王丽莉《社会心理服务组织参与基层治理的角色定位》，《人民论坛·学术前沿》2022 第 14 期。

④ 参见郭晓勇、张静、杨鹏《党建引领乡村治理：生成逻辑、价值旨归与优化向度》，《西北农林科技大学学报》（社会科学版）2022 年第 5 期。

⑤ 参见庄传伟《赋能基层治理现代化，构建民心相通共同体》，《中国广播电视学刊》2022 年第 10 期。

⑥ 参见王大广《党建引领基层社会治理的首都实践及其现实意义》，《上海交通大学学报》（哲学社会科学版）2021 第 1 期。

⑦ 参见徐娜《合法性与有效性：现代化转型时期基层治理的双重目标导向》，《湖北民族大学学报》（哲学社会科学版）2021 年第 5 期。

基层治理的重要关切,治理效能成为评判治理实践的重要标尺①。面向未来,治理现代化已经成为基层治理的核心目标②,推动基层治理体系和治理能力现代化,逐步成为基层治理改革的工作重点。

三是基层治理的价值转向。部分研究关注基层治理中多维价值的选择取舍,并探讨了基层治理的价值转向。有学者指出,清单制、数字化等带来的工具理性和效率逻辑③,遮蔽了人的价值和需求,应当强化以人为本,实现人的回归。必须强化基层治理的人民立场,把"以人民为中心"的价值理念④贯穿到基层治理的全过程,实现对基层治理工具理性和效率至上的逻辑纠偏。基层治理的价值转向,还应处理好与传统政治理念、西方价值观念的关系,既要对传统政治观念进行适应性改造,又要对西方个人主义价值观等进行扬弃超越⑤。

(五) 基层治理的改革进路

改革进路是基层治理面向未来的重要抓手。学术界注意从坚持党建引领、补齐治理短板、打造治理共同体等角度,探寻基层治理的改革进路。

一是坚持党建引领基层治理。学者们注重阐释党建引领基层治理的必然逻辑,解读党建引领基层治理的现实路径。部分学者指出,坚持党建引领,契合了转型时期基层社会的治理特点和实际需求,有助于推动基层治理提质增效,为基层治理提供方向指引和动力保障⑥。建立融合式党建⑦,实现由党员认同向市民认同转变,能够推动党建引领基层治理的有效落地。以体制机制构建,强化党组织在基层治理中的组织动员和资源整合能

---

① 参见贺雪峰、桂华《行政激励与乡村治理的逻辑》,《学术月刊》2022 年第 7 期。
② 参见岳奎、张鹏启《新时代党建引领农村基层治理路径探析》,《行政论坛》2022 年第 3 期。
③ 参见钱全《基层清单治理的价值证成与适配异步》,《暨南学报》(哲学社会科学版) 2022 年第 6 期。
④ 参见王湘军、康芳《和合共生:基层治理现代化的中国之道》,《中国行政管理》2022 年第 7 期。
⑤ 参见张伟坤《协同共生:基层社会治理理念的传承逻辑与时代趋向》,《华南师范大学学报》(社会科学版) 2022 年第 4 期。
⑥ 参见孙萍《中国社区治理的发展路径:党政主导下的多元共治》,《政治学研究》2018 年第 1 期。
⑦ 参见朱亚鹏、李斯旸、肖棣文《融合式党建、身份认同与社区治理创新》,《行政论坛》2022 年第 5 期。

力，是实现党建引领基层治理的关键着力点①。

二是补齐基层治理现实短板。学者们主张掌握治理规律、加强基层政权建设、加强社会工作理论建设，切实补齐基层治理短板。在基层治理中，应重点探寻实现激发活力、减轻压力、强化动力、提升能力和注重合力的治理之道②。同时，把基层政权建设作为重点内容，推动解决基层政权面临的行政功能弱化、村级组织治理功能隐形等突出问题③。此外，还要加快构建社会工作的理论体系④，建立健全社会工作专业队伍，以充分发挥社会工作在基层治理中的专业优势，助推实现基层治理现代化。

三是致力打造基层治理共同体。打造治理共同体是加强和改进基层治理的核心抓手。研究以打造治理共同体为目标，提出了改善基层治理的多项策略思考。如积极顺应数字治理的宏观背景，借助数字技术对于乡村治理共同体进行重构⑤，发挥数字技术对公民参与的赋能增权功能，有效打通基层治理共同体构建过程中的现实堵点。此外，发挥社区基层组织的催化合作功能⑥，以带动提升村民的参与意识和能力，逐步打造基层治理共同体。

三　我国基层治理研究的阶段演变

根据文献年份分布图（图1）和对关键词时间的梳理，我们可以总体研判我国基层治理研究的阶段演变。其中，文献年份分布图可以直观呈现基层治理研究发文情况，对关键词时间的梳理可以判断基层治理研究的历时性特征和阶段研究热点。鉴于此，可以将我国基层治理研究总体划分为萌芽起步、缓慢发展、快速增长、爆发跨越等四个阶段。

---

① 参见韩瑞波、谭荧《城乡社区治理创新的主题划分与实践机理》，《湖北民族大学学报》（哲学社会科学版）2022年第5期。
② 参见徐勇《在治理创新实践中寻求"治道"》，《行政论坛》2022年第2期。
③ 参见韩瑞波《迈向治理实践的乡村基层政权研究：论域、进路与反思》，《云南社会科学》2020年第2期。
④ 参见童敏、刘芳《基层治理与中国社会工作理论体系建构》，《河北学刊》2021年第4期。
⑤ 参见吴莹、秦美平《数字乡村建设中的基层治理共同体重构》，《新视野》2022年第5期。
⑥ 参见王德福《迈向治理共同体：新时代城市社区建设的路径选择》，《湖北社会科学》2022年第8期。

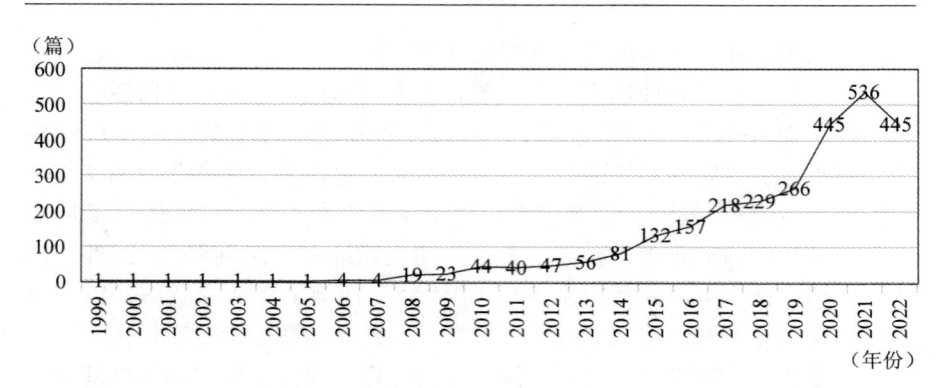

图 1　基层治理研究文献年份分布图

（一）以解释基层制度变迁为关切的萌芽起步阶段（1999—2006 年）

1999—2006 年，我国基层治理研究主要以解释基层制度变迁为核心关切，仍处于萌芽起步阶段。由于"治理"概念引入时间不久，仍未引起学者们的广泛重视，但仍有部分学者自发围绕基层政府的制度变迁、基层自治的制度创新等议题展开研究，重在解释基层制度变迁背后的实现机理。就发文量来看，总体数量偏少，年发文量低于 5 篇，且增幅较小。

就研究内容看，农村改革、基层组织、基层政府、制度创新、多元共治、程序运作、治理结构、社区建设等是这一阶段的热点词。此阶段基层治理的研究主题，主要聚焦以下几个方面。一是关注基层自治的制度创新。聚焦农村政治改革，对村民自治、能人治村、农村组织改革等重点议题进行探讨。如分析能人治村对农村社会的权力重组，强调基层治理由能人治理向法理治理转向的必然性[①]。围绕 2003 年浙江温岭的"民主恳谈"制度创新，解释其对推动基层民主政治建设，特别是发展基层协商民主的重要价值。关注农村组织存在的机构臃肿、规模庞大、人浮于事等[②]问题，强调加强农村组织改革的制度安排。二是关注基层政府治理的制度变迁。这一阶段，重点围绕政府治理创新、乡镇政权的存废等议题进行探讨。如以步云直选乡长改革为契机，探讨基层政府治理变迁的制度逻辑。基于乡镇政权的基层治理功能，主张破解国家与农村间的主体失衡，找到

---

① 参见徐勇《权力重组：能人权威的崛起与转换》，《政治学研究》1999 年第 1 期。
② 参见郑长军《我国农村组织的现实问题与制度安排》，《江汉论坛》2004 年第 11 期。

基层自治的扩展之路。三是关注基层治理的结构演变。探讨取消农业税对我国基层治理结构、基层财政运行等产生的关联影响。基于财政约束压力引发的公共治理问题，提出按照强县政、精乡镇、村合作的思路[1]，优化调整农村基层治理结构。

（二）以构建多元治理格局为旨归的缓慢发展阶段（2007—2012年）

2007—2012年，我国基层治理研究以构建多元治理格局为基本旨归，开始进入缓慢发展阶段。2007年，党的十七大提出"建立健全党委领导、政府负责、社会协同、公众参与的社会管理格局"[2]，这一论断推动了基层治理的研究转向，学界开始关注构建多元治理格局。在这一阶段，基层治理研究经历了初步发展，年发文量有所攀升，但总量仍然低于50篇，呈现出增长缓慢、波动不大的阶段特点。

就研究内容看，和谐社会、城镇化、税费改革、基层社会、农村冲突、社会管理、应急管理、群体性事件、基层党建、社会转型、社区治理、乡村治理、协商民主等成为此阶段基层治理研究的热点词。鉴于此，可以将此阶段的研究议题，大致归纳为如下几个方面。一是和谐社会背景下的基层秩序建构。随着经济社会的发展和利益诉求的多元，基层社会的矛盾冲突日益增多，加强基层社会管理成为当时的重要课题。学术界立足构建和谐社会的时代要求，聚焦农村矛盾冲突化解、群体性事件治理等多项议题，主张改善基层政府治理，特别是提升应急管理能力，为构建社会主义和谐社会提供支撑。二是城镇化背景下的基层治理转型。学者们将研究置于城镇化的宏观背景，系统考察城镇化进程中基层治理中的现实挑战，分析探讨农地流转、"过渡型"社区等基层治理转型问题，以期实现基层治理的善治目标。三是税费改革后的减负效应与政权运作。税费改革显著减轻了农民的基层负担，在一定程度上缓解了干群关系的紧张。同时，税费改革又带来了基层权力的"悬浮化"，产生基层政府消极作为、干群关系疏离等突出问题。

（三）以实现治理现代化为目标的快速增长阶段（2013—2019年）

2013—2019年，我国基层治理研究把实现治理现代化作为目标遵循，

---

[1] 参见郑风田、李明《新农村建设视角下中国基层县乡村治理结构》，《中国人民大学学报》2006年第5期。

[2] 胡锦涛：《高举中国特色社会主义伟大旗帜 为夺取全面建设小康社会新胜利而奋斗》，《人民日报》2007年10月25日第1版。

总体处于快速增长阶段。2013年11月,党的十八届三中全会首次将国家治理与现代化衔接起来,明确提出了"推进国家治理体系和治理能力现代化"的建设目标。作为国家治理的基础环节,基层治理也明确将"治理现代化"作为目标遵循,并带动基层治理研究的快速增长。就发文量来看,2013年共发文56篇,2019年共发文266篇,展现出了快速增长的良好态势。

就研究内容看,精准扶贫、国家治理、协同治理、农村治理、治理机制、第一书记、乡村振兴、项目制、协商民主、法治化、枫桥经验等成为此阶段的热点词。据此,可以将此阶段的研究议题,归纳为如下几个面向。一是以精准扶贫为论域的基层治理聚焦。学术界将精准扶贫作为重要研究对象,聚焦精准扶贫中的模式创新、运作机理、治理困境、机制建构等众多领域,为打赢精准扶贫战提供了重要的理论支撑。二是构建"三治融合"为核心的基层治理体系。学术界深入总结新时代"枫桥经验"的重要价值,明确将构建自治、德治、法治相结合的基层治理体系作为基层治理的重要目标。在厘清自治、德治、法治相互关系的基础上,着重探讨了"三治融合"治理模式的生成逻辑、实现机理、现实短板与理想图景,为实现乡村治理有效提供了现实抓手。三是乡村振兴背景下的基层治理变革。以乡村振兴为宏观背景,学术界考察了基层治理的发展历程及其演变逻辑,分析了"吹哨报到""接诉即办"等基层治理的创新实践及其内在机理,关注了巩固拓展脱贫攻坚成果与实现乡村振兴有效衔接的重大命题,提出了加强党建引领、强化基层政府治理能力、优化基层治理单元等多元主张,持续夯实乡村振兴的治理基础。

(四) 以提升基层治理效能为取向的爆发跨越阶段(2020年至今)

2020年以来,我国基层治理研究以提升基层治理效能为核心取向,开始进入爆发跨越阶段。习近平总书记明确指出:"'十四五'时期,要在加强基层基础工作、提高基层治理能力上下更大功夫。"[①] 2020年,新冠疫情以突发公共危机事件的形式,考验着我国基层治理的实践效能,使得基层治理研究开启了"效能"转向。2021年,中共中央、国务院印发的《关于加强基层治理体系和治理能力现代化建设的意见》,进一步就基层治理现代化的若干重点方面作出部署,推动基层治理相关研究日渐趋

---

① 习近平:《在基层代表座谈会上的讲话》,《人民日报》2020年9月20日第2版。

热。就发文量来看，2020年以来年发文量均在400篇以上，呈现出爆发跨越态势。

就研究内容看，新冠疫情、疫情防控、治理韧性、形式主义、基层减负、数字乡村、数字治理、治理效能、党的领导等构成了此阶段的热点词。鉴于此，可以将此阶段的研究议题，归纳为如下几个方面。一是在统筹疫情防控中增强治理韧性。在应对新冠疫情过程中，基层治理研究的关注重心进一步下沉，开始聚焦社区党建、物业治理、干部下沉、居民参与、共治新格局等议题。同时，研究中出现的简约治理、文化治理、情感治理、风险治理等多重治理模式，表明此阶段的基层治理研究，开始以增强治理韧性与提升治理效能为价值取向。二是聚焦治理基层形式主义问题。在疫情防控、数字治理等环节中，基层出现了层层加码、"一刀切"、简单化等形式主义乱象。基层形式主义何以形成、有何表现、机理何在、如何治理等议题成为基层治理研究的重点领域。三是关注数字治理的相关命题。在数字治理时代，学者们分析了数字治理的赋能机理与赋权路径，关注到了数字政府、数字乡村、数字经济等重点领域，提炼了数字治理的敏捷治理、智慧治理、整体智治等治理模式，揭示了数字治理的多元运行逻辑。

四　研究结论与趋势展望

（一）研究结论

回顾1999—2022年，我国基层治理研究学科分布相对集中，主要形成了以政治学、公共管理学、社会学为主体，马克思主义理论、法学、传播学等多学科参与的研究格局。其中，中国社会科学院、华中科技大学、华中师范大学、武汉大学、复旦大学、上海交通大学、中国人民大学、南开大学、中山大学、四川大学等是我国基层治理研究的学术重镇。就热点主题看，基层治理研究主要从政策导向、关键领域、主体类型、价值目标与改革进路等几个方面展开。就阶段演变看，基层治理研究先后经历了以解释基层制度变迁为关切的萌芽起步阶段（1999—2006年）、以构建多元治理格局为旨归的缓慢发展阶段（2007—2012年）、以实现治理现代化为目标的快速增长阶段（2013—2019年）、以提升基层治理效能为取向的爆发跨越阶段（2020年至今）。

纵观我国基层治理研究，大体经历了如下几个深刻转变。一是研究者角色的深刻转变。基层治理研究者经历从自发、自觉到自为的角色转变，主体意识、学科意识持续增强。二是研究视野的深刻转变。基层治理研究的视野从微观到微观、中观、宏观均有涉猎，研究视野逐步开阔。三是研究议题的深刻转变。基层治理研究的议题设置，实现从机理阐释、问题解决到系统构建、发展布局的深刻转变。四是研究取向的深刻转变。研究者的关注焦点从解释"制度之变"到提升"治理效能"，表明研究取向经历了由问题导向到问题导向、发展导向并重的深刻转变。五是研究范式的深刻变化。基层治理研究不再单纯解释"变化之道"，更讲究探寻"治理之道"，开启了由"求变"到"求治"的范式转变。这一切都表明，基层治理研究展现出学科关注与国家重视、时代呼唤、实践需要的交融发展态势。

从研究取得的进展来看，学术界围绕基层治理的政策导向、关键领域、主体类型、价值目标与改革进路多个议题，在解释基层治理的历史演变与变迁逻辑、剖析基层政府的行为策略与实践模式、探究基层自治的治理单元与实践场域、建构基层治理多类主体的联动格局、梳理基层治理的价值目标与价值转向、提出优化基层治理的路径策略等方面，取得了较为多元的理论成果。但梳理发现，我国基层治理研究，仍然存在如下几个方面的薄弱之处。

一是历史厚度不足。围绕基层治理，我国传统社会进行了数千年的持续探索，形成了多类型、多样化的基层实践和制度安排。但由于学科视角的局限性，学术界对基层治理的长周期研究仍相对薄弱，对传统社会以来我国基层治理实践的回顾总结、挖掘提炼、系统梳理仍有待加强。

二是趋势前瞻不够。中国式现代化的宏观背景、数字时代的时代要求、城乡融合的发展趋势，给基层治理实践提出许多新的课题，引发了基层治理的系列变化。但现阶段基层治理研究，仍偏重于当下议题、着眼具体问题的研究，对前瞻议题的关注仍相对欠缺，亟待增强理论研究的系统性和前瞻性。

三是区域比较不足。受制于研究方法的局限，不少基层治理研究侧重于规范分析，在实证分析中多运用案例分析，大样本的抽样分析、跨区域的比较研究尤为欠缺，不利于把握鲜活多面的基层实践探索，不利于呈现类型多元的基层治理样态，更不利于讲好"中国故事"、传播"中国声音"、贡献"中国智慧"。

（二）趋势展望

面向未来，以实现基层治理现代化为目标，以提升基层治理能力为关切，持续推动基层治理研究向纵深发展，应注重把握以下几个方面。

一是找回"时间"，加强长周期的历史研究。作为治理要素，时间是塑造基层治理的重要力量，也是理解基层治理变迁的基本线索。当前，基层治理研究已经出现"历史转向"，形成了历史政治学等学科分支，提出了"长周期"理论命题[①]，但对基层治理有关议题的历史研究仍相对有限，主要局限于解释基层治理模式变迁等少量内容。未来，加强基层治理的长周期研究，应当把"时间"作为重要因素予以考量，持续开展长周期的历史考察。借此，实现"探源明理"，系统把握基层治理相关命题的历史演进与阶段特征，明确我国基层治理的"历史底色"；凸显"以史为鉴"，注重在历史回顾中把握历史规律、借鉴历史得失；强化"资政育人"，突出在历史解读中彰显道路自信、培育政治认同。

二是紧盯"前沿"，拓展趋势性的前瞻研究。前沿趋势是基层治理变革的引领，也是加强基层治理研究的重心。在实现中国式现代化的宏观背景下，基层治理将有哪些变化，又将走向何方？数字时代的基层治理，出现了哪些治理变革，如何破解基层治理中的"数字鸿沟"？城乡融合发展将引发城乡基层治理中出现哪些流变，如何正确认识和有效把握？未来的基层治理研究，应当聚焦数字治理、城乡融合、中国式现代化等前沿命题，以科学回答"历史之问、人民之问、实践之问、时代之问"为学术己任，深度阐释"中国之治"，总结提炼"中国之理"，深度挖掘"中国之道"，持续讲好"中国故事"。

三是拓展"视野"，丰富宽区域的比较研究。比较研究是基层治理研究的重要方法。在未来的研究中，应进一步拓宽研究视野，加强跨城乡、跨区域、跨国别的比较研究。其一，加强基层治理的城乡比较。以城乡融合发展为宏观背景，加大城乡之间结构功能、文化特质、发展定位等多重比较，深刻认识把握城乡融合发展背景下的"城"与"乡"，深度解析城乡融合发展背景下的"变化之理"与"不变之道"，着力探寻城乡一体的

---

① 徐勇：《中国政治统一体长期延续的三重共同体基础——以长周期政治为视角》，《华中师范大学学报》（人文社会科学版）2021 年第 1 期。

基层治理体系。其二，加强基层治理的区域比较。以基层治理的多元实践为依托，开展跨区域的比较分析，展示基层治理实践的多面性和层次性，发掘被遮蔽的"中国之理"和被误读的"中国之治"。其三，拓宽基层治理的域外比较。考察不同发展阶段，其他国家基层治理的总体情况，学习借鉴国外基层治理先进经验的同时，挖掘提炼我国基层治理的历史底蕴与独特优势，助力讲好基层治理的"中国故事"。

Research on grassroots governance inChina： knowledge map and trend outlook

Hu Jianfeng

(School of Marxism, Xuchang University, Xuchang, Henan, 461000)

Abstract：Grassroots governance is the cornerstone of national governance. Based on the bibliometric analysis of CiteSpace and VOSviewer, it is found that the research on grassroots governance in China has formed a research pattern with political science, public management and sociology as the main body, and the participation of Marxist theory, law, communication and other disciplines. The hot topics of research mainly involve the policy orientation, key areas, subject types, value objectives and reform approaches of grassroots governance. The evolution of the research has gone through the embryonic stage (1999 – 2006) focusing on explaining the changes of grassroots system, the slow development stage (2007 – 2012) aiming at building a pluralistic governance pattern, the rapid growth stage (2013 – 2019) aiming at realizing the modernization of governance, and the outbreak stage (2020 – present) aiming at improving the effectiveness of grassroots governance. The future – oriented grassroots governance should focus on strengthening long – term historical research, expanding forward – looking research on trends, and enriching comparative research in wide areas.

Keywords：Grassroots Governance; Hot Topics; Evolutionprocess; Governance Modernization; Governance Efficiency

乡村治理研究

◆ **政社关系的阶段性特征及社会组织的自治性逻辑——以社会整合理论为分析视角**

政社关系的合理化演进是推动国家治理体系和治理能力现代化的重要驱动力。在社会治理进程中政府与社会组织相互依赖并呈现出阶段性特征，社会组织在成立初期对政府存在必要性依赖，而政府对社会组织则是选择性依赖，故两者是一种非对称性资源依赖关系，导致社会组织的自治性削弱；政治、法律、政府、自身等因素的叠加，致使社会组织被行政化，陷入"依附式自治"困境。在社会组织发展成熟阶段，因政社合作范围更加广泛，政府对社会组织的依赖性渐强，而社会组织对政府依赖性的变弱导致其自治性渐强，故两者形成一种"互依式协同"关系。本文利用资源依赖理论对政社非对称性资源依赖关系的特征、形成因素进行了解释，并采用社会整合理论结合典型案例分析了其关系演进及形成逻辑，最后提出了政社关系的调适路径。

◆ **农村党支部选举制度创新动力生成机制研究——基于一个村庄实践的深度分析**

基层制度创新对中国共产党保持先进性至关重要，党的基层制度创新动力生成机制研究对构建具有中国特色的政党制度创新理论和推动党的制度现代化建设具有积极意义。本文通过对 D 村制度创新实践进行深度分析，认为党的基层制度创新动力生成于制度、实践、价值和路径四个层面，即制度层面村民自治下基层民主浪潮的推动，实践层面村民对党高度认同下集体诉求表达的策动，价值层面中国共产党以人民为中心价值追求下与村民的有效互动，以及路径层面中国特色政治实验的创新驱动。四个层面的制度创新动力相互叠加、彼此作用，形成以坚持党的领导为内核的"四维一体"制度创新动力系统，共同为党的基层制度创新提供持续动力。

◆ 党建引领"三治融合"乡村治理体系的理论逻辑和实践路径

如何从理论谱系和历史变迁中对基层党建引领"三治融合"城乡基层治理体系进行系统定位和理论分析？这个问题既是新时代我国乡村社区治理体系建设中面临的最新挑战，也是从理论和实践层面推动我国基层治理体系现代化的理论背景。本文以"经纪机制"为理论基础，从"保护型经纪""盈利型经纪""行政型经纪""资源型经纪""治理型经纪"五个方面等梳理了中国城乡基层治理体系的历史变迁。进而，本文将"治理型经纪"作为基层党建引领下"三治融合"的典型特征，比较经纪"机制"和治理"体系"之间的逻辑关联和解释力，探寻乡村社区"三治融合"在理论谱系中的位置。最后，文章结合广东省蕉岭县"一核多元、多层共治、全要素联动"的集成式治理模式，提出了以基层党建为统合、培育公共性为目标、协商治理为主要形式的乡村社区"三治融合"的实践路径和行动框架。

◆ 基于精英的"双向赋能"：党建引领乡村治理的重要路径

本文提出基于精英的"双向赋能"概念，意指乡村中的政党和社会精英对于基层党组织赋予资源，并在此过程中不断得到党政体系支持以获得自身发展，最终提升乡村治理效能的双向作用过程。通过对西部某村获批省级标准化党建示范村的案例分析，可以发现基于精英的"双向赋能"模式包含两个方面：一是关键人物建立支持基层党组织的资源网络，并以推动底层创新的方式探索实践途径，体现了自下而上的社会赋能特征；二是上级党政部门对于基层精英进行权威性支持，并不断对其实现吸纳统合，体现出自上而下的政治赋能特征，两者的良性循环使党建不断优化并引领了乡村治理的发展。这一模式强调了乡村治理中特定主体的能动性和治理结构的辩证互动关系，表现出较强的实践优势。

◆ 调适与统合：新时代农村基层党组织组织力提升的政治逻辑

以提升组织力为重点，发挥好农村基层党组织的政治和组织功能，是厚植党的执政根基、加强党的自身建设的客观需要，也是实现社会的有效整合、国家的现代化治理的时代要求。本文以结构功能主义为视角，从结构、主体和功能三个维度去审视农村基层党组织组织力的内涵，它是农村特定场域中的一种整体统合力，具备强有力的组织结构及相应功能，是一个涵盖七大构成要素、四个层级关系的独立系统。从建构机理来看，要素调适与政治统合是决定组织力结构生成与功能发挥的基本逻辑，同时引入主体行动者的维度，更加符合结构、功能与主体互促的实现机制。从建构过程来看，利益、能力和制度是影响组织力的结构生成、主体行动和功能发挥的主要因素，再组织化与制度化是农村基层党组织组织力提升的基本路径。

政社关系的阶段性特征及社会组织的自治性逻辑*

——以社会整合理论为分析视角

丁　文　喀斯木江·麦麦提依明

（华中师范大学法学院　湖北武汉　430079）

内容提要：政社关系的合理化演进是推动国家治理体系和治理能力现代化的重要驱动力。在社会治理进程中政府与社会组织相互依赖并呈现出阶段性特征，社会组织在成立初期对政府存在必要性依赖，而政府对社会组织则是选择性依赖，故两者是一种非对称性资源依赖关系，导致社会组织的自治性削弱；政治、法律、政府、自身等因素的叠加，致使社会组织被行政化，陷入"依附式自治"困境。在社会组织发展成熟阶段，因政社合作范围更加广泛，政府对社会组织的依赖性渐强，而社会组织对政府依赖性的变弱导致其自治性渐强，故两者形成一种"互依式协同"关系。本文利用资源依赖理论对政社非对称性资源依赖关系的特征、形成因素进行了解释，并采用社会整合理论结合典型案例分析了其关系演进及形成逻辑，最后提出了政社关系的调适路径。

关键词：政社关系；非对称性资源依赖；自治性；社会整合理论；"互依式协同"

---

* 基金项目：新疆大学哲学社会科学校内培育项目"中华民族共同体意识融入少数民族大学生爱国主义教育的路径研究"（22CPY011）。

作者简介：丁文，男，华中师范大学法学院教授，博士生导师，主要研究土地制度、基层治理；喀斯木江·麦麦提依明，男，华中师范大学法学院博士研究生，主要研究民法、基层治理。

一 问题提出

党的二十大报告指出，完善社会治理体系，健全共建共治共享的社会治理制度，提升社会治理效能，畅通和规范群众诉求表达、利益协调、权益保障通道，建设人人有责、人人尽责、人人享有的社会治理共同体。[①]社会组织作为连接政党组织、经济组织、自治组织和居民群众的中间层，在完善社会治理体系中起到关键的作用。政府通过购买服务的方式向社会组织让渡部分职能和资源，引导和扶持社会组织参与社会治理。社会组织也利用专业性、服务性、互助性等优势打破政府包办的一元治理模式，满足政府公共服务供给需求。政社关系如何涉及社会治理效能、政府治理成本和负担、其他组织以及居民群众参与社会治理的积极性、群众诉求表达和权益保障等多个方面。社会治理的内在理论逻辑强调，通过政府在公共事务中的放权，提升社会组织在治理中的主体地位，弥补政府和市场在社会秩序重构中的治理"失灵"。政府是社会治理的推动者，也是公共服务的主要提供者。但正如汉斯所言："政府的角色不可取代，然而也并非已经完备。"[②] 社会秩序的重构迫切需要社会治理的社会化、法治化、专业化，充分调动社会各方力量，构建政府、市场和社会力量共同参与的社会治理共同体。

社会组织是国家治理体系的有机组成部分，是公众和社会力量参与社会治理的重要载体。在多元主体共同参与的社会治理格局中，作为社会矛盾缓冲地带的社会组织，是承接国家治理重心下移、服务社会的重要补充力量，在推进政府职能转变、发挥群众参与和主体作用、完善社会自治、促进社会和谐等方面发挥着重要作用。在国家相关法律法规的支撑和政府资源的支持下，我国社会组织获得了快速发展机遇，已成为推进国家治理体系和治理能力现代化的重要参与者和实践者。

虽然早在党的十八届三中全会时就明确提出："正确处理政府和社会关系，加快实施政社分开，推进社会组织明确权责、依法自治、发挥作

---

① 参见《高举中国特色社会主义伟大旗帜 为全面建设社会主义现代化国家而团结奋斗——在中国共产党第二十次全国代表大会上的报告》，人民出版社2022年版，第49页。

② ［美］蒂芬·汉斯：《NGOs在现代社会的角色》，朱健刚译，《学会》2006年第8期。

用。"随后,民政部印发的《关于"十四五"〈社会组织发展规划〉的通知》也同样强调,完善政社分开、权责明确、依法自治的社会组织制度。但至今,政府内在放权的治理逻辑和控制的统治逻辑之间的矛盾依然突出,政社分开的改革目标尚未彻底实现[1]。通过理论分析和实践观察发现,社会组织参与社会治理过程中处理同政府的关系方面仍存在诸多问题,学界将其称之为"依附式"发展[2]、"体制性吸纳"[3] 等。由于受传统管控为主导的社会组织发展思维的影响,国家对社会组织权责尚缺明确的界定,发展方向的顶层设计仍不明晰。部分地方政府尚未摆脱"全能政府"的统揽思维和管制路子,他们对社会组织充满了不信任[4],持有严格的管制、过多的行政干预和谨慎的态度,导致社会组织的自治功能仍受限制。但又是在服务型政府改革的驱动下,被动接受社会组织同政府、市场一道参与社会共治,出现"宏观鼓励、微观约束"的局面。

我国绝大部分社会组织起步较晚,规模较小且能力有限,尚处于成长阶段,故大多依靠行政力量推动。在健全自治机制方面也面临着艰巨的挑战,目前的治理结构无法保证社会组织对社会利益负责[5]。在国家法律制度不健全以及社会组织自身内生性能力不足的现状下,政府对社会资源的掌控自然而然地引致社会组织对政府的依赖。虽然政府和社会组织的身份平等,但两者地位却很悬殊。政府对服务提供方的选择权和资源分配的裁定权使其在政社关系中占据优势地位,社会组织囿于资源获取渠道狭窄,为了生存和发展不得不依赖于资源提供方的政府。在此关系中,政府将自己的治理目标渗透于社会组织,故不管在工作内容、人事安排还是在运行

---

[1] 虽然 2019 年 6 月 17 日,国家发展改革委、民政部、中央组织部等十部门联合下发《关于全面推开行业协会商会与行政机关脱钩改革的实施意见》,明确按照去行政化的原则,全面实现行业协会商会与行政机关脱钩。但这只是针对自上而下成立的行业协会商会而言,其他社会组织与政府脱钩的改革工作尚未推开。

[2] 陈娟:《社会组织"依附式"发展中的自主空间限度与拓展——基于 H 工作室的行动逻辑分析》,《中国第三部门研究》2019 年第 1 期。

[3] 尹广文:《从"行政化控制"到"体制性吸纳":改革开放以来中国社会组织治理问题研究》,《南京政治学院学报》2016 年第 2 期。

[4] 徐勇:《公共服务购买中政府职能转变的困境与出路》,《中共天津市委党校学报》2015 年第 4 期。

[5] 阮云星等:《吸纳与赋权——当代浙江、上海社会组织治理机制的经验研究》,浙江大学出版社 2016 年版,第 35 页。

机制的行政化等方面均使社会组织高度依赖自己，使其成为政府在基层治理中的"延伸"，甚至变成基层政府突出绩效的"展示性治理"工具①，导致社会组织的话语权越来越小。虽然有些城市先后成立了社会组织孵化基地、社会组织服务中心、枢纽型社会组织等，但这些机构五花八门，其指导、培育、促进社会组织发展的作用尚有不足，社会组织增强自治性仍然是其最大的诉求。

这种应然性和实然性的巨大反差不禁让人反思，政社关系的类型如何？双方究竟对哪些资源具有依赖性，这种依赖关系的形成到底是政府惯性所为，还是社会组织能力不足使然？随着社会组织的发展壮大以及外部政策环境的变革，政社关系的互动过程以及社会组织的自治性发生何种动态变化？政社关系的未来新发展道路何在？寻求上述问题的答案，正是本文动笔的目的所在。

二　文献回顾与理论架构

（一）文献回顾

宏观的"国家—社会"框架是学术界用以分析政社互动的"公器"。学术界有各种理论从不同的角度解释政社关系。社会中心论（social centering）认为，在社会治理过程中社会组织的参与形成与政府互相制衡的局面，社会组织通过促进政治参与和对政府的监督，带来社会力量的发展壮大。② 而法团主义（corporatism）则直击痛点，披露"强国家—弱社会"的现状，指出在社会治理过程中社会组织虽然日益发挥着重要的作用，但政府依然在社会组织发展中处于主导地位，社会组织受到行政干预。由于公权力的卷入，专业型社会组织的自治性尚未得到充分保障，政社的此种法团主义式关系不是过渡性形态，而是具有持续的韧性。③ 网络治理理论（network governance）以社会关系的嵌入为基础，强调政府部门

---

① 参见田毅鹏、张帆《新时期基层社区"展示性治理"的生成及运作》，《学习与探索》2016年第9期。

② 参见郭苏建《转型中国的国家与社会关系新探》，格致出版社、上海人民出版社2018年版，第149页。

③ 参见顾昕、王旭《从国家主义到法团主义：中国市场转型过程中国家与专业团体关系的演变》，《社会学研究》2005年第2期。

与社会组织的协商合作，其突出的表现是社会组织对政府等治理主体的依附式嵌入。① 在多中心治理理论（polycentric governance）看来，政府主导下的协同参与是中国社会组织参与社区治理的基本前提。② 协同型关系模式将政府主导和社会组织协同作用的发挥融合到一起，促进二者的沟通顺畅。学术界对社会治理过程中政社的互动关系也进行了研究。之前的研究提出双重赋权、分类控制和行政吸纳等多种概念，细析这些研究不难发现，既有研究从政府如何形塑政社关系和社会组织如何推动政社关系的边界调整两个维度进行探讨。汪锦军从单向嵌入与自治的角度分析认为，社会治理是政府嵌入与社会（组织）自治的有机统一，要达成政府有效嵌入和社会（组织）自治的平衡。③ 宋道雷认为政社之间并不是此消彼长的对立关系，而是共生型关系。④ 苏曦凌进一步指出，政府将社会组织纳入整个国家体系之中，社会组织成为政府整合、动员社会的行动力量。于是，政社便形成了总体性二元合一的结构功能关系。⑤ 在这种关系中，政府操控社会资源和权力分配，成为社会组织获得生存与发展的"母体"。张新文等通过对 2007—2018 年关于基层社会治理中的政社互动关系研究的 CSSCI 期刊文献进行分析认为，政府不恰当地干预和严格控制社会组织，社会组织又对政府产生强烈的行政依赖。⑥ 徐家良、季曦认为政社关系以政府对社会组织的管理为核心，分为"依附"关系下政府对社会组织的控制、"服务"关系下政府对社会组织的赋权以及"分工"关系下政府对社会组织的监督三种基本类型。⑦ 彭少峰研究上海市两个典型案例发现，政社合作实践依次经历共识达成、关系建立、秩序维系三个阶段而不

---

① 参见张康之、程倩《网络治理理论及其实践》，《新视野》2010 年第 6 期。
② 参见刘帅顺、张汝立《嵌入式治理：社会组织参与社区治理的一个解释框架》，《理论月刊》2020 年第 5 期。
③ 参见汪锦军《嵌入与自治：社会治理中的政社关系再平衡》，《中国行政管理》2016 年第 2 期。
④ 参见宋道雷《共生型国家社会关系：社会治理中的政社互动视角研究》，《马克思主义与现实》2018 年第 3 期。
⑤ 参见苏曦凌《政府与社会组织关系演进的历史逻辑》，《政治学研究》2020 年第 2 期。
⑥ 参见张新文、张国磊、高琦《基层社会治理中的政社互动研究：取向、经验与反思——基于 2007—2018 年 CSSCI 期刊文献的内容分析》，《天津行政学院学报》2020 年第 2 期。
⑦ 参见徐家良、季曦《社会组织自主性与政府形塑——基于行业协会商会改革的政社关系阐释》，《学习与实践》2022 年第 4 期。

断趋同，最终形成依附式合作形态。① 姜秀敏等从"权责分配"的视角出发，分析政社合作的现实需求和内在逻辑，并提出构建"互依式"合作关系的路径。② 邓泉洋等分析影响社会组织发展的内外要素后认为，加强与政府及其他部门的联系，协同确立社会组织的工作目标，强化对社会组织的管理，拓展服务范围是增强社会组织自主（治）性的有效途径。③ 唐文玉从"党社关系"的维度出发认为，党对民办社会组织的"赋权式介入"，留给社会组织反向性地嵌入党的组织体系或者"体制"之中，借力于政治而进行自主（治）性生产的空间。④ 随着国家对社会治理的高度重视，社会组织已获得政治合法性身份，政社关系从原有的排他性逐渐向协同共治的方向发展，这也是大部分学者普遍认同的。之前的研究从不同角度讨论政社关系，对我们深入了解政社关系很有启发。回顾既有研究发现，大部分研究成果侧重政社互动的实然层面，对应然层面，即它们之间最好的关系状态是什么，此种关系背后的根源、形成逻辑以及今后发展策略的探讨稍有欠缺。鉴于此，本文利用资源依赖理论对政社关系的特性、形成因素进行解释，并采用社会整合理论结合典型案例分析其关系演进及形成逻辑，最后提出政社关系的调适路径。

（二）理论架构

资源是组织生存和发展的基础，任何组织在资源需求上都不是自给自足的，必须与其他组织进行资源交换，这种资源的交换产生组织之间的依赖。资源依赖理论（resource dependence theory，RDT）是组织研究中的一个重要理论流派，最初是在20世纪70年代随着组织分析的重点转向组织间的分析层次而逐渐发展起来的。⑤ 资源依赖理论的基本假设是，组织无法生产自身所需要的所有资源。社会组织根植于各种各样的相互联系网络之中，所需资源包括政治资源、经济资源、社会公信力资源等，因此不得

---

① 参见彭少峰《依附式合作：政府与社会组织关系转型的新特征》，《社会主义研究》2017年第5期。

② 参见姜秀敏、王子豪《"互依式"合作："权责分配"视角下基层政社合作路径研究》，《中共天津市委党校学报》2022年第6期。

③ 参见邓泉洋、汪鸿波《国家治理视角下社会组织的治理自主性建构——以上海司法社会工作组织为例》，《学习论坛》2020年第8期。

④ 参见唐文玉《借力于政治的嵌入式发展——"党社关系"视域中的民办社会组织发展考察》，《华东理工大学学报》（社会科学版）2019年第4期。

⑤ 参见马迎贤《资源依赖理论的发展和贡献评析》，《甘肃社会科学》2005年第1期。

不依赖这些资源的外部提供者。① 从这个意义上来讲，社会组织与生活环境中的其他组织产生依赖关系，而且资源的依赖关系往往并不是单向的，组织会采取行动来改变外部的依赖性，从而形成新的依赖和互相依赖的格局。菲佛（Jeffrey Pfeffer）和萨兰基克（Gerald R. Salancik）认为，有三个关键因素决定一个组织对其他组织的依赖程度：一是资源的重要性，也就是组织运转和生存对其依赖的程度；二是资源持有方对资源分配和使用的自行裁量程度；三是替代性资源来源的存在程度。② 如果一个组织非常需要一种资源，而且这种资源在这个组织中非常稀缺，并且可代替资源来源也是稀缺的，那么这个组织会高度依赖掌控这种资源的其他组织。

资源交换会形成不同的组织间关系。我国相关法规明确规定，社会组织成立时须先经过业务主管部门审查同意后到登记部门注册才能获得合法身份。政府利用强势地位掌控社会组织发展与生存所必需的合法性、财政支持、主导管理、社会信任等核心资源，而社会组织利用专业技能的优势掌握着公共服务供给方面的服务能力和民意社情等软性资源。政府掌控的这些资源对社会组织至关重要，不可代替，而且政府通过嵌入性控制使社会组织依赖这些资源。而社会组织掌握的资源，并非必要的、不可代替的，对政府没有约束力。因此，社会组织对政府的依赖度大于政府对社会组织的依赖度，形成非对称性资源依赖关系。

资源依赖理论强调组织之间需要努力改变外部控制。组织间的关系应以一系列基于资源交换的权力关系为特征，组织倾向于采取一些行动来管理资源依赖关系，以便减少对其他组织的依赖，同时增加其他组织对自己的依赖。③ 社会组织为了获得与政府相对平衡的话语权，不断提高自身专业能力，探索其他资源渠道。而政府通过日常管理、组织结构、人事任免、财务管理、责任追究、职能设置等方面不断进行行政吸收，将自身目标作为社会组织获得支持的附加条件渗透于其活动目标中，并设置考核等措施使其按要求完成，社会组织逐渐被行政化，成为政府机构的"延

---

① 参见阮云星等《吸纳与赋权——当代浙江、上海社会组织治理机制的经验研究》，浙江大学出版社 2016 年版，第 32—34 页。
② 参见阮云星等《吸纳与赋权——当代浙江、上海社会组织治理机制的经验研究》，浙江大学出版社 2016 年版，第 32—34 页。
③ 参见叶托《资源依赖、关系合同与组织能力——政府购买公共服务中的社会组织发展研究》，《行政论坛》2019 年第 6 期。

伸"，其自治性严重受限。

苏曦凌从历史演进的脉络上按照阶段性特点来研究政社关系，认为政社关系从改革开放前的总体性二元合一向改革开放后的分化性二元合一发展，并在将来要按照社会治理新格局要求打造共建共治共享的结构功能系统。① 笔者则在当下政社关系的实践框架上观察，从社会组织成立初期和发展成熟两个阶段分析二者的动态关系。

三　初期阶段：非对称性资源依赖的政社关系及其形成原因

由于政社各自所拥有的资源有所不同，它们之间的依赖关系也呈现出不同的特点。这种依赖关系的形成不仅源于外部环境的约束，亦有组织自身的原因。下文以乌鲁木齐市 J 区 T 社会工作服务中心（以下简称 T 中心）为例进行分析。

（一）非对称性资源依赖关系特征

根据资源依赖理论，社会组织与政府之间的合作关系的理想状态应该是基于资源互换的对等依赖关系。但实践中，在"强国家—弱社会"的格局下，政府和社会组织呈现出必要性和选择性的非对称性资源依赖关系。

1. 社会组织对政府的必要性依赖

由于政府所掌握的法律合法性、经济生存性、主导管理性以及信任评价性等资源对社会组织的生存与发展来说非常必要，而且其中部分资源是从其他渠道无法获取的，因此社会组织出于必要性的需求高度依赖政府。

（1）法律合法性资源依赖。针对社会组织的合法性问题，国内比较普遍的观点是"四维论"，即法律合法性、社会合法性、政治合法性和行政合法性。其中法律合法性最为关键，是社会组织诞生的前提。依据《社会团体登记管理条例》《基金会管理条例》《取缔非法民间组织暂行办法》等相关法规规定，注册登记是社会组织获得法律合法性的唯一途径，对未经登记或者被撤销登记后仍然擅自以社会组织的名义开展活动的组织都予以行政取缔。我国有不少社会组织是自上而下制度安排的产物或者是

---

① 参见苏曦凌《政府与社会组织关系演进的历史逻辑》，《政治学研究》2020 年第 2 期。

从政府职能部门转制过来的，作为政府的外围组织而存在。① 然而不少自下而上组成的社会组织在自身能力薄弱、登记门槛过高的情况下，若没有政府的扶植政策很难得到合法身份。有些社会组织因不完全符合备案登记要求，在治理体系中是"边缘性"的存在。因此，社会组织为获得法律合法性身份积极依赖政府已成为必然。

（2）经济生存性资源依赖。近年来，虽然我国社会组织快速发展，但多数民间组织是自下而上成立的，资金基础薄弱、规模较小、内生性能力不足的现状，让经济生存性资源成为社会组织赖以生存与发展的基础，尤其是在社会组织成立初期阶段对这种资源的依赖性很强烈。社会组织对经济生存性资源的依赖主要表现在硬软件两个方面。一是大部分社会组织存在对政府相关政策的理解不深，项目流程不熟等共性问题，在政策辅导、注册服务、业务培训等方面需要政府的专业支持和培育。二是多数社会组织经济能力薄弱，缺乏电子设备、场所、专业器材等硬件设施，开展活动条件有限，影响社会组织的快速成长，迫切需要得到政府在这些方面的扶植。

> 说实话，我们中心比较穷，2016年刚成立时没有自己的办公用房，注册资金只有三万，手里的资金也不够租赁场地，于是我们多次到区上找领导，诉说我们的困难，希望得到一些支持和帮助，不然我们咋办，很难维持下去呀，最后在民政局领导的协调下，在L社区腾出来两间办公室还有办公用品之类的，供我们使用，活动场地共用L社区活动室。这真是雪中送炭呀，真的很感谢……（与T中心工作人员W的访谈记录，2022年6月23日）

（3）主导管理性资源依赖。虽然我国相关法律赋予社会组织独立法人的身份，但从它的诞生到日常业务活动的开展始终受到业务主管部门、登记部门及街道、社区的监管和主导。例如，民政部颁布的《关于规范社会团体开展合作活动若干问题的规定》中对社会团体开展活动的基本要求、合作形式、分支机构和防止不正当交易等进行了详细的规定。政府

---

① 参见曹爱军、方晓彤《社会治理与社会组织成长制度构建》，《甘肃社会科学》2019年第2期。

根据经济社会发展的趋势和政策法规的变化，对社会组织的活动内容和范围进行动态管制。同时，政府部门定期对社会组织进行年检、评估、审计等，这是社会组织合法性身份延续的重要环节。此外，社会组织在成立初期，需要借助社区的力量，熟悉社区环境、了解居民需求。因此，社会组织获得合法性资源之后以政府的主导管理作为必要的行动指南。

> 我们中心刚入驻社区时很多工作不了解，毕竟社区的一些工作比较敏感嘛，所以要注意哪些事也不知道。社区领导经常邀请我们参加一些会议、活动什么的，先了解社区工作开展情况，工作重点、堵点啥的。"访惠聚"第一书记也给我们讲了涉及意识形态、稳定工作的宣传或者活动什么的要谨慎一点，多跟社区沟通什么的。我们参考社区的流动人口服务登记平台和常住居民基础台账等资源，初步了解小区人员结构、职业特点、学习就业等情况，为下一步工作奠定了基础。（与 T 中心工作人员 Z 的访谈，2022 年 6 月 23 日）

在培育不足、管制有余，自身能力有限的情况下，社会组织为了安全度过相关政府部门对其进行的考核以及年度检查大关，在日常自管中效仿这些部门的管理结构和运作机制，在制定工作内容和目标时倾向这些部门的偏好，而且为了今后工作的顺利开展，主动与这些单位、街道、社区处好关系。

（4）评价信任性资源依赖。目前，我国部分地区支持社会组织参与社会治理的社会氛围尚不浓厚。其因不仅是政府对其警惕，还包括居民不太了解社会组织，信任基础不牢。虽然社会组织参与社会治理顺应了国家多元共治趋势，但基层政府信任和社会认同等"新进入缺陷"的存在使得社会组织在社区治理初期很难取得成效。[1] 社会组织想要取得社会认同和居民信任必须与某个大家熟悉的正式组织或者政治有关联性。

> 我们刚来到社区时很多居民不知道我们是干啥的，每次组织活动没多少人参加。后来我们跟社区沟通，加入了居民微信群，并开展了

---

[1] 参见刘蕾、董欣静、蓝煜昕《社会组织参与乡村社会治理的合法性获取策略研究》，《河海大学学报》（哲学社会科学版）2020 年第 3 期。

"民族团结一家亲""防疫脱口秀""晒美食"等线上活动。此外，我们还通过入户走访的方式给每家每户单独建档，比较全面地了解了居民的家庭情况，并针对性地开展服务。现在居民也知道我们了，也很信任我们，开展活动啥的都积极得很。（与 T 中心工作人员 C 的访谈记录，2022 年 6 月 25 日）

根据有关法律规定，登记部门和业务主管单位定期对社会组织的项目完成情况进行抽查评估，同时征求作为服务接受方的社区、居民的评价和意见。利益驱动让社会组织想尽一切办法通过主动交流、交朋结友等方式争取政府、社区及居民的好评和信任。

我们也不是不知感恩的人，每逢年底时通过召开年底工作总结会、评优表彰会，"最美社区人"评议活动等形式，对居民代表尤其是那些骨干进行表彰并发放一些奖品，虽然不是什么贵重物品，但也是我们的心意，这也是为了让他们在年底时替我们多说几句好话嘛。（与 T 中心工作人员 C 的访谈记录，2022 年 6 月 25 日）

2. 政府对社会组织的选择性依赖

法律的制度安排和体制优势让政府拥有丰富的资源以及很强的政策调整权。尽管社会组织在公共服务的提供中发挥着越来越重要的作用，但它们所掌握的资源也只是对政府公共服务供给的补充。因此，政府对社会组织采取选择性的依赖[①]。

（1）专业服务能力性资源依赖。专业化服务是社会组织最重要的资源，也是吸引政府购买其服务的最有效"底牌"。社会组织在公共服务领域的专业性优势恰好发挥了政府行为可能出现失效性的弥补功能。优化社区服务、促进社区和谐、关心特殊群体、化解矛盾纠纷是各级政府的重要职责，也正是社会服务类社会组织的专长。社会组织通过创新服务供给方式和内容来最大化地满足政府多样性的公共服务需求。但这种依赖并非固定不变的，政府根据工作目标和社会组织自身能力情况而动态调整。社会

[①] 参见孙欢《资源依赖：我国社会组织自治权保障的一个框架》，《甘肃理论学刊》2017 年第 1 期。

组织对专业服务能力这一资源并不具备完全掌控的能力，对政府缺乏约束力。当社会组织在某些领域出现能力不足时，政府往往会通过优化自身资源配置和转变职能来提升治理效力，而抛开社会组织，表现出选择性的依赖。例如，L社区的老年人和青少年群体居多，T中心也是重点为老年人、少年儿童等特殊群体提供服务的社会组织，虽然定期为辖区老年人提供各类上门服务，但由于能力和条件有限，部分个性化服务无法全覆盖。至此，J区从2017年开始便积极与有资质的其他组织合作，开展"老年人日间照料中心"项目，为老年人提供膳食供应、保健康复、阅读学习、休闲娱乐等托养服务，提升社区居民的幸福感、归属感。

（2）民众诉求表达性资源依赖。民主性和科学性是政府在制定公共政策过程中最为重要的价值取向，也是政府治理能否成功的关键。社会组织是承接基层治理和公众诉求表达的双重载体。从民主性来说，政府在某种程度上对社会组织的民众诉求表达性资源存在依赖性。社会组织具有最贴近群众的特点，在政府和民众之间充当"信息员"角色，政府在制定民主化的政策过程中，往往通过社会组织获取反映民众诉求的多层次、多样性的第一手资料，对涉及较大社会面的相关重要文件经常征求社会组织的意见建议，社会组织也经常向各级政府、人大、政协提出建议。例如，T中心将通过入户走访、谈心谈话等方式所掌握的情况，以及利用"邻聚管家"APP软件所掌握的信息结合起来进行分析，对居民需求做出预判，并设定相关服务项目申报至相关部门，满足政府对民众诉求表达性资源的需求。

> 很多居民跟社区工作人员沟通时有所顾虑，担心得罪他们或者怕社区工作人员对自己有看法什么的。但他们对我们还是比较放心的，没有那么多的顾虑，有啥就说啥，把小区里的大小事都说。我们根据居民反映的问题初步制订相应的服务计划，报社区以及相关的政府部门，争取他们的项目资金。（与T中心工作人员Z的访谈记录，2022年6月23日）

但是，当社会组织缺乏公信力时，便很难融入基层，而且其所掌握的公众需求不一定很精准或者对政府有价值。至此，政府可采取通过媒体公开征求意见、召开听证会、问卷调查、专家座谈等多种形式掌握公众需求和建议，体现出一种选择性的资源依赖。

总之，政府和社会组织各自所拥有的资源决定着它们在资源依赖关系中的地位。在社会组织成立初期，政府所掌握的资源对社会组织的至关必要性让社会组织对其产生必要性的资源依赖。同时，政府在专业化服务、民众需求表达等个别资源方面对社会组织也有选择性的依赖。进而言之，不管是社会组织对政府的必要性资源依赖还是政府对社会组织的选择性资源依赖，政府对必要性资源的掌控、行政吸收以及社会组织自身能力的有限性之叠加，则助长二者间非对称性资源依赖关系的加剧，并削弱社会组织的自治性。（见图1）

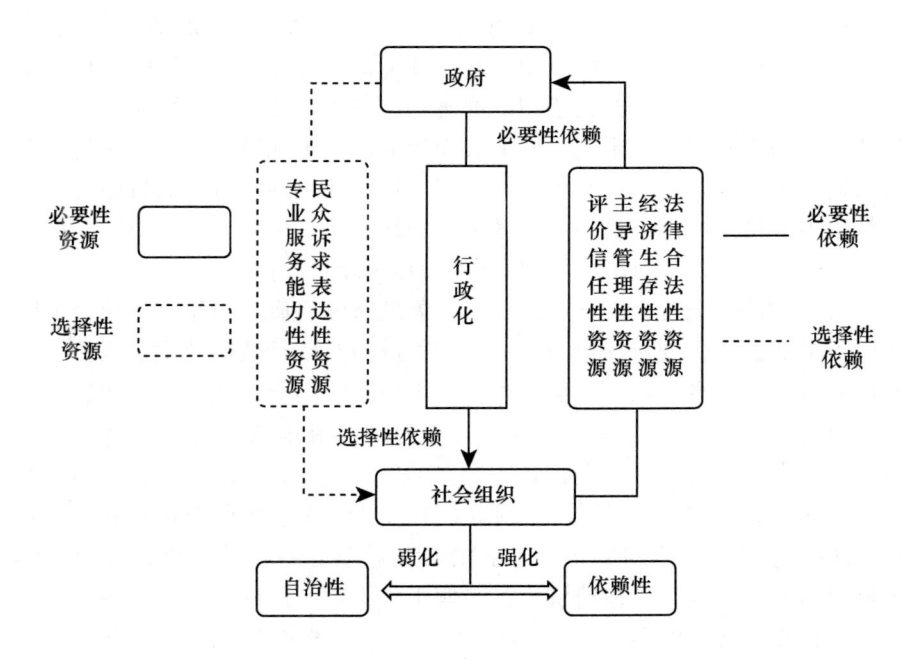

图1 政社非对称性资源依赖关系及社会组织自治性弱化模式图①

---

① 参见孙欢《资源依赖：我国社会组织自治权保障的一个框架》，《甘肃理论学刊》2017年第1期。

(二) 形成因素分析

资源依赖理论的贡献在于其揭示了组织与环境的依赖关系，提醒人们研究组织问题不能只局限于组织自身，还得考虑组织嵌入的环境和网络关系等。政社非对称性资源依赖关系的形成逻辑需要从政治、法律、政府、自身等四个维度来进行分析。

1. 政治因素：政府认知以及顶层设计缺乏

虽然政府购买服务已经是世界各国政府治理的普遍做法，但有些地方政府未充分意识到自身在供给公共服务的局限性以及社会组织在参与社会治理方面的专业性，对其心存低度信任、高度谨慎、更多观察、被动接受的态度。国家对无论是自上而下的 8 个人民团体和中国文联等 20 个群众组织，还是自下而上的草根组织，政策环境都具有较高的含混性特征，对社会组织今后的发展道路缺乏明确的规划。国家对社会组织顶层设计的缺失让社会组织对自身的定位、职能及作用的认知更加模糊不清，也就缺乏发自内心的可持续性动力和投资。这就让社会组织不顾自身的自治性、独立性、专业性等特征，被动或主动地依赖政府。

2. 法律因素：登记与支持性制度安排不合理

健全的法律制度是社会组织健康发展的坚强后盾。但相较于社会组织蓬勃发展的态势，现有法律制度的不完善成为其依赖政府的主要根源。一是制度安排不合理，获得合法性难。制度设置的不合理或是制度化参与渠道的匮乏，往往使社会组织参与社会治理的诉求难以在制度的框架内实现。民政部门对社会组织登记备案设置的门槛过高，要求过严，很多民间社会组织难以具备登记条件。依据《社会团体登记管理条例》第 3、9、10 条规定，社会组织的成立登记不仅要经过业务主管单位审查同意，亦要满足有固定的住所、注册资金、专职工作人员、民事责任能力等严格条件，这使得社会组织的成立面临很高的门槛。许多政府部门出于"怕承担责任"的心理，不愿承担业务主管单位职责，致使很多社会组织找不到挂靠的业务主管单位。所以这些社会组织采取以弱化自治性寻求合法性的变通策略[1]。二是管制多于支持，缺乏政策支撑。国家在社会组织的立

---

① 参见邓赤林《制度环境演化与中国特色社会主义组织发展研究》，中国社会科学出版社 2017 年版，第 173 页。

法上表现出以预防为基本的限制与控制价值取向①。社会组织的培育和发展一直是一道迈不过去的坎，缺乏更多的支持性制度安排。现行制度过分聚焦社会组织的管制方面，而忽视社会组织的培育和激发活力等方面，迫使能力薄弱的社会组织为了获取支持而依赖于资源丰富的政府。

3. 政府因素：体制设置及政府购买服务不科学

目前政府对社会组织仍然采取双重管制，这让社会组织在成长过程中受到行政干预。虽然我国从 2013 年开始就实施了"四大类"社会组织直接登记制度，但此制度包含的社会组织范围仍十分有限，而且当下国家对社会组织总体上仍然实施"民政登记、归口管理"的双重管制体制。这种体制设置为社会组织的行政化创造了空间。已获得合法性身份的社会组织难免在人事任免、重大决策裁定、财务管理等方面都受制于业务主管单位的变形行政干预，社会组织出现组织结构和日常管理等双重行政化趋势，社会组织对政府的依赖难以根除。此外，从权责关系的制定来看，在实践中政府与社会组织的服务合同单方对社会组织的要求较多，对政府的要求相对较少。合同更多地强调社会组织的义务和责任以及政府的项目评估、监督权等内容，这种明显的非平等关系削弱了社会组织的自治性。

此外，政府对购买服务项目缺乏长远计划，每年根据工作侧重点和政策变动所购买的服务项目也不尽相同，项目期限短且非可持续。导致社会组织根据政府需求变化动态调整自己的功能和业务，最后变成"什么都干，什么都干不好"的状态。这种局面促使社会组织更加依赖政府，不利于其专业化发展。

4. 自身因素：自管能力弱及造血能力不足

社会组织因高度依赖政府而缺乏自治性不仅是制度惯性所为，也是自身能力不足使然。人们往往关注到政府失灵和市场失灵，但时而曝光的公益圈各种乱象、依法被取缔等说明社会组织本身也存在诸多问题。当前，有些社会组织没有健全规范有效的自管机制，"等、靠、要"思想严重，缺乏自律性、能动性、创造性。这种自身存在缺陷的社会组织必然会缺乏社会公信力，得不到社会各界的支持，只能依靠政府来获取继续生存与发

---

① 《社会团体登记管理条例》第 9 条、第 19 条、第 27 条、第 28 条等对社会组织的成立、设立分支机构、监管和年度检查相关内容的规定，都能体现登记机构和业务主管机构对社会组织的双重控制。

展的空间。

四 成熟阶段：互依式协同的政社关系及其形成逻辑

政社关系变化更多地取决于社会组织的柔性发展策略。实际上政社主要是"策略性建构"，而非"制度化建设"的关系。因此，政府持有"选择性支持与隐形化控制"策略，社会组织也采取"依赖、遵从在先，拓展在后"的行动策略，不断拓展资金来源，从而逐减对政府的依赖。①

（一）社会组织自治性的呈现

T中心所在社区是J区智慧社区建设试点社区，社区居民以核心家庭为主，社区常住人口约5000人，老人、儿童和青少年群体数量较多，占总人口的50%以上，属于典型的"陌生人社会"。由于是新建社区，入住率不高，加之社区服务体系尚未健全，老人和青少年服务尚处于空白，邻里之间交流互动的机会非常少，院落矛盾比较突出，长此以往，容易造成各类青少年问题，老年人的照顾服务也面临严峻挑战，邻里和谐氛围急需提升。

1. 努力拓展资源来源

T中心成立之初经费来源主要是J区民政局少量的项目经费和社区"访惠聚"工作队的活动经费支持，有时开展活动经费都不够。随着组织发展，该中心纵向跟上级行业主管单位，横向跟其他社会组织、企业、事业单位等加强交流合作，将服务项目辐射到周边社区或街道，积极引导居民共同参与社区治理，不断拓展资金来源渠道。2016年至2018年间，T中心跟新疆银行、美和老年病医院、新疆太极拳协会等多家单位、社会组织以及自治区民政厅，市民政局，H村"访惠聚"工作队，区民宗局、司法局等各级政府部门开展了"时间银行——志愿服务系列活动""关心老年人健康""社会学会了吗""法制课堂""预防未成年人性侵系列活动"等项目，将政府、单位、企业、家庭、特殊群体紧密联系在一起，

---

① 参见陈天祥、朱琴《资源非对称性依赖下的社区良治何以可能》，《中共中央党校（国家行政学院）学报》2019年第6期。

有效促进了和谐社区建设。到 2022 年，T 中心合作的单位从 2016 年的 3 家发展到 20 余家，合作项目从刚开始的 2 项增加到 10 余项，资金来源逐渐充足，得到了更多的选择机会，不再像以往强烈依赖政府，故有效增强了其自治能力。

2. 不断优化服务机制

T 中心的服务机制具有明显的阶段性特点：第一阶段：社工一边迅速投入开展评估及前期调研工作，一边探索四社联动机制，每周二与社区工作人员召开碰头会共同探讨项目计划，组织社区居民开展基础服务，减轻社区供给公共服务负担。第二阶段：在第一年服务的基础上结合居民需求定期开展"邻里互助日""最美妈妈"等活动，满足居民个性化服务需求，营造邻里和谐互助的社区文化。第三阶段：社工在服务过程中逐步弱化组织者角色。注重培养居民骨干和社区草根组织，切实发挥居民"当家作主"的主体作用。例如，将部分的"邻里互助日"活动交由居民骨干和草根组织骨干组织开展，他们在联席会议上提出自己的想法，大家商议后拿出方案与流程并进行分工，居民骨干由"被动参与者"变为"积极组织者"。目前，T 中心由原来的 1 支队伍扩展到 8 支队伍，志愿者从 10 人增加到 100 余人。通过项目实施，扩大居民参与社区治理的范围，不断增强自治能力。

3. 加大媒体宣传力度

这几年，T 中心的工作得到了各大媒体的关注与支持。网上搜索"T 中心"关键词，共有相关活动报道 90 余篇。晨报、都市报、乌鲁木齐晚报、J 区零距离等 7 家官方媒体不间断地进行报道。居民微信群成员从 100 人增加到 2500 人，微信群数量由 1 个发展到 5 个。项目按季度与 J 区民政局进行活动报备与对接，并每月以简报形式向民政局以及各个合作单位分发。在不断努力下，T 中心连续 3 年参加自治区 100 多家社会组织第三方评估，成绩均在前 5 名，得到了各级政府和社会的一致好评。

4. 有力提高自管能力

首先，制定 T 中心"日常管理制度"、"工作人员十不准"、"志愿者管理制度"以及"居民公约"等规章制度，严格执行章程，规范工作人员的言行。其次，聘用专职财务管理人员，加强资金使用方面的监管，有效杜绝挪用公款等违法违规行为。最后，邀请专家、学者和政府官员共同探讨 T 中心今后的发展问题，并结合他们的意见建议制定了"T 中心未来五年发展规划",明确了今后的努力方向和目标,充分调动成员的能动性和创造性。

纵观 T 中心的拓展历程,在协同参与社区治理实践中,其能够积极发挥作用,不仅完善了社区治理自治体系,也不断地提高了自治能力。其原因在于:一是注重长效机制的建立,加强自我管理,从而巩固了合法性基础;二是不断提高服务能力,纵向横向拓展合作交流,获取更多的资金来源,减少对政府的依赖,逐渐增强自治能力。

(二)形成逻辑分析

了解政社互动的非对称性依赖关系的特征及其形成因素之后,本文尝试利用社会整合理论对政社关系变动的形成逻辑进行分析。

政社分化与整合是社会发展的双重逻辑,"分之必合""分合均衡"才是社会稳定发展的铁律。19 世纪的欧洲发生了急剧的社会变迁,出现了现代性与传统社会的"断裂"现象,人们对社会整合理论的需求尤其迫切。涂尔干(Emile Durkheim)深思"分工与整合"平衡关系,为了应对犯罪、重大疾病、自杀等社会失范问题首创性地提出了社会整合概念。

20 世纪三四十年代,帕森斯(Talcott Parsons)将涂尔干(Emile Durkheim)的社会整合概念提升为一种理论范式,在结构功能主义分析框架中从系统整合的视角构筑了宏大的社会整合理论(social integration)。帕森斯在将社会划分为四个子系统的基础上[①],提出了揭示社会行动的结构功能 A – G – I – L 框架:适应(A, adaptation),指组织必然要跟环境发生一定的关系,组织为了能够存续,得有从环境中获取资源的能力和控制环境状态的手段;目标实现(G, goal attainment),任何组织行动都有目标导向,组织必须有能力确定自己的目标次序和调动组织内部的能量来集中实现组织的目标;整合(I, integration)要使组织作为一个整体发挥功能,必须使各部分关系协调一致,不出现分离;模式维持(L, latency Pattern maintenance),是指在组织运行过程中存在暂时中断,即互动中止期。要将原有的运行模式保存下来,以保证系统重新运行时则依靠价值系统能恢复过来的机制。[②] 因而,社会整合就是"调整和协调社会系统内部

[①] 即有机体系统、行动者系统、社会系统(社会的规范性制度和行为准则)、文化系统。
[②] 参见吴晓林《社会整合理论的起源与发展:国外研究的考察》,《国外理论动态》2013 年第 2 期。

的各自独立又有内在联系的要素或组织，防止任何严重的紧张关系和不一致对系统的瓦解"①，从而维持或改变社会系统诸多力量的平衡。

政府和社会组织各自所拥有的资源对彼此生存与发展或者达到特殊目的具有重大意义。政府掌控的资源较为丰裕，吸引社会组织向政府寻求资源支持，社会组织的专业性和志愿性特点也吸引政府关注。获取政府财政资源的低成本倾向使政府成为社会组织的"理想"资源支持者。社会组织为了获取低成本资源支持，主动"嵌入"和适应政府偏好。政府和社会组织利用自身资源优势，不仅吸引对方，而且为了达成各自目的适应对方需求。政府与社会组织有着共同的价值取向和功能目标，政府为社会组织提供丰富的必要性资源，使其得到存续的保障，而社会组织也通过提高专业水平来完成政府所委托的任务，因而双方都达到各自目的，共同致力于推进国家治理体系与治理能力现代化，实现"善治"。它们之间通过项目合作、提供服务、日常监管、考核年检等形式来维系关系。在此过程中，政府和社会组织形成相互吸引、适应、目标实现和维持秩序的逻辑关系。

在政社关系中的社会组织并非仅是被动的政策接受者，而是在政府赋权增能和自身发展壮大的过程中不断整合资源、逐渐掌握话语权的行动者。② 政府对社会组织采取在政治领域的控制和公共服务领域的支持双刃策略，既确保自身政治安全又能达到满足公共服务需求而实现社会良治目的。社会组织为了强化自治性，一方面提高纵横向组织关系网络中的影响力，另一方面通过提升专业能力减少对外部环境的依赖度。社会整合是认同与排斥的过程，组织之间的相互吸引和相互认同越高，社会整合度就越高，排斥则反之。鼓励社会组织参与社会治理的目的是减少政府的社会治理成本，实现社会资源的最大化整合。

前文所阐释的政社非对称性依赖关系以及"依附式自治"关系是针对社会组织成立初期阶段而言。到了发展成熟阶段，随着政社的互动不断深入，政府与社会组织、社会组织和居民之间逐步形成信任体系，双方的

---

① [美]安东尼·奥勒姆：《政治社会学导论》，葛云虎译，浙江人民出版社1989年版，第114页。

② 参见徐家良、季曦《社会组织自主性与政府形塑——基于行业协会商会改革的政社关系阐释》，《学习与实践》2022年第4期。

合作成本相比初次合作势必大大减少。社会组织层面日益成熟，专业能力也明显提高，合作主体和资源来源逐步扩大；政府层面逐渐认可社会组织在供给公共服务等方面的专业性，为社会组织的发展创造良好的制度环境，确保其高效提供服务。在"放管服"改革的推动下，各级政府部门出于政绩和公共责任的考虑，不断扩大项目范围，对社会组织的需求量也变得越来越大，进而政府对社会组织的依赖性渐强。发展壮大的社会组织拥有更多的选择空间，进而对政府的依赖性渐弱。（见图2）

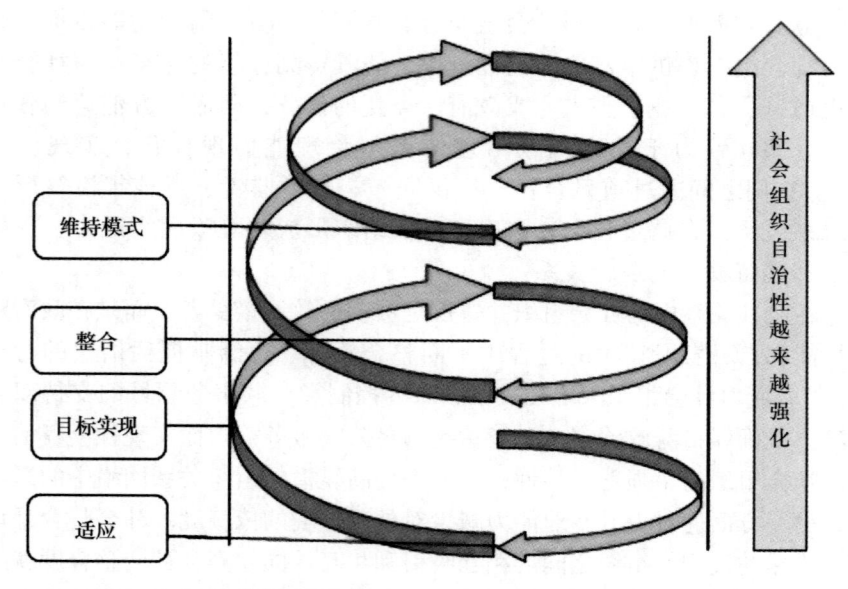

图2 政社"互依式协同"关系及社会组织自治性强化模式图

但值得注意的是，社会组织不能完全与政府脱钩，因为它在主导性管理方面仍需依附政府获取长期性的发展。二者基于共同目标，建立契约关系，在价值取向、功能目标、互信互助等方面耦合，形成一种整体、互依互助的协同型功能网络。这种网络不仅包含协调合作功能，还强调规律性和系统性，笔者将这种关系称为"互依式协同"关系。

五　结论与讨论

通过对社会组织所伴随的依赖性现象进行近距离观察可知，社会组织的依赖性从其孵化到运作一直如影随形。政社关系以及社会组织自治性呈现出阶段性特征。利用资源依赖理论和社会整合理论分析发现，囿于双方所掌握的资源性质、政策环境以及社会组织自身能力等多种因素，社会组织自成立到发展成熟的过程中，政社关系变"非对称性资源依赖"为"互依式协同"关系，社会组织自治性变削弱为渐强。

展望未来，按照国家治理体系和治理能力现代化的要求，革除引致政社结构模糊、功能紊乱、边界不清以及社会组织自治性受限的负面因素已成为当务之急。一是改革双重管制体制，依法推进社会组织直接登记改革，厘清登记管理机关的准入管理责任与业务主管单位的监督管理责任，严防出于规避风险选择抑制社会组织发展的策略，确保不推诿。二是建立健全政府培育社会组织的绩效考核机制，通过绩效考核的压力切实做到政府在培育发展社会组织，尤其是欠发达、社会治理压力较大的偏远地区社会组织的培育扶持方面不缺位。三是完善政府监管机制和社会组织信息公开制度，强化对社会组织管理层和服务项目的全过程监管，健全政府部门和社会组织自我监督机制，做到监督与自我监管不错位。四是加强党对社会组织的全面领导，由党组织引领社会组织完善其自治结构，正确处理同政府等利益相关者的关系，确保向正确的方向发展。通过党组织的权威和人脉关系，提升社会组织的资源整合和内生性能力，做到不失位。五是加快法治社会、法治政府建设，健全政府转移职能与社会组织有效承接的对接机制，厘清政社权责边界，杜绝行政摊牌，避免社会组织被"行政化""非专业化"，坚决做到不越位。六是政府要强化新媒体建设，拓宽对社会组织的正面宣传渠道，营造良好的认知环境，更加社会组织的生存空间与发展土壤更加丰沃，促进社会主义精神文明建设，避免不作为。

The Stage Characteristics of Political and Social Relations and the Autonomy Logic of Social Organizations
——From the perspective of social integration theory

Ding Wen　Kasimujiang Maimaitiyiming

(Law School of Central China Normal University, Wuhan, hubei, 430079)

Abstract: The rational evolution of political and social relations is an important driving force to promote the modernization of national governance system and governance capacity. In the process of social governance, the government and social organizations rely on each other and present a stage feature. At the early stage of its establishment, social organizations have a necessary dependence on the government, while the government has a selective dependence on social organizations. Therefore, the two are an asymmetric dependence, leading to the weakening of the autonomy of social organizations; Due to the superposition of political, legal, governmental and personal factors, social organizations have been administrated and fallen into the dilemma of "dependent autonomy". In the mature stage of the development of social organizations, because the scope of political and social cooperation is more extensive, the government's dependence on social organizations is becoming stronger, and the dependence of social organizations on the government is becoming weaker, leading to their autonomy becoming stronger, so the two form a "interdependent and collaborative" relationship. This paper uses the theory of resource dependence to explain the characteristics and formation factors of the asymmetric resource dependence relationship between politics and society, and uses the theory of social integration to analyze the evolution and formation logic of the relationship with typical examples, and finally proposes the adjustment path of the relationship between politics and society.

Key Words: Political and social relations; Asymmetric resource dependence; Autonomy; Social integration theory; "Interdependent collaboration" relationship

农村党支部选举制度创新动力生成机制研究[*]

——基于一个村庄实践的深度分析

梁俊山

(忻州师范学院马克思主义学院　山西忻州　034000)

内容提要：基层制度创新对中国共产党保持先进性至关重要，党的基层制度创新动力生成机制研究对构建具有中国特色的政党制度创新理论和推动党的制度现代化建设具有积极意义。本文通过对D村制度创新实践进行深度分析，认为党的基层制度创新动力生成于制度、实践、价值和路径四个层面，即制度层面村民自治下基层民主浪潮的推动，实践层面村民对党高度认同下集体诉求表达的策动，价值层面中国共产党以人民为中心价值追求下与村民的有效互动，以及路径层面中国特色政治实验的创新驱动。四个层面的制度创新动力相互叠加、彼此作用，形成以坚持党的领导为内核的"四维一体"制度创新动力系统，共同为党的基层制度创新提供持续动力。

关键词：中国共产党；农村党支部；基层制度创新；动力生成机制

党的十九届六中全会深刻总结了党的百年奋斗历程取得的重大成就和历史经验，其中党的制度创新贯穿于中国共产党发展各阶段，对构建具有中国特色的政党制度体系发挥了重要作用。党的基层制度是中国特色政党制度体系的重要组成部分，本文通过对D村制度创新实践的长期观察和

---

[*] 基金项目：忻州师范学院"1331工程"学科带头人资助项目（202001）。
作者简介：梁俊山，男，博士，忻州师范学院马克思主义学院副教授、硕士生导师，主要研究基层民主与社会治理。

深度追踪，结合党的农村基层制度创新进程，探讨党的农村基层制度创新动力生成机制，对丰富我国政党制度创新理论具有重要意义。

一　D村的制度创新实践

D村位于晋陕蒙之交，中华人民共和国成立前村内大部分土地归三户地富所有，村民主要依靠给地富打工以及外出"走西口"谋生，在艰难困苦的境遇下人均寿命仅36岁。[①] 1946年，中国共产党在D村开展土改工作后，彻底消除了土地剥削关系，使村民摆脱了千百年来对地富的依附，形成对党的领导的高度认同。

1962年至1987年间，D村党支部在五次村支书调整中都充分吸收了村民意见，形成了以民意为基础的农村工作机制，从而使村民对党的领导认同进一步深化。1988年《村民委员会组织法（试行）》颁布实施，1991年D村所在H县随即被省民政厅确定为村民自治示范建设单位。在此背景下，D村发生针对村支书的群体意见表达事件，给基层社会稳定和村民自治示范建设造成了消极影响。针对村民反映的问题，D村所在镇成立专门工作组驻村开展调查，但结果表明村支书并无违纪行为。村民对调查结果并不认同，还进一步提出选举村支书的新诉求。镇党委经过慎重考虑，决定采用投两次票的方式创新农村党支部选举制度，即先由全体村民对所有党员投信任票，然后由全体党员从得票率过半数的党员中提名支部书记候选人，再召开党员大会进行正式选举。该办法有效吸纳了村民意见，使农村党支部在村民自治初期获得更为广泛的民意基础，D村再次当选的村支书也因制度赋权而更具合法性，得到了村民的普遍支持。

D村制度创新成果通过"试验—试点—试行"的路径向全县农村扩散，并在各级党组织的有效互动下向全区推广，其经验在全省乃至全国形成重要影响，最终促成"两推一选"办法的全国落地。由此可见，D村实践是农村党支部选举制度创新的重要开端，其于特定时空发生必然依赖一定的动力机制，以此为切入点厘清制度创新动力的生成机制，对于构建具有中国底色的制度创新理论具有重要意义。

[①]　参见河曲县志编纂委员会《河曲县志》，中华书局2013年版，第326页。

二 制度层面：村民自治下基层民主浪潮的推动

1988年《村组法（试行）》颁布实施，使农村全面转向以村民委员会为主要形式的村民自治，开启了村民通过民主选举、民主决策、民主管理、民主监督，实现自我管理、自我教育、自我服务的新进程。同时，村组法作为农村的关键性制度，其落地的同时也不断推动其他领域制度创新发展，使基层制度场域发生整体变迁。

（一）顶层设计为基层创新提供制度保障

村民自治顶层设计的全局性为基层制度创新预留了空间。1982年，村民委员会制度率先写入宪法，一方面保障了村委会在农村治理中的合法性地位，有利于推进村民自治建设；另一方面兼顾根本大法的全局性和全国农村的复杂性，并未对村民委员会的具体事项进行规定，为农村自主探索村民自治制度提供了可能。1987年，在广西合寨村等农村地区自主探索村民自治经验的基础上，全国人大起草了《村组法》草案，对村委会性质、地位、职责、组织设置、成员产生、任期、决策机制等具体内容进行了规定，但仍未明确村委会候选人的产生方式，从而为农村自主创新预留了空间。

（二）村民自治探索开启制度创新窗口

"两票"制是村民自治试点驱动下的实践创新成果。《村组法（试行）》实施后，推进村民自治建设成为20世纪80年代后期至90年代农村工作的中心任务，D村所在省选取部分典型农村开展村民自治试点，并在取得初步经验后积极推进村民自治示范建设。1989年，D村所在H县选取10个村进行村民自治试点，试点中各地村民创造出多种村委会候选人产生办法，其中最具特色的为"白票选举"。所谓"白票选举"有两个特点：一是无候选人选举，村委会候选人由村民直接在空白选票中填写推荐产生；二是通过两次投票选出村委会领导班子，第一次通过白票选举按得票数从高到低以较大差额确定正式候选人名单，第二次由全体村民投票从候选人中选举产生村委班子成员。该办法突破了之前由乡镇提名候选人的惯例，使村民享有更加全面的选举权。1991年D村"村闹"发生时，村委会选举中"两票"选人的办法被移植到村党支部选举中，通过选举技术的创新有效化解了干群矛盾，强化了党支部领导权威。1992年，地委在 H 县召开"两票"制建设农村党支部现场会,将"两票"制选举农村党支部的经验进行全地区推广,并经全省经验交流讨论后引发全国各地农村制度创新"竞赛",在我国农村基层制度创新进程中产生了深远影响。

可见,《村组法(试行)》在全国的落地是村民自治制度转化为实践和村民自治实践经验上升到制度的交互过程,这为制度创新成果的形成开启了"窗口"。经验与制度的交互主要存在于三个层面:一是《村组法(试行)》自上而下在实践中逐步得到落实;二是村民自治试点中,微观实践形成的创新经验自下而上逐步消除宏观制度的模糊性;三是示范建设经验通过宣传、推介等方式由点及面扩散到地方制度层面,并在村民自治推行中进一步拓展。此外,"两票"制是村民自治示范经验被移植到农村党支部选举的制度创新成果,也使村民自治成果扩大到党建层面,强化了基层民主与基层党建的关联性。

(三) 村民自治浪潮催生农村基层党建新需求

中华人民共和国成立以来,党的基层组织始终是农村工作的领导核心。1953 年底,中国共产党虽然在全国 77% 的乡建立了基层组织[1],但总体而言存在地区发展不平衡、党员觉悟不高、基层组织制度不健全等突出问题[2]。为解决以上问题,中共中央于 1954 年 11 月专门召开第一次全国农村党的基层组织工作会议,对农村党建工作进行了部署,之后逐步形成公社党委领导下的政社合一体制。1958 年 H 县建立公社党委领导下的公社管理委员会领导体制,公社党委对管委会进行直接领导,并通过社、大队、小队对农村发挥领导作用。人民公社解体后,为进一步加强党对农村工作的领导,中组部于 1985 年 11 月召开了全国农村党的基层组织建设座谈会,并于 1986 年 2 月发文要求以行政村为单位建立党组织,"统一领导全村的各项工作"[3]。1988 年 11 月,中组部下发《关于建立民主评议党员制度的意见》,将群众评议党员的民主机制引入党的建设当中,并在中央支持下作为从严治党的重要举措在全国试点[4]。1989 年 8 月,中央再次强调基层党建的重要性,并下发通知要求发挥好基层党组织在农村中的领

---

[1] 参见《中国共产党组织史资料》(第 4 册),中央文献出版社 1993 年版,第 701 页。
[2] 参见张明楚《中国共产党基层组织建设史》,福建人民出版社 2017 年版,第 169 页。
[3] 《中国共产党组织工作辞典》,党建读物出版社 2001 年版,第 558—559 页。
[4] 参见《十三大以来重要文献选编》(上),人民出版社 1991 年版,第 357 页。

导核心作用。[1] 人民公社党委领导体制瓦解后，农村党支部虽然依靠制度惯性继续领导农村工作，但明显缺乏制度性支撑。1982年《宪法》虽然规定村民委员会与乡的关系由"法律规定"，但直到1988年《村组法（试行）》实施才明确了专门法律，而在此期间建立的村民委员会大多继承了乡镇党委领导的传统，即村委会候选人由乡镇党委、政府提名。

《村组法（试行）》实施后，乡镇党委、政府对村委会班子成员的提名权被弱化，"两委"班子成员来源的差异性导致"村选"中矛盾频发，村民自治浪潮下如何实现党对农村工作的全面有效领导，成为基层党组织的迫切需求和紧要任务。可见，村民自治制度的实行使农村基层民主得到长足发展，基层民主的进步推动村民自治制度不断完善并催生基层党建新需求，从而为"两票"制创新实践提供了内生动力。

三 实践层面：政治认同下村民集体诉求表达的策动

20世纪90年代，我国农村社会正处于重要转型期，村民自治制度不完善、自治经验不丰富，导致举揭村委会的事件频发。[2] D村"村闹"就是起源于村民对村支书多年担任村干部的不满，便以财务问题为由进行群体表达，并演化为"选书记"的制度创新诉求。

（一）依法举揭：村民意见表达的路径选择

"依法举揭"是村民高度政治认同下进行群体意见表达的路径选择。1988年《村组法（试行）》对村民自治的实施进行了制度性规定，但未对村民自治权利如何有效行使进行明确，导致乡村权力运行缺乏有效监督。赫希曼曾对组织成员的忠诚度及其行为模式进行了研究，他认为组织成员面对不满时会通过三种态度进行表达：一是"退出"，即成员对组织完全丧失信心和信任时，通过身体上或精神上与组织脱离的方式远离组织；二是"呼吁"，即组织虽令成员产生不满情绪，但成员通过积极与组织进行沟通和意见表达，促使组织发生改变而重拾对组织的信任；三是"忠诚"，即无论组织对成员如何不利，成员始终能够保持对组织的高度

---

[1] 参见《十三大以来重要文献选编》（中），人民出版社1991年版，第588页。
[2] 参见陈柏峰《农民上访的分类治理研究》，《政治学研究》2012年第1期。

信任。① 以上三种态度在村民与村级组织之间的关系中都有体现，第一类村民采取"退出"态度，即采取不参加村民会议、不投票、不发表意见等形式实质上退出村庄治理；第二类村民保持"忠诚"态度，即完全听从村干部及上级指示，对村干部高度信任和拥护；第三类村民采取"呼吁"态度，也就是"两票"制中的"依法举揭"行动，即村民在对组织忠诚和对自身利益追求的双重驱使下，积极采取行动引起上级关注并推动问题解决的过程。可见，"依法举揭"是农民对组织高度认同下进行的"呼吁"行为，其行动依据往往是党和国家的法律、政策，行动方式是通过制造声势吸引党和政府的注意力下沉，这都充分体现农民群体行动具有的建设性本质。

（二）创制扩权：村民诉求深化的行动策略

马克思认为，"人们奋斗所争取的一切，都同他们的利益有关"②，村民创制扩权行动背后也有利益追求的成分，D村案例中，当调查组表明村支书并无违纪行为时，村民随即将行动诉求指向更深的制度层面。

村民未能通过"依法举揭"实现更换村支书的目的，便将村组法的民主价值理念移植到党支部选举中，通过策略转换提出更深层次的"选书记"要求，以"创制扩权"实现行动目的。若举揭遵循"依法"的工具策略，那么创制则采取的是"依理"的价值策略，而正是价值策略契合了中国共产党以人民为中心的价值追求，才使得"两票"制创新得以发生。"两票"制被运用到村庄权威结构的产生当中③，内化为制度的工具属性使其技术性特点更加突出，而制度的价值属性使选举的结果不再受少数村民左右。D村"两票"制选举后，原村支书再次当选是其在任期间为村民办了不少实事、群众基础较为深厚的必然结果，虽然意见村民推动村支部选举制度创新实现了"扩权"，但将村支书"选下去"的目标再次落空。

可见，意见村民行动的直接目标虽未达成，但其诉求内化于"信任票"，通过制度创新获得了更为广泛的民主权利，搭建了党内外沟通的桥

---

① 参见 Albert Hirschman, *Exit, Voice, and Loyalty: Responses to Decline in Firms, Organizations, and States*, New York: Harvard University Press, 1970, pp. 1 – 10.
② 《马克思恩格斯全集》（第1卷），人民出版社1956年版，第82页。
③ 参见景跃进《两票制：组织技术与选举模式——"两委关系"与农村基层政权建设》，《中国人民大学学报》2003年第3期。

梁，对党的基层制度建设具有积极作用。

（三）以势易权：村民实现诉求的价值策略

"两票"制从形式上化解了干群矛盾，但并未消除问题根源。D村意见村民以"调查不详细、走形式、有内幕"为由，要求镇政府对村支书再次彻查，持续发动的"村闹"严重干扰了村庄秩序。为正常开展村民自治工作，镇党委任命了新村支书并推荐村民意见领袖出任村委会主任，将村民诉求有效整合到村庄治理结构中，"村闹"才得以平息。

从"依法举揭""创制扩权"到"以势易权"是农民追求利益的策略组合，制度创新表现为农民进行诉求表达的工具，而"闹"是诉求表达的形式。"人们的政治需要通过一定的政治活动，经过一定的政治关系的过滤最终得到满足"①，表面看村民在法制层面无法达成的目的最终通过"闹"得以解决，实质是精神层面对农村基层制度发起的价值冲击产生了效果。案例中，虽然意见村民对村支书的"控诉"明显夸大，但村庄15%的村民参与"村闹"的事实同样表明诉求具有合理性成分。在长期利益失衡下，失势村民在村庄政治生活中不断采取"抵制""反对""不服从"等手段应对，并积极借助外部政治势能打破原有权力格局，是导致D村干群关系动荡不安的根本原因。

村民"以闹造势"消解村支书领导权威，最终造成村支书"失势"退出村庄治理体系。阿尔蒙德认为"每一个政治体系都植根于一套意义和目的之中"，制度精神"影响着各个担任政治角色者的行为，他们的政治要求内容和对法律的反应"②，如果村民诉求表达的前两个阶段停留于制度表层，那么"以闹造势"则是对制度精神的冲击。"谁赢得了农民，谁就会赢得中国"③，群众路线、为人民服务等重要价值早已内化为中国共产党各项制度的精神内核。在镇党委、村支部与农村群众之间形成的既定政治关系中，党员干部与人民群众间的"血肉联系"尤为重要，村支书虽不存在违纪行为，但其失去村民的信任，也就失去了代表基层党组织履职的基本资格。

---

① 王伟光：《利益论》，中国社会科学出版社2010年版，第92页。
② ［美］阿尔蒙德、［美］鲍威尔：《比较政治学：体系、过程和政策》，曹沛霖等译，上海译文出版社1987年版，第29页。
③ ［美］洛易斯·惠勒·斯诺：《斯诺眼中的中国》，王恩光译，中国学术出版社1982年版，第47页。

四 价值层面：以人民为中心价值追求下的有效互动

"中国共产党若离开了农民，便很难成为一个大的群众党"[①]，密切联系群众是中国共产党开展各项工作遵循的基本路线，积极回应农民诉求是农村党组织建设的内在要求。D村所在县委非常重视对群众意见的有效回应，注重发挥群众意见对党员干部队伍建设的积极作用，从"德、能、勤、绩"四个方面开通群众民主评议党员渠道，积极推动党群交流。[②] 正是这种以人民为中心的价值追求，为"两票"制创新实践提供了根本的价值遵循。

（一）党群有效互动是"两票"制创新实现的机制保障

传统社会由于缺乏有效的沟通渠道，农民对国家制度的影响力极其有限，诉求表达只能采取非常规手段。中国共产党在成立之初就建立起"理论联系实际"的工作方针，逐渐形成自上而下与自下而上相结合的政策制定路径，能够保证及时吸收群众意见。党的农村基层制度都是在充分考虑村民需要的基础上制定，并与农村实际紧密结合而形成的"顶层进行制度供给、基层提供制度经验"的上下结合创制过程。"两票"制创新更为直观地体现了该过程，村民自治制度为农村探索基层民主提供了制度保障，农民为解决基层问题提出了"选书记"的制度诉求，镇党委在中央制度精神指引下将村民需求吸纳到制度体系中，通过有效互动最终形成"两票"制新办法。

党群互动是实现农村基层制度创新的核心机制，尊重农民主体性地位是党群互动的基本前提。农村基层制度创新实践表明，制度创新发生需同时具备两个条件：一是要坚持中国共产党的领导，二是要坚持农民在实践中的主体性地位。中国共产党对中国国情有最为全面和准确的把握，党的历次制度创新无不建立在扎实经验的基础上。同时，中国共产党在领导革命的进程中形成了来自人民、依靠农民、服务人民的群众路线，人民的实践经验是党和国家制度设计的重要依据。马克思主义者认为"人类的生

[①] 《中共中央文件选集（1921—1925）》，中共中央党校出版社1989年版，第124页。
[②] 参见河曲县志编纂委员会《河曲县志》，中华书局2013年版，第1371—1376页。

产活动是最基本的实践活动,是决定其他一切活动的东西"①,中华人民共和国成立后,农民首次成为"自身的社会结合的主人"②,围绕理论与实践、政策与经验与党进行充分互动,从而推动基层制度不断创新。

(二) 以农民为中心是"两票制"创新的价值依据

马克思指出"历史活动是群众的活动"③,中国共产党以人民为中心的发展理念贯穿于党的领导全过程。一是国家一切权力属于人民,"党的一切工作,必须以最广大人民根本利益为最高标准"④。中国共产党领导人民的过程,同时也是不断增进人民利益、强化执政合法性的过程,即只有持续获得人民认同才能确保党的执政地位不动摇。二是党的根本宗旨是服务人民。习近平总书记提出"人民对美好生活的向往,就是我们的奋斗目标"⑤,这是中国共产党百年奋斗历程中坚守的根本准则。三是群众路线是党的生命线,中国共产党是人民的党、群众的党,党的自身建设及其领导各项事业开展必须始终坚持密切联系群众。四是党的发展成果与民共享。马克思主义认为无产阶级运动是"为绝大多数人谋利益"⑥,劳动成果"应该归全体劳动者享受"⑦。中国共产党在发展历程中早已形成发展成果与民共享的认知和实践,毛泽东同志谈到社会主义制度时指出,"这个富,是共同的富,这个强,是共同的强,大家都有份"⑧,邓小平同志更明确地提出社会主义共同富裕的目标⑨,党的十七大报告首次出现"发展成果由人民共享"的提法⑩,党的十八大后发展成果由人民共享成为党领导社会主义现代化强国建设的重要理念。可见,以人民为中心是中国共产党坚持人民性的本质体现。

---

① 《毛泽东选集》(第1卷),人民出版社1991年版,第282页。
② 《马克思恩格斯选集》(第3卷),人民出版社1995年版,第634页。
③ 《马克思恩格斯文集》(第1卷),人民出版社2009年版,第287页。
④ 《决胜全面建成小康社会 夺取新时代中国特色社会主义伟大胜利——在中国共产党第十九次全国代表大会上的报告》,人民出版社2017年版,第57页。
⑤ 《习近平关于实现中华民族伟大复兴的中国梦论述摘编》,人民出版社2013年版,第13页。
⑥ 《马克思恩格斯选集》(第1卷),人民出版社1995年版,第283页。
⑦ 《列宁全集》(第7卷),人民出版社2013年版,第112页。
⑧ 《毛泽东文集》(第6卷),人民出版社1999年版,第495页。
⑨ 《邓小平年谱(1975—1997)》(下),中央文献出版社2004年版,第1032页。
⑩ 《十七大以来重要文献选编》(上),中央文献出版社2009年版,第12页。

以农民为中心是中国共产党领导农村工作的根本立场。坚持"以农民为中心"正是中国共产党在农村工作中"以人民为中心"价值的遵循和体现。1923年中共三大通过《农民问题决议案》提出团结农民、保护农民利益以促进国民革命的方略。1925年《工农联合的决议案》确定了工农联盟的革命同盟，并发布《告农民书》建立农民协会组织斗争活动。1927年毛泽东同志基于对湖南农民的考察提出农村工作的"十四件大事"①，将农民最关心的土地问题列为革命根据地建设的核心问题。1950年颁布的《中华人民共和国土地改革法》落实了农民土地所有制，满足了农民拥有土地的夙愿。为克服小农经济的局限性，中国共产党引导农民建立生产互助组提高农业生产力，并于1958年后建立人民公社，不断整合农民力量。党的十一届三中全会后，党中央积极推进农村领域改革，扩大了农民的民主权利，使其主体性作用得到进一步发挥。21世纪初，党中央以解决"三农"问题为抓手加大社会主义新农村建设力度，并通过系列惠农政策促进农民发展。党的十九大报告中，党中央科学提出乡村振兴战略，开启了新时代全方位推进乡村建设的战略部署，使乡村振兴成为中华民族伟大复兴道路中的关键一环。可见，农村是中国共产党领导全国工作的重要基础，而农民始终是农村工作的中心。

（三）"两票"制创新是中国共产党以农民为中心的价值体现

马克思认为"人民创造国家制度"②，中华人民共和国是人民民主专政的国家，人民是国家制度的创造者。"两票"制案例中，"以农民为中心"的价值追求体现在：一是基层党组织对D村"村闹"行为进行积极回应，对村民举揭问题组成工作组深入调查；二是在调查结果表明举报不实的情况下工作组依然倾听农民意见，对"选书记"诉求进行回应并提出"信任票"选举办法；三是在"选书记"诉求得到满足且"两票"制选举产生书记的情况下，农民继续提出"再查"诉求时，党组织继续派出工作组进行细查；四是针对农民通过"以势易权"消解村支书权威，党组织依然积极回应，并对群众基础差的村支书进行撤换；五是"信任票"解决D村问题后，上级党委在总结D村经验的基础上形成"两票"制，用于解决全县同类问题。可见，正是党坚持"以农民为中心"的价

---

① 参见《毛泽东选集》（第1卷），人民出版社1991年版，第12—44页。
② 参见《马克思恩格斯全集》（第3卷），人民出版社2002年版，第40页。

值追求，坚定了农民意见表达的信心，也坚定了基层党组织回应农民意见的决心。

五 路径层面：中国特色政治实验创新路径的驱动

党的各项制度在实践检验中逐渐得到完善，表现为从经验到政策、从政策到试点、从试点到制度、从制度到示范、从示范到推广的一般政治实验过程。政治实验不同于西方政治学实验，政治学试验是将自然科学实验方法运用于分析政治现象、政治问题和政治规律的研究方法，而政治实验是中国特色政治实践的产物，也是中国政治制度创新发展的基本路径。

（一）中国特色政治实验不同于西方政治学实验

西方政治学实验从发展历程看是政治学研究方法的突破。1924年，戈斯内尔最早将政治学实验方法用于选区投票研究[1]，1956年厄尔德斯维德首次从方法论层面讨论了政治学实验的适用性问题[2]。直至20世纪70年代，政治学实验研究才被关注，并出现全民公投新闻影响实验研究、选举参与度随机实验研究等一些创新性成果。

中国特色政治实验是根植于传统政治实践，在中国共产党百年治国理政经验中形成的政治学研究与实践范式。中国传统政治实践蕴含着丰富的实验元素，政府新制度、新政策的出台大都经过试点、推行的实践检验过程，特别是20世纪20年代掀起的乡村教育实验至今都具有深刻的借鉴意义。中国共产党革命根据地建设是政治实验的早期探索，"星星之火，最终燎原"就是革命实验与经验积累、扩散的结果。中华人民共和国成立后，国家政策出台始终坚持走政治实验路线，有效降低了政治风险，提升了政策科学性。改革开放后，从国家制度宏观设计到农村制度创新实验，标志着中国政治实验制度创新路径的日趋完善。

中国特色政治实验是推进和发展中国特色社会主义政治民主的基本方式。传统政治学研究受西方政治学话语体系局限，过分注重在西方理论体

---

[1] Harold F. Gosnell, "Getting out the Vote: An Experiment in the Stimulation of Voting", *National Municipal Review*, Vol. 16, No. 10, October 1927, pp. 663 – 664.

[2] Samuel J. Eldersveld, "Experimental Propaganda Techniques and Voting Behavior", *The American Political Science Review*, Vol. 50, No. 4, 1956, pp. 154 – 165.

系下的逻辑思辨，关注宏观理论问题而缺乏对具体政治实践的回应。[①] 中国特色政治实验既是推动制度落地和完善的过程，也是推动基层民主政治发展的过程，其本质是政治学研究成果与政治实践经验有机结合转化为政治制度成果的过程，其研究不仅有利于构建具有中国特色的政治学理论体系，更有助于推进我国制度现代化建设。

（二）中国特色政治实验既是方法论也是实践论

中国特色政治实验注重中国政治学研究与政治实践相结合，是建立在本土经验底色上的研究范式和实践路径，具有重要的方法论和实践论价值。

第一，中国特色政治实验注重研究主体的能动性。长期以来政治学研究置身于政治实践以外，太多是通过逻辑思辨对政治问题、政治现象进行评判，传统政治学研究即使走实证路线也难以阐明要素与结果间的因果机制。中国特色政治实验通过制定实验政策、构建实验环境、选定实验对象等一系列行为促使预设政治现象发生或结果出现，通过政治实验验证、修正与构建理论，从而使政治实践与政治学研究合二为一，并通过主动干预实验条件使政治学研究与实践的结构性效度更加稳固。

第二，中国特色政治实验注重研究路径的交互性。政治学研究容易陷入"言必称希腊"的西方话语陷阱，一方面是西方话语主导地位使然，另一方面在于中国政治学研究的自身特点。传统中国政治学研究侧重政治实践，而理论思辨和话语建构不足，容易陷入"用西方的理论范式来研究中国，中国总是错的"困境[②]。虽然研究的客观性取决于采用方法的科学性，但过度推崇数量化、模型化同样使研究易局限于问题表象。中国特色实验政治可以有效规避方法论崇拜[③]，兼顾研究方法科学性与研究结果适应性，通过理论研究与实践经验紧密交互，产出研究成果同时对其进行实践检验。

第三，中国特色政治实验注重研究情境的本土性。从土地改革、农业

[①] 参见李辉、熊易寒、唐世平《中国的比较政治学研究：缺憾和可能的突破》，《经济社会体制比较》2013年第1期。

[②] ［加］玛丽·尹芙·瑞内《比较政治学中被边缘化的中国研究》，臧雷振等译，《比较政治学研究》2014年第1期。

[③] 参见程同顺、邝利芬、孙迪《美国政治学研究方法的最新进展——基于美国政治学三种期刊的研究（2001—2012）》，《政治学研究》2015年第2期。

合作化、村民自治到改革开放，我国政策调整都具有鲜明的政治实验色彩，"摸着石头过河"的改革开放精神就是政治实验的典型体现。中国特色政治实验与中国历史发展逻辑、中国政治经验逻辑、中国特色社会主义政治学理论逻辑相统一，其产生于中国情境，适用于中国道路。

（三）农村基层制度创新是中国特色政治实验的成果

改革开放和村民自治是"两票"制创新所处的宏观实验背景。一是党的工作重心由阶级斗争向经济建设转变，邓小平同志"猫论"就是实验思想的体现，他指出"不争论，大胆地试，大胆地闯，农村改革是如此，城市改革也应如此"[①]；二是我国经济体制由计划经济向社会主义市场经济转轨，实验思维直观地体现在国家先行经济特区的设立；三是在党的领导和群众自主探索下，村民自治制度开始试行。可见，政治实验的宏观背景为"两票"制中党的领导与地方实践有机结合提供了有力支撑。

"两票"制创新过程是政治实验路径的缩影。"两票"制既是国家政治制度实验在地方的成果体现，也是党的基层制度创新实验的产物。首先，省民政厅选取H县后进村作为村民自治试点，以反驳"后进村无自治"的观点，证明村民自治的普遍适用性，其本身是实验思维的体现。其次，H县委及基层党委授权试点村在村民自治试点中采用"白票大选"的选举办法，并在选举成功后将此办法进行推广，这是典型的政治实验实践。再次，当D村村民提出"选书记"诉求时，W镇党委积极回应并将"白票大选"引入农村党支部选举当中，通过"信任票"的方式进行制度供给也是一种政治实验行为。最后，"两票"制取得成效后又通过实验路径进行更大范围推广。因此，"两票"制是中国特色政治实验路径驱动下的创新成果。

六 结 论

D村案例表明，基层民主浪潮的推动、微观实践探索的策动、党的价值追求下的有效互动以及中国特色政治实验路径的驱动是党的基层制度创新动力的生成机制，其中制度层面是创新的必要前提，实践层面是创新的基本条件，价值层面是创新的精神内核，路径层面是创新的方法优势。

[①] 参见《邓小平文选》（第3卷），人民出版社1993年版，第374页。

"四维一体"的动力分析框架不仅对认识党的基层制度创新问题具有借鉴意义,也对分析整个农村基层制度创新的发生规律具有一定参考价值。

Research on Generation Mechanism of the Innovation Impetus of the Election System of Rural Party Branches
——In Depth Analysis Based on a Village Practice

Liang Junshan

(School of Marxism, Xinzhou Normal University, Xinzhou, Shanxi, 034000)

Abstract: Grass-roots institutional innovation is very important for the Communist Party of China to maintain its progressiveness. The research on the generation mechanism of the party's grass-roots institutional innovation power is of positive significance to the construction of the party's institutional innovation theory with Chinese characteristics and the promotion of the party's institutional modernization. Through the in-depth analysis of the practice of institutional innovation in village D, it is believed that the party's grass-roots institutional innovation power is generated in four levels: system, practice, value and path. That is, at the institutional level, it is the impetus of grass-roots democracy under Villagers' autonomy; In practice it is the instigation of farmers to express their collective demands under the high recognition of the party; The value level is the effective interaction between the Communist Party of China and the villagers under the people-centered value pursuit; The path level is the innovation driving force of the political experiment with Chinese characteristics. The four levels of institutional innovation power are superimposed and interacted with each other to form a "four-dimensional integration" institutional innovation power system with adhering to the party's leadership as the core, and jointly provide sustainable power for the party's grass-roots institutional innovation.

Key Words: Communist Party of China; rural party branch; grass roots system innovation; dynamic generation mechanism

党建引领"三治融合"乡村治理体系的理论逻辑和实践路径[*]

喻 琳 李传兵

(贵州大学哲学与社会发展学院 贵州贵阳 550025)

内容提要：如何从理论谱系和历史变迁中对基层党建引领"三治融合"城乡基层治理体系进行系统定位和理论分析？这个问题既是新时代我国乡村社区治理体系建设中面临的最新挑战，也是从理论和实践层面推动我国基层治理体系现代化的理论背景。本文以"经纪机制"为理论基础，从"保护型经纪""盈利型经纪""行政型经纪""资源型经纪""治理型经纪"等五个方面梳理了中国城乡基层治理体系的历史变迁。进而，本文将"治理型经纪"作为基层党建引领下"三治融合"的典型特征，比较经纪"机制"和治理"体系"之间的逻辑关联和解释力，探寻乡村社区"三治融合"在理论谱系中的位置。最后，文章结合广东省蕉岭县"一核多元、多层共治、全要素联动"的集成式治理模式，提出了以基层党建为统合、培育公共性为目标、协商治理为主要形式的乡村社区"三治融合"的实践路径和行动框架。

关键词：经纪机制；三治融合；国家建设；乡村社区

引言

构建现代化的城乡基层治理体系是中国社会发展的现实需要，也是学

---

[*] 基金项目：国家社科基金西部项目"中国共产党坚守人民立场的理论演进与实现机制研究"（20XKS014）。
作者简介：喻琳，男，贵州大学哲学与社会发展学院博士研究生，主要研究方向为马克思主义哲学中国化。李传兵，男，贵州大学马克思主义学院博士生导师，主要研究方向为马克思主义中国化。

术研究的时代命题。中国城乡基层治理体系的理论建设和实践工作是一个连续的变迁过程，历经传统中国的"乡绅自治"传统、中华人民共和国成立初期的"全能主义"范式和20世纪80年代"乡政村治"的治理格局，逐步形成了有中国特色的乡村治理体系的理论和实践框架。新时代以来，乡村治理格局发生的较大变化，对围绕乡村治理体系建设的理论研究也提出了新的挑战。党的十九大提出"健全党组织领导的自治、法治、德治相结合的城乡基层治理体系"，这是我们党对于乡村治理体系建设的最新政策表述、理论定位和研究总结。

作为一种全新的社会治理理念，学界对党组织领导下的"三治融合"基层治理体系进行了广泛研究，主要集中于以下两个方面：其一是治理现代化视域下的"三治融合"理论价值研究。学者们认为"三治融合"契合国家治理现代化的发展逻辑，国家治理现代化需要同各种范畴、层次、形式的自主网络和自治权威相结合。[1] 同时，"三治融合"的乡村治理体系有利于国家治理能力的提升，强化乡村社会对国家治理的基础支持和合法性认同。[2] 其二是"三治融合"的具体机制研究。在城乡治理体系建设中，自治、法治、德治是不可分割的整体，三者相互渗透、互相补充、紧密联系。学者们对各种治理动能在"三治融合"治理框架中的角色认知略有差异，但总体来看，无论是"一体两翼式"[3] 还是"平行并列式"[4] 均达成一种共识，即"三治"结合并非自治、法治与德治的简单相加和组合，而是一种总体论视域下的组合式善治体系。[5]

已有研究充分展示了学者们对于党组织领导下"三治融合"研究的

---

[1] 参见许耀桐《法治德治共治自治"第五个现代化"独特内涵与历史轨迹》，《人民论坛》2014年第10期。

[2] 参见张明皓《新时代"三治融合"乡村治理体系的理论逻辑与实践机制》，《西北农林科技大学学报》（社会科学版）2019年第5期。

[3] 李博：《"一体两翼式"治理下的"三治"融合——以秦巴山区汉阴县T村为例》，《西北农林科技大学学报》（社会科学版）2020年第1期；陈松友、卢亮亮：《自治、法治与德治：中国乡村治理体系的内在逻辑与实践指向》，《行政论坛》2020年第1期。

[4] 左停、李卓：《自治、法治和德治"三治融合"：构建乡村有效治理的新格局》，《云南社会科学》2019年第3期。

[5] 参见郁建兴、任杰《中国基层社会治理中的自治、法治与德治》，《学术月刊》2018年第12期；邓大才《走向善治之路：自治、法治与德治的选择与组合——以乡村治理体系为研究对象》，《社会科学研究》2018年第4期。

理论关注与现实关怀，但是上述工作忽视了从中国基层治理体系的历史变迁和理论谱系中定位"三治融合"的时代特征、发展规律和理论逻辑，忽视了在"三治协同"过程中"政党"究竟扮演着怎样的角色。如何从理论谱系和历史变迁中对基层党建引领"三治融合"城乡基层治理体系进行系统定位和理论分析？如何认识基层党建、自治、法治、德治在基层治理体系中的角色、地位以及构建中的互动作用等既是新时代以来我国城乡基层治理体系建设中面临的最新挑战，也是我们党和国家从理论和实践层面在我国城乡基层治理中需要重点研究和关注的重要理论背景。

本文将从历史和理论维度考察乡村社区党建引领"三治融合"的理论逻辑与行动框架。首先，本文将以"经纪机制"为理论基础，梳理中国城乡基层治理体系的历史变迁；进而，本文将比较经纪"机制"和治理"体系"之间的逻辑关联和解释力，探寻乡村社区党建引领"三治融合"在理论谱系中的位置；最后，文章将结合广东省蕉岭县"一核多元、多层共治、全要素联动"的集成式治理模式，具体分析乡村社区党建引领"三治融合"的实践路径。

一 中国乡村基层治理体系的历史变迁：
经纪机制的视角

中央和地方的"委托—代理"关系问题，是中国政治发展的主题，业已成为当下中国政治学研究的要旨之一。超大型的国家疆域面临大量跨地区治理的协调、资源汲取和整合能力困境，如何构建一个合理有效的治理体系和央地"委托—代理"关系，对于中国这个超大规模国家形态的社会治理具有重要意义，也是讨论中国乡村基层治理体系的前提。杜赞奇用"国家经纪"来界定晚清民国时期中国农村社会中居于乡村与地方政府间的沟通者。[①]"经纪机制"作为国家与基层社会的中介机制，是一个国家或地区由"传统精英政治体制"向"现代官僚政治体制"过渡的必然阶段。[②]

---

① 参见［印］杜赞奇《文化、权力与国家：1900—1942年的华北农村》，王福明译，江苏人民出版社2010年版，第49页。
② 参见赵泉民《"经纪"体制与政府强制性制度变迁绩效——20世纪前半期中国乡村社会权力格局对合作社影响分析》，《江海学刊》2009年第2期。

国家与社会关系的调整、地方权威的结构性变化等因素深刻地影响着不同时空下的国家经纪及其经纪逻辑，呈现了乡村社会权威结构的变化，也形塑了现代国家政权建设历程，① 也是国家政权建设的逻辑取代传统的"家—国"双轨逻辑的过程，传统基层治理模式在这一过程中得以重构，具体可以分为以下几个方面。

（一）传统"家—国"逻辑下的保护型经纪

传统的"家—国"逻辑深刻地影响着封建制国家的统治形式，作为"政统"的基层乡村治理结构受到以"族权""绅权"为代表的乡村社会宗族结构的影响。在国家与地方之间，士绅是主要的上下沟通纽带，充任帝国或政府在地方社会中的代理人。② 一方面，在以增长缓慢的农业税为主体支撑的财政体系下，传统国家无法将官僚制度的触角延伸到村落社会，士绅成为国家维系社会间关系的重要角色；另一方面，士绅和官僚在科举制度和法律规范上的同质性确保了地方士绅和官僚之间对话渠道的通畅，士绅沟通官僚与民众的中介作用得以保障。

这一时期，传统"家—国"逻辑影响下的乡村治理依托家族伦理的特殊主义道德观，呈现为一种简约主义的基层治理结构和治理方式。③ 然而，在现代化潮流的裹挟下，基层社会治理规则和治理方式也发生改变，家族伦理和宗族士绅对乡村社会整合力度逐渐式微。

（二）侵蚀乡村土地控制权的盈利型经纪

随着中国现代化转型的深入，传统"家—国"逻辑被"国家政权建设"逻辑所取代。国家通过官僚机构的下沉加强对基层社会的渗透和控制，从而将原有的以绅权和家族伦理为代表的、中心的、割据性的权威体系，逐步转变为一个以现代国家组织为中心的权威结构。④ 但是，一方面，国家触角的下沉使得传统的家族伦理和宗族士绅的权威伴随着科举制度的废除而急剧衰落；另一方面，以保甲制度为代表的"政统"与乡村

---

① 参见原超《新"经纪机制"：中国乡村治理结构的新变化》，《公共管理学报》2019年第2期。

② 参见吴晗、费孝通《皇权与绅权》，天津人民出版社1988年版，第50页。

③ 参见［美］李怀印《华北村治：晚清和民国时期的国家与乡村》，岁有生、王士皓译，中华书局2008年版，第52—69页。

④ 参见郭亮《家国关系：理解近代以来中国基层治理变迁的一个视角》，《学术月刊》2021年第5期。

社会传统的"血亲"分离，乡村社会中的胥吏豪强取代宗族士绅，以土地控制权为依托侵蚀了乡村社会的主导权。在这一时期，乡村治理秩序结构呈现出空虚化、无组织化和基层资源被过度汲取的困境。

（三）农会和村干部为中心的行政型经纪

1949年共产主义革命的胜利带来了农村权威结构和整个中国社会的激烈变迁，通过政党下乡和共产革命的形式驱动了国家基层政权的构建和乡村社会秩序的变迁。共产党通过以下两个步骤重塑了基层治理结构和地方经纪。首先，通过地权的变更，乡土社会中家庭作为经济活动基本单位的局面被打破，土地革命摧毁了乡村宗族势力，原有的盈利型经纪被打击；其次，通过国家政权自上而下地建立起普遍主义的阶级观和互助组、人民公社等新的权力组织网络，对乡村社会进行整合。这一时期，由贫下中农组成的农会成为乡村社会权力的中心，农会并非农村社会的自治结构，而是国家权力在基层社会的延伸。

随着"乡政村治"基层社会治理格局的确立，村委会成为农民与国家之间的纽带。而兼具保护型经纪和盈利型经纪双重属性的村干部成为连通国家与乡村社会的新的经纪。随着税费改革的终结，村干部作为权威整合和资源动员的经纪角色也逐渐减弱，乡村治理结构走向原子化、分散化的治理模式，形成了基层乡村社会的悬浮型政权。

（四）新乡贤为代表的资源型经纪

近年来，传统治理资源重新得到重视，越来越多的地方政府将"新乡贤"重新纳入社会治理中，成立大量乡贤理事会、公益理事会等实体机构，积极扶持和培育以乡村精英为核心的社会组织广泛参与乡村治理事务。新乡贤并非传统乡贤的复归，并非传统"家—国"逻辑在乡村治理结构中的重启，而是一种新的资源型经纪。这种新的经纪通常是以社会组织的形态出现，宗族老人、经济能人和村两委干部是其主要组成人员。不同于其他经纪机制，这种以乡贤理事会为代表的经纪主要是一种资源的反向输入，"国家"通过"乡贤理事会"来培育"社会"，从而对乡村治理结构进行重塑。

（五）党建引领下的治理型经纪

党的十九届四中全会提出"健全党组织领导的自治、法治、德治相结合的城乡基层治理体系"，强调在党建引领下实现自治、法治和德治三者协同融合发展。2013年浙江桐乡推行"法治为要、德治为基、自治为本"的治理模式,这是自治、法治、德治相结合的乡村治理体系较早的地方探索。桐乡推行"一约两会三团",即百姓议事会、乡贤参事会和法律服务团、道德评判团、百事服务团,做到以自治消化矛盾,以法治定分止争,以德治春风化雨,形成了"大事一起干、好坏大家判、事事有人管"的乡村治理新格局。

二 把政党带回来:党建引领"三治融合"的理论逻辑

对中国这个超大规模国家而言,"经纪机制"的绩效深刻影响着央地关系和地方治理。当基层治理体系存在难以克服的制度矛盾和悖论,无法获得基层政府治理的公共性时,就会导致日益严重的社会治理危机。[1] 因此,如何制定一套地方调节机制,既能维系地方的社区伦理,重塑传统的公共性社会关系,又能对上级政府负责,是中国乡村社会治理的关键所在。[2] 从历史上看,无论是在传统"家—国"逻辑下的保护型经纪还是"国家政权建设"逻辑下的盈利型经纪、行政型经纪和资源型经纪,不同时期的经纪机制都是通过利用时代背景、权力网络或文化资源等建立不同类型的权威结构,进而重建基层社会秩序。

在传统"家—国"逻辑下,科举制度和家族伦理赋予了宗族士绅对乡村社会的治理权威,利用这种文化的权力网络,维系传统乡村社会的简约主义治理。随着科举制度的取消,这种文化的权力网络也被劣绅豪强对地方资源的支配能力所取代。新中国成立以来,在乡村社会中建立起一整套基于阶级属性、意识形态和党政体制的权力的组织网络,"身份"成为重要的权威资源。农业税的取消某种意义上削弱了村干部对乡村社会的税收汲取支配权威,市场经济发展助推下,宗族老人、经济能人和村干部充分利用其宗族权威、经济支配力和体制权威的力量,"资源注入"取代"资源汲取",形成了以复合型权威为推动力,以乡贤理事会为组织形式

---

[1] 参见周庆智《代理治理模式:一种统治类型的讨论——以基层政府治理体系为分析单位》,《北京行政学院学报》2016年第3期。

[2] 参见原超《新"经纪机制":中国乡村治理结构的新变化》,《公共管理学报》2019年第2期。

的权力治理网络。① 但这种自发形成的,以老人协会、理事会等为组织形式的经纪机制在资源的整合方面、协调方面的稳定性存在一定的不确定性,其经纪绩效更多地体现在一些经济发展程度比较高的村庄,对于经济发展水平一般或落后的村庄,其经纪绩效的稳定性值得商榷。因此,在以族权、绅权、身份权、资源控制权等为核心的乡村治理秩序出现危机之后,如何围绕新的权威要素重建秩序,是中国乡村治理和乡村振兴的重要课题。② 党的十九届四中全会提出"健全党组织领导的自治、法治、德治相结合的城乡基层治理体系",强调在党建引领下实现自治、法治和德治三者协同融合发展。现有研究多集中于"三治"之间的主体协同和关系协同问题,而忽视了"党建引领"在"三治协同"当中的统领性作用。事实上,无论是自治、法治还是德治均在由传统中国向现代国家建构过程中的乡村社会治理结构中扮演着重要角色,村民自治的非正式治理与政府行政的正式治理之间的冲突,法治与德治之间的张力等始终是"三治融合"困境,也是各种类型权威结构下的乡村社会代理人需要面对和解决的重要问题。

不同于诉诸"文化的权力网络""资源支配能力""权力的组织网络""权力的治理网络","把政党带回来"是"治理型经纪"的重要特征和理论逻辑。党建引领下的"三治融合"乡村治理体系作为国家治理资源和治理权力下沉的承载机制有助于强化乡村社会对国家治理的基础支持和合法性认同,是通过党组织的权威实现再次对国家治理的"增权"过程。③

首先,从理论上看,"新权威—治理有效"理论是对"传统自由—治理有效"理论的超越。依靠党组织的权威协调以自治为核心的乡村治理要素具有明显的制度优势。在治理现代化背景下,面对超大规模的国家形态,中国乡村社会的有效治理取决于是否有一个合理有效的"委托—代理"关系及其治理体系。传统自由无法有效应对当前背景下的委托代理

---

① 参见原超《新"经纪机制":中国乡村治理结构的新变化》,《公共管理学报》2019 年第 2 期。
② 参见潘建雷、李海荣、王晓娜《权威的构成:乡村治理秩序的古与今》,《社会建设》2015 年第 4 期。
③ 参见张明皓《新时代"三治融合"乡村治理体系的理论逻辑与实践机制》,《西北农林科技大学学报》(社会科学版)2019 年第 5 期。

困境，需要一个新的权威结构、体系和理念对乡村治理要素进行驱动和协调。换言之，乡村社会治理效能的提升需要高于社会之上的领导力量对社会自治组织的有效整合。中国特色社会主义的最大优势是党的领导，基层自治发展的本质是加强党组织对城乡社会的整合，把党的组织领导的优势转化为基层治理效能。在整个治理体系中，党组织的整合、引领作用至关重要。具体可以体现为：（1）在中国党政体制下，党组织拥有超过其他社会组织和社会力量的强大领导能力，能够利用其自身的组织特性将政治势能充分转化为乡村社会治理效能。（2）党的基层组织扎根基层、服务基层，具有参与社会治理的天然优势。较其他社会组织而言，党组织拥有强大完善的组织体系，组织目标能够自上而下地贯穿和全面覆盖于乡村社会治理当中。（3）较其他社会组织的松散耦合的组织性质而言，党组织拥有强大的组织能力、资源整合能力和动员能力，能够充分利用体制内资源有效地整合乡村社会的各种力量和现有资源，将党的政治优势、组织优势和群众工作优势转化为治理优势。

其次，中国传统治理体制和治理惯性，决定了党组织嵌入"三治融合"的乡村治理体系适合历史发展规律。一方面，传统中国治理实践孕育了中国乡村社会的自治基因，"家国同构、家国一体"的儒家传统伦理和"以礼治国、以法治国"的社会礼仪秩序深刻影响着党建引领"三治融合"的理念。"自治"始终作为乡村社会治理的核心，党建引领的"三治融合"治理体系就是通过党组织嵌入乡村社会的德治与法治结构中，最终提升乡村社会自治的质量和治理效果。另一方面，党组织在将政治势能转化为治理效能过程中，强化国家权力对乡村社会的覆盖，但并非直接建立政治支配关系，而是支持和培育社会组织的发展，通过内生化的体制能力激活社会自身的自我调节和运转能力，蕴含着简约治理的逻辑取向。[①] 党建引领的"三治融合"治理体系的构建过程，也是以党组织为主要领导力量对乡村基层组织、治理平台和治理单位等载体进行"赋权"过程。

党建引领下的"三治融合"，其关键在于"党建引领"下组织权威的发挥，重点在于"三治融合"的治理体系构建，进而构建党建引领下的

[①] 参见何艳玲、王铮《统合治理：党建引领社会治理及其对网络治理的再定义》，《管理世界》2022年第5期。

自治、法治和德治相融合的"一核三驱动"型乡村治理结构，实现乡村治理体系一体化。在党组织嵌入下对现有组织、文化、生态等体系多元整合和重组，通过党建引领实现自治、法治和德治的结构优化、职能重构、机制重建和资源整合，促使乡村治理组织的职能属性更加清晰，权责配置更加明确，资源统筹能力更强。[①] 同时，在党组织搭建的乡贤理事会、协商议事平台、互助社、联系代表制度等各类平台下，村民的自主意识和内在驱动力得以激发和提升，将自治、法治和德治紧密结合，改善了目前行政单元村内集体行动缺失和村内权威动员能力较弱的困境，为乡村社会秩序重塑了公共性社会关系。

表1　　　　　　　　　乡村治理结构的历史变迁：经纪视角

治理主体	士绅	劣绅豪吏	村干部	乡贤理事会	党组织
特点	保护型经纪	盈利型经纪	行政型经纪	资源型经纪	治理型经纪
制度背景	国家介入社会资源汲取	国家介入社会资源汲取	国家介入社会资源输入	国家培育社会资源输入	政党介入社会平台建设
权威基础	文化权力网络	地方资源支配能力	权力的组织网络	自发组合的复合型权威	政党引领的治理权威
经纪逻辑	儒家伦理以德服人	庇护关系以势压人	政府授权行政命令	政府培育—协商治理	政党引领—三治融合

三　广东省蕉岭县"党建引领三治融合"的案例

蕉岭县地处广东省东北部山区，毗邻闽赣，总面积960平方公里，下辖8个镇、97个行政村和10个社区，户籍人口约24万人，拥有深厚的客家文化底蕴，是全国农村综合改革示范试点县。近年来蕉岭县积极围绕"如何挖掘内生治理资源，提升内生治理效能"和"如何提升基层党组织

---

① 参见衡霞《组织同构与职能重组：乡村治理体系一体化的实现路径——以彭州市宝山村和兴文县自由村为例》，《探索》2022年第3期。

领导力，助推乡村治理体系的协同构建"两大议题，创新性提出"一个党支部管事、一张清单明事、一套机制议事、一个地方说事、一种方法评事、一个模式强事"的"六事"模式，由此构建了"党支部引领、多元共治、全要素联动"的乡村治理体系，并以党建引领"三治融合"带动乡村全域式发展。本文主要以蕉岭县的农村综合改革中的"六事"改革为研究对象，重点选取蕉岭县L村的"双积分"制度和G村的"村民协商议事会"制度作为个案，主要从三个层面来对蕉岭县党建引领"三治融合"的治理实践进行分析：一是依托L村和G村的田野数据，主要分析蕉岭县是如何通过引入政党权威和党组织，对乡村社会治理结构、职能和程序进行重塑，通过理顺村级组织关系，规范村级权力运行机制，以提升村民自治的能力和乡村的组织凝聚力。二是通过引入L村的"双积分"制度的个案，分析蕉岭县是如何在党建引领下，通过将文明进行量化的形式，将"德治"和"自治"相结合，以自然村积分把控发展方向，以农户积分激活内生动力，在党建的引领下实现"德治"和"自治"的融合发展。三是通过引入G村的"村民协商议事会"的个案，分析蕉岭县是如何通过党建引领，构建村民议事的平台和党员干部下沉治理单元，实现"法治"和"自治"的融合发展。本文所述案例和相关材料来自笔者及所在团队长期在蕉岭县驻点跟踪调研数据，与地方官员和村干部的座谈会、深度访谈，观察日志，政府文件和工作总结等。

（一）"一核三元"的统合式党建：蕉岭县基层党组织权威的重塑

面对当前乡村社会基层内生权威缺乏和内生权威式微的困境，蕉岭县从"党建+组织建设"模式出发，优化基层治理组织结构，强调从内强化支部建设，从外拓展党组织覆盖面，充分发挥政党的组织权威和体制资源优势，搭建以村党组织为核心，村委会、村务监督委员会、村民议事会为主体的"一核三元"组织架构。"一核"即强化党建核心引领作用，创新党建工作方法，切实发挥村党委把方向、支部传帮带、党员强引领作用。"三元"即村委会、村务监督委员会、村民议事会在党组织的领导下共同参与实施人居环境综合整治、美丽乡村打造等基层治理。

蕉岭县各村不断完善"四位一体"的村民自治模式，以党建为领导核心，为村民自治组织构建了协商和发展平台，以促进乡村治理的良性

图1　蕉岭县"一核三元"组织架构

运行。

1. 党建＋村民委员会，推动村务执行的规范化。为解决村里劳动力外流和田地丢荒问题，L村村委决定运用"党委＋村委＋企业＋农户"的模式，集约村内土地200亩，形成具有L村特色的荷花园产业，不仅解决了村务难题，还促进了农民增收。

2. 党建＋村民议事会，促进村务决策的制度化。村级协商议事工作由村党组织书记主持，从议题的确定到协商的过程，充分发挥党组织统揽全局、协调各方的核心作用，使村务决策结果既符合民意，又符合党的方针政策要求。

3. 党建＋监督委员会，推动村务监督的透明化。党组织提名监委会成员并负责主持监事会各类会议，L村党委在村务监督中推广现代信息技术，利用互联网、手机APP和有线电视向村民公开村务、党务、财务，实现了村内决策的公开透明，一定程度上保证了村民的知情权和参与权。

在党组织（"一核"）嵌入村委会、村民议事会、监督委员会（"三元"）中，基层党组织注重对村内社会组织的引导，建立村党组织提名老人协会、妇女协会、普法协会、志愿者协会、理事会等五大社会组织负责人制度，将村党委班子成员、党小组长、党员骨干等选入社会组织，使各组织在村党组织的领导下，依法依规把村民凝聚起来，引导村民有序参与管理自治事务。依托基层党组织的工作体系，引导各组织建立民事民议、民事民办、民事民管的治理机制。

1. 党建＋村民理事会，延伸党组织覆盖面。在"行政村总网络—自然村网络—村小组网络"三级党建网络基础上，L村融合村民理事会建设，以村民党小组长为理事长，负责村小组理事会，组织动员村乡贤、退休教师干部担任理事会成员，并根据成员数量设置网格服务范围，充分发挥党组织的引领带动能力。

2. 党建＋宗教组织，有效团结村内信教群众。L村天主教信徒较多，以老人和妇女为主，村两委充分考虑到常态化的宗教活动能够增强村民凝聚力的特点，分管支部定期对教职人员进行常态联席，在群众在宗教场所聚集时进行相应的宣传教育活动，有效地借助平台团结了村内信教群众。

3. 党建＋老人协会，有效借助宗族老人的权威提升党组织服务能力。L村党委以党建引领激发了老人协会的新动能，村党组织将老年协会纳入党建工作，由党组织和村委会为协会提供经费保障，并指导协会规范运转，充分调动了村内老人参与协会管理和活动的积极性，提升了村内老年人服务社会水平和福利待遇，实现了党组织服务能力的有力提升。

（二）L村的"双积分"制度：以传统文明的现代化改造助推乡村治理内生动力

如何激发村民参与乡村建设的积极性和主动性，蕉岭县L村进行了积极探索。L村推行村庄、农户"双积分"制度，通过民主程序，将乡村治理各项事务转化为量化指标，以村庄积分引导发展方向，以农户积分激活内生动力，将纷繁复杂的"文明"问题具象化，让乡风文明建设可量化、有抓手，以激励和约束双重手段实现乡风文明、和谐、稳定的建设目标，推动蕉岭县乡风文明建设提档升级。

L村乡村治理积分制以村党组织为领导，经村民协商议事会制定评分细则，采取"基础评分＋加分项＋减分项"相结合的方式合理设置积分内容，吸纳各类主体组成评议人员库，以村为单位，每季度进行评测，包片村干部和小组长自动成为评议小组成员。所评积分每季度统计，并张贴公示，实施全过程纳入镇纪委、村监委会监督范围。

表2 "双积分制"评议组构成

类型	牵头人	评议成员	评议单元	积分公示	积分应用
村庄积分	镇党委	乡村振兴专班组长、驻村工作组组长、村党组织书记、各类党代表、各级人大代表、各类社会组织负责人	自然村	镇政府公示栏、村委会公示栏、"钉钉"手机客户端、微信群公示	（1）换取村庄配套奖补；（2）作为信用村等评定依据。
农户积分	村党组织	村"两委"成员、村民代表、村民理事会、各级党代表、各级人大代表、农村党员	片/组	村务公开栏、各片或小组、"钉钉"手机客户端、村民微信群公示	（1）评星定级、荣誉表彰等；（2）优先成为村"两委"班子后备人选、入党积极分子或优先参军等；（3）本地银行信贷额度提升；（4）定点超市和"钉钉"平台，积分兑换日常生活用品。

L 村通过基层党建的嵌入和搭台，将传统德治文化和村民自治进行了高度结合，改变了原有的传统说教式的动员机制，以量化的物质和精神激励充分激发村民的文明思维，助推乡村自治的内生动力，实现德治和自治的有效融合。正如 L 村村委 Z 主任所说："我们把本村村规民约的内容纳入了积分设置，譬如破除陈规陋习、红白喜事简办等移风易俗内容，现在又加入了新冠疫情接种的内容，让群众主动参与到基层治理中来，通过这个乡村治理积分，使村民实实在在知道，自己是乡村治理的参与者也是受益者。" L 村以村庄为单位开展自主性治理机制创新和制度建设，培育和提升农民参与意识和有序参与的能力，探索完善党建引领"三治融合"与乡村传统文化资源现代性转化的协同治理机制，推动基层普遍形成"大事一起干、好坏大家评、事事有人管"的社会治理新格局。

（三）M 村的"村民理事会"制度：以党建嵌入促进村规民约与现代法治有效融合

蕉岭县立足民间矛盾自我化解、乡村自治的历史文化传统，以传统宗族组织为基础，依托客家宗亲文化，专门制定了《农村村民理事会设立指引》，引导自然村（村民小组）群众自愿组建村民理事会；各村结合本村实际制定《村民理事会章程》，明确了在村党支部和村委会的领导下，推选德高望重、素质高、能力强、热心公益事业、办事公平公正的村民组成村民理事会。目前，全县共建立了村民理事会878个，占村民小组（自然村）总数的62%。村民理事会按照民事民办、民事民治的原则开展工作，主要履行协助调处邻里矛盾、兴办农村公益、协助村民自治等三项职责；理事会议一般一季度召开一次，对重大事项决策实行"一事一议"，采取"三议三公开"（理事会提议、理事走访商议、户代表开会决议，议案决议公开、实施过程公开、办事结果公开）的方式民主议事。理事会以户代表会议形式，由村民理事会与群众共同议定村规民约，教育和引导村民共同参与村庄管理。通过建章立制、完善乡规民约等，鼓励和引导村民参与农村公益事业建设，切实履行"议事、协调、监督、服务"职责。

一方面，在村民理事会的运作下，M村以村规民约为规范载体，激发法治动能。在M村村民理事会组织协调下，通过建章立制、完善乡规民约、规范民事民治管理机制等，鼓励和引导村民参与农村社会治理，支持和保障村规民约在传承优良传统、倡导文明新风、淳化乡风民俗中发挥社会规范作用，切实履行"议事、协调、监督、服务"职责，不断提高村民民主自治能力和水平。同时，立足村民理事会成员"熟人社会"优势，发挥其深入了解社情民意、缓冲调解村民邻里矛盾纠纷的作用，配合综治维稳、法制调解等工作，协助涉农矛盾纠纷及时化解，确保"小事不出村、大事不出镇、矛盾不上交"的法治治理格局的形成。

另一方面，M村作为三级代表联络站中的一级，充分利用党组织体制资源，通过治理组织下沉畅通民意上传下达的渠道，以调解组织为化解载体，发挥法治势能。蕉岭县建立了覆盖县、镇、村三级的人大代表村级联络站体系，107个村（居）利用党群服务中心，按照"有场地、有人员、有制度、有活动、有经费、有设备"的"六有"标准设置村级联络站点，使之成为密切联系群众、践行基层民主的重要平台，同时通过明确党代表行为规范和履职行为标准，增强了其在支持和提升村务监督工作中的功能，同时，以建立健全人民调解制度为契机，吸引党员群众参与纠纷调解。2019年6月，M村设立了人大代表联络站，实现了"六个有"。代表按照蕉岭县"十个一"量化标准进行履职，每月15日、25日为人大代表固定接待选民日，代表进站接待选民群众来信来访，收集民情民意。截至目前，共开展接待选民活动 34 次，开展主题活动 2 次，组织召开研判会和集中学习 15 次，收集到选民群众反映的问题和意见建议 22 件，全部经各级政府部门答复或解决，切实做到事事有回应，件件有着落，确保代表履职活动取得实效。在党组织影响下，社会组织和人民调解员、法律工作者、社会工作者、心理咨询师等专业人员，在农村土地承包经营纠纷、家庭纠纷、邻里纠纷、调解和信访化解等领域逐步发挥作用，有效解决了"信访不信法"难题。

四　结论与启示

在中国的现代国家建构中，始终面临着如何正确处理传统治理资源的现代化转化问题。一方面，随着国家转型的深入，国家的发展需要强大的资源汲取能力和动员能力，以将国家触角深入基层治理结构中，建立稳定而强大的委托—代理关系；另一方面，传统文化和治理资源深刻影响着治理现代化的形式和效果。"国家经纪"作为一个具有解释力的理论工具，解释并还原了晚清以来在中国被现代化思潮所裹挟中，国家权力是如何自上而下地渗透至乡村治理结构的历史进程以及处理上述传统资源与现代化治理之间的关系和张力。其中，权威结构决定了这种国家权力对基层治理的渗透和汲取效果。无论是权力的文化网络、资源的支配权、权力的组织网络还是权力的治理网络，都是依托于不同权威结构和形式处理"行政力量—传统文化""现代法治—传统德治""现代政治—传统自治"之间的关系和地位的变化。在原有的经纪机制和权威无法有效整合和维系乡村社会秩序时，如何围绕新的权威要素重建秩序，是中国乡村治理和乡村振兴的重要课题。

我们提出"把政党带回来"，充分发挥基层党建的组织权威，将制度优势转化为治理效能。将党组织领导与自治、法治和德治的乡村治理体系相结合，从而形成面向未来，具有中国特色且治理有效的新型乡村基层治理体系，是中国乡村振兴战略的应有之义，也是地方治理能力和治理体系现代化的核心要求。无疑，"把政党带回来"就是要充分发挥政党组织在"三治融合"体系构建中的核心作用和引领作用。党的组织原则和组织纪律，决定了党的组织网络是一种内部联结紧密、政令畅通的网络。相对于其他社会组织，政党能够借助强大的组织网络和组织权威，有效地将社会各个领域的组织凝聚。但这并不意味着政党对其他社会组织的直接替代。基层党建通过培育社会组织、建立协商平台、构建议事机制等形式，以党组织为主要领导力量实现对乡村基层组织、治理平台和治理单位等载体"赋权"，在党建嵌入下将传统文化和治理资源进行现代化转化，以激发传统资源的内生价值和乡村社会的内生动力，通过优化治理机制和治理结构，助推自治、法治和德治治理体系的构建和功能发挥，最终营造乡村社会的公共性社会关系和良好秩序。

本文所述蕉岭县的"六事"改革为我们分析和思考党建引领下的"三治融合"提供了具体的行动框架和经验启示，也是未来进一步推动"三治融合"下的乡村社会发展的重要方向。具体包括以下三个方面。

首先，要坚持聚核赋能，坚持和完善基层党组织总揽全局、协调各方的现代乡村治理组织体系。进一步优化和创新群众工作机制，构建多元组织协同治理机制建设。以党组织引领作为激发村级各类组织活力的"催化剂"，强化党组织在乡村治理体系中的领导地位，扎实推进抓党建促治理，培育发展村党组织领导下的村民自治组织，优化自治单位设置和形式。建立以村党组织为领导，村民委员会执行、村监督委员会监督、村民理事会参与，村民的选举权、决策权、管理权、监督权同步发展的村级治理组织体系。坚持在村党组织和村委会的领导下，在自然村或村民小组规范组建村民理事会，充分发挥村民事务理事会的作用，引导群众实现自我管理和自我服务，进一步丰富基层民主协商的实现形式。

其次，要坚持探索和完善党组织领导的"三治融合"与乡村传统文化资源现代化转化的协同治理机制。强化传统文化资源的利用能力，推动传统治理资源的现代性转化。系统整合、开发县域范围内以民俗文化等为代表的优秀传统文化资源，搜集整理治理组织、村规民约、乡村文化活动中蕴含的传统治理智慧，通过党建引领构造的治理平台和议事平台，有效培育乡村社会的各个治理主体和社会组织的成长，驱动村民自治的动力，实现政府管理和传统自治在乡村场域的有机统一。

最后，推动数字乡村战略落地，构造一网联动的县、乡镇、村三级一体化在线公共服务平台。以数字技术方便各种治理平台和基层党组织之间的信息共享、资源互通和业务协同，构建面向公众的一体化在线公共服务体系。另一方面，以统一的数据共享交换系统为支撑，采取"村级平台协助办理、镇级前台综合受理、县级后台分类办理、乡镇统一窗口出件"

的服务流程，简化优化群众办事环节，提高行政效能，由此推动公共服务提供方和需求方之间的即时、直接和持续互动，优化并提升乡村公共服务效能。

The Theoretical Logic and Implementation Path of the CPC Building-Led "Three Governance Model" Rural Governance System

Yu Lin　Li Chuanbing

(College of Philosophy and Social Development, Guizhou University, Guiyang, Guizhou, 550025)

Abstract: The Three Governance Model, which integrates self-governance, rule of law, and rule of virtue, has been implemented systematically in urban and rural communities under the guidance of primary-level party building. How to find the position of the "Three Governance Model" in the governing system and analyze the model with contemporary theories from the perspective of genealogy and history has been a challenge for primary-level governance in urban and rural China in the 21st century. In addition, it is a valuable reference for primary-level governance modernization in both theory and practice. This study analyzes and summarizes the history of primary-level governance in urban and rural China, from "protective agent" to "profit agent" to "administrative agent" to "resourceful agent," using "agent mechanism" as the core theory. In light of this, this study explores "governance agent" as one of the typical properties of the "Three Governance Model" guided by community party building, in order to examine the logical connections between the agent "mechanism" and governance "system" and contrast their explanatory power. The study will further examine the "Three Governance Model" for rural communities in the genealogy of the theory of primary-level governance using preceding research findings. The last section of this paper provides a case study of Jiaoling County in Guangdong Province, which employs an integrated governance style with the Party branch at the center and initiates diverse community members at various levels to engage all factors that play a role in community government. This study proposes a route and action framework for the "Three Government Model" for rural communities, in which the primary-level party coordinates all relevant parties and cultivates publicness primarily through consultative governance.

Key Words: Agent mechanism; Three Governance Model; National construction; Rural community

基于精英的"双向赋能":党建引领乡村治理的重要路径[*]

吕越颖[1] 李威利[2]

(1. 陕西师范大学马克思主义学院 陕西西安 710000;
2. 复旦大学马克思主义学院 上海 200000)

内容提要:本文提出基于精英的"双向赋能"概念,意指乡村中的政党和社会精英对于基层党组织赋予资源,并在此过程中不断得到党政体系支持以获得自身发展,最终提升乡村治理效能的双向作用过程。通过对西部某村获批省级标准化党建示范村的案例分析,可以发现基于精英的"双向赋能"模式包含两个方面:一是关键人物建立支持基层党组织的资源网络,并以推动底层创新的方式探索实践途径,体现了自下而上的社会赋能特征;二是上级党政部门对于基层精英进行权威性支持,并不断对其实现吸纳统合,体现出自上而下的政治赋能特征,两者的良性循环使党建不断优化并引领了乡村治理的发展。这一模式强调了乡村治理中特定主体的能动性和治理结构的辩证互动关系,表现出较强的实践优势。

关键词:党建;精英;赋能;乡村治理

---

[*] 基金项目:陕西省社科基金一般项目"延安时期中国共产党政治优势话语建构的基本经验研究"(2021B007);中央高校基本科研业务经费项目"党的十八大以来基层党建创新发展的实践探索与基本经验研究"(2022ZYYB04)。

作者简介:吕越颖,女,广西贵港人,陕西师范大学马克思主义学院讲师,教育部思想政治工作队伍培训研修中心(陕西师范大学)研究员,主要研究方向为基层党建;李威利,男,山西高平人,复旦大学马克思主义学院副教授,复旦大学党建理论研究基地执行主任,主要研究方向为基层党建、国家治理。

"基础不牢，地动山摇"，农村基层党组织在贯彻党的路线方针政策和决策部署、领导地方社会经济发展、密切联系广大农民群众等方面，发挥着领导核心的功能。实践中，农村基层党建在近年来不断发展，一系列制度或机制如村书记和主任"一肩挑"、党建台账标准化、"第一书记"抓党建等已经初步见效，有力保障了农村党组织不断焕发活力，推动了以政党为核心的多元协作治理网络的形成和发展。

但是，从党建的理论与实际出发，农村治理的客观环境常常为党建工作的发展预置相对不利的条件。总体上看，农村党组织支持少、任务重，呈现出"小马拉大车"的状态。那么，在多重约束之下，如何在农村场域环境中推动党建发展？党建又通过怎样的途径提升治理水平，以加快乡村振兴战略目标的实现？如何从学术理论出发对此进行解释和分析？上述问题是本文探讨的重点。

一　文献综述与研究进路

在社会科学研究中，分析某种现象既可以从结构的角度出发，亦可以从能动性的路径加以分析。其中在结构方面的研究最为常见，它指的是事物内外各要素结成的规则体系。[①] 由此出发，人类文明就是由有机体、文化、人员和社会等各个"子结构"整合形成的系统。[②] 而治理过程中的国家与社会关系状态、不同阶层之间的关系状态、治理内部结构与外部环境之间的关系状态以及结构系统内部的制度化水平等，被普遍理解为影响国家能力和治理效能的重要变量。[③] 与结构研究相对的是对于能动性的关注。能动性指的是主体凭借自身资源和行为倾向对外界事物发挥的影响作用。相对于结构现象的稳定性，能动性通常导致社会生态的变化和革新。而在制度转型进程中，国家能动性被理解为打破路径依赖和制度惯性的重要因素，从而形成了制度主义当中的"路径替代"

---

①　参见［美］戴维·伊斯顿《政治结构分析》，王浦劬等译，北京大学出版社2016年版，第60页。
②　参见 Parsons T., *The Social System*, London: Routledge, 1991, pp. 1–44.
③　参见［美］塞缪尔·P. 亨廷顿《变化社会中的政治秩序》，王冠华等译，生活·读书·新知三联书店1989年版，第11页；［美］西达·斯考切波《国家与社会革命》，何俊志等译，上海人民出版社2007年版，第25—33页。

作用方式①。在结构约束造成的不利条件下，发挥能动性通常能够实现局势的突破。在党建引领乡村治理议题当中，结构与能动的关系同样成为相关研究所采取的主要视角。下文将据此进行文献回顾与评析。

在结构性方面，既有研究重视了结构之间的嵌入性，曹亚雄等人指出以农村新社区为载体是推动党建的基本思路。② 也有学者指出农村党建的发展需要融入产业振兴（经济结构）、村民生活（生活结构）等乡村的各个领域之中，从而突破党建活动形式化的实践难题。③ 而一些研究亦从结构视角出发，分析了党建对于乡村治理的引领功能。著名学者徐勇较早提出了"政党下乡"的概念，并指出政党地位的凸显使治理结构不断优化，其功能体现在整合乡村内的分散性资源，对传统乡村社会精英治理体制形成了现代性替代。④ 也有研究指出乡村党建实际是乡村治理格局的重塑过程，它克服了县乡政府和乡村组织之间的悬浮式状态，形成了横向到边、纵向到底的结构网络⑤，并以体制性吸纳、党建功能的生活化运作和组织行动的双向嵌入等策略将民众纳入基层党建体系。⑥ 具体来看，政党在乡村治理当中的作用包括两方面，它使政党以补位的方式承担了治理任务。在此基础上，党组织培育了其他治理主体并使其中的结构关系不断协同化⑦。

而从能动性视角出发，学界重视了特定主体在具体环境中的行动方式。在这一方面，曹海军等人认为农村党建的发展有赖于上级权威在先进

---

① 参见［美］查默斯·约翰逊《通产省与日本奇迹》，唐吉洪等译，吉林出版集团2010年版；郭忠华《新制度主义关于制度变迁研究的三大范式》，《天津社会科学》2003年第4期，第82—86页。

② 参见曹亚雄、柳李华《社区化党建：当代农村基层党组织建设的现代转换》，《社会主义研究》2015年第2期。

③ 参见黄立丰《建构文化认同："嵌入式"党建何以可能与何以可为——浙江宁波F新型农村社区的探索思考》，《理论月刊》2019年第10期。

④ 参见徐勇《"政党下乡"：现代国家对乡土的整合》，《学术月刊》2007年第8期。

⑤ 参见景跃进《中国农村基层治理的逻辑转换——国家与乡村社会关系的再思考》，《治理研究》2018年第1期。

⑥ 参见徐建宇《村庄党建嵌入村民自治的功能实现机制：一种实践的主张——基于上海J村"巷邻坊"党建服务点的分析》，《南京农业大学学报》（社会科学版）2018年第5期。

⑦ 参见龚睿《政党嵌入与主体塑造——乡村振兴视阈下农村基层治理的生成逻辑》，《河南社会科学》2020年第10期。

性、合法性和有效性三个层面进行权力授予①。在实践中的具体方式层面，刘宗洪指出，党组织应建立覆盖性较广的立体性平台枢纽，并重点改善民众的切身生活利益。② 也有研究认为，党建对于乡村的治理主要通过将压力传导给各个党员和其他治理组织的方式实现③，而熊万胜则认为，党建通过组织网络的强化以及在治理事项当中的示范作用推动了乡村治理体系的构建④，其中的具体方式包括"第一书记"的驻入⑤、"两推一选"等选举过程的优化⑥。从能动性的思路出发亦能够探讨农村党建的发展方向，有的学者认为未来应回归群众路线，重塑基层组织的政治性和大众性⑦。贺雪峰认为，党员等村民代表是党建发展的关键因素，在经济和社会的快速发展和变革当中，要将党员作为模范性群体进行培育。⑧

可以看到，学界从多个层次对相关问题提出了许多较有解释力的分析概念，为本文研究提供了坚实的前期基础。但是，前人的研究亦存在着不足之处，集中表现在以下三个方面：其一，既有的研究较少从结构和能动性的互动关系出发，从而以全方位的角度理解党建与乡村治理的运行机理。不难发现，结构性与能动性在互相区别的同时，在根本上有着密切联系。结构因素的实践化运作有赖于能动性的发挥，而特定主体能动性的获得亦离不开社会结构对其进行的形塑。张静指出，从社会科学的发展趋势上看，当代的结构理论不断结合了能动性视角，凸显了动态性、实践化和

---

① 参见曹海军、曹志立《新时代村级党建引领乡村治理的实践逻辑》，《探索》2020年第1期。
② 参见刘宗洪《党建服务的体系化与乡镇治理的现代化——基于上海市金山区的经验分析》，《治理研究》2019年第3期。
③ 参见许晓、季乃礼《村级党建、治理重心下移与乡村振兴——基于Y村党员"包片联户"制度的田野调查》，《西南民族大学学报》（人文社会科学版）2021年第3期。
④ 参见熊万胜、方垚《体系化：当代乡村治理的新方向》，《浙江社会科学》2019年第11期。
⑤ 参见陶正付、李芳云《"第一书记"助农村党建民生双提升——山东省"第一书记"制度建设实践探析》，《中国特色社会主义研究》2016年第5期。
⑥ 参见董江爱、梁俊山《基层党建引领农民发展的制度创新研究——基于一个村庄村民自治实践的考察》，《广西大学学报》（哲学社会科学版）2019年第3期。
⑦ 参见王向阳《当前留守型农村基层党建的困境与出路——基于湖北F村基层党建实践的考察》，《社会主义研究》2018年第6期。
⑧ 参见贺雪峰《论农村基层组织的结构与功能》，《天津行政学院学报》2010年第6期。

复杂关系性特色。[①] 正如默顿所定义的，结构现象本质上是基于人的社会角色形成的关系丛，人在结构作用下形成的能动性能够不断通过行动将各个结构性关系组合起来[②]。就此而言，结构与能动的划分并不是严格的二元对立，而是相互依存和转化的关系。上述逻辑在乡村治理领域当中亦十分重要，从而既能够在相对抽象的分析中厘清农村党建的关系性背景，又能够直面实践复杂性，层层梳理出相关的运行机制，并在两种路径的互动之中全面把握相关议题。其二，在乡村党建和治理议题中，具体的"人"被相对忽视了，在乡村党建的结构和能动性现象之间，是何种群体在积极发挥作用，他们在治理结构的形塑之下有何身份，又通过怎样的机制展开了治理行动？前人的研究并没有给出充分的探讨。其三，既有研究没有完全重视农村场域的特点。由于城乡治理之间的显著差别，城市当中的党建经验难以完全复制到农村之中。而如何直面农村的治理生态，探讨符合农村场域特点的基层党建路径，仍是一项未尽议题。

基于此，本文在已有文献的基础上，借鉴社会科学中的精英理论和赋能理论，提出基于精英的"双向赋能"视角，并通过一个相对具有代表性的案例对此进行分析，探讨精英与乡村党建以及有效治理之间的逻辑关系，最后提出理论和实践上的思考。

二 基于精英的"双向赋能"：理论基础与基本内涵

基于精英的"双向赋能"是本文的主要分析视角，本节将主要分析其内涵，强调这一视角不是学术话语堆砌，而是植根于社会科学当中的精英和赋能的理论，并在中国农村治理情境下进行中观化，以达到理论和实践的融通。

（一）精英理论和赋能理论：本文的理论基础

精英是社会科学中的常见话语，精英研究的出现肇始于人们对于社会

[①] 参见张静《结构分析落伍了吗？——基于经验现象的研究推进》，《社会学评论》2021年第1期。

[②] 参见［波］彼得·什托姆普卡《黑大顿学术思想评传》，林聚任等译，北京大学出版社2008年版，第157—158页。

分层现象的重视。早期的代表性学者包括帕累托和米尔斯等人。帕累托从两个角度来界定"精英": 一是从具体的"人"的角度出发, 认为群体中的优秀分子就是精英; 二是吸收了社会科学中的"阶级"和"阶层"理念, 并把社会成员分为精英阶级和非精英阶级。以此, 那些拥有权力资源和广泛影响力的便是精英①。精英对于社会发展的积极意义同样不可忽视。相对普通民众, 精英更具备审慎的心理状态以及社会行动能力, 并能够以此成为社会治理的中坚主体, 表现出鲜明的模范性特征②。其中的启示在于, 在公共治理活动中既要发挥精英的素质和能力优势, 又要通过特定机制设计防止精英蜕化和社会分裂现象的产生。

在"结构"与"能动"的二元选择中, 精英的研究视角处于两者之间——其身份地位的形成根植于治理领域中的结构关系, 而其身份性因素发挥的作用则表现出了较高程度上的能动性。与上述过程直接联系的理论就是社会科学中的"赋能"(Empowerment)学说。在社会科学史中,"赋能"一词经常在以下两个相互联系的维度中被使用: 第一个维度强调了"赋权", 它指的是主体在多大程度上能够自主行事, 除此之外, 它还反映着特定主体和社会环境的关系, 包含着主体在何种程度上能够扩充权能的蕴意③; 第二个维度则指的是赋予能力、能量, 从这一视角出发, 赋能指的是社会成员在主观维度中能够被赋予支持, 从而获得参与政治和社会活动的资源④。两个维度中的"赋能"并不是相互割裂的。赋权亦即赋予能力和资源, 包含着对于主体行动效能的有效激励和塑造。

(二)基于精英的"双向赋能": 相关理论的中国本土化应用

在乡村治理中, 精英显然不是许多研究中所指的政权寡头, 其特定地位是根据乡村场域而言的。本文将其定义为在具有政党身份和掌

---

① 参见[意]帕累托《精英的兴衰》, 宫维明译, 北京出版社 2010 年版, 第 42—77 页。
② 参见包涵川《"模范式行动": 理解中国应对重大灾害的分析视角》,《公共管理与政策评论》2021 年第 5 期。
③ 参见 Zimmerman, "A Empowerment Theory: Psychological, Organizational, and Community Levels of Analysis", In J. Rappaport & E. Seidman eds. *Handbook of Community Psychology*, Kluwer Academic Publishers, 2000, pp. 43 – 63.
④ 参见 Wijnendaele, B. A. Power: "Emotions and Embodied Knowledges: Doing PAR with Poor Young People in El Salvador", *Phd Thesis of Brunel University*, 2011.

握社会资源的基础上，拥有公共权威并在乡村治理中发挥关键作用的主体。

本文所涉及的精英与乡贤既有联系又有区别。在其联系方面，其具备一般意义上乡贤所具有的乡土性权威，其地位获得来自社会网络中民众所给予的身份认可，是在农村较有影响力，威信较高，可超乎私人利益并为公共利益、共同目标发挥带动能力的个人，或者是在必要时能发挥这种潜在力的个人。① 而在相互区别方面，现代农村精英发挥了比乡贤更大的作用。传统乡贤地位并不总是受命于政府。正如费孝通所考证的，许多传统乡绅的日常活动以社会交际甚至闲暇娱乐为主，将自身游离于国家领域之外，使乡村社会不能完全被整合进国家主导的政治体系。② 即使是在当今条件下，研究发现乡贤发挥的功能限于补充社会资源、制定乡规民约等方面③，其作用只能是"助力"④。而在农村党建领域发挥重要作用的精英则更进一步，其身份来源是党政部门。换言之，在现代国家治理条件之下，乡村社会中的精英身份亦有所转变，成为既能够推动村庄公共治理，又具有政党身份且被国家有效统合的群体。本文所指的精英在上述意义上发挥了积极作用。

相应地，社会科学中的赋能理论亦需要在中国农村治理场域中实现中观化。在传统学说当中，赋能行为的对象和客体主要是人。而在治理情境当中，不仅参与治理的人要被进行赋能，治理结构亦需要外在输入资源来维持有效运转，体现了结构和能动视角的有机互动。在此基础上，现实中的治理过程不是单向的，一方向另一方进行的资源和能力赋予，还包含着后者对前者的反馈和"回报"，这正是吉登斯曾经论述的政治活动中的"辩证法"的题中之义⑤。这一思路在本文所关注的乡村党建与治理议题中亦然，党组织得到了精英人物的支持，亦会转而强化精英人物的能动

---

① 参见［日］田原史起《日本视野中的中国农村精英：关系、团结、三农政治》，山东人民出版社2012年版，第9页。
② 参见费孝通《中国绅士》，惠海鸣译，中国社会科学出版社2006年版，第87—100页。
③ 参见白现军、张长立《乡贤群体参与现代乡村治理的政治逻辑与机制构建》，《南京社会科学》2016年第11期。
④ 参见胡鹏辉、高继波《新乡贤：内涵、作用与偏误规避》，《南京农业大学学报》（社会科学版）2017年第1期。
⑤ 参见［英］安东尼·吉登斯《民族—国家与暴力》，胡宗泽、赵力涛译，生活·读书·新知三联书店1998年版，第11页。

性，通过多种方式激励他们发挥治理效能。① 这体现了赋能机制的双向和"辩证"特征。

综上所述，本文提出的基于精英的"双向赋能"视角，可以被定义为具有精英身份的特定乡村党政领域中有能力的群体凭借着自身的能动性，通过多种方式赋予乡村党组织以治理资源并推动治理机制的创新，从而增强基层党组织运转能效的过程。在此基础上，这一视角亦指精英从上述环节中实现自身发展，进一步融入党政部门主导的治理结构和体系的过程。基于精英的"双向赋能"视角对于既有的精英理论和赋能理论进行了具体化，又结合了中国乡村振兴的现实场景。

三　A村党建引领乡村治理的故事：基于精英的"双向赋能"的现实运作

（一）案例选取方案

下文基于一个现实案例探讨基于精英的"双向赋能"在现实中的运作机制。定性研究的案例选取要求代表性。本文选择了A村这样一个位于西部地区的某村加以分析，理由在于：其一，作为西部的乡村，相对于其他中东部地区，农村资源不足的现状在这一村落表现得尤为明显；其二，西部乡村治理有着多维度的考核指标，相比于其他地区有着更繁重的生态压力，而这些考核指标也成为党组织活动的重要方面。上述两项条件满足了定性研究中的"代表性"原则，使本文结论有着更为广泛的推广空间。下文中的经验材料主要来自田野调查，对于村干部和普通村民的访谈以及相应的文件查阅。

（二）A村的精英行动与乡村党建的发展：案例主要内容

作为西北地区的乡村，A村的发展面临着诸多限制，该村所在的县恰好位于黄河流域中部，而且紧靠山脉，这样的地理环境使环境保护构成了该村和相应县乡的工作重点。在经济建设和生态安全的双重压力下，该村的治理任务亦更为繁重。当代农村的党建工作普遍嵌入了治理格局之中。相应地，党组织是否有能力领导完成这些治理任务，成为衡量党建工作的

---

① 参见包涵川、熊珂《基于生活方式的参与：一个理解参与式治理有效运转的分析视角》，《东北大学学报》（社会科学版）2022年第3期。

重要指标。

A村党建工作的主要推动者是郝书记。郝书记在2016年被选为该村党组织负责人，在近年来"一肩挑"的要求下，他亦兼任了村主任。在这之前，他是当地小有名气的企业家，经营着多家公司。近年来，A村党建和乡村治理工作的最大成绩就是获得了"省级标准化党建示范村"称号。该省的党建示范村建设标准多达39项内容，主要包括班子建设、经济发展、社会综治、公共设施、思想教育等方面。这些繁重任务的完成需要大量经费的支持，加之省级党建示范村的名额极为有限，使早期很多村干部和村民觉得申报这种"好高骛远"的称号是在"折腾"。然而，郝书记则认为"是否能够成功申报"还是其次，而是要把省级标准化党建示范村的建设作为一个推进村子发展的契机。

治理资源首先来自乡村中的党员群体，同全国大多数乡村类似，A村中的多数党员并没有意识到"先锋队"身份，更多将自身视为群众，这在没有固定工作的"无职党员"群体中尤为明显。以推进省级项目申报的形式激活农村党员身份，使这些党员特别是无职党员有责化，成为郝书记的基本思路。作为企业家，郝书记率先垂范，不仅出资修缮了村内坑洼的道路，并带头成立了绿化基金、敬老基金等多个集资项目，他本人"出大头"并号召其他有能力的村内精英积极出资。而一些没有经济能力的党员，则被邀请给村党员上党课，担任党员活动的"领誓人"，并鼓励他们成为乡规民约的积极维护者。通过这种方式，几乎全部党员都被调动起来。而在普通村民的动员方面，郝书记研究制定了"积分超市"办法，按照各家各户的垃圾处理以及公共环境保护的状况奖励积分，积分达到一定额度后便可换取村超市购物优惠券。而相对于政府、村组织、村民等，党在乡村治理中的核心地位经常表现为一条"暗线"。许多乡村治理活动更多是以"政府""乡村"甚至行动者个体的名义开展。针对这一现象，郝书记强调要将"党的标签"外显出来。在乡村治理的各类活动中，村干部都会努力凸显党的名义，郝书记等人亦会直接向村民强调，乡村面貌不断改善的根本原因不仅来自所有人的努力，归根到底是"党的领导"，同时反映和谐党群关系的口号则被郝书记等人带头出资印在了村庄的公共墙体之上，从前破旧不堪的村墙成了党建特色的景观墙。

除此之外，郝书记通过申报省级标准化党建项目获得了县甚至是该市领导对该村的关注。实际上，"造势"在当代中国基层行政实践中已经成为一种常见的运作技术，促成了一些研究所讲到的"喧嚣的治理"①。这在 A 村也不例外，用郝书记的话讲："我们必须要能给领导（政府）看见，争取他们的支持，也给村民和社会上的其他人看，只要外界看到了，就不可能没有触动。"在这种思路下，郝书记利用个人关系将各个活动都加以宣传报道，创造了一波又一波声势，使当地县乡政府看到了该村的潜力。"上级领导也希望做出亮点"，在这种政绩连带关系中，郝书记主动请求县政府协调各部门进行支持，以增大成功申报的可能性。比如，在当地县委的协调下，A 村协同市广电传媒公司，将全村电视线路进行改造。这不仅改善了民众生活，也使村民快速获得了村务信息，提升了治理效能。

经过上述种种努力，省级标准化党建示范村成功获批，这为 A 村党建的发展提供了新的资源和动力。各级领导干部、媒体亦纷纷对此经验进行考察和报道。领导的关注带来了资源的下沉，县内的乡村旅游项目落户到了 A 村。该村在当地被树立为集体经济、美丽乡村等各类示范村，成为各类政策和项目优先倾斜的对象。郝书记由于在这一过程中作出的巨大贡献，被市政府评为"优秀青年企业家"。而由于 A 村党建的良好基础，县委继续鼓励支持党建的深入发展，目前，郝书记推动各类企业普遍建立党支部，并使这些企业支部和村支部实现有效联动。

四 精英和党组织之间的"双向赋能"：对于上述案例的解释

上述案例并非个案，在中国各地的乡村治理实践中，经常存在着一些有能力和有责任心的精英通过自身努力增进公共利益的行为。需要说明的是，案例中的精英作为并非自身利益对于乡村共同利益的完全让渡，精英人物对于党组织实现了赋能，党组织亦对精英人物提供了资源支持，体现出了以特定人物为中心的结构与能动要素之间的相互转化。相关内容如下图（图 1）所示：

---

① 刘笑言：《党治社会：区域化党建过程中的内卷化倾向研究》，《社会科学》2020 年第 6 期。

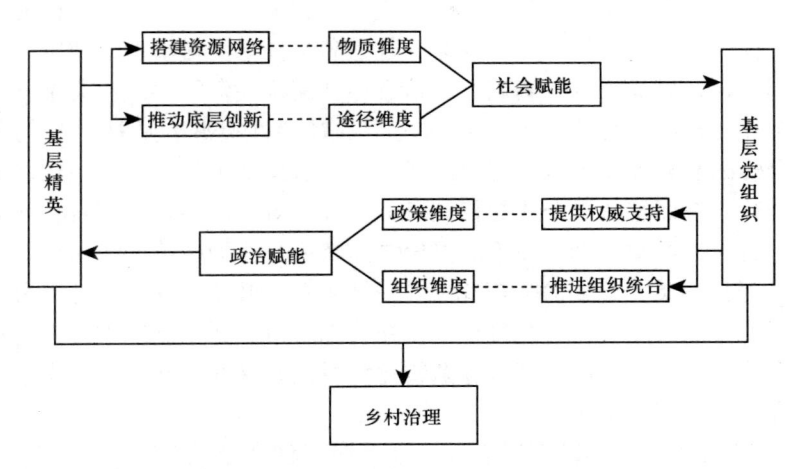

图1 基于精英的"双向赋能"模式示意图

上图描绘了基于精英的"双向赋能"的运行模式，具体包括精英对于基层党组织的"社会赋能"以及党组织对于精英的"政治赋能"两个方面，下文将对此加以具体分析。

（一）社会赋能：乡村精英对于基层党组织的有效支持

社会赋能指的是乡村精英通过多种方式聚集社会资源并增进社会沟通，从而为基层党组织提供支持的过程。这主要表现出精英基于能动性对治理结构展开的支持，它包含着搭建资源网络和推动底层创新两个具体机制。

1. 物质维度：搭建资源网络。这一机制指的是精英人物通过自身行动聚集社会资源，并主动将其让渡给基层党组织，最终形成稳定的社会支持网络的过程。物质资源是基层治理的基础维度，它们并不只是附着于组织和制度之上，亦会直接关联于作为行动者的精英群体。而个人能力和身份的差异，直接影响社会资源的多寡和流向。实际上，一些村民甚至认为该村的各类资源实际上就是案例中的郝书记一人带来的。而资源的聚合既来自精英人物特殊的社会经济地位，亦来自其凭借该地位对于外界资源的能动性聚拢。这主要通过社会关系网络的扩展实现，通常而言，精英群体内部由于彼此身份的相似性共享着交往网络，如郝书记这样的中心人物能够循着这一网络有效组织其他精英聚拢各自的社会资源，编织以精英群体为主要成员的基层党建支持体系，形成了案例中所展示的在郝书记的号召下，其他乡村精英群策群力并以党的政治名义推动乡村治理的现象。

同样，在聚拢资源的基础上，精英亦会使这些资源面向社会维度，使其从个体性资源转化为贡献于乡村之中的社会性资源。从社会学的角度看，身份的复合促使了这一现象的产生。身份反映了特定社会结构之下的社会期待，进而塑造了个体的权利义务模式。对于社会精英而言，他们具有多重身份，经常使资源在不同身份之间转换。作为精英的郝书记既是企业家（经济精英），也是村支部的"一把手"（政党精英）。其作为企业家聚集的资源，能够在分配过程中依托政党身份关联于党组织之上。在这一社会化过程中，个体性利益逐渐转化为村民共享的公共利益，党建和基层治理生态得到了优化。

2. 途径维度：推动底层创新。推动底层创新指的是乡村中的精英人物根据上级党政组织的要求，以创新化的方式在底层治理场域完成具体任务的机制，最终凭借着特定人员的能动性将治理结构运转起来，表现出能动性因素支持结构性因素的蕴意。实践当中，上级党政部门的要求通常具有抽象性特征，致使一些常见的基层党建指标如"强化党的领导核心地位""理顺组织关系"等内容难以完全形成统一化的做法，这凸显了推动底层创新的重要意义。

从案例当中可以看出，郝书记带头设计的"积分超市"等通过微小利益诱导村民遵守乡村环保规范，引导党员在党日活动中"领誓"并在话语维度当中积极阐释党的领导观念。这些具体途径有效调动了基层党员和民众的积极性。显然，这类底层创新不会"自动地"发生，它有赖于精英人物的有效行动。其中的内在机理在于，党建领域中的精英与其他精英不同，他们是政党组织的一员，既在民主集中制的约束之下推进政党意志，又在和普通村民共同生活的基础上融入了社会日常，本身处于政治领域和社会领域的相互转换点。这使农村精神能够结合各方要求，审时度势作出创新化的治理行为。

（二）政治赋能：党政组织对于乡村精英的权威统合

精英的积极行动亦会得到上级党政组织凭借政治权威给予的资源支持，从而进一步促使其发挥能动性，助力乡村党建和治理的发展，构成了政治赋能的过程。政治赋能是对于精英自下而上社会赋能的积极反馈，体现出党政结构对于特定主体能动性的塑造，具体包括提供权威支持和推进组织统合两方面。

1. 政策维度：提供权威支持。在基层精英的积极运作下，政府经常凭借公共权威向特定基层部门分配资源。政府是凭借合法性权力分配公共资源的组织，然而公共资源在社会领域中的配置状态和过程并不总是匀质的。正如案例反映的，郝书记不断强调"积极申报省级示范村"和"做给领导看"的重要性。从社会学出发，这些行为给政府部门发出了"信号"，在众多基层单元当中强调了自身的特殊性，进而影响了基层治理场域中党政部门的注意力分配。通过这一路径，党政部门的议程得到了重新设定，政策偏好和项目下放不断倾斜于类似于A村的特定场所，带来丰富的行政资源。

除上述内容之外，政府的权威性支持亦会同精英在治理中的绩效相互伴生。可以从案例中看出，省级标准化示范村的获得为该村在产业发展、环保项目等方面获得了更多的政策支持。在绩效产出的过程中，村、镇和县、市政府等各个治理层级之间形成了紧密相依且层层嵌套的政绩共同体，基层精英在自主探索中取得的成效越多，上级部门越倾向于为基层精英提供援助，就此表现出两者之间相互赋能的特征。

2. 组织维度：推进吸纳统合。这一机制指的是在乡村治理当中，上级党政部门对于基层精英在组织体系维度当中不断进行吸纳，从而对其提供身份性支持，激励其进一步发挥治理效能的行为和过程。它反映了上级党政部门凭借权威对于基层精英的地位进行授予和认可，并通过荣誉动员其有效作为。对于社会力量进行广泛吸纳是中国政治体系的特色与优势。如同案例当中所显示的，郝书记凭借其在乡村治理中的积极表现，获得了各级部门颁发的诸多荣誉，并当选了政协委员。这些新的身份拓展了村级精英的社会行动范围和能力，为相应村庄的进一步发展提供了利好条件。

进而言之，对于这些村级精英而言，融入党政领域亦构成了其积极作为的重要动机。正如前文和案例中分析的，基层精英作出公共行为的动机既有利他主义的成分，又有增进个人利益的考量。其中的个人利益构成不仅是经济上的，亦是对于国家认可的追求。而从中国精英的生命史出发，凭借其努力得到国家认可，通常被视为职业生涯和个体生活的最终归宿[1]。这构成了中国基层精英积极发挥能动性的文化基础。就此而言，党

---

[1] 参见项飚《普通人的"国家"理论》，《开放时代》2010年第10期。

政部门对于基层精英在文化符号维度中的政治赋能,能够促使被赋能对象进一步贡献于乡村治理。如同案例当中的郝书记一样,获得荣誉授予的精英能够在"名实相与"的动力下做出更具表率性的行为,并不断保证自身的行动指向与党政部门整体要求的动态平衡。

综上所述,在党政结构和行为能动性之间,基于精英的"双向赋能"模式呈现出了良性循环运作的过程,基层精英通过自身的积极行动向乡村党组织提供各类资源,而与此同时他们被党政组织有效整合,并获得了政治支持,这一社会赋能和政治赋能的连续过程能够不断推进基层党建的发展。实践当中,在精英、党建和乡村治理的三者关系之中,关键人物越是发挥积极作用,乡村党组织便越能够蓬勃发展,而反过来乡村精英亦能够得到有效激励,最终推动治理有效性的实现。

五 总结与思考

本文重点关注了乡村治理当中的精英人物,将其视为乡村党建发展和党组织引领乡村治理的重要主体,分析了基于精英的"双向赋能"这一模式的定义和现实运作机制。这一视角综合了治理领域当中的结构性和能动性的视角,既植根于社会科学中的精英理论和赋能学说,又不断结合了中国乡村治理的具体情境,表现出了显著的中观性特征。进而言之,本文的意义包括以下两个方面。

在理论意义上,当前关于乡村治理的文献大多聚焦于特定的制度结构或者一些治理中的若干行为机制。本文在这些论述的基础之上,关注了特定的"人"在治理结构与能动性之间的重要地位。本文并未否认制度的重要性,而是强调任何制度都无法自然而然地发挥作用,必须通过特定人物的能动性运用才能运转起来,并根据不断变化的实践进行制度调节,表现出较强的灵活性、适应性和创新性。而除此之外,精英对于乡村治理的意义还经常体现在其突破结构困境的意义上,目前相比于城市领域,乡村治理既在压力型体制下承担着繁重任务,又在快速城市化的进程中较为缺乏治理资源,还面临着相对刚性的硬性规则框架和问责风险。在这种高指标、资源少和约束强的多重条件之下,以发挥主体能动性的方式实现"破局"之效成为党建引领乡村治理的重要途径。

本文选择的案例样本具有较强的代表性意义,许多成功的乡村治理典型亦循着相似的路径展开。目前,一些地方推进了乡村"头雁""标兵"等治理工程,将培育基层精英作为带动乡村发展的重点。这些关键人物普遍被要求懂技术、能致富,而在此基础上,各地纷纷加强党组织对于这些模范人物的统合,吸纳未入党的社会精英积极加入党组织,鼓励党员担任村党支部书记。"为政之要,惟在得人",这些做法实质上是中国治国理政中的党的领导、贤能政治和群众路线等相关原则在基层领域的具体表现,这在脱贫攻坚、乡村振兴等重大任务中不断凸显了中国共产党治国理政的时代优势。总的来看,本文在这一层面上更多作出了理论探讨。而结合全国各个村落的发展实际,鼓励基层精英因地制宜地设计乡村党建的发展方案,在各个具体场域中不断落实党和国家关于实现巩固拓展脱贫攻坚成果同乡村振兴有效衔接的总体要求,亦有赖于实践者的不懈努力。

Elite-Based Circulated Empowerment: An Important Path for Party Construction Leading Rural governance

Lv Yueying Li Weili

(1. Marxism College of Shaanxi Normal University, Xi'an, Shaanxi, 71000;
2. College of Marxism, Fudan University, Shanghai, 200000)

Abstract: This paper puts forward the concept of "Elite-Based Circulated Empowerment", which means that the rural elites of party and society endow resources to the grassroots party organizations, and in this process, they constantly get the support of the higher Party and government departments to obtain their own development, and finally improve the efficiency of rural governance. Through the case study of a western village that achieves "Demonstration Village of Provincial Standardized Party Construction", it can be found that the "Elite-Based Circulated Empowerment" includes two aspects: one is that key figures establish a resource network to support grassroots party organizations, and explore practical ways to promote grassroots innovation, which reflects the characteristics of social empowerment from bottom to top; the other is that the party and government departments at higher levels provide authoritative supports for the grassroots elites and constantly integrate them, reflecting the characteristics of political empowerment from top to bottom. The positive circle of the two stages make the party construction constantly optimize and lead the development of rural governance. This mode emphasizes the dialectical interactive relationship between the agency of specific subjects and governance structure in rural governance, and shows strong practical advantages.

Key Words: Party Construction; Elite; Empowerment; Rural Governance

调适与统合：新时代农村基层党组织组织力提升的政治逻辑[*]

尤 琳[1] 史亚博[1,2]

(1. 江西师范大学 马克思主义学院 江西南昌 330022；
2. 广西社会科学院 法学研究所 广西南宁 550022)

内容提要：以提升组织力为重点，发挥好农村基层党组织的政治和组织功能，是厚植党的执政根基、加强党的自身建设的客观需要，也是实现社会的有效整合、国家的现代化治理的时代要求。本文以结构功能主义为视角，从结构、主体和功能三个维度去审视农村基层党组织组织力的内涵，它是农村特定场域中的一种整体统合力，具备强有力的组织结构及相应功能，是一个涵盖七大构成要素、四个层级关系的独立系统。从建构机理来看，要素调适与政治统合是决定组织力结构生成与功能发挥的基本逻辑，同时引入主体行动者的维度，更加符合结构、功能与主体互促的实现机制。从建构过程来看，利益、能力和制度是影响组织力的结构生成、主体行动和功能发挥的主要因素，再组织化与制度化是农村基层党组织组织力提升的基本路径。

关键词：基层党组织组织力；组织调适；功能统合；结构功能主义

---

[*] 基金项目：国家社科基金青年项目"新时代党领导基层治理的政治整合机制研究"（21CZZ015）；江西省社会科学"十四五"基金重点项目"共建共治共享的社会治理制度生成逻辑与实现路径研究"（22ZZ01）。

作者简介：尤琳，女，湖北枝江人，江西师范大学马克思主义学院执行院长、教授、博士生导师，主要从事乡村政治及基层治理研究；史亚博，男，河南漯河人，江西师范大学马克思主义学院博士研究生，广西社会科学院法学研究所副研究员，主要从事乡村政治及基层治理研究。

党的二十大报告提出，要增强党组织政治功能和组织功能，坚持大抓基层的鲜明导向，把基层党组织建设成有效实现党的领导的坚强战斗堡垒。[①] 党的十九大报告指出，以提升组织力为重点，突出政治功能。[②] 作为联系农村群众的"桥梁纽带"、党组织结构的"神经末梢"，农村基层党组织肩负着宣传党的主张、贯彻党的决定、领导基层治理、团结动员群众、推动改革发展等主要职责，以提升组织力为重点，发挥好政治和组织功能，是厚植党的执政根基、加强党的自身建设的客观需要。

百年来，我们党形成了一个由中央到农村，结构严密的五级组织体系。以党的领导完善社会主义制度体系，以有效的社会整合建构现代化国家是党的政治使命。着眼于农村基层党组织的组织力建设，其政治逻辑是以完善的基层组织结构和制度体系为切入点，通过组织调适和功能统合，有效增强政治和组织功能，充分彰显战斗堡垒作用。

一 问题提出与分析框架

（一）关于农村基层党组织组织力的研究现状

目前学术界对"农村党组织组织力"研究有不少成果。其一，关于概念内涵，分为静态的能力论[③]、动态的合力论[④]，也有学者提出对内调控整合与对外动员群众的"两分论"[⑤]、内核—边缘的三级圈层体系[⑥]。其二，关于实践困境，主要有党组织覆盖力、凝聚力、执行力、服务力等

---

① 参见习近平《高举中国特色社会主义伟大旗帜 为全面建设社会主义现代化国家而团结奋斗——在中国共产党第二十次全国代表大会上的报告》，人民出版社2022年版，第67页。

② 参见习近平《决胜全面建成小康社会 夺取新时代中国特色社会主义伟大胜利——在中国共产党第十九次全国代表大会上的报告》，人民出版社2017年版，第65页。

③ 参见刘红凛《党的组织力的内外向度与政治意蕴》，《当代世界与社会主义》2019年第4期。

④ 参见高振岗《新时代党的基层组织提升组织力的理论探源与实践路向》，《探索》2018年第2期。

⑤ 参见王同昌《基层党组织组织力提升面临的挑战及路径选择》，《中州学刊》2018年第8期。

⑥ 参见尤琳、魏日盛《乡村振兴战略背景下提升村级党组织组织力研究》，《社会主义研究》2022年第1期。

不足①，政治功能弱化②。其三，关于提升路径，主要有优化组织体系和运行机制③、建构多维制度支持体系④，等等。但是也有一些不足：一是研究对象上尚未对农村党组织组织力的内涵、外延及其关系达成共识，地域性关照不足，缺少对组织制度适应性、要素构件、评估体系等的研究；二是研究视角上侧重从类型层面探讨，忽略了基层党组织组织力的内生因素、历史场域等分析，缺乏党建国家的宏观政治功能视角。

政治性是马克思主义政党的根本属性。在全面建成社会主义现代化强国的新起点上，我们对农村基层党组织组织力的研究，不能"局限在基层党组织建设、党内管理"⑤的一般视域，而是应立足深入推进党的建设新的伟大工程、以党的自我革命引领社会革命的新要求，从农村特定时空场域去审视其时代内涵：为有效发挥政治和组织功能，农村基层党组织对组织体系进行要素调适与功能整合，展现出一种整体统合力。

（二）基于结构功能主义视角的分析框架

结构功能主义强调，组织结构及其要素为功能而存在，最终作用体现在功能上⑥，着重探讨社会由若干组织化形式的子系统组成一个相对稳定、持久的结构，产生相互影响作用的功能⑦。美国的帕森斯拓展结构功能主义研究，认为该系统内在结构类型决定外在功能表现⑧。社会结构需要具备适应环境、达到目标、整合和维持模式四个功能性条件，这些特定功能相互联系而形成结构网络，维持社会系统的整体平衡。其中，"适应功能"是从外部获取并调配资源和能力；"达成目标"是通过调动和激活

---

① 参见林星、王宏波《乡村振兴背景下农村基层党组织的组织力：内涵、困境与出路》，《科学社会主义》2019年第5期。

② 参见徐晨光、王小萍《调适与发展：农村基层党组织组织力提升的政治逻辑》，《湖湘论坛》2021年第1期。

③ 参见霍军亮、吴春梅《乡村振兴战略背景下农村基层党组织建设的困境与出路》，《华中农业大学学报》（社会科学版）2018年第3期。

④ 参见陈家刚《党内法规视角下的基层党组织组织力建设》，《江汉论坛》2022年第1期。

⑤ 刘红凛：《党的组织力的内外向度与政治意蕴》，《当代世界与社会主义》2019年第4期。

⑥ 参见刘润忠《试析结构功能主义及其社会理论》，《天津社会科学》2005年第5期。

⑦ 参见李静《城市社区网络治理结构的构建——结构功能主义的视角》，《东北大学学报》（社会科学版）2016年第6期。

⑧ 参见［美］塔尔科特·帕森斯《社会行动的结构》，张明德等译，译林出版社2008年版，第92页。

系统内的能量而促成目标实现;"整合功能"是以调控手段保持系统连贯性与一体化的能力;"维持模式"是在系统运行中储存和配置能量的能力,包括通过文化供应、共同价值规范来消减行动者内在张力。可见,结构功能主义对社会系统要素的功能发挥、均衡整合诉求,对重构国家与农村关系的政治目标有一定的借鉴意义。

作为党组织系统的一个微观子系统,农村基层党组织组织力具备一定特性的组织结构及相应功能,主要有政治领导力、发展推动力、思想引领力、整合执行力、群众凝聚力、动员号召力、自我革新力等要素,彼此独立、相互关联、产生作用。一方面,差异化的结构既影响组织力功能的生成,也制约组织力主体的增能。另一方面,组织力主体形塑该系统的结构体系,影响组织力功能发挥。因此,该组织力体系与结构功能主义存在恰适性,在厘清其结构要素与生成机理的基础上,分析结构促进功能发挥的影响因素,并引入主体行动者的维度,探析结构、功能与主体互促的实现机制与实践路径,有助于拓宽农村基层党组织组织力研究的新视域。

二 互动调适：农村基层党组织组织力结构的生成逻辑

基于结构功能主义视角,农村基层党组织通过加强自身建设、有效适应外部环境、团结组织群众,以实现党对农村全面领导,展现出一种强大统合力,具体表现为自上而下设置组织体系、调整组织功能的内在组织力,自下而上代表农民利益、治理乡村社会的外在组织力。从广义上,这种整体统合力涉及政治、经济、文化、社会、组织、作风、纪律等结构要素,并相互关联调适,建构更加彰显政治功能的强大组织力体系。

(一) 农村基层党组织组织力的构成要素

《中国共产党农村基层组织工作条例》明确了乡镇党委、村党组织的主要职责,比如宣传和贯彻执行党的方针政策,推动经济、政治、文化、社会、生态文明、党的自身建设、精神文明建设、乡村治理,实现了农村社会各领域的全覆盖,这为组织力的结构要素分析提供了基本思路。

从农村基层党组织的职责作用出发,组织力分为七个方面:一是政治领导力,农村基层党组织充分发挥政治功能,领导农村党员群众自觉拥护和贯彻落实党的各项方针政策,是其首要政治任务。二是发展推动力,带领干部群众开发农村资源、增强发展活力,这是农村基层党组织组织力的直观体现,也是农民群众最关心的议题。三是思想引领力,深化党的思想建设、文化建设,引导农村党员群众感悟党的思想伟力,形成"听党话、感党恩、跟党走"的行动自觉。四是整合执行力,加强党的组织建设,有效整合和配置农村的土地、劳动力、产业等资源,激发自身解决实际问题的内在潜力,这是农村基层党组织执政能力的现实考验。五是群众凝聚力,农村基层党组织通过联系和服务农村群众,不断增强群众的获得感,激发群众的能动性,形成团结奋斗、创造伟业的强大力量。六是动员号召力,以党建引领乡村治理,动员社会各类力量,促进乡村事务的共建共治共享。七是自我革新力,推动全面从严治党向基层延伸,以自我净化、完善、革新和提高的韧劲,提升防腐拒变的能力。

农村基层党组织组织力的七个构成要素,涵盖了基层党建的主要职责,通过要素间关联互促,有机形成了互动型组织力体系。其中,政治领导力是农村基层党组织组织力的统领要素,对其他组织力要素发挥着政治引领作用。发展推动力、思想引领力是农村基层党组织组织力的基础要素,在物质与精神层面发挥引领作用,共同影响农村基层党组织组织力中心要素的功能实现。整合执行力、群众凝聚力和动员号召力是三大中心要素,借助党组织的资源整合、群众路线和乡村治理,打造成全面实现乡村振兴的坚强战斗堡垒,集中反映了农村基层党组织组织力基础要素的运作效能,也构成进一步反作用于政治领导力、发展推动力、思想引领力的互动模式。自我革新力是保障要素,对组织力的统领、基础和中心要素发挥着关键作用,决定着组织力的整体结构生成。简言之,农村基层党组织组织力的七大结构要素,组成了统领、基础、中心和保障四个类型的层级关系,相互影响,共同发挥功能。

(二) 农村基层党组织组织力的结构关联

农村基层党组织之所以能发挥强大的政治和组织功能,团结动员群众参与中国式现代化国家建构,主要取决于其自身强有力的组织结构体系,尤其是组织力的要素关联调适,形成层次分明、分工协作、良性互动的有机统一体。

一是组织力要素互动的协作化。农村基层党组织组织力结构的四个层级、七大要素,组成了一个层次分明的有机统一体。一方面,以政治领导力统领农村各项事业。政治领导力、思想引领力以意识形态的宣教形式,自我革新力以规则制度的刚性约束手段，三者共同发力、相互配合，形成刚柔相济的强大合力。另一方面，以发展推动力、整合执行力为抓手激活农村发展动力。以党建引领和整合农村各类资源，有效激发内在潜力，凝心聚力推动乡村产业经济发展，进而引导群众凝聚力、号召动员力的协同一致，促进乡村治理与农村经济社会发展同步、互动，为农村基层持续释放驱动力。

二是组织力结构运行的差异化。组织力要素分工不同、作用发挥不同，形成差异化的运行方式，将直接影响组织力的结构功能。农村基层党组织结合乡村实际，既发挥组织力要素的各自作用，又凝聚其作用发挥的合力，实现各类组织资源的分工有效、整合有力。一方面，突出结构要素各自作用，形成差序布局的组织力体系。例如，发展推动力、思想引领力、群众凝聚力、号召动员力分别从农村经济发展、思想文化、群众工作和乡村治理等层面发挥效能，合理运用组织内外资源，及时回应党员群众的关切，发挥示范引领作用。另一方面，凝聚结构要素整合力，打造协同互促的组织力结构。通过坚决履行职责、灵活设置基层党组织，优化"三会一课"内容、方式和方法，不断提升政治领导力、整合执行力和自我革新力，增强自我净化、完善、革新和提高的韧劲，彰显农村基层党组织的强大战斗堡垒作用。

三是组织力主体行为的多样化。组织力结构中不同的主体行为，也将影响组织力结构的生成。基层党组织政治和组织功能的实现，取决于一定结构的组织调适，当调适方向从管理控制、汲取资源转向治理服务、资源供给，会产生广泛而持久的服务型功能，进而回归人的本位。党组织中的人特别是带头人、负责人的党性、素质、能力、资源等因素，是一种主体行动者的外在风格，不同的主体行为风格将对组织功能的实现产生不同影响。例如，"选强配优"组织班子特别是支部书记，采用"双培养"模式促成党员、班子成员与能人的双重角色，发挥对组织行为、绩效和功能的塑造作用。在农村集体经济产业发展、乡风文明培育、农村风貌提升、农村优秀传统文化传承等活动中，始终以提升组织力为内核推动各项政策措施的有效落实，以严格的制度规则考量基层党组织和"一把手"的主体行为，以科学的绩效标准来约束农村党员干部，推动组织力主体行为的最大效能发挥。

三 政治统合：农村基层党组织组织力功能的实现机制

百年来，我们党的基本功能被本土化为领导与执政、政治与服务、管理与治理等多维功能，其中最突出的功能定位包括政治整合的政治性功能，培育服务、沟通凝聚的社会性功能。① 政治性功能是根本功能，各类基层党组织以显性与隐性相结合方式，打造服务型基层党组织，以社会性服务功能促进并彰显政治整合功能。

有效的规范与整合是实现国家与农村互动平衡的目标。通过健全组织网络体系，既发挥党的政治和组织优势，引领农村发展方向、推动乡村有效治理，也发挥文化培育、服务群众和信息沟通等社会性功能，全面扩大党在农村的领导力、影响力和凝聚力。

（一）嵌入式适应：优化配置资源要素

在结构功能主义视域下，农村基层党组织以控制、转化和分配的方式整合农村资源，调适内部要素关系，形成资源互换与流动机制，以党组织嵌入模式优化资源配置，突出党建引领机制的环境适应能力。其一，适应乡村振兴的时代特点。以嵌入式基层党组织背书的方式筹集农村发展资金、注入各类农村资源，凝聚党内外的社会力量，整合多元化的利益关系，有效促进乡村的资源互动和结构适应。其二，适应现阶段农村的党建工作形势。通过合村并组、农村党支部建设、发挥党员示范作用等方式，灵活科学设置多形式的党小组，将支部建在偏远村屯、村民组织和产业项目上，加强农村流动党员管理，强化党的政治领导力和思想引领力，彰显党组织的政治认同、思想认同和价值认同。其三，适应从严管党治党的时代要求。开展农村党组织评星定级，实行党员积分管理，深化党风廉政建设，有效解决党组织生活形式化问题，树立良好的党组织功能形象与权威性。

（二）协作型整合：发挥居间链接作用

帕森斯指出，社会整合问题是价值制度化过程的焦点②。如何保持一

---

① 参见孙林《新时代基层党组织功能建设的路径探析》，《理论视野》2021 年第 6 期。
② 参见胡小君《党建科学化视角下基层党组织设置模式的变迁与趋势》，《马克思主义与现实》2011 年第 6 期。

个组织内部要素和外部环境的关系协调性，是该组织生存和发展的首要问题。农村党建的主要政治目标是促进国家政权与乡村社会的互动平衡，这需要最大限度发挥好政治性和社会性功能，促进党组织内部的整合与秩序，打造服务型基层党组织，以党组织的居间关系链接方式，培育服务功能，沟通凝聚人心，使乡村社会自动纳入国家政策规范，使农村党员群众自觉践行各项决策部署，从而实现共建共治共享的协作整合功能。其一，以上率下供给政策服务、规范乡村组织。注重农村各类人才发展，完善党组织带头人队伍，壮大农村党员队伍，引导农村青壮年返乡创业，加强农业科技人才联村联建，着力打造新时代农村干事创业主力军。其二，传达乡村利益与发展要求。将农村基层党组织打造成乡村各种利益的表达者和协调者，积极向上级党组织传达农村群众的利益诉求，以居间链接密切党群关系，以党建引领农村特色产业发展，壮大村级集体经济，促进农民就近就业。其三，以党建引领乡村治理新模式。通过党组织的居间链接，促成基层政府与村民组织的沟通协作，打造"党建+"协同创新服务平台，提供智能化便民服务，创建平安农村社区，从而构建互促共享的乡村治理共同体。

（三）一致性认同：**达成双向行动模式**

农村基层党组织要发挥目标达成功能，以加强对集体成员的协调行动管理为前提，发挥党组织的示范引领作用，促进成员认同并一致行动，从党组织嵌入乡村组织模式转向村民组织内生性培育模式。农村基层党组织借助成员吸纳、相互嵌入两种行动机制，既发挥精英吸纳的党建工作模式作用，又契合农村基层组织运作互嵌特点，促进集体成员的思想聚合和行动认同。一方面，通过吸纳入党，大力发展骨干成员加入党组织。以乡村内生性培育模式为手段，主动挖掘农村党建的内部动力，带动其他成员的一致性认同与行动，调动党组织内外资源，解决事关党员群众切身利益的问题。另一方面，通过共同活动，基层党组织在互嵌基础上实现一致行动。联合开展农村基层党组织和村民组织的活动，以党组织互嵌方式，拓展其政治性功能，激发集体成员参与政治生活、接受党组织领导的主动性。

（四）长效化机制：**实现共享价值传递**

价值是构成系统秩序的先决条件，社会系统能充分发挥功能，关键是存在促成四个子系统及要素聚合的共同价值体系。要实现政治整合功能，既需要资源注入和居间链接等服务机制，也需要有效的政治引导，使乡村社会形成共享价值和长效化的认同机制。主要采用政治动员和意识形态统御的行为模式①，以价值理念认同、行动服务方式来渗透和传递执政党的观念意志。立足农村，党的基层组织在发挥党员模范作用、切实服务农村群众的同时，将工作重点放在凝聚价值共识、拓展政治功能的层面上，注重价值传递，增强政治认同，引导农村各类组织及其成员了解党和国家的方针政策，认同党的主张并有效贯彻执行。

总之，基于政党性质、组织禀赋和使命要求，我们党以基层组织嵌入的运作方式，获取了强大的动员组织力。② 农村基层党组织借助行为方式、作用机制的重组调适，进行自身的政治性与社会性功能的整体统合，促使组织力要素间发生相互作用，达成党组织政治功能的实现。

四 利益、能力与制度：农村基层党组织组织力提升的影响因素

从组织力体系建构过程来看，农村基层党组织在调适组织力的结构、功能与主体三者关系中，应剖析可能存在的梗阻点，以保障体系运行的科学化、有效性。实质上，利益、能力和制度是影响组织力结构生成、主体行动和功能发挥的主要因素。

（一）利益博弈：制约组织力结构生成的根本原因

马克思指出，人们为之奋斗的一切，都与他们的利益有关。③ "触及利益"是政治动员有效性的关键支撑。针对农村基层党员干部的利益诉求，既要强调群众根本利益的整体性和一致性④，也要承认其具体利益的差异性和冲突性，主动关切农村基层党组织的激励保障，大力营造"激励与问责相统一"的干事创业氛围。然而，在一些农村基层地区存在不少"触及利益"的现实矛盾，比如资源配置"偏向性"、政策执行"逐利

---

① 参见王杨《结构功能主义视角下党组织嵌入社会组织的功能实现机制——对社会组织党建的个案研究》，《社会主义研究》2017年第2期。
② 参见彭勃、邵春霞《组织嵌入与功能调适：执政党基层组织研究》，《上海行政学院学报》2012年第2期。
③ 参见《马克思恩格斯全集》（第1卷），人民出版社1995年版，第187页。
④ 参见孟鑫《马克思主义利益观在新时代的指导意义》，《人民论坛》2018年第9期。

性"、项目建设不透明、"微腐败"问题等,制约着农村党建工作高质量发展。

一是政治站位不够高。部分农村党员学习党的理论和方针政策不及时,导致组织纪律不严、政治意识不强,只顾眼前利益,不顾集体利益和长远利益,存在资源配置"偏向性"与政策执行"逐利性"。例如,村"两委"集体决策出现偏差,部分社会组织与民争利,农村群众反映的合理诉求得不到有效解决,容易导致村"两委"与群众的关系紧张。

二是"微腐败"依然存在。少数村干部背离了共产党员的宗旨信念,主动谋求私利,违纪违规的情况时有发生,在低保政策、惠农资金等方面以权谋私,侵害群众利益。个别农村的宗族势力呈现复苏趋势,在吸纳入党和选拔干部时任人唯亲,在农村建设项目承包中倾向于宗族人员,个别党员热衷拉帮结派,维护个人和家族私利,损害了农村党员干部的良好形象。

(二)能力弱化:影响组织力主体行动的重要因素

习近平总书记强调:"在干部干好工作的各种能力中,政治能力是第一位的。"[①] 农村基层党组织在乡村各项事业建设中发挥着领导核心作用,展现出了强大的组织力,引领乡村有效治理。但是少数农村地区仍然存在着党建引领能力不强、示范作用不足等问题。

一是引领能力不强。一些村级党组织在宣传、组织、教育等方面主动性不够,对非公企业和农村各类组织的引领作用不足,基础配套措施单一,对村级集体经济乏力、"三资"管理不规范、宗族势力扰乱基层民主等缺乏有效的解决办法。由于对农业政策理解不到位,现代技术手段的运用能力不足,导致农村经济发展推动力较弱。农村人才队伍体系建设不足,专业技术人才缺口较大,高层次人才和外界力量吸纳力有限,无法满足新型农业经营主体和农村集体经济发展的需要。

二是示范效应不足。不少村支部书记和"两委"干部整体文化水平不高、平均年龄偏大、思想不够解放,团结带领农民群众发展集体经济的"头雁"作用不明显。由于农村大量青壮年外出打工,留守人员多为老弱妇孺,党员发展工作长期处于停滞状态,导致农村党员老龄化严重。部分

---

① 参见习近平《年轻干部要提高解决实际问题能力 想干事能干事干成事》,《人民日报》2020年10月11日第1版。

党员缺乏主动担当意识，不敢冲锋在前、不愿勇担重任，存在着本领恐慌，在动员号召力上存在宣传手段落后、联系群众不足、应变能力不强、协调能力不足等问题。

（三）制度不足：削弱组织力功能发挥的关键要素

邓小平同志指出，制度问题带有根本性、全局性、稳定性和长期性。① 制度是国家意志的集中表达，只有将政治目标制度化，强化制度意识、严格制度执行，才能确保党和国家的长治久安。然而在农村党建制度执行层面仍存在管理监督不严、激励保障不足等问题。

一是管理监督制度不健全。部分农村基层党组织落实党建责任的主动性不足，对党员教育管理存在"宽松软"问题，党组织生活不够严肃，质量不高，趋向形式化。对党员管理教育不规范，系统性培训教育机制缺乏，导致其理论素质水平参差不齐、组织生活纪律不严、实际工作成效较低。一些党员群众行使民主监督权利的主动性不足、有效载体不多，使得"干好干坏一个样、干与不干一个样"的思想仍有生存空间。个别农村基层党组织软弱涣散，党员履职意愿不强，存在管理混乱、职责模糊现象，农村党务、政务不公开或公开不及时，导致群众信任度较低。

二是激励保障机制不完善。一些农村基层党组织缺乏必要的政策保障，党建工作经费相对缺乏，专职党建队伍不健全，兼职情况较为普遍，绩效管理体系不科学，考核结果运用不合理。在发展推动力上缺乏财政支持，农村集体资产资源的收益渠道单一，主动创收的积极性缺乏。村干部容错免责机制尚未成熟，民主集中制落实不够到位，在"三会一课"上经常出现政策把握不准、内容学习不全的现象，导致组织生活质量不高，政策执行得不到保障。

五　再组织化与制度化：农村基层党组织组织力提升的基本路径

（一）政治引领：夯实农村基层党组织组织力的领导地位

旗帜鲜明讲政治是马克思主义政党的优良传统和基本原则。农村基层

---

① 参见《邓小平文选》（第2卷），人民出版社1994年版，第333页。

党组织发挥领导核心作用、增强政治性功能，集中体现在认真贯彻落实党的各项方针政策，加强对农村各项事务的全面领导。

一是加强全面领导。农村基层党组织要夯实党建主体责任，认真宣传贯彻党的各项方针政策，完善党建引领工作机制，打造服务型党组织，增强村"两委"关系的协调性，以党的政治建设引领农村全面发展。以系统思维谋划农村发展方向，明确工作职责，勇担政治责任，增强政治"三力"。在农村集体经济组织中设立党支部，动员和发展优秀的集体经济组织带头人加入党组织。健全"三治融合"治理体系，理顺各类村民组织关系，以分层分类方式发挥组织资源优势，引导多元主体参与乡村治理，增强农村号召动员力、群众凝聚力。

二是提升领导能力。坚持问题导向、靶向施策，以增强发展推动力为目标，盘活农村存量资产资源，激发乡村内生活力，着力解决农村经济存在的机制、模式、保障等难题。健全帮扶指导、示范引领、责任考核等机制，落实人才资源保障、资金投入保障和风险防控保障。加大农地流转的政策支持，创新多元化收益方式，合理利用各种资源，因地制宜培育特色产业，打造村庄特色品牌，构建现代化农业发展新模式。

（二）组织振兴：优化农村基层党组织组织力的结构体系

习近平总书记强调，基层党组织是贯彻落实党中央各项决策部署的"最后一公里"，不能出现"断头路"。① 推动农村基层党组织的"组织振兴"，要明确职责使命，优化组织体系，创新运行方式，始终使农村基层党组织建设目标与新时代乡村发展诉求同频共振。

一是优化组织结构。按照"纵向到底、横向到边"的党组织设置要求，引导各类农村社会组织建立党支部、党小组。以跨区域、分产业联合创建模式，在农民专业合作社、农业产业项目上设立党组织。选强配齐党支部书记和行业协会带头人，吸纳那些具有较高党性和服务意识的优秀外出务工人员、企业家、致富带头人等进入领导班子。完善村级党组织领导下的村务监督会、妇女联合会、志愿者队伍等组织，培养多行业的党员带头人，发挥示范引领作用。

二是丰富组织生活。通过组织生活联合、党建资源共享，科学设计党

---

① 参见习近平《贯彻落实好新时代党的组织路线 不断把党建设得更加坚强有力》，《人民日报》2020年7月1日第1版。

组织活动内容，以"角色互换""网格化＋党建""互联网＋党建"等模式，拓展"三会一课""主题党日"等学习教育的形式、载体和阵地。开展系统性、全方位的教育培训，以专题党课、基层宣讲、"微党课"等形式进行宣传教育，增强农村党员党性修养，提升政治意识，凝聚思想共识，引导其认真贯彻落实各项政策措施，自觉肩负起建设社会主义新农村的使命担当。

（三）人才培育：提升农村基层党组织组织力的主体能力

马克思、恩格斯指出，思想要得到实现，要有使用实践力量的人。[①]在农村基层党组织组织力建设中，农村党员队伍、各类人才、农民群众正是实践行动的主体，要加强农村党员干部队伍建设，注重人才培育，发挥群众作用，不断提升主体行为能力。

一是加强干部人才队伍建设。加强农村党员干部队伍建设，按照"选优、配强、用好"的基本原则，优化党员干部培育机制，多渠道、多形式选拔基层党组织带头人、党建骨干和年轻后备干部。完善党员发展、选拔任用和教育培训机制，采取积分制管理形式，设置不同要素，制定评分标准，定期考评考核，加强对创业类党员、管理类党员、老弱类党员、外出类党员的分类管理。创新人才引进和流动机制，优化人才队伍结构，畅通人才回乡渠道，创建人才服务平台，引进企业负责人、产业技术人才、新乡贤，建立"首席乡土专家库"，重点培育"三农"本土人才，有效激发乡村活力。

二是发挥农村群众主体作用。习近平总书记强调，群众路线始终是党的生命线[②]，是党永葆青春活力和战斗力的传家宝。农村基层党组织要着力打造服务型党组织，树牢马克思主义群众观，提升农民群众参政意识，培育新型职业农民，完善"一站式"便民服务大厅，优化办事程序方式。开展党员"亮身份、展形象"活动，定期为群众办实事、解难题。

（四）制度供给：增强农村基层党组织组织力的功能作用

以制度建设为中轴，完善从严治党的管理监督制度，规范党组织运行机制，加大对人财物的保障力度，充分彰显农村基层党组织的组织和政治功能。

---

① 参见《马克思恩格斯文集》（第1卷），人民出版社2009年版，第320页。
② 参见《习近平谈治国理政》（第1卷），外文出版社2018年版，第365页。

一是健全监督管理体系。党的二十大报告提出，坚持制度治党、依规治党，健全党统一领导、全面覆盖、权威高效的监督体系。①严格落实民主集中制、"三会一课"、谈心谈话等制度，强化对制度执行力的监督。加强党员评价和流动党员管理，以信息化手段加强动态监督。完善村民自治制度，构建村民交流、沟通、票决等议事平台，建立村民监督协会，定期评价班子成员履职情况，促进各类决策公开透明。完善考核评价体系，强化考核结果运用，充分体现"奖优罚劣"的考核导向，将制度化考核评价压力转化为利益激励和惩戒双向调节的动力。

二是完善激励保障机制。完善村干部薪酬待遇定期增长机制，推行离任干部补贴制度，加大保险补贴，提升社保待遇，加大职业激励，细化权力清单，拓宽晋升渠道，形成奖罚分明的绩效管理机制，激发党员干部干事活力。强化人员、场所和经费保障，建强农村党建专班队伍，配强乡镇专职组织干事，完善村级党群服务中心设施，增强村级服务一体化能力。

Adjustment and Integration: The Political Logic of Improving the Organizational Power of Rural Grassroots Party Organizations in the New Era

You Lin[1]　Shi Yabo[1,2]

(1. School of Marxism, Jiangxi Normal University,
Nanchang, Jiangxi, 330022;
2. Institute of Law, Guangxi Academy of Social Sciences,
Nanning, Guangxi, 550022)

Abstract: From the perspective of our country's party building, focusing on improving organizational power and giving full play to the political and organizational functions of rural grassroots party organizations is an objective need to thicken the party's ruling foundation and strengthen the party's own construction. It is also the requirement of the times to realize the effective

---

① 参见习近平《高举中国特色社会主义伟大旗帜　为全面建设社会主义现代化国家而团结奋斗——在中国共产党第二十次全国代表大会上的报告》，人民出版社2022年版，第65—66页。

integration of society and the modern governance of the country. From the perspective of structural functionalism, this paper reviews the connotation of the organizational power of rural grassroots party organizations from the three dimensions of structure, subject and function. It is a kind of overall integration force in the specific field of rural areas, with strong organizational structure and corresponding functions. It is an independent system covering seven constituent elements and four hierarchical relationships. From the perspective of construction mechanism, factor adjustment and political integration are the basic logic that determines the generation and function of organizational power structure. At the same time, the introduction of the dimension of subject actors is more in line with the realization mechanism of mutual promotion of structure, function and subject. From the perspective of the construction process, interests, abilities and systems are the main factors affecting the structure generation, subject actions and functions of organizational power. Reorganization and institutionalization are the basic ways to improve the organizational power of rural grassroots party organizations.

Key Words: organizational power of grassroots party organizations; organization adjustment; function integration; structure functionalism

农村社会研究

◆ **宗祠到礼堂：党建引领乡村价值观念的实践逻辑——基于 H 省 M 乡的实践考察**

随着改革开放的深入及乡村社会经济的发展，乡村社会的价值观念日益多元，对党加强在农村基层的意识形态整合带来了诸多挑战。立足传统宗祠建设文化礼堂的实践，基层党组织通过空间重构、价值嵌入和党建引领等途径，重塑文化礼堂的价值导向功能，构建党建引领文化礼堂的共建共治共享，实现传统宗祠的创造性转化和创新性发展。事实上，文化礼堂融合了公共文化空间和公共生活空间，具有传承传统文化、弘扬主流价值、传播先进文化等功能，成为基层党组织嵌入、引导与形塑社会价值观念的重要载体。这种社会治理艺术也弥合了现代与传统、政党与社会之间的张力，反映出政党以其主导的意识形态在公共文化领域对多元价值观念的引导与整合。不过，由于宗祠和文化礼堂所提倡和追求的价值取向仍然存在较大区别，宗祠在传统社会观念中根深蒂固，从封闭性、私域性和排外性的宗族祠堂到开放性、公共性和融合性的文化礼堂的转变，仍然需要一个长期的适应过程。

◆ **中国共产党百年农村反贫困的历程、成就与重要经验**

消灭剥削，消除贫困，实现共同富裕是中国共产党的奋斗目标。实现民族振兴、国家富强、人民幸福是中国共产党的初心和使命。中国共产党从建党开始，走过的一百年既是社会主义革命、改革、建设的一百年，也是与贫困作斗争的一百年。中国共产党在百年的农村反贫困历程中，走过了新民主主义革命时期反贫困的艰辛奋斗，新中国成立后反贫困的曲折开展，改革开放后大规模系统性的扶贫开发，新时代精准扶贫精准脱贫的脱贫攻坚战，取得了举世瞩目的农村反贫困成就，整体上消除了农村绝对贫困，为全面建设现代化强国和中华民族伟大复兴奠定了坚实的基础，同时也积累了重要的农村反贫困经验。

◆ 新发展格局下城乡居民相对贫困治理体系研究

本文立足于新发展格局战略背景，构建"内循环"为主的"产业融合—要素循环—制度衔接"三位一体的相对贫困治理体系，揭示了通过城乡要素流动来推动相对贫困治理的逻辑框架、变迁特征、现实挑战与转型路径。研究发现，新发展格局下相对贫困治理将从"出口—投资—消费"轮换下的内需提质增效转向"开发式—精准式—常态式"的内涵治理结构升级。内循环发展格局下，城乡居民相对贫困治理需要强化城乡产业融合、要素循环流动和制度衔接统一，并通过科技赋能产业链、供应链、创新链的整合实现消费升级，建立多维相对贫困测度，划分城乡相对贫困标准，构建"有效市场+有为政府"相互衔接的资源配置机制以及"共同富裕"顶层制度设计为保障的相对贫困治理体系，进一步完善收入分配体制改革和降低城乡收入差距的财税机制，扩大农村新消费驱动经济内循环发展的长效机制。

◆ 社会记忆与农村集体行动：一个耦合性演化博弈命题

集体行动困境的化解关乎乡村振兴进程，而乡村振兴战略的在地化实践亦有赖于村庄社会记忆的达成。文章尝试建构出社会记忆嵌入农村集体行动的分析框架。以社会分化和社会记忆将农村社区类型化，从演化博弈的视角探究了个体农户与合作社之间集体行动的演化逻辑。研究发现：无论处于弱社会分化还是强社会分化的前置条件下，只有强社区记忆特征的农村社区才会促成农村社区集体行动收敛于合作互惠的演化博弈均衡，进而得以有效规避农村"搭便车"行为。据此，本文提出了农户参与合作社的合作意识培养模式，以此来优化农村集体行动，进一步提升乡村治理质量，旨在全面促成乡村振兴。

宗祠到礼堂：党建引领乡村价值观念的实践逻辑*

——基于 H 省 M 乡的实践考察

杨 灿

（湖北师范大学 马克思主义学院 湖北黄石 435002）

内容提要：随着改革开放的深入及乡村社会经济的发展，乡村社会的价值观念日益多元，对党加强在农村基层的意识形态整合带来了诸多挑战。立足传统宗祠建设文化礼堂的实践，基层党组织通过空间重构、价值嵌入和党建引领等途径，重塑文化礼堂的价值导向功能，构建党建引领文化礼堂的共建共治共享，实现传统宗祠的创造性转化和创新性发展。事实上，文化礼堂融合了公共文化空间和公共生活空间，具有传承传统文化、弘扬主流价值、传播先进文化等功能，成为基层党组织嵌入、引导与形塑社会价值观念的重要载体。这种社会治理艺术也弥合了现代与传统、政党与社会之间的张力，反映出政党以其主导的意识形态在公共文化领域对多元价值观念的引导与整合。不过，由于宗祠和文化礼堂所提倡和追求的价值取向仍然存在较大区别，宗祠在传统社会观念中根深蒂固，从封闭性、私域性和排外性的宗族祠堂到开放性、公共性和融合性的文化礼堂的转变，仍然需要一个长期的适应过程。

关键词：党建引领；文化礼堂；价值观念

对于一个幅员辽阔、人口众多，经济社会发展不平衡的大国来说，

---

* 基金项目：2020 年度教育部人文社会科学研究青年基金项目"不完全契约背景下乡村治理的机制与逻辑研究"（20YJC810014）。
　　作者简介：杨灿，男，湖北师范大学马克思主义学院讲师，博士，硕士生导师，主要研究地方与基层治理。

如何有效实现党对社会价值观念的有效整合，不仅是党的政治建设和能力建设的重大问题，也是整个国家和社会治理的核心问题。特别是随着乡村社会经济的发展，乡村社会的价值观念日益多元化，党在农村基层的意识形态工作面临着诸多挑战。党的二十大报告提出要"牢牢掌握党对意识形态工作领导权，全面落实意识形态工作责任制，巩固壮大奋进新时代的主流思想舆论"。因此，加强对乡村社会的价值观念整合成为改革开放以来党的建设和乡村治理的重要任务。本文旨在以湖北省黄石市的文化礼堂建设为个案，探讨和总结党建引领乡村价值观念的实践逻辑。

一　研究背景与问题提出

作为与国家制度相关的法理和逻辑基础，使某种意识形态社会化就是最有效、最根本的社会治理方式。① 对于中国共产党来说，为达到这种状态，必须凝练一种彰显政党意志、获得社会普遍支持与认同的主流意识形态。在计划经济体制时期，所有社会成员均被纳入单位之中，个人的利益偏好被组织的利益取向抑制或取代②，乡村社会成员的价值观中的主体意识就是整体意识。所谓"集体的事再小也是大事，个人的事再大也是小事"就反映出人民公社时期对个体意识的淡化，整个乡村社会的价值观念呈现出高度一元化。③ 改革开放以来，乡村社会既表现出利益诉求多样化、社会空间开放化等显著变化，也表现出价值观念多元化等隐性变化，这些变化不断冲击着政党主导的主流意识形态。如何加强党对乡村社会的价值观念引领与整合，强化乡村社会的政治认同，实现对乡村社会的有效领导，成为不可回避的现实问题。

作为乡村文化的重要载体，宗祠是传承族训、进行道德教化、商讨族内要事等宗族活动的重要村落场所与景观，具有凝聚乡村社会的价值

---

① 参见王邦佐等《中国政党制度的社会生态分析》，上海人民出版社2000年版，第246—248页。

② 参见林尚立《两种社会建构：中国共产党与非政府组织》，《中国非营利评论》2007年第1期。

③ 参见刘平《社会主义核心价值体系中"一"和"多"的关系探析》，《学术论坛》2009年第2期。

认同的重要功能。① 正如朱华友提到的，宗祠实际上是区域社会民俗文化和价值观念的浓缩和集中反映，同时也在一定程度上折射出宗族的凝聚力，而这种凝聚力反过来影响和支配着乡村社会民俗文化、社会价值观的发展方向。② 鲁可荣等人提到，宗祠实际上是集宗法、习俗、礼仪、道德教化等宗族文化为一体的村落公共空间，对于区域社会价值观的形成具有重要影响。③ 甘满堂认为，宗祠在当下仍然有其重要的社会价值，从文化层面来说，宗祠对于提升中华民族的凝聚力、加强民族团结具有重要意义。④ 敖路平认为，作为村庄的文化活动中心，宗祠具有文化功能，在增强村民的价值认同，重构乡村社会精神信仰，维护乡村社会秩序等方面具有积极作用。⑤

这些研究共同持有的一个观点是，宗祠不仅仅是一个物理空间，更是一个精神场域，它是乡村社会政治文化传统的沿革、价值秩序的构建和村民日常生活的展开等多重空间构成的集合。⑥ 然而，由于宗祠主要是宗族在重大节庆期间用以祭祀省亲、教化族人的场所，其余时间往往处于闲置状态，因此宗祠的价值导向功能存在着较大限制。特别是随着工业化、新型城镇化、信息化、市场化的深入发展，农村大量人口向城市和城镇流动和迁移，乡村社会日益"空心化"，农村大量宗祠被闲置，其价值导向功能也日趋弱化。

因此，如何加强中国共产党对乡村社会意识形态价值观念的引领与整合，巩固和强化党在农村基层的群众基础，实现党对乡村社会的有效治理，成为改革开放以来党的建设和乡村治理的重大任务。2019年中共中央一号文件明确提出要"引导农民践行社会主义核心价值观，巩固党在

---

① 参见叶洁楠、王浩、杲恬恬《乡村振兴背景下文化传承型乡村景观的存续与发展》，《西北农林科技大学学报》（社会科学版）2021年第2期。
② 参见朱华友、陈宁宁《村落祠堂的功能演变及其对社会主义新农村建设的影响——基于温州市莘塍镇50个祠堂的整体研究》，《中国农村观察》2009年第2期。
③ 参见鲁可荣、程川《传统村落公共空间变迁与乡村文化传承——以浙江三村为例》，《广西民族大学学报》（哲学社会科学版）2016年第6期。
④ 参见甘满堂《福建宗祠文化的当代社会价值与提升路径》，《东南学术》2019年第4期。
⑤ 参见敖路平《权力嵌入与传统再造——基于J村宗祠重建的田野调查》，《社会科学动态》2019年第1期。
⑥ 参见卢云峰、陈红宇《乡村文化振兴与共同体重建：基于浙江省诸暨市的案例分析》，《清华大学学报》（哲学社会科学版）2022年第4期。

农村的思想阵地……支持建设文化礼堂"。事实上，H 省 S 市早在 2014 年就颁布了《关于推进农村文化礼堂建设的意见》（黄办发〔2014〕50号），开始广泛兴建文化礼堂。至 2016 年上半年，S 市实现建制村文化礼堂的全覆盖。本文所考察 M 乡属于 H 省 S 市，自 2015 年开始，M 乡先后制定了《关于在全乡"三万"活动中推进新农村文化礼堂建设实施方案》和《关于进一步推进农村文化礼堂建设工作的实施方案》（以下简称《实施方案》）。经过三年建设，M 乡在第一批文化礼堂已建成的基础上，29 个行政村均完成了宗祠改建文化礼堂。M 乡各村文化礼堂建成以后便一直作为村民开展文娱活动、政策宣讲的主要场所。据不完全统计，截至 2021 年底，全乡文化礼堂开展文娱活动和政策宣讲近 120 场次。

从宗族祠堂到文化礼堂，实际上是基层党组织通过空间重构、价值嵌入和党建引领，以重塑文化礼堂的导向功能，强化民众的政治认同，构建共建共治共享的治理模式，在强化党对乡村社会的价值整合等方面效果显著。在我国广袤的疆域中，H 省 M 乡无疑是数万个建制乡（镇）中普通的一个，不过，它也是我国政党与社会关系变迁的一个缩影，为我们探讨政党对乡村社会的价值嵌入及引导提供了一个窗口。

二 公共空间重构与价值功能的再塑

中国传统社会政治结构的特点是"家国同构"，这种带有某种血缘温情的宗法制度深刻地影响着中国传统文化和价值秩序。宗祠作为开展宗族活动的物理空间，在提升宗族内部凝聚力、引导族人价值观念、化解农村纠纷等方面有着积极作用。不过，传统社会的宗祠一般是"家族圣地"，通常只在特定时间面向族人开放，禁止外姓乃至族内妇女和儿童进入。因此，传统宗祠扮演了一个家族"私人"公共性的文化空间的角色[①]，本质上是一种"私人空间"，具有较强烈的封闭性、排他性，其教育教化、价值导向功能在很大程度上限于家族内部。

改革开放以来，乡村社会日益开放和流动，农村大量宗祠被闲置，成为乡土文化的历史"遗迹"，宗祠的价值导向功能也不断弱化。如何使闲

---

① 参见靳永广、项继权《权力表征、符号策略与传统公共空间存续》，《华中农业大学学报》（社会科学版）2020 年第 3 期。

置的宗祠得到充分利用，是重塑宗祠的价值导向功能的基础。M 乡将宗祠改建为文化礼堂，注重赋予文化礼堂多重功能，将宗祠从封闭的宗族"私人空间"改造为开放的社会"公共空间"。在 M 乡的实践中，无论是新建或者是改建的文化礼堂，均保留了宗祠的原始外貌和基本构造。例如，修缮改建的宴庄村刘明益村文化礼堂和新建的华若村钟家庄村文化礼堂均保留了宗祠的重要元素，刘明益村文化礼堂在入口仍然印有刘氏祠堂的堂号"亚元"和通用堂联"铁汉家声、彭城世泽、蔾照流芳"，华若村钟家庄村文化礼堂同样印有柯氏祠堂的堂号"瑞鹊堂"，而且在文化礼堂的内部也仍然摆放着村民的祖宗牌位和年代久远的家族纪念物件。

一般来说，单向性"嵌入式"的乡村文化建设因其"无根、无源"难以得到乡村社会的普遍认同，也难以实现对乡村社会价值观的引导。① 因此，M 乡在保留宗祠的原始构造的基础上，赋予文化礼堂多重用途和功能。根据《实施方案》要求，文化礼堂必须有一个礼堂、一组文化长廊、一个小型活动广场、一套体育健身器材、一个书屋、一套读书桌椅、一支文艺队伍、一个文化管理员。同时，新建文化礼堂的选址要以村民聚居为基本条件，如果原宗祠不符合文化礼堂建设标准，则应在村民集中居住的位置重建，以便于文化礼堂既用于宗族活动，也用于全村张罗红白喜事、召开村民大会、开展文艺活动、政策宣讲等公共活动。通过上述做法，M 乡实际上赋予文化礼堂阅读、棋牌、娱乐、健身、教育、庆典活动等多重功能，使文化礼堂不再只是宗族议事的"私人空间"，也是全体村民开展公共活动的公共空间。

乡村公共空间是乡村文化传承和社区共同体延续的重要载体。事实上，将封闭的宗族"私人空间"进行重构，构建面向全体村民的开放性公共空间，可以消解宗族祠堂的封闭性、私域性和排他性，彰显文化礼堂的开放性、公共性和融合性，实现文化礼堂的价值导向功能的再造②，实现乡村社会传统文化、宗族文化与现代文化、公共文化的衔接与弥合。特别是文化礼堂文体娱乐、村民议事和政策宣讲等功能的增加，不仅有利于

---

① 参见张祝平《论乡村礼堂的变迁与乡村社会的再组织化》，《广西民族大学学报》（哲学社会科学版）2016 年第 6 期。

② 参见李凡、杨俭波、何伟财《快速城市化背景下佛山传统祠堂文化景观变化以及地方认同的建构》，《人文地理》2013 年第 6 期。

提升文化礼堂的利用率，加强村民之间的日常交流与沟通，而且对于形成村庄集体记忆、历史共同感和村民间互动起着重要作用，使文化礼堂能够在更大程度上反映乡村社会的价值观念，强化了文化礼堂的价值导向功能。将封闭性、私域性和排他性的传统宗祠，重构为更具开放性、公共性和融合性的乡村公共空间，本质上是党的基层组织根据乡村社会转型，对传统祠堂的政治塑造，赋予传统祠堂合法性和正当性，以此实现对其教育教化、价值导向功能的再造，使其成为引导社会价值观念、重构社会精神信仰的重要载体。

三 价值观念嵌入与政治认同的强化

宗祠作为中国传统社会的产物，其所维系和代表的社会价值观，既包含对中国传统优秀文化的传承和发展，也存在与当代社会的价值观不相适应的地方。一方面，宗祠一直以来以中华传统文化中的"忠、孝、仁、义、礼、智、信"作为其核心价值，以弘扬祖德、树立榜样、道德教化为主要活动内容，所传承和宣扬的是以儒家孝道文化为核心的农村传统文化。[①] 另一方面，改革开放以来，随着资本、技术和文化等要素不断向乡村社会传播和渗透，乡村社会的价值观念日趋多元化，给党的意识形态整合带来了深刻挑战。因此，在乡村社会价值观日趋多样性、多元化的背景下，迫切需要加强对传统宗祠的传承与创新，使宗祠在新时代继续发挥积极的价值导向作用。

作为宗族用以祭祀省亲、道德教化的重要场所，宗祠内一般供奉着祖先牌位，悬挂着族规、家训以及表彰本族名人的牌匾等，并设置有村史廊、民风廊、励志廊和成就廊等。值得注意的是，M乡新建或改建的文化礼堂既保留了传统家族物件，也新增加了符合时代特征的新元素。以华若村钟家庄村为例，钟家庄村文化礼堂的文化长廊在原柯氏祠堂的基础上，张贴了"富强、民主、文明、和谐，自由、平等、公正、法治，爱国、敬业、诚信、友善"社会主义核心价值观的宣传标语，以及大冶市创建文明城市、市民文明言行"八不"要求等内容。不难发现，M乡在文化礼堂张贴社会主义核心价值观等内容的做法，是在传承农村优秀传统

[①] 参见甘满堂《福建宗祠文化的当代社会价值与提升路径》，《东南学术》2019年第6期。

文化的基础上，将党所倡导的社会主义核心价值观等先进文化嵌入文化礼堂，强调现代文明的进入和融合，以此加强对农村传统价值观的引导和重塑。

根据《实施方案》要求，文化礼堂的建设要"传承优秀文化，传播现代文明，弘扬社会主义核心价值观"。从宗祠到文化礼堂，在保留教育教化、价值导向等功能的同时，M乡在文化礼堂融入符合时代要求的社会主义核心价值观等内容，目的在于将党的主流意识形态、主流价值观有机嵌入农村传统文化，以加强对乡村社会多元价值观的引导和整合。文化礼堂作为乡村社会的文化色彩、价值观念的空间载体，既有周期性的各种宗族活动，又有日常的、连续的各种社会活动，这对于形成村庄集体记忆、历史共同感和村民间互动起着重要作用，而且容易强化同质性与价值规范，形成整体的共同体意识。M乡通过强化和凸显社会主义核心价值观对乡村社会多元价值观的引导和塑造，有利于强化社会成员对政党倡导的主流意识形态、主流价值观的心理认同。

当前，我国社会的价值观念丰富多元，既有乡村社会中的传统、保守价值观念的历时存续，又有伴随着社会结构的整体转型而生发的现代化的价值观念。与此同时，人们的价值观从一元变为多元，从封闭变为开放，从传统变为现代，不可避免地引发了多元价值观念的矛盾与冲突。M乡将更加符合社会需求和时代特征的社会主流意识形态嵌入文化礼堂，这一做法实际上是基层党组织根据社会价值观念的开放性、多元化，将农村文化礼堂建成集祭祀省亲、传承文化、宣传思想和公共文化服务等功能于一体的思想文化阵地，以加强党所倡导的社会主义核心价值观等主流意识形态对乡村社会的多元价值观念的引导和塑造。不过，由于宗族文化在乡土社会价值观中根深蒂固，从宗族祠堂到文化礼堂的转变，需要一个适应过程。

四 党建引领与共建共治共享的衔接

中国共产党作为一个高度组织化的政党，具有高度的规范性和整合性等特征，而对于尚未发展成熟的社会来说，社会组织意味着空间与发展，具有自主性、分散性等特征。正是这些自主性和分散性，使得社会自治力量的成熟发展需要继续寻求政党力量的引导和规范。[①] 作为中国乡村社会民俗文化的重要组成部分，宗祠在很大程度上影响和支配着一定地域范围内的社会秩序的构建和价值观念的形成。不过，宗祠的教育教化和价值导向等功能的发挥，都以其持续、有效运转为前提。在以血缘为纽带的传统乡村社会，宗族组织是普遍存在于我国农村的血缘性地域组织，是农村社会一种重要的非正式组织，同时也是维护和管理宗祠的重要主体。

然而，随着乡村社会的开放性、流动性日益增强，乡村社会"空心化"日益加剧，大量的宗祠处于闲置状态，加上宗族对宗祠缺乏有效的管理和维护，许多宗祠被遗弃。据了解，M乡大部分宗祠都没有建立起一套正式的切实有效的管护制度，虽然有部分宗族安排专人对祠堂进行定期维护，却仅限于钥匙的保管，不包括宗祠的日常维护工作。事实上，近年来对宗祠的管理和维护的缺失，其原因在于，在以血缘关系为纽带的传统社会向以地缘关系为纽带的现代社会的转型过程中，宗族力量式微，加之其自身所固有的分散性和自主性，难以有效地对祠堂进行管护，由此出现了宗祠谁来管理、如何管理的问题。

为顺利推进文化礼堂的新建、改建工作，使文化礼堂能够持续有效地发挥作用，M乡特别强调基层党组织的引领和村民的共建共治共享两个方面。一方面，M乡专门成立了农村文化礼堂建设领导小组，组长由M乡党委委员担任，组员除了其他9名党委委员以外，还包括各村支部书记，以加强对新建、改建文化礼堂工作的领导。另外，从建成的文化礼堂来看，M乡在文化礼堂外墙分别张贴着村"两委"成员公示牌、"村庄理事会议事中心"公示牌、"村庄党小组"公示牌。由此可以看出，M乡的目的在于凸显村级党组织对文化礼堂的领导和影响，把党的工作、党建元素、党的影响全面覆盖、延伸到文化礼堂。另一方面，根据《实施方案》要求，要"充分利用现有的文化礼堂，采用'自愿、自建、自用、自管'的方式"，"引导农民群众参与到文化礼堂"建设中，充分发挥农民群众的主体作用，在共建共治共享中维持文化礼堂持续运转，提高"文化礼堂"的利用率。

总的来说，这些规定和实践本质上是要构建以农村基层党组织为引领

[①] 参见袁方成、杨灿《嵌入式整合：后"政党下乡"时代乡村治理的政党逻辑》，《学海》2019年第2期。

的文化礼堂共建共治共享模式,即针对当前宗祠管理缺失或无效治理状态,M乡把加强村级党组织对文化礼堂的领导与加强对村庄理事会等社会组织的领导统筹谋划、协调推进,并由村庄理事会组织村民积极参与到文化礼堂的管护工作当中,构建党建引领的文化礼堂共建共治模式。具体来说,政党组织凭借其规范性、整合性等组织优势,加强对具有分散性、自主性的社会组织的引导,使后者在文化礼堂的管理中发挥积极作用。社会组织则在政党的规范和引导下,凭借其自治性、自主性和开放性等特点,在组织村民共建共治共享的过程中,实现治理动力的内生。应该说这对于文化礼堂的有效管理及其功能的延续具有显著作用,因为社会组织的成熟发展往往需要一定的引导和培育。尤其是在乡村社会日益开放、流动的背景下,基层党组织通过一种共同价值观对社会多元的价值观加以引导和整合,使整个社会成为一个有着共同理想与价值信念的张弛有度、活而有序的有机共同体,从而达到有效治理社会的目的。

五 总 结

政权组织为构建社会秩序所采取的规则治理、文化治理、价值治理三种治理方式中,价值治理是国家政权基本稳定后执政者所追求的最根本的社会治理方式。[①] 随着乡村社会开放、流动、分化和多元化,社会成员的价值观念日益多元,有效规范和约束社会成员的利益行为、引导和整合社会成员的价值观念成为中国共产党的重要使命。然而,若仅依靠党及其以国家名义颁布的一系列制度规范,而没有共同的意识形态和价值观念的引导与整合,这种调控和规范更多是一种强力控制或外在的利益诱导,其作用往往是有限度的,凭借有效的价值观念引导,中国共产党才能真正实现对社会的有效治理。在"家国同构"形态下的传统社会,宗祠不仅是一定地域范围内社会价值观念的浓缩和集中反映,同时也反过来影响和支配着一定地域范围内乡村社会的价值观念,具有重要的价值导向功能。经过改革开放40多年的发展,伴随着乡村社会日益开放、流动、分化和多元化,宗族的力量式微,农村大量宗祠也处于闲置甚至被遗弃状态,其价值

---

① 参见张金凤、李勇华《从规则治理、文化治理走向价值治理——以农村文化礼堂建设为例》,《东南学术》2018年第1期。

导向功能也不断弱化。

从宗祠到文化礼堂，实际上是党的基层组织依据乡村社会的新形势、新变化，以文化礼堂为载体进行的乡村公共空间重构与价值导向功能的重塑，以加强党所倡导的社会主义核心价值观对乡村社会多元价值观的嵌入、引导和形塑。一方面，在保留宗祠的祭祀祖先、教化族人及价值导向功能的基础上，通过赋予文化礼堂多重功能和用途，使文化礼堂既有周期性的宗族活动，又有日常的、连续的村庄公共活动，从而构建面向全体村民的开放性、公共性和融合性的公共空间，以逐步消解宗祠的封闭性、私域性和排他性，重塑宗祠的价值导向功能，实现乡村社会传统文化、宗族文化与现代文化、公共文化的互嵌共生；另一方面，在保留宗祠的核心元素的基础上，将社会主义核心价值观等内容嵌入文化礼堂，以加强社会主义核心价值观等主流意识形态对乡村社会的多元价值观念的引导和塑造，以现代文化引导传统文化的正确发展。另外，加强基层党组织对文化礼堂的领导，加强对村庄理事会等社会组织对文化礼堂的管护，并要求村庄理事会组织村民积极参与到文化礼堂的维护，本质上是以具有规范性、整合性的政党组织引导具有分散性、自主性的社会组织，在文化礼堂的管理中发挥积极作用，从而构建党建引领的共建共治共享的模式，使文化礼堂的价值导向等功能持续有效。

意识形态的引导与整合是一种更加重视有效整合的"柔性"治理，而非一刀切式的"刚性"管理。宗祠改建的文化礼堂，一方面代表着对传统价值观念的传承与发展，另一方面代表着对新时代价值观念的接纳与吸收。[①] 通过对传统宗祠的创造性转化，赋予传统宗祠合法性和正当性，以重建乡村社会的生产生活方式，恢复农民生活的主体地位，通过适当的娱乐方式增加村民的公共接触。在这种日常接触和沟通过程中，传承传统文化、弘扬主流价值、吸收先进文化，逐渐塑造新型的乡村社会关系。事实上，文化礼堂融合了公共文化空间和公共生活空间，它既包含公共领域的一般元素，也包含其乡土性等独特的精神气质，经由建造和使用，使文化礼堂成为基层党组织嵌入、引导与形塑社会价值观念的重要载体，这种社会治理艺术也弥合了现代与传统、政党与社会之间的张力，这反映出政

---

① 参见谢安民《精英合作与乡村公共空间生产——浙江 F 村文化礼堂建设》，《云南民族大学学报》（哲学社会科学版）2022 年第 6 期。

党以其主导的意识形态在公共文化领域对多元价值观念的形塑。

不过，由于传统宗祠更加注重家族主导的宗祠文化，文化礼堂强调的是党和国家倡导的现代文化、公共文化，二者所提倡和追求的价值取向仍然存在较大区别，例如宗祠所代表的宗族文化具有强情理性和弱法理性的二重属性，这显然与当前构建社会主义法治社会的内在要求不相适应。同时，加上宗祠在传统社会观念中根深蒂固，从封闭性、私域性和排外性的宗族祠堂到开放性、公共性和融合性的文化礼堂的转变，仍然需要一个长期的逐渐适应过程。如何持续有效地发挥宗祠的价值导向功能，顺利实现从宗族祠堂到文化礼堂的过渡将是当前的重点和难点，需要更广泛、更深入的研究和努力。

Ancestral Hall to Auditorium: the Practical Logic of the Party Building Leading Rural Values
——Practical investigation Based on Mingshan Township of Hubei Province

Yang Can

(School of Marxism of Hubei Normal University, Huangshi, Hubei, 435002)

Abstract: With the deepening of reform and opening up and the development of rural social economy, the values of rural society are increasingly diverse, which brings many challenges to the Party's ideological integration at the rural grassroots level. Based on the practice of building cultural halls in traditional ancestral halls, grass-roots party organizations have reshaped the value-oriented function of cultural halls by means of space reconstruction, value embedding and party building guidance, and built a model of party building leading to co-construction, co-governance and sharing. This model not only realizes the creative transformation and innovative development of the traditional ancestral hall, and makes the cultural auditorium an important carrier for grassroots party organizations to guide rural social values, but also plays an important role in strengthening the integration of the party's values in rural society, bridging the tension between modernity and tradition, and between political parties and society. However, because the values advocated and pursued by ancestral halls and cultural halls are still quite different, and ancestral halls are deeply rooted in traditional social concepts, the transformation from closed, private and exclusive ancestral halls to open, public and integrated cultural halls still needs a long-term gradual adaptation process.

Key Words: the party building leadership; cultural auditorium; values

中国共产党百年农村反贫困的历程、成就与重要经验*

李文君

(河南省中国特色社会主义理论体系研究中心　河南许昌　461000)

内容提要：消灭剥削，消除贫困，实现共同富裕是中国共产党的奋斗目标。实现民族振兴、国家富强、人民幸福是中国共产党的初心和使命。中国共产党从建党开始，走过的一百年既是社会主义革命、改革、建设的一百年，也是与贫困作斗争的一百年。中国共产党在百年的农村反贫困历程中，走过了新民主主义革命时期反贫困的艰辛奋斗，新中国成立后反贫困的曲折开展，改革开放后大规模系统性的扶贫开发，新时代精准扶贫精准脱贫的脱贫攻坚战，取得了举世瞩目的农村反贫困成就，整体上消除了农村绝对贫困，为全面建设现代化强国和中华民族伟大复兴奠定了坚实的基础，同时也积累了重要的农村反贫困经验。

关键词：中国共产党；农村反贫困；百年历程；基本经验

贫困是人类社会的顽疾，是全世界面临的共同挑战。中国共产党自成立以来，就把为中国人民谋幸福、为中华民族谋复兴作为自己的初心和使命，把消除贫困、改善民生和实现共同富裕作为自己的奋斗目标，不断与贫困作斗争，开辟了具有中国特色的农村反贫困道路，取得了举世瞩目的农村反贫困成就，为全面建成小康社会进而建设现代化强国奠定了坚实的基础，为全球减贫事业和人类发展事业作出了重大贡献。因此，回顾百年

---

* 基金项目：2022年度河南省高校人文社会科学研究一般项目"河南省巩固拓展脱贫攻坚成果长效机制研究"（2022–ZZJH–375）。

作者简介：李文君，男，社会学博士，河南省中国特色社会主义理论体系研究中心研究员，主要研究农村减贫与乡村振兴。

来中国共产党农村反贫困的历程和取得的重要成就,总结中国共产党百年农村反贫困的经验,就具有重要的理论意义和实践价值。

一 中国共产党百年农村反贫困历程

回顾历史,结合学术界研究的最新成果,可以把中国共产党百年农村反贫困的历程划分为以下几个阶段。

(一) 1921—1949 年:新民主主义革命时期中国共产党反贫困的艰辛奋斗

近代以来,在帝国主义的侵略之下,中国社会逐渐沦为半殖民地半封建社会。由于帝国主义和封建主义的双重压迫,中国人民尤其是广大农民日益贫困,破产,遭受着世界少有的压迫、贫困和不自由。[1] 随着革命形势的发展,以蒋介石为代表的官僚资本主义反动派就成了"三座大山"的集中代表。因此,如何推翻"三座大山"的统治,实现民族独立和人民解放,是中国革命的重要任务。

中国是一个传统的农业大国,但是近代以来中国的土地大多集中在地主阶级手中,广大农民所占的土地极为有限。封建土地制度的束缚和长期战乱,造成了广大农民的贫困和农业生产落后。在《井冈山的斗争》中,毛泽东同志这样写道:"边界土地状况:大体说来,土地的百分之六十以上在地主手里,百分之四十以下在农民手里。江西方面,遂川的土地最集中,约百分之八十是地主的。永新次之,约百分之七十是地主的。万安、宁冈、莲花……地主的土地……约百分之六十,农民只占百分之四十。湖南方面,茶陵、酃县两县均有约百分之七十的土地在地主手中。"[2] 地主阶级通过占有土地、收取高额租金对广大农民进行盘剥,正所谓"种了万担粮,农民饿断肠;织了万批布,农民无衣裳;盖了万间房,农民住草房"[3]。

毛泽东同志清醒地认识到"农民问题乃国民革命的中心问题"[4],曾

---

[1] 参见《毛泽东选集》(第 2 卷),人民出版社 1991 年版,第 631 页。
[2] 《毛泽东选集》(第 1 卷),人民出版社 1991 年版,第 68—69 页。
[3] 程全伟:《试论〈兴国土地法〉重要作用及其意义》,《学理论》2013 年第 27 期。
[4] 《毛泽东文集》(第 1 卷),人民出版社 1993 年版,第 37 页。

预言谁解决了土地问题，谁赢得了农民，谁就会赢得全中国。在新民主主义革命中，中国共产党开展土地革命，没收封建地主阶级的土地分配给农民耕种，广泛动员广大农民积极参加革命。大革命失败后，中国共产党紧紧依靠农民，在农村创建革命根据地，开展土地革命斗争，实行"耕者有其田"。中国共产党在总结土地革命斗争经验的基础上，于1928年冬制定了土地革命战争初期较为成熟的土地法——《井冈山土地法》，规定："没收一切土地归苏维埃政府所有，一切土地，经苏维埃政府没收并分配后，禁止买卖。"[①]该法规定由政府没收土地然后分配给农民，从根本上彻底改变了封建剥削的土地关系，进而从法律上保障了农民对土地的合法权益，一定程度上调动了农民的积极性。但是绝对地没收一切土地，也相应地没收了部分农民的私有土地，损害了他们的利益。1929年4月中旬，在江西兴国县毛泽东同志起草制定了《兴国土地法》，对《井冈山土地法》做了"原则性的改正"，规定"没收公共土地及地主阶级土地归兴国县工农兵代表会议所有"[②]，分给无田地及少田地的农民耕种，得到了广大农民的支持，由此开展了轰轰烈烈的"打土豪，分田地"运动。实际上这两个土地法都规定了土地国有，农民只有使用权。1931年的宁都会议，进一步明确了农民的土地权，农民获得了真正的土地所有权，土地可以自由租借买卖。

在中国共产党的领导下，经过长期艰苦的努力，中国人民推翻了"三座大山"的反动统治，取得新民主主义革命的基本胜利，建立了中华人民共和国，实现了民族独立和人民解放，为广大人民摆脱贫困创造了根本政治条件。

(二) 1949—1977年：新中国成立后中国共产党反贫困的曲折开展

新中国成立之初，一穷二白，百废待兴。1949—1978年是中国进行工业化和现代化建设的初期，中国共产党在全国开展轰轰烈烈的土地革命，对农业进行社会主义的改造，加强农业技术推广，改善了广大农民的资产状况，提高了生产效率和农民收入。这一时期又可以分为三个阶段，第一个阶段是新中国成立初期到1952年底，第二个阶段是1953年到1956年"三大改造"完成，第三个阶段是"三大改造"完成到1977年。

---

① 参见韦湘燕《浅析〈井冈山土地法〉》，《社会科学家》2005年第10期。
② 参见兴国《土地法》，《新湘评论》2009年第9期。

新中国成立后，全国还有三分之二的地区存在着封建土地制度，严重地束缚着社会生产力的发展。"占农户总数不到7%的地主、富农，占总耕地的50%以上。而占全国农户57%以上的贫农、雇农，仅占有耕地总数的14%，处于无地少地状态。地主人均占有耕地为贫雇农的二三十倍。"① 因此，新民主主义革命虽然取得了基本胜利，但它的经济纲领尚未完全实现。在新解放区，中国共产党在未实行土地改革的地区，广泛发动群众，经过一系列的步骤和措施②，实现耕者有其田，但决定保护富农经济。

在总结新旧解放区土地改革的经验的基础上，《中华人民共和国土地改革法》（以下简称《土地改革法》）于1950年6月30日正式生效，明确规定"废除地主阶级封建剥削的土地所有制，实行农民的土地所有制，借以解放农村生产力，发展农业生产，为新中国的工业化开辟道路"，"所有没收和征收得来的土地和其他生产资料，除本法规定收归国家所有者外，均由乡农民协会接收，统一地、公平合理地分配给无地少地及缺乏其他生产资料的贫苦农民所有"。《土地改革法》与解放区的土地改革相比，在若干政策上作了新的调整和变化，如只规定"没收地主的土地、耕畜、农具、多余的粮食及其在农村中多余的房屋。但地主的其他财产不予没收"，规定"保护富农所有自耕和雇人耕种的土地及其他财产，不得侵犯"，"保护中农（包括富裕中农在内）的土地及其他财产，不得侵犯"。1950年冬，在新解放区全面开展了规模空前的土地改革运动，制定了"依靠贫农、雇农，团结中农，中立富农，有步骤有分别地消灭封建剥削制度，发展农业生产"的新解放区土地改革总路线③。

新中国成立初期，为了恢复农业和国民经济，党和国家在土地制度变革的基础上，采取一系列措施帮助农民改善生产，发展农业生产，如保护农民的土地财产权不受侵犯，合理负担的农业税，对互助组奖励和优待，兴修水利，垦种生荒，扩大农业贷款，鼓励农民投资扩大再生产，城乡交流。④

---

① 《中国共产党历史》（第二卷 1949—1978），中共党史出版社2011年版，第91页。
② 这些措施包括建立农民团体、清除土匪恶霸、减租减息和退押运动。
③ 参见《中国共产党历史》（第二卷 1949—1978），中共党史出版社2011年版，第96页。
④ 参见《中国共产党历史》（第二卷 1949—1978），中共党史出版社2011年版，第125—126页。

随着土地改革的完成，大多数农民的生产生活条件进一步改善，农业进一步发展。一方面由于土改后农民分得生产生活资料的情况不甚相同，一部分富裕农户凭借生产资料、劳力等方面的优势，经济地位上升，变成了新富农，一部分农户因各种原因，变为雇工，重新返贫，农民阶层开始分化；另一方面，分散的、个体的、落后的小农经济，生产力水平低下，抗自然灾害能力弱，基本上还处在自给半自给状态，不能为国家经济建设和工业化提供充足的粮食和其他农产品。为了解决这些问题和在农村建立社会主义制度，在革命战争时期和新中国生产互助合作经验的基础上，1953年开始，在农村按照自愿互利、典型示范和国家帮助的原则，逐步发展初级农业生产合作社，再到高级农业生产合作社，实行粮食统购统销，到1956年底，加入农业生产合作社的社员户数占全国农户总数的96.3%，加速完成了农村生产资料私有制的社会主义改造，亿万农民彻底摆脱了小块土地私有制的束缚，农村集体所有制基本建立。农业生产合作社发挥了集体经济的优势，解决了许多单家单户根本办不了的事情；通过农田水利建设，改善农村灌溉设施和交通条件，提高了抵御自然灾害的能力，有效地提高了农业生产率。这一阶段中国共产党在农业领域政策的减贫效果比较明显。

由于在农村社会主义建设中的急躁冒进，高级生产合作社实行大社一级所有，完全实行集中生产、统一经营和统一核算，不符合我国地区实际情况、农业生产特征和多种经营方式，加上人民公社化运动、"大跃进"、自然灾害和后来的"文化大革命"的影响，对社会生产力造成了极大的破坏，农民生产积极性严重下降，农业生产长期停滞甚至倒退，遭遇了严重的危机，广大农村居民的生活水平普遍低下，1978年时中国农村有2.5亿贫困人口，占当时农村人口的30.7%[①]。

（三）1978—2012年：改革开放后中国共产党领导的大规模系统性扶贫开发

1978—1985年，我国开始实行改革开放政策，首先在农村逐步实行家庭联产承包责任制的改革，广大农民再次获得了土地的经营权，打破了"平均主义"的分配格局，激发了农民生产的积极性，促进了农业生产力

[①] 参见张磊主编《中国扶贫开发政策演变（1949—2005年）》，中国财政经济出版社2007年版，第4页。

的发展。国家对农产品收购价格进行提价调整，减少粮食征购数量，农产品实行流通，由市场决定价格。随着乡镇企业的发展、农村人口流动限制的松动、劳动力非农转移的进一步加快，农民的非农收入进一步提高。在扶贫政策方面，1980年国家设立"支援经济不发达地区发展资金"，1982年开始"三西"扶贫开发建设，1984年实施"以工代赈"，并划定18个贫困地带进行重点扶持。

这些农村制度变革和扶贫政策措施，在很大程度上缓解了农村贫困状况，这一阶段农村贫困人口由1978年的2.5亿减少到1985年的1.25亿，贫困发生率由30.7%下降到14.8%，年均减贫1786万人，是中国历史上减贫成就最为显著的时期之一，为后来有计划、有组织、大规模的扶贫开发奠定了基础。[①]

随着市场化改革的推进，农村制度改革的边际效益逐渐减小，农村经济增长和农民生活改善陷于停滞，中西部差距逐渐拉大，贫困人口减少的速度也随之放缓。1986年国家成立了国务院贫困地区经济开发领导小组，主要任务是"组织调查研究，拟定贫困地区经济开发的方针、政策和规划，协调解决开发建设中的重要问题，督促、检查和总结交流经验"[②]，小组下设办公室（简称"开发办"），设在农牧渔业部。确定贫困标准和以县为单位的重点扶持区域，继续执行"以工代赈""三西扶贫"等政策，开始实施信贷扶贫政策。1994年，中国政府启动了"国家八七扶贫攻坚计划"，计划用7年时间，到20世纪末解决8000万贫困人口的温饱问题，这一目标基本得到实现。

进入21世纪，随着中国经济的高速增长，城乡、区域差异逐渐扩大，中国农村的贫困问题从普遍性、区域性向局部性、点状转变。2001年国家颁布并实施了《中国农村扶贫开发纲要（2001—2010年）》，提出到2010年解决剩余贫困人口的温饱问题，进一步改善贫困地区的生产生活条件，巩固扶贫成果。[③] 这一时期扶贫的目标开始从贫困县转变为贫困

---

① 参见张磊主编《中国扶贫开发政策演变（1949—2005年）》，中国财政经济出版社2007年版，第5页。

② 《中国农村扶贫开发（1978—2010年）概要》，http://cn.chinagate.cn/povertyrelief/2012-08/09/content_26182170.htm.

③ 参见张磊主编《中国扶贫开发政策演变（1949—2005年）》，中国财政经济出版社2007年版，第7页。

村，实施参与式村级扶贫开发规划，落实"整村推进"工作模式。2002年共确定14.8万个贫困村，分布在全国1861个县，其中中西部地区贫困村占88.4%。"整村推进"模式使得更多的资金和项目开始流向贫困村，矫正了扶贫项目和扶贫对象错位的现象，扶贫对象瞄准度进一步精准化。2007年开始实施扶贫开发和农村低保相结合的"两轮驱动"扶贫战略。根据《中国农村扶贫开发纲要（2011—2020年）》的精神，按照"集中连片、突出重点、全国统筹、区划完整"的原则，2012年国务院扶贫办划定了14个全国连片特困地区①。区域扶贫开发和到村到户扶贫政策使得贫困人口的温饱问题得以解决，区域、城乡差距得到进一步的缓解。

（四）2013年至今：新时代中国共产党领导的精准扶贫精准脱贫

党的十八大以来，以习近平同志为核心的党中央，基于"两个一百年"奋斗目标的战略安排，向全世界庄严宣告到2020年实现现行标准下的农村贫困人口全部脱贫，全面建成小康社会。2013年提出精准扶贫基本方略，党的十九大后对脱贫攻坚战作出新的部署，要求坚决打赢脱贫攻坚战，决胜全面建成小康社会。

党的十八大之后习近平总书记"最关注的工作之一就是贫困人口脱贫"，连续主持召开7次扶贫工作座谈会，对精准扶贫精准脱贫做出一系列的战略安排和部署。2013年，习近平总书记在湖南湘西州十八洞村考察时提出，"实事求是、因地制宜、分类指导、精准扶贫"，这是习近平总书记第一次提出精准扶贫的概念和思想，然后全国上下迅速行动，国务院扶贫办从顶层设计到具体实施作出安排，精准扶贫战略全面展开。2014年在参加全国"两会"时习近平总书记对精准扶贫作了进一步的强调，即对扶贫对象实行精确化管理和扶持，对扶贫资源实行精确化配置。2015年进一步将精准扶贫总结提升为做到"六个精准"②，实施"五个一批"③，着力解决"四个问题"④，逐步形成了精准扶贫方略，为脱贫攻坚

---

① 参见《中国农村扶贫开发纲要（2011—2020年）》，http://www.gov.cn/gzdt/2012-06/14/content_2161045.htm.

② "六个精准"指扶持对象精准、项目安排精准、资金使用精准、措施到户精准、因村派人精准、脱贫成效精准。

③ "五个一批"指发展生产脱贫一批、易地扶贫搬迁脱贫一批、生态补偿脱贫一批、发展教育脱贫一批、社会保障兜底一批。

④ "四个问题"指扶持谁、谁来扶、怎么扶、如何退。

战奠定思想、方略和实践基础①。2017年聚焦深度贫困地区，强调实行最严格的考核评估制度是打赢脱贫攻坚战的重要保障，要改进完善考核评估机制，坚决查处扶贫领域腐败和作风问题。党的十九大报告中把脱贫攻坚战列为决胜全面建成小康社会最具有决定意义的三大攻坚战之一。2019年，提出重点解决"两不愁三保障"突出问题，巩固脱贫成果。2020年，坚决克服新冠肺炎疫情影响，夺取脱贫攻坚全面胜利。

二 中国共产党在各个时期反贫困的主要成就

（一）新民主主义革命时期中国共产党反贫困的成就

近代中国所处的时代特点和具体国情决定了中国革命所走的道路是农村包围城市、武装夺取政权的道路。面对内无民主外无民族独立的实际情况，新民主主义革命的主要任务是推翻"三座大山"的统治。中国是一个农业大国，农民占全国人口的80%以上，是无产阶级可靠的同盟军和中国革命的主力军。中国共产党认识到中国革命开展斗争，必须充分发动农民，发动农民就要从解决农民的土地问题入手，解决农民的土地问题就要开展土地革命，没收封建地主阶级的土地归农民所有，改变极不合理的土地制度，实行"耕者有其田"，解放农村生产力，改变中国贫穷落后的面貌。中国共产党在新民主主义革命时期依靠贫雇农，团结中农，有步骤、有分别地消灭封建剥削制度，发展农业生产。

土地革命之后，大多数贫困人口都能够娶妻成家，过上正常人的生活。广大农民获得了土地，成为土地的新主人，经济上翻身、政治上解放，极大地调动了广大农民的积极性，解放了农村生产力。同时，广大农民为了保卫土地所有权，积极参军入伍，参加革命，巩固了革命阵地，为新民主主义革命的胜利奠定了坚实的物质基础，充实了革命力量。

（二）新中国成立后到改革开放前期中国共产党反贫困的成就

新中国成立后，全国范围的土地革命有步骤地稳步推进和实现。1952年，除了极少数少数民族地区和台湾省外，广大解放区的土地改革基本完成。没收征收了7亿亩土地，分给了3亿无地和少地的农民，并免除了交

---

① 参见黄承伟《中国脱贫攻坚的历史进程和伟大成就》（上），《湘潮》2020年第9期。

给地主的地租，农民还分得大批生产资料和生活资料。延续两千多年的封建土地所有制被彻底废除，占农村人口92.1%的贫农、中农获得了全部耕地的91.4%，占农村人口7.9%的地主富农只占有全部耕地的8.6%[①]，长期被束缚的农村生产力得到极大的解放。

土地改革后，中国共产党在广大农村大力发展文化教育，开展大规模的基础设施建设，推广和应用农村实用技术，改善农村金融服务，发展基本医疗卫生事业，建立以"五保"制度和农村特困人口救济制度为主的农村社会保障制度。这些制度，促进了中国历史上第一次大规模的贫困缓解。[②] 与1950年相比，1952年主要农产品的产量和人均粮食占有量逐年增加，农民收入普遍增加，生活明显改善，彰显了土地革命对解放农业生产力、恢复和发展农业生产的巨大作用，也对工业生产和国民经济的恢复和发展起了重大作用。与此同时，农村在校中小学人数增加，分别增加186.2%和111.8%[③]，成人文盲率下降了50%，预期寿命提高了50%，保证了农民的基本生存问题。

在社会主义建设的探索后期，由于党和政府对社会主义的认识不清，我国实行单一的公有制和高度集中的计划经济体制，农村中持续着"大跃进"、人民公社的激进主义，加上后来的"文化大革命"等战略性的失误，尽管国民经济和各项社会事业取得了长足的发展，但广大农民的生活水平还是处在比较低的状态，到1978年我国农村的贫困人口占到农村总人口的30.7%，共有2.5亿人，数量较为庞大，贫困发生率为30.7%。[④]

(三) 改革开放后中国共产党反贫困的成就

1978年，中国开始实行改革开放政策和建立社会主义市场经济体制，在农村实行一系列的制度改革，有力地促进了农村生产力的发展，大规模缓解了农村的贫困问题。

肇始于农村的家庭联产承包责任制使得农民再次获得了土地的自由经营权，极大地激发了广大农民的生产激情，农村生产得到了极大的发展。

---

① 参见《中国共产党历史》（第二卷 1949—1978），中共党史出版社2011年版，第100页。
② 参见张磊主编《中国扶贫开发政策演变（1949—2005年）》，中国财政经济出版社2007年版，第4页。
③ 参见《中国共产党历史》（第二卷 1949—1978），中共党史出版社2011年版，第101页。
④ 参见张磊主编《中国扶贫开发政策演变（1949—2005年）》，中国财政经济出版社2007年版，第4页。

截至1985年，这7年间，农村生产总值从2037.5亿元猛增至6340亿元，增幅达到311%；粮食总量由6095亿斤增至7582亿斤，增长24%；农村人均纯收入从133.6元上升到397.6元，增长198%；粮食、棉花、油料、肉类产量分别增长14%、74%、176%和87.8%。[1] 乡镇企业的发展和农村劳动力的非农化转移，不仅促进了农村经济的发展，而且也提高了农民的收入。"支援不发达经济地区资金"项目、"三西"扶贫开发建设、"以工代赈"、贫困地带重点扶持计划，这些专项扶贫计划缓解了农村贫困状况，农村绝对贫困人口由1978年的2.5亿下降到1.25亿人，贫困发生率为14.8%。

1985年之后，农村制度改革的边际效益递减，农村发展陷于停滞状态，地区贫富差距拉大，随着1986年国家有计划、有组织、大规模扶贫开发的实施，到1993年农村绝对贫困人口减少到8000万人。经过7年时间的"国家八七扶贫攻坚计划"，中国农村贫困人口下降到3000万人，年均减贫1786万人，贫困发生率下降到3%左右，农村贫困现象得到极大的缓解，贫困问题向点状分布和相对贫困演变。

21世纪的前十年，中国政府的目标是全面建设小康社会，解决剩余贫困人口的温饱问题。通过整村扶贫，将扶贫资源倾斜到村到户。但是前五年，绝对贫困人口具有刚性的稳定性，徘徊在3000万人左右，加之脱贫人口大量返贫，贫困人口下降速度减缓。贫困人口收入和消费结构单一，收入和消费水平低，生产能力投入不足，资产存量少。[2]

（四）新时代中国共产党反贫困的伟大成就

按照世界银行2011年极端贫困的标准衡量，中国在2016年已基本消除绝对贫困。2011年中国根据2010年的不变价格调整了中国农村贫困线，即按照农民人均年可支配收入2300元的标准，然后逐年变化调整，2012年底，全国有农村贫困人口9899万人。

新时代，在精准扶贫精准脱贫战略指导下，全党全国打响脱贫攻坚战，为决胜全面建成小康社会而奋斗努力。经过八年的奋斗，2021年2

---

[1] 参见张磊主编《中国扶贫开发政策演变（1949—2005年）》，中国财政经济出版社2007年版，第5页。

[2] 参见张磊主编《中国扶贫开发政策演变（1949—2005年）》，中国财政经济出版社2007年版，第148页。

月25日，在全国脱贫攻坚总结表彰大会上，习近平总书记向全世界庄严宣告："我国脱贫攻坚战取得了全面胜利，现行标准下9899万农村贫困人口全部脱贫，832个贫困县全部摘帽，12.8万个贫困村全部出列，区域性整体贫困得到解决，完成了消除绝对贫困的艰巨任务。"①

表1　　　　　新时代中国农村贫困人口变化情况　　　　　单位：万人

2012年	2013年	2014年	2015年	2016年	2017年	2018年	2019年	2020年
9899	8249	7017	5575	4335	3046	1660	551	0

这八年来，贫困人口的收入水平和生活质量明显改善，"两不愁三保障"全面实现。贫困地区农村居民人均可支配收入，从2013年的6079元增长到2020年的12588元，年均增长11.6%，增速比全国农村高2.3%。②

表2　　　新时代贫困地区农村居民人均可支配收入增长情况　　　单位：元

2013年	2014年	2015年	2016年	2017年	2018年	2019年	2020年
6079	6852	7653	8452	9377	10371	11567	12588

农村贫困家庭子女义务教育阶段辍学问题实现动态清零，2020年贫困县九年义务教育巩固率达到94.8%；实施农村危房改造，贫困人口全面实现住房安全有保障；实施农村饮水安全和巩固提升工程，累计解决2889万贫困人口的饮水安全问题，3.82亿农村人口受益，贫困地区自来水普及率从2015年的70%提高到2020年的83%；贫困县农村低保标准全部超过国家扶贫标准，1936万贫困人口纳入农村低保或特困救助供养政策；99.9%以上的贫困人口参加基本医疗保险；6098万贫困人口参加了城乡居民基本养老保险，基本实现应保尽保。③

---

① 习近平：《在全国脱贫攻坚总结表彰大会上的讲话》，《人民日报》2021年2月26日第1版。

② 参见中华人民共和国国务院新闻办公室《人类减贫的中国实践》，《人民日报》2021年4月7日第1版。

③ 参见中华人民共和国国务院新闻办公室《人类减贫的中国实践》，《人民日报》2021年4月7日第1版。

这八年来，贫困地区落后面貌根本改变，基础设施显著改善，解决了贫困人口出行难、用电难、用水难、通信难的问题；贫困地区教育、医疗、文化、社会保障等基本公共服务水平明显提高，实现贫困人口学有所教、病有所医、老有所养、弱有所扶；贫困人口中妇女、儿童、老人和残疾人等群体的福利水平持续提高，生存权利得到充分保障，发展机会明显增多；贫困地区党组织建设进一步加强，群众自治能力和治理水平显著提升。①

三 中国共产党百年反贫困的重要经验

（一）始终坚持党的领导

中国共产党是中国特色社会主义事业的领导核心，"党的领导是中国特色社会主义最本质的特征"，党的领导也是农村减贫的根本保障和根本优势。②

党的领导对农村减贫的重要经验在于：第一，中国共产党为农村减贫提供了坚强有力的组织保障和政治保障。新民主主义革命时期，中国共产党领导工农联盟，广泛发动农民群众，开展土地革命，通过武装斗争保卫土地革命的胜利成果；社会主义改造和社会主义建设时期，中国共产党调动亿万人民的建设热情，领导"三大改造"和农村建设；新时代，中国共产党全面领导脱贫攻坚，要求基层党委层层向上立"军令状"，基层党委实行一把手负责制和"五级书记一起抓"。第二，中国共产党下定啃"硬骨头"的决心，调动全国的力量和智慧，整合全社会的资源，动员全社会参与农村扶贫开发，构建大扶贫格局。中国共产党始终是农村减贫的主心骨，营造了全社会良好的扶贫氛围，为农村减贫取得决定性胜利提供了坚定信心。

（二）始终坚持以人民为中心的发展思想

消除贫困，改善民生，实现共同富裕，始终是我们党的重要使命。中国的农村减贫是中国共产党根本宗旨的最生动体现。中国共产党代表中国

---

① 参见中华人民共和国国务院新闻办公室《人类减贫的中国实践》，《人民日报》2021年4月7日第1版。

② 参见黄承伟《中国脱贫攻坚的历史进程和伟大成就》（下），《湘潮》2020年第10期。

最广大人民的根本利益，它的宗旨是全心全意为人民服务。中国共产党始终坚守为人民谋幸福、为民族谋复兴的初心使命。

不管是在革命年代，还是在社会主义改革和建设时代，中国共产党始终把人民的利益放在第一位，从解决农民最根本的土地问题和生存问题入手，推翻封建地主阶级的土地所有制，实行土地改革；尊重群众的首创精神，改革农村土地制度，解放和发展生产力，解决贫困人口最基本的温饱问题，大力发展教育、医疗、文化事业，推动贫困人口的全面发展。

（三）始终坚持反贫困规律

中华人民共和国成立初期，我国主要通过土地改革、农业技术进步和救济式扶贫方式改善贫困人口的生活状况。改革开放初期主要通过农村和城市的改革，依靠制度的强大溢出效益，促进贫困人口的下降。1986年我国开始实施有组织、有计划、大规模的扶贫开发，不断瞄准贫困对象，从区域、贫困县到重点贫困村、户，再精准到人。

百年来，中国共产党始终遵循经济社会发展规律和贫困演变规律，根据国民经济社会发展水平和贫困人口基本生活需求确定扶贫标准，根据贫困人口规模、分布、结构等的变化，建立反贫困的政策措施和制度体系，确保减贫成效。

（四）始终坚持物质扶贫和精神扶贫相结合

贫困人口是反贫困的主体，中国共产党在农村减贫实践中始终把物质扶贫和精神扶贫相结合，调动贫困人口的积极性、主动性、创造性，树立苦干苦熬的观念，鼓足自强自信的干劲，增强坚忍不拔的韧劲，摆脱思想意识方面的贫困。引导贫困人口依靠自身的顽强拼搏、艰苦奋斗勤劳致富，改变自身的命运。通过人力资源开发、农村自治能力提升进一步提升贫困治理的能力。

（五）始终坚持扶真贫、真扶贫、真脱贫

新时代，中国共产党实施精准扶贫精准脱贫战略，通过精准识别，识别出真正的贫困人口；然后瞄准扶贫对象，做到扶贫的措施、项目、资金精准到人，根据贫困村的实际选派第一书记和驻村工作队，做到扶持真正的贫困人口；在扶贫过程中，加强扶贫领域作风建设，对脱贫成果进行科学评估和考核，引入第三方评估机制，建立严格科学的贫困县、贫困村、贫困人口退出机制，确保脱贫路上不落一人，不冤枉一个扶贫干部，确保脱贫成果经得起历史检验、实践检验。

The process, Achievements and Important Experience of the Communist Party of Rural Anti-poverty in a Century

Li Wenjun

(Research Center of Theoretical System of Chinese Characteristics Socialism of Henan Province, Xuchang, Henan, 461000)

Abstract: Eliminate exploitation, eliminate poverty and realize common prosperity is the goal of the Communist Party of China. It is the original aspiration and mission of the Communist Party of China to revitalize the nation, make China strong and prosperous, and bring happiness to the people. The 100 years since the founding of the Communist Party of China are not only the 100 years of socialist revolution, reform and construction, but also the 100 years of fighting poverty. In the hundred years of rural anti-poverty process, the Communist Party of China has gone through the arduous struggle anti-poverty during the period of the new democratic revolution, the tortuous development of anti-poverty after the founding of new China, large scale systematic poverty alleviation after reform and opening up, take targeted measures in poverty alleviation and get rid of poverty of new era, rural anti-poverty has obtained the remarkable achievements, eliminated rural absolute poverty on the whole, it has laid a solid foundation for establishing a modern power and rejuvenating the Chinese nation. At the same time, it has accumulated important experience of anti-poverty in rural areas.

Key Words: The Communist Party of China; Rural anti-poverty; Hundred years of process; Important experience

新发展格局下城乡居民相对贫困治理体系研究[*]

申 云[1] 陈 慧[2] 杨 晶[3]
(1. 四川农业大学 经济学院 四川成都 611130;
2. 中国社会科学院大学 农村发展系 北京 102488;
3. 湖南大学 公共管理学院 湖南长沙 410082)

内容提要：本文立足于新发展格局战略背景，构建"内循环"为主的"产业融合—要素循环—制度衔接"三位一体的相对贫困治理体系，揭示了通过城乡要素流动来推动相对贫困治理的逻辑框架、变迁特征、现实挑战与转型路径。研究发现，新发展格局下相对贫困治理将从"出口—投资—消费"轮换下的内需提质增效转向"开发式—精准式—常态式"的内涵治理结构升级。内循环发展格局下，城乡居民相对贫困治理需要强化城乡产业融合、要素循环流动和制度衔接统一，并通过科技赋能产业链、供应链、创新链的整合实现消费升级，建立多维相对贫困测度，划分城乡相对贫困标准，构建"有效市场+有为政府"相互衔接的资源配置机制以及"共同富裕"顶层制度设计为保障的相对贫困治理体系，

---

* 基金项目：国家社科基金青年项目"积极老龄化视角下农村老年人健康不平等消解机制及政策优化研究"（21CSH011）、国家社科基金重大项目"数字技术赋能公共服务高质量发展研究（21&ZD125）"、湖南省社会科学成果评审委员会课题"湖南省巩固农村脱贫攻坚成果的长效保障机制研究"（XSP21YBC191）和成都市软科学项目"科技创新赋能成都都市农业和食品产业生态圈研究"（2021RK0000246ZF）。

作者简介：申云，男，博士，四川农业大学经济学院副教授，硕士生导师，主要研究农业经济理论与政策；陈慧，女，中国社会科学院大学农村发展系硕士研究生，主要研究农业经济。杨晶（通讯作者），男，湖南大学公共管理学院助理教授，硕士生导师，主要研究农村社会保障和老龄化政策。

进一步完善收入分配体制改革和降低城乡收入差距的财税机制,扩大农村新消费驱动经济内循环发展的长效机制。

关键词:双循环;相对贫困治理;消费升级;要素流动

党的二十大报告提出"增强国内大循环内生动力和可靠性,提升国际循环质量和水平",这既是贯彻新发展理念下经济高质量发展的内在要求,也是促进全球经济复苏和稳定社会秩序的重要举措。① 虽然在现行标准下绝对贫困已全面消除,但广大的农村地区依然存在庞大的相对贫困人口基数、致贫风险高、持续增收难度大、多维贫困严峻、内生动力不足、体制机制障碍等现实问题,且规模性返贫和农村相对贫困人口有向城市转移的风险。② 相对贫困人口不仅面临收入、医疗、教育、就业等多重风险,还需要重点考虑满足生存的经济维度、保障权利的治理维度、适合发展的社会维度来系统治理和统筹推进。③ 值得注意的是,绝对贫困治理大多依靠自上而下强有力的政策和资金扶持;但从长期来看,脱贫攻坚成果不牢固,存在返贫风险,资源要素之间的不合理配置可能加剧城乡居民相对贫困治理难度,无法支撑可持续性的相对贫困治理和共同富裕进程,使经济发展成果不能较好地惠及中低收入群体。④ "双循环"新发展格局下,城乡居民相对贫困治理逐步从超常规扶贫转向常规性、制度性反贫困,需要更多依靠市场来配置资源要素,弥补农村贫困地区资源要素不足的短板,⑤ 依托市场化手段将相对贫困治理与乡村振兴有效衔接起来,以促进农民持续稳定增收来拉动国内市场需求,推动要素在城乡之间有序循环流动,破解城乡收入差距和缓解贫富差距导致的边际消费不足问题。

---

① 参见蒲清平、杨聪林《构建"双循环"新发展格局的现实逻辑、实施路径与时代价值》,《重庆大学学报》(社会科学版)2020年第6期。
② 参见郑瑞强、郭如良《"双循环"格局下脱贫攻坚与乡村振兴有效衔接的进路研究》,《华中农业大学学报》(社会科学版)2021年第2期。
③ 参见曾福生《后扶贫时代相对贫困治理的长效机制构建》,《求索》2021年第1期。
④ 参见李实、李玉青、李庆海《从绝对贫困到相对贫困:中国农村贫困的动态演化》,《华南师范大学学报》(社会科学版)2020年第6期。
⑤ 参见董帅兵、郝亚光《后扶贫时代的相对贫困及其治理》,《西北农林科技大学学报》(社会科学版)2020年第6期。

一 新发展格局下的城乡居民相对贫困治理体系变迁与特征

(一) 新发展格局下城乡居民相对贫困治理体系变迁

在经济全球化背景下,"双循环"发展是国际产业分工与价值链分工的重要体现。自中国加入世界贸易组织(WTO)以后,经济内外循环发展催生了中国经济连续多年的快速增长,间接地对我国城乡居民相对贫困治理体系带来了重大挑战。总体而言,"双循环"新发展格局下我国城乡相对贫困治理大致经历了"出口—投资—消费"轮换向"开发式—精准式—常态式"贫困治理体系结构升级的历程(表1),但是,在此过程中,城乡收入差距扩大、城乡要素流动不均衡、农村消费水平不足和贫困治理方式变革等系列问题亟待解决。

表1　"双循环"新发展格局下贫困治理的阶段划分

阶段	模式	背景	特点	问题	贫困治理状况
第一阶段(2002—2008年)	"出口—投资"外循环牵引内循环模式	2001年加入WTO后,对外出口暴增;实施开发房地产市场等政策挖掘国内市场	外循环为主,外循环带动经济内循环体系,参与产业链供应链国际分工	处于国际供应链的中下游地位,在国际竞争中难以掌握主动权	以农村劳动力城市流动推动下的重点区域开发式扶贫为主,扶贫质量较低
第二阶段(2009—2017年)	"负债—投资"内外循环互动模式	中国形成较大外贸差,获得大量外汇储备,外国对中国消费需求增多	"内外循环"互促模式,"新型城镇化+一带一路"共同拉动内循环	易受国际环境影响,经济发展韧性和抗风险性有待提升	以"两不愁三保障"为核心的精准式脱贫为主,绝对贫困治理为主,相对贫困治理为辅
第三阶段(2018年之后)	"消费—创新"内循环驱动外循环模式	国内产业链、生态链竞争加剧,国际保护主义和经济不稳定因素增加	内循环为主,实现由投资驱动、出口拉动向创新驱动、内需拉动转变	内需和创新动力不足,农村超大规模消费市场潜能有待挖掘,相对贫困治理迫切	逐步以农户多维相对贫困治理为核心的系统化常态式贫困治理体系,强化城乡要素流动、产业融合以及科技创新赋能产业升级促推新消费转型,驱动相对贫困治理长效机制

1. "出口—投资"模式为主的外循环拉动内循环的绝对贫困治理阶段

该阶段大致发生在2002—2008年间,经济发展以"出口—投资"模式驱动下的点状式绝对贫困治理为主,即处于以出口为核心的外循环驱动国内投资快速增长的内循环发展模式。一方面,对外加快融入世界经济全球化,尤其是2001年加入了WTO后,我国对外出口激增,帮助中国消化掉巨量的轻工业过剩产能,而农村劳动力的城市流动为轻工业生产提供了充足的劳动力供给。另一方面,我国充分利用后发优势,在经济领域采取"招商引资""以技术换市场"等政策引进国外资本要素和先进技术,再结合废除福利分房、房地产市场化改革等政策继续深挖国内市场,推动国内外资本的快速投资。在内外两个市场的循环作用下,中国经济迅速走出阴影,形成了"出口—投资"双轮驱动的经济模式,并且形成"内循环"和"外循环"两个经济体系,有效促进了中国经济的持续快速发展,并直接或间接地保障了广大农村地区的贫困治理资金供给和资源配给能力。在这一时期,中国凭借廉价的农村劳动力涌入城市务工,参与到了全球供应链分工中,间接地消化掉广大农村地区的剩余劳动力;同时,发达国家的先进技术和引进外资也促使国内产能得到快速释放和爆发式的增长,农民工参与到全球产业链和市场化分工中,该阶段的贫困治理重点是以农村劳动力的外出务工,以城带乡的贫困治理为核心,推进农村产业开发带动贫困地区普惠式开发扶贫。在绝对贫困治理阶段,开发式的贫困治理对于缓解城乡收入差距起到了积极作用,但效果大多局限于开发区域范围内,侧重于点状式的绝对贫困治理,相对贫困治理较少。

2. "负债—投资"驱动模式下的内外循环互动贫困治理阶段

第二个阶段大致发生在2009—2017年间,其主要特征体现为经济发展以"负债—投资"为驱动,推动新型城镇化快速发展来带动绝对贫困和相对贫困治理。2008年国际金融危机爆发后,西方发达国家经济增速明显放缓,逆全球化的趋势越发强烈。为应对经济危机,我国出台多项刺激政策,对外贸易投资得以快速复苏。2013年中国取代美国成为全球第一大货物贸易国,商品输出为我国积累了大量的外汇储备,随后又利用这些外汇储备购买美国国债,使得资金进一步回流到美国,支撑美国债市、股市等虚拟经济。如此循环往复,美国虚拟经济市场不断膨胀，股价上涨、房地产市场升温，进而不断增加对中国市场的消费需求，从而我国经济正式从"出口—投资"驱动模式转变为以新型城镇化为驱动力的"负债—投资"内外循环互动模式。因此，该阶段以外向型、要素低成本型的经济发展方式转向进口替代主导的内向型经济。以"负债—投资"为核心的经济内循环消化掉国内的部分过剩产能，并以新型城镇化来推动绝对贫困和相对贫困治理。该阶段的绝对贫困治理以"两不愁三保障"为核心的精准扶贫为主，重点聚焦绝对贫困户的贫困治理，间接地辐射到相对贫困农户，这种以政府主导的贫困治理取得明显成效（2017年底的贫困发生率下降3.1%），特别是对绝对贫困户的脱贫具有非常明显的效果，而相对贫困户也因精准扶贫的大量资源投入得到较大福利提升，城乡相对贫困治理水平和治理能力大幅提升。

3. "消费—创新"为核心的"内循环"驱动"外循环"发展的相对贫困治理阶段

第三个阶段大致发生在2018年以后，贫困治理重点依靠"消费—创新"来拉动，且以相对贫困治理为主。面对不确定的国际环境，过度依赖国际大循环必然会导致中国经济发展的风险和压力大幅增加，这就要求在一定阶段后我国经济必须从外向型经济向内需增长型经济转变，积极推进产业结构转型升级和扩大国内消费市场[①]，即实现国内经济由"负债—投资"内循环互动模式转变为"消费—创新"的"内循环"驱动"外循环"的发展模式，依靠创新驱动产业结构升级，从而创造新的产业发展红利。依托国内巨大的市场和消费需求，通过高新技术进口替代逐步培育新动能，开拓国内经济大循环，并将国内部分产能借助"一带一路"沿线国家的产业互补进行外循环，进而改变我国产业链长期处于国际价值链中低端的窘境。充分利用好全球化的红利释放期（保持外循环的畅通），逐步调整政府企业高投资居民低消费的供需结构，推进需求侧改革与供给侧结构性改革协同。该阶段的贫困治理以农户多维贫困治理和相对贫困治理并重为主，依托科技创新推动产业结构升级，通过产业互联网和数字化转型，赋能新型城镇化和乡村振兴，不断提升脱贫农户产业融合发展和要

[①] 参见张琦、孔梅《"十四五"时期我国的减贫目标及战略重点》，《改革》2019年第11期。

素循环效能，从而推进城乡融合发展和以相对贫困治理促农增收，拉动城乡居民新消费，以科技创新促推产业结构转型升级，形成产业链内部附加值从高到低的大循环、消费的东中西部大循环①、要素市场的城乡有序流动大循环。

（二）"双循环"新发展格局下相对贫困治理体系特征

1. 产业融合与城乡融合发展成为提升相对贫困治理效能的重要动力

面对严峻的国内外局势，投资和出口拉动已经不能满足中国经济持续和稳定增长的需求，而消费正成为一支强劲的力量拉动中国经济增长，成为保障中国经济稳定发展的强大动力。② 扩大国内消费市场最大潜力在农村，其动力则在新型城镇化，按照"十四五"末期常住人口近70%的城镇化率计算，"十四五"期间有将近8000万人口进行就地城镇化。根据边际消费倾向递减规律可知，当收入上升时，收入较高的居民储蓄会比中低收入居民的储蓄高，而增加的消费比中低收入居民少，③ 城镇的边际消费需求推动整体消费需求的提升，县域内城乡之间的内循环将激发巨大的国内消费市场提质扩能。因此，县域城乡融合发展和三次产业融合发展成为推动收入增长和价值链提升的重要途径。收入是消费的基础，农民收入水平不高直接导致中国农村消费陷入市场规模增长乏力、内生动力不足的困境。其原因在于，当前农村居民收入增长不及城镇居民收入增长，从而导致城乡收入差距扩大，农村预防性储蓄较高，制约了消费需求总量的增加和消费力的提升，导致农村消费需求不足。同时，消费结构的升级对我国经济扩张具有较为明显的溢出效应，④ 但当前过高的城乡收入差距导致城乡消费断层，不利于刺激农村消费结构的优化和转型升级，使得农村时尚消费、绿色消费需求增长缓慢。⑤ 因此，面对农村巨大

---

① 参见蒲清平、杨聪林《构建"双循环"新发展格局的现实逻辑、实施路径与时代价值》，《重庆大学学报》（社会科学版）2020年第6期。

② 参见魏后凯《"十四五"时期中国农村发展若干重大问题》，《中国农村经济》2020年第1期。

③ 参见汪三贵《在发展中战胜贫困——对中国30年大规模减贫经验的总结与评价》，《管理世界》2008年第11期。

④ 参见陈彦斌《形成双循环新发展格局关键在于提升居民消费与有效投资》，《经济评论》2020年第6期。

⑤ 参见王小林、张晓颖《中国消除绝对贫困的经验解释与2020年后相对贫困治理取向》，《中国农村经济》2021年第2期。

的消费潜力和消费能力不足之间的矛盾，应推动农村新消费的发展，进而刺激和带动农村消费结构的升级，让农村消费成为推动我国经济新发展的助推器。

2. 推动城乡要素循环是优化相对贫困治理结构的重要基础

良性的城乡关系有利于推进我国农村脱贫和新型城镇化发展进程，但当前我国城乡贫富差距依然较大。要实现城乡融合发展与新型城镇化建设目标，乡村振兴阶段依然需要重点聚焦城乡相对贫困人群治理。[①] 城乡之间的要素双向流动和优化配置是实现农业农村现代化和城乡融合发展的重要前提。[②] 从新制度经济学的角度来看，当城市和农村之间要素流动的交易成本降低到某一程度时，城乡发展达到均衡，此时城乡之间的各种资源要素能够自由流动，农村能够凭借获得的更多资源要素逐步实现城镇化和现代化，进而缩小城乡差距。因此，实现城乡融合发展，其根本路径在于推动城乡要素双向自由流动。[③] 然而，城乡之间要素流动受二元体制机制阻碍导致市场资源配置效率低下，使得农村要素资源长期处于向城市单向流动居多，而城市流入农村的要素资源则相对较少，从而导致农村资源要素严重不足。[④] 其主要原因为：一是资源要素在城乡之间分配不均衡。实现乡村振兴关键在于"人、地、钱"等要素资源的有效配置。在"内循环"发展格局下，降低要素资源流通成本，可以探索以都市圈和城乡融合示范区为抓手，打破行政壁垒，促进要素资源在都市圈和示范区内部的运转通畅，提高流通效率。二是制度壁垒阻碍城市要素向农村流动。在现有的城乡二元结构下，城乡资源要素的合理流动面临诸多壁垒，对城乡统一市场的形成造成了较大阻力。三是农村先天条件不足，对资源吸附能力较差。农村相较于城市存在产业基础薄弱、基础设施建设落后、公共服务体系不完善、居民收入水平低等现实问题，内生脱贫

---

① 参见申云、李京蓉、杨晶等《城乡高质量融合发展研究》，光明日报出版社2021年版，第32—34页。

② 参见蓝震森、冉光和《农村可持续消费增长潜力问题及对策研究》，《农业经济问题》2017年第3期。

③ 参见谢小平、傅元海《大国市场优势、消费结构升级与出口商品结构高级化》，《广东财经大学学报》2018年第4期。

④ 参见江小涓、孟丽君《内循环为主、外循环赋能与更高水平双循环——国际经验与中国实践》，《管理世界》2021年第1期。

动能不足①,导致要素流动缺乏经济性,科技、资本、人才、数据等先进生产要素因农村落后的产业生态而无法扎根,农村无法持续吸引和引入更多城市优质资源要素。

3. 科技创新赋能制度衔接是推动农村经济结构转型升级的保障

资源要素流动不足已经成为制约农业科技创新的核心因素,也成为我国农村扶贫的关键。在生产水平和成本不变的情况下,农业科技创新短期可以替代农村相对稀缺的生产要素,而农村引进先进的科学技术,可以促使农业生产效率提升,吸引更多人才、资金、技术、信息等优质生产资源要素向农业生产部门聚集②,克服农村资源短缺的约束,促进农民素质的提升和收入的增加。农业科技创新能实现农业全产业链的现代化升级改造,加快一、二、三产业的深度融合③,进而不断推动农村向产业化、信息化、现代化方向发展,有效化解城乡二元经济结构难题,并反过来带动农业产业结构转型升级,最终形成城市和农村相互支持、相互促进的良性循环。因此,在巩固拓展脱贫攻坚成果同乡村振兴有效衔接期,如何依靠科技创新实现农村贫困地区脱贫已迫在眉睫。为解决"双循环"新发展格局下的城乡相对贫困治理过程中的城乡收入差距过大、农村消费水平低、要素流动稀缺、内生发展动力不足等难题,实现城乡各要素的自由流动和优化配置,可以通过吸引多种优质要素资源在农村聚集,扩大农村有效资源供给的质量,加大农村及落后地区科技创新投入和应用④,引领资源要素的优化配置,进而实现农村生产和消费结构的转型升级。⑤ 为此,"双循环"新发展格局下的城乡居民相对贫困治理的核心在于必须坚持"要素流动+科技创新+消费升级"的逻辑内核,实现三者的有机互动,构建破解城乡相对贫困治理的长效机制。⑥

---

① 参见张克俊、杜婵《从城乡统筹、城乡一体化到城乡融合发展:继承与升华》,《农村经济》2019 年第 11 期。

② 参见王燕、刘晗、赵连明、黎毅《乡村振兴战略下西部地区农业科技协同创新模式选择与实现路径》,《管理世界》2018 年第 6 期。

③ 参见付娆《现代农业发展的科技支撑问题探讨》,《农村经济》2014 年第 3 期。

④ 参见沈坤荣、赵倩《以双循环新发展格局推动"十四五"时期经济高质量发展》,《经济纵横》2020 年第 10 期。

⑤ 参见王微、刘涛《以强大国内市场促进国内大循环的思路与举措》,《改革》2020 年第 9 期。

⑥ 参见罗必良《相对贫困治理:性质、策略与长效机制》,《求索》2020 年第 6 期。

二 "双循环"新发展格局下的相对贫困治理体系演进逻辑

(一) 新发展格局下相对贫困治理体系构成要件

1. 城乡产业循环是相对贫困治理的重要动力

产业振兴是乡村振兴的首要任务和农村发展的经济基础。[①] 当前我国现行农村收入贫困线处于中等偏低水平，还存在脱贫质量不高、脱贫基础不稳固等问题，缺乏可持续的收入来源又进一步加剧了相对贫困程度[②]，更加需要依靠发展产业振兴为农民增收创造有利条件。城乡产业链、供应链和创新链的整合是农业产业体系转型的重要动力。[③] 第一，产业振兴需要强化产业链的整体思维，将传统小农经营纳入现代农业产业链体系中，并对农产品生产、经营、物流、仓储、销售等供应链环节进行整合，将农业科技创新链赋能到农业价值链过程中，不断提升农业生产经营的价值，从而增强相对贫困治理的收入基础。第二，产业间和产业内部的融合也是产业循环和提升价值链的重要途径。农村产业融合受到土地、资金、技术、人才等要素瓶颈约束，可以通过延长产业链条，强化利益联结机制，提高产业融合发展深度，拓展产业发展空间，加快产业融合来赋能产业红利释放，依托产业融合发展来强化贫困治理的根基。第三，产业互联网及其数字化转型是提高产业协同和循环效率的保障。数字经济赋能乡村产业振兴已是大势所趋，数据成为新的生产要素，供求精准匹配、产业互联网化和区块链供应链为产业协同提供了技术支撑[④]，成为科技赋能乡村数字化建设的重要手段[⑤]，对于激发产业扶贫的市场化资源配置具有重要的推动作用。比如，数字金融的广泛推广和应用提高了农户的参与机会和能

[①] 参见黄祖辉《准确把握中国乡村振兴战略》，《中国农村经济》2018年第4期。

[②] 参见林闽钢《相对贫困的理论与政策聚焦——兼论建立我国相对贫困的治理体系》，《社会保障评论》2020年第1期。

[③] 参见万俊毅、曾丽军、周文良《乡村振兴与现代农业产业发展的理论与实践探索——"乡村振兴与现代农业产业体系构建"学术研讨会综述》，《中国农村经济》2018年第3期。

[④] 参见祝合良、王春娟《"双循环"新发展格局战略背景下产业数字化转型：理论与对策》，《财贸经济》2021年第3期。

[⑤] 参见李天宇、王晓娟《数字经济赋能中国"双循环"战略：内在逻辑与实现路径》，《经济学家》2021年第5期。

力,从而有效调动了农户的市场参与行为,缓解了城乡相对贫困。①

2. 城乡要素循环是国内经济循环的重要前提

在城镇化的进程中,包括劳动力等在内的要素流动既是相对贫困发展的结果②,也是形成相对贫困的原因③。要彻底突破城乡二元体制壁垒,就需要以农村劳动力、土地、资本和技术等要素在农业生产、商品流通、分配消费等环节的流通循环④,提高农业生产要素的配置效率,实现"人、地、钱"为核心的资源要素在国际国内市场和城乡市场之间的自由流动、平等交换和均衡配置⑤,进而激发城乡一体化进程和农村居民消费潜能。要素的城乡循环和产业间的融合,需要政府这只"看得见的手"和市场这只"看不见的手"来协同推进,发挥有为政府和有效市场在要素资源配置中的主导作用(图1),并依托科技赋能来激发社会合力、农户的内生动能以及市场活力,建立健全相对贫困治理体系。

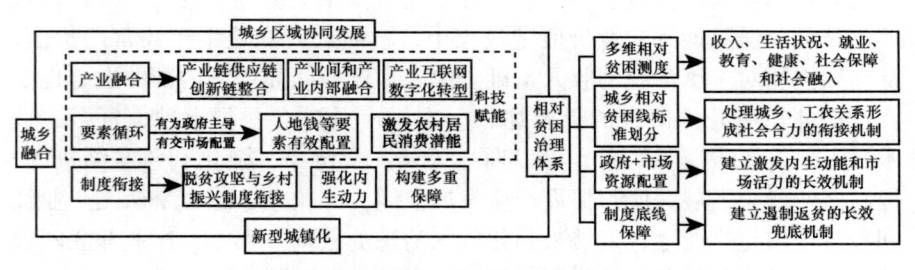

图1 "内循环"新发展格局下相对贫困治理体系建设框架

3. 制度衔接是城乡经济内循环高质量融合发展的根本保障

由于致贫风险具有多元化特征,低收入群体不仅面临就业难和增

---

① 参见吴静茹、谢家智、涂先进《数字金融、市场参与和农户相对贫困》,《当代财经》2021年第8期。

② 参见蔡昉、都阳《迁移的双重动因及其政策含义——检验相对贫困假说》,《中国人口科学》2002年第4期。

③ 何家军、朱乾宇:《三峡农村移民相对贫困影响因素的实证分析——基于湖北库区的调查》,《调研世界》2016年第10期。

④ 参见蒲清平、杨聪林《构建"双循环"新发展格局的现实逻辑、实施路径与时代价值》,《重庆大学学报》(社会科学版)2020年第6期。

⑤ 参见叶兴庆、程郁、赵俊超、宁夏《"十四五"时期的乡村振兴:趋势判断、总体思路与保障机制》,《农村经济》2020年第9期。

收不稳定的风险[1]，也面临在医疗水平、教育水平、社会保障等方面的发展困境，即多维贫困，加剧相对贫困程度[2]。同时，在相对贫困问题依然严峻的背景下，城乡二元结构还未被打破，相对贫困治理依旧具有区域性，仅仅依靠市场行为难以改变困境。因此，在双循环新发展格局中，需要强有力的制度衔接作为保障，推进巩固和拓展脱贫攻坚成果与乡村振兴的有效衔接，科学界定城乡相对贫困线标准和测度多维贫困状况，破解致贫风险多元化和脱贫后的可持续发展问题[3]，推进绝对贫困治理向相对贫困治理、单维贫困向多维贫困治理转变的协同衔接机制。

（二）新发展格局下相对贫困治理体系形成逻辑

1. 产业循环需要完善农村市场流通体系和经营体系

由于农村地区相比城市销售网点较少，消费渠道主要以集贸市场为主，农产品的销售和供应链效率较低，使得农产品难以像工业产品一样实现规模化的生产经营。人口的分散性和缺少固定的销售网点也使得居民消费成本偏高，难以形成规模经济，进一步制约了农村居民的消费热情。为此，应建立"县—中心镇—中心村"为核心的多层次、广覆盖、多渠道的流通网络体系以及科技互联网联结渠道，解决农村消费链环节不畅的问题，以新型城镇化和城乡人口流动进一步引导和激发农村居民进行就近就地城镇化，提高城乡消费市场的流通效率。

2. 完善城乡要素市场循环需要健全消费金融服务体系

高质量可持续的金融精准扶贫是解决贫困人口"返贫"与"减贫"的有效手段和实现乡村振兴的重要工具，可以根据贫困人口不同的贫困症状进行准确甄别，分别提供产业支持、创业扶持、兜底保障等不同的金融支持。[4] 在"人—地—钱"等要素的内循环中，需要依靠有效发挥金融服务体系的作用，精准识别贫困人口的金融需求，通过线上线下金融协同来助推农村消费的下沉，借助完备的流通体系将商品流和物流下沉到农村基

---

[1] 参见张健、赵宁、杜为公《水库移民相对贫困治理和就业纾困机制研究》，《社会保障研究》2021年第4期。
[2] 参见邢成举、李小云《相对贫困与新时代贫困治理机制的构建》，《改革》2019年第12期。
[3] 参见罗必良《相对贫困治理：性质、策略与长效机制》，《求索》2020年第6期。
[4] 参见谭江华《后脱贫时代推动金融扶贫高质量发展研究》，《理论探讨》2021年第1期。

层。加强城乡金融合作,满足更多劳动密集型小微企业融资需求,创造更多的就业机会,阻断贫困的代际传递①,弥补扩大内需过程中要素流动不均衡和缩小城乡差距的地域鸿沟,进一步激发居民内生动能和市场活力。此外,应增强要素的数字化技术融合,提高要素流动的效能,不断提升农村扩大消费在相对贫困治理中的积极作用,改善城乡消费不平等带来的产业升级不平等状况。

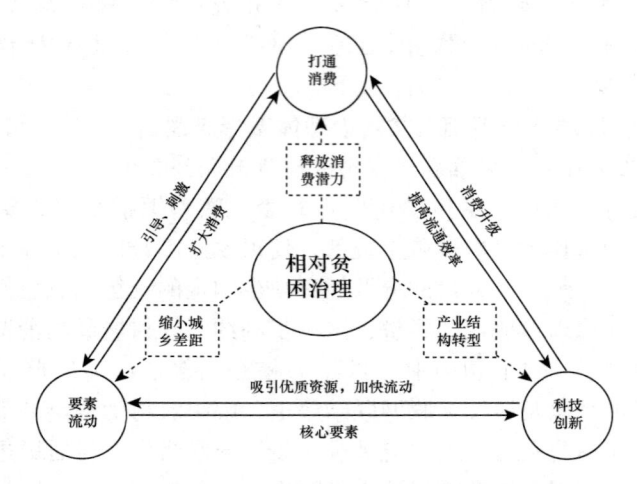

图 2 "双循环"新发展格局下城乡相对贫困治理转换机制

3. 科技创新赋能是产业和要素循环制度体系优化的保证

长期以来,农村消费主要以生存型消费为主,而发展型消费和享受型消费则往往占比较低,农村地区相比城市地区在要素价值和科技应用方面往往存在洼地,这也直接导致农村要素难以获得市场的公允价值,进一步加剧了科技创新在城乡之间的不平等(图 2)。同时,相对贫困地区的人地系统整体表现出可持续性偏低的特点,面临人口与经济、人口与生态、区域发展数量与质量等空间均衡难题,自我发展能力严重不足,需要依靠大量外部资金投入和技术创新等制度性政策加以扶持,加快城乡、工农等多维化要素对流,进而实现农村产业结构的转型升级和城乡

---

① 参见王韧、何正达、郭晓鸣、骆希《相对贫困治理中的金融扶贫创新研究》,《农业经济问题》2021 年第 4 期。

互动的协调发展。①

三 新发展格局下城乡居民相对贫困治理面临的挑战

（一）城乡相对贫困标准和治理体系衔接机制不健全

相对贫困标准是构建城乡统一标准还是分区域多维度来划分仍存在较多的争议，而疫情影响又使得脱贫人口面临较大的返贫风险②。受农村产业结构单一，农产品市场竞争力较弱，地理、资源、文化等环境因素影响，农村产业融合发展动能不足，产业"造血"扶贫能力还有待提高，城乡产业循环和数字化转型难度较大，造成农民增收缺乏长效机制。各地主要采用物质帮扶的方式对贫困地区进行直接帮助，在技术上的帮扶力度还不够，不仅增加了政府的财政负担，长期看来也无法形成促进农民增收的内源动力。此外，我国农村经济社会失调比较明显，教育医疗在农村发展是非常滞后的，居民社会保障水平较低，预防性储蓄被推高，农村居民消费能力不足③，导致农村消费市场潜力难以挖掘。

（二）过度"外循环"驱动导致城乡收入差距偏高阻碍相对贫困治理效能提升

长期以来，部分沿海地区过度注重"外循环"出口导向下的经济发展模式，导致我国城市和农村内部收入分配、城乡之间收入分配和地区之间收入分配不均的特征不断凸显，对我国相对贫困治理工作造成较大阻碍。按照欧盟标准，我国城乡居民相对贫困发生率分别居于发达国家相对贫困排序的中等偏上和偏上位置，主要原因在于中国城镇内部、农村内部分化程度较高。国家统计局资料显示，就2013年城市和农村人均收入的差距而言，低收入组城镇居民可支配收入是低收入组农村居民人均纯收入的4.43倍。由此可见，我国城乡内部和城乡收入差距仍处于一个较高的

---

① 参见樊杰、周侃、伍健雄《中国相对贫困地区可持续发展问题典型研究与政策前瞻》，《中国科学院院刊》2020年第10期。

② 参见檀学文《完善现行精准扶贫体制机制研究》，《中国农业大学学报》（社会科学版）2017年第5期。

③ 参见李棉管、岳经纶《相对贫困与治理的长效机制：从理论到政策》，《社会学研究》2020年第6期。

水平，农村居民相比城市居民来说收入偏低，城乡收入差距较大，农村贫困发生率较高，国内脱贫攻坚任务非常艰巨，严重影响我国农村消费市场的壮大。在短时间内，依靠内需拉动经济的方式难以支撑外需收缩导致的需求出口，阻碍国内经济的稳定发展和我国农村减贫进度。

（三）城乡发展不平衡制约要素自由流动

在相对贫困治理过程中依然无法避免受到地理环境、资源环境等要素不平衡的影响。一是发达地区与贫困地区的差距不断扩大。据国家统计局数据显示，截至2022年，城乡居民人均可支配收入比仍处于2.5的高位。按照国际惯例，当一国人均GDP达到800—1000美元时，城乡居民人均收入比大致为1.7。然而从改革开放特别是2003年以来，我国的城乡居民人均可支配收入比一直维持在2以上，说明当前虽然我国城乡收入差距不断降低，但仍然面临较大差距。二是农民工市民化滞后。城市规模越大，农民工对所在城市的归属感越弱，对城市生活的适应难度越大。农民工不能完全享受与城镇居民的相同待遇，文化、心理与城市社会融合程度还比较低。三是实现基本公共服务均等化难度大。基本公共服务是由政府主导并且与经济社会发展水平相适应的服务，由于区域经济发展不平衡，各地财政能力悬殊，这势必造成各区域之间提供的基本公共服务存在较大的差别，而中央政府的财政转移支付手段也受到国家财政实力的制约，这在目前经济新常态下更是受到了极大的挑战[1]。因此，目前城乡之间的基本公共服务，无论在制度设计还是保障水平上均存在明显差距，不少方面还带有明显的城乡二元体制烙印，在城市实行一套办法，在农村实行另一套办法。

（四）贫困农户显著减少，但多维相对贫困治理难度变大

农村贫困问题不仅体现在农村贫困群体较低的收入和消费水平，也体现在包括教育、医疗、社保等多个方面在内的发展差距[2]。其中，农村教育、健康、医疗贫困依然是影响农村多维贫困的最主要因素，这主要是因为城乡之间存在制度阻碍，农民工无法享受到与城镇居民在教育、工资、

---

[1] 参见魏后凯、年猛、李玏《"十四五"时期中国区域发展战略与政策》，《中国工业经济》2020年第5期。

[2] 参见邓大松、钟悦、杨晶《精准扶贫对农户多维贫困的影响机制分析：外出务工的中介作用》，《经济与管理评论》2020年第5期。

社保等方面相同的福利和待遇，导致农民工在教育、健康、医疗保障等方面出现明显不足的现象[1]，并形成代际传递，将城乡相对贫困治理落入贫困恶性循环之中[2]。因此，为实现农村全面脱贫，还需要进一步加强农村教育、健康、医疗等方面的社会保障与公共服务水平。

四　新发展格局下我国城乡居民相对贫困治理体系转向

（一）以新消费引领收入分配改革，提高市场有效配置资源来提升贫困治理效能

首先，将精准扶贫阶段遗留下来的扶贫资产进行全面清资核产管理，壮大集体经济资产，提升脱贫农户和相对贫困农户的财产性收入。将财政支农资金与扶贫资产的管理等纳入乡村振兴的资产管理考核全过程，提高扶贫资产的流动性和市场价值。探索扶贫资产的股权量化或者资产信托管理，将收益分配机制和多元投融资模式统一起来，构建产业扶贫、社会资本、市场管理和产权清晰的扶贫资产管理体系。其次，以城乡融合为主导，构建乡镇区域副中心来促进公共服务保障和制度的均衡化，降低相对贫困治理的空间交易成本。逐步降低城乡收入差距，适度推进乡镇功能和空间界定，引导一些乡村合村并居，提高乡镇的规模化水平来有效提升公共服务水平和治理效能，降低城乡公共服务过于分散而导致的较高的交易成本。最后，激发相对贫困人群的市场活力，提高组织化程度来强化新消费在相对贫困治理中的有效作用。加大扶持农民合作社、股份制经济联合体等经营主体的协作链，促进农村基层相对贫困人群的利益表达和诉求维护机制，畅通城乡相对贫困人群在新消费过程中的权益保障渠道。

（二）以城乡要素配置效率导向引领开放，完善相对贫困治理的要素循环机制

城乡相对贫困治理本质上需要系统化和整体全局思维来构建相对贫困

---

[1] 参见张全红、李博、周强《中国多维贫困的动态测算、结构分解与精准扶贫》，《财经研究》2017年第4期。

[2] 参见陈志钢、毕洁颖、吴国宝、何晓军、王子妹一《中国扶贫现状与演进以及2020年后的扶贫愿景和战略重点》，《中国农村经济》2019年第1期。

治理的长效机制，其核心是通过城市先进的生产要素和公共服务保障资源向农村贫困人口和贫困地区的转移，建立城乡融合发展的新格局。首先，建立解决相对贫困长效机制的首要任务是制定相对贫困标准。[①] 需要科学划定城乡相对贫困标准线范围，根据不同发展阶段来科学界定，打破城乡界限，以城乡融合发展的思维来完善城乡劳动力、土地、资本等要素的双向循环流动，从而改善城乡要素报酬及收益不平等状况，防止要素流动不畅导致相对贫困的代际传递。其次，建立动态的城乡要素流动补偿分配机制。根据城乡要素流动在地区发展过程中的贡献和地区差异性，从国家顶层设计和跨区域思维来强化区域之间的财政转移支付、投融资补偿机制、收入分配调节机制、行业差异奖补机制、贫困治理的跨区域协调机制等。再次，根据相对贫困人口集聚以及地区发展能力和水平等因素，精准识别和划定相对贫困地区。以县级行政区为基本单元，综合考虑相对贫困发生率、基本公共服务水平、居民人均收入、人均财政收入和财政收支缺口等指标，将全国排名靠后的一定比例区域纳入相对贫困地区范畴，并在综合评估的基础上以5年为期进行动态调整[②]。最后，积极发挥市场资源配置和政府引导双向联动的贫困治理协同机制。强化东西部协作、资源要素补偿，发挥价格机制等来充分调动城乡要素流动，进而促进国内发达区域与欠发达区域的循环、城市与乡村的循环、高附加值产业与低附加值产业之间的循环、要素报酬高的行业与要素报酬低的行业之间的循环、公共服务及制度保障完善的区域和相对落后区域的循环，形成"双循环"新发展格局。

（三）以科技创新与"共同富裕"顶层制度设计改革，推进相对贫困治理代际阻断机制

首先，培育科技人才和建立人才激励机制来保障相对贫困治理的智力支持。人力资本建设有助于提高相对贫困人口、组织等各类主体在反贫困中抵御风险的自生能力、参与竞争的发展能力。应建立城乡技术推广人才和技术中心的轮岗学习机制，特别是完善职业教育体系和终身教育体系，

---

① 参见高杨、刘庆莲、张堪钰《相对贫困标准与人口识别：地方实践与政策启示》，《经济与管理评论》2022年第4期。

② 参见魏后凯、年猛、李玏《"十四五"时期中国区域发展战略与政策》，《中国工业经济》2020年第5期。

推进职业培训体系和技能培训体系，提高劳动者素质和技能人才水平。其次，积极研判科技革命和农业技术现代化对城乡就业结构的冲击，以新型城镇化来促进乡村振兴，并将科技革命的成果不断应用于广大农村地区，提高相对贫困人群的就业技能和对贫困人口子女的教育扶持，打破贫困代际传递[①]。再次，以"新型举国体制"攻关强化高端产出在国内区域内部的循环，以"底线开放思维＋全面自主创新"的战略引领和全球视野，依托"卡脖子"技术进行长期攻关，释放创新潜力，保持超常规发展，形成一批标志性和高质量、高性能的尖端产品，逐步应用于广大农村市场，促进科技产业研发、技术转化、成果应用等产业链的国内分工和国外协同，提高科技成果的规模边际报酬来推进相对贫困治理水平提升。最后，将绿色生态科技与"共同富裕"的顶层制度设计结合，衔接相对贫困治理体系来推进区域内部和跨区域的生态补偿制度、生态产业科技扶贫，充分挖掘和拓展农业的多功能性，推动农业产业链条的多维延伸。

（四）提高对外开放水平，深化国际相对贫困治理合作

第一，继续积极参与国际分工，以新型工业化为主轴，加快产业转型升级，培育自主创新能力，提高制造业数字化智能化升级，融入全球产业链、供应链、价值链的分工合作中，抢占国际产业链有利位置，提高国际市场竞争力和影响力。第二，放宽外资准入限制，最大程度保护好外商在华合法权益，全面取消外资准入负面清单之外的限制，深化国际相对贫困治理政策支持，积极鼓励外商企业在金融、农业、医疗、教育等行业进行投资合作。第三，以"一带一路"为背景，加大国家政策支持和引导，推动自贸试验区等开放平台建立，促进国内企业与自由贸易区合作国开展多领域合作，促进国内外商品要素循环畅通，加快企业"走出去"步伐。

---

① 参见张明皓、豆书龙《2020年后中国贫困性质的变化与贫困治理转型》，《改革》2020年第7期。

Research on the Governance System of Relative Poverty of Urban and Rural residents under the New Development Pattern

Shen Yun[1]　Chen Hui[2]　Yang Jing[3]

(1. School of economics, Sichuan Agricultural University, Chengdu, Sichuan, 611130;

2. Department of Rural Development, University of Chinese Academy of Social Sciences, Beijing, 102488;

3. School of Public Administration, Hunan University, Changsha, Hunan, 410082)

Abstract: Based on the strategic background of the new development pattern, this paper constructs a relative poverty governance system featuring "internal circulation" and "industrial integration-factor circulation-system convergence", and reveals the logical framework, change characteristics, practical challenges and transformation paths of promoting relative poverty governance through the flow of scientific and technological enabling factors. The study found that the governance of relative poverty under the new development pattern will shift from the quality and efficiency improvement of domestic demand under the rotation of "export → investment → consumption" to the upgrading of the connotation governance structure of "development → precision → normal". The internal circulation development pattern needs to strengthen the integration of urban and rural industries, the circulation of factors and the convergence and unification of systems, and achieve consumption upgrading through the integration of the supply chain innovation chain of the technology enabled industrial chain, and establish a multi-dimensional relative poverty measure divide the relative poverty standards between urban and rural areas, build a resource allocation mechanism of "effective market + promising government" and a relative poverty governance system designed to guarantee the "common prosperity" top-level system, further improve the reform of income distribution system and the fiscal and tax mechanism to reduce the urban-rural income gap, and expand the long-term mechanism of rural new consumption driving the internal circular development of the economy.

Key Words: Double circulation; Poverty governance; Consumption upgrading; Factor mobility

社会记忆与农村集体行动：一个耦合性演化博弈命题[*]

詹国辉[1,2]

(1. 南京财经大学政府管理研究中心　江苏南京　210023
2. 南京大学社会学院　江苏南京　210046)

内容提要：集体行动困境的化解关乎乡村振兴进程，而乡村振兴战略的在地化实践亦有赖于村庄社会记忆的达成。文章尝试建构出社会记忆嵌入农村集体行动的分析框架。以社会分化和社会记忆将农村社区类型化，从演化博弈的视角探究了个体农户与合作社之间集体行动的演化逻辑。研究发现：无论处于弱社会分化还是强社会分化的前置条件下，只有强社区记忆特征的农村社区才会促成农村社区集体行动收敛于合作互惠的演化博弈均衡，进而得以有效规避农村"搭便车"行为。据此，本文提出了农户参与合作社的合作意识培养模式，以此来优化农村集体行动，进一步提升乡村治理质量，旨在全面促成乡村振兴。

关键词：社会记忆；农村集体行动；演化博弈；乡村振兴

一　问题的提出

随着改革开放的不断深入，"乡镇统筹、村庄提留"等体制逐渐消解，乡镇政府已然成为"悬浮型政权"，进一步致使农村公共服务自主供给能力丧失，农村集体行动能力减弱。既有研究发现，部分中西部农村公

---

[*] 基金项目：国家社会科学基金项目"基层社会治理中的'数字官僚主义'及其治理机制研究"（22CGL036）。

作者简介：詹国辉，男，江西婺源人，博士，南京财经大学政府管理研究中心副主任，研究员，硕士生导师，南京大学社会学博士后，主要研究基层社会治理与社会政策。

共服务供给基本处于改革开放前的供给水平，改革开放前农村基础设施尚未得到应有的修复。中央政府基于全国层面的宏观把控，相继提出了建设"新农村""美丽乡村"等战略，中央政府及各层级政府逐年向农村区域加大财政投入，农村基础设施建设的覆盖面显著拓宽，然而其建成后的"管护"问题并未得以改善。与此同时，农村公共供给等领域的外部性问题仍旧普遍，产权模糊、个体有限理性、信息不对称、复杂性和不确定性等潜在因素，进一步引致了农村集体行动中机会主义行为的再次发生，由此滋生了诸多"搭便车"现象。① 尽管有学者认为，以个体农户自发自主供给小规模公共品，进而谋求以合作模式达成农村群体的需求，在一定程度上有效避免了"政府失灵"（Government Failure）和"市场失灵"（Market Failure）的窘境，但从调研实践的反馈结果来看，这种模式在实践中可能因"搭便车"而致使农村集体行动的"治理失灵"（Governance Failure），这也就成为本文的研究焦点和逻辑起点。

随着市场化改革和城镇化的大力推进，农村传统社会结构进一步被消解，原子化的社会形态已然成为一种常态。② 农村社会记忆在此演变过程中逐渐被淡忘，甚至逝去。而社会记忆有效嵌入农村社会资本与社会关联度，有助于实现乡村治理有效性，从而规避集体行动中的搭便车行为。但是，社会记忆嵌入个体乃至集体，并进一步作用于农村集体行动，因此有必要探究两者之间的影响效应是何种行为逻辑吗？各方行动主体在此又如何互动博弈？由此，本文研究贡献之处是将农村社会记忆纳入农村集体行动研究中，以社会记忆作为关键性的博弈变量，厘清农村集体行动过程中的个体农户与合作社组织之间的演化博弈，以此来探求社会记忆如何有效规避农村集体行动的"搭便车"行为。

二 分析框架的构建：社区记忆嵌入农村集体行动的理论诠释

传统中国乡村社会是以宗法、血亲以及业缘等为纽带，并以农户为个

---

① 参见［美］曼瑟尔·奥尔森《集体行动的逻辑》，陈郁等译，上海人民出版社2014年版，第6—8页。
② 参见詹国辉《社会质量理论框架下村庄治理研究——基于赣东北D村的案例探讨》，《宏观质量研究》2020年第6期。

体的行动单元,这些行动单元相互依存于聚落区中。费孝通则以"熟人社会"的差序格局来解构传统中国乡村社会。但随着现代性的不断深入,乡村社会结构正面临着不断消解迹象。① 正是在市场化改革、工业化与城镇化不断推进的时代背景下,传统乡村社会中能够维系固有"熟人社会"存续的社会结构已然从性质、形式等方面发生了异化效应,部分乡村趋于消亡,原子化的社会形态正逐渐常态化。② 基于此,如何解构并诠释转型期下中国乡村社会性质,已然构成了乡村振兴战略在地化实践的基准点,同时亦表明了如何将"乡土社会嵌入"的议题延伸至分析"农村集体行动"的逻辑起点。近代以来,社会变迁的速度越发明显,进一步引致了乡村社会"宗法权威、长老政治"的凋敝,乡村社会正日益脱离传统的桎梏。

所谓社会记忆,即村庄本位的"传统性"对当前乡村社会"现代性"的影响程度和作用机理。③ 嵌入现代性的乡村社会与传统社会的差异在于乡村记忆的逝去,且在中国各地的区域差异较为明显。深刻的社会记忆必然促成乡村社会集体内生出一条紧密的社会关系链条,进而以此为基础形成一致性的行动能力。而在陌生人社会场域中,诸多识别及关注他者言语及行动的人群并非对他者有过多的认知,尤其是对其历史记忆。由此,这一定程度上决定了在陌生人社会场域中社会记忆的缺失进一步致使社会信任的弱化,社会关联度势必会下降。而在乡村场域中,个体之间的共同记忆比较趋同,差异较小,一个村庄内部非正式地自发型联合构出一段绵延的乡村史。个体在乡村历史中的大部分范围内存在"记忆与共",而这成为农村集体行动内生出行动能力的基础。个体农户在每一次的村庄集体行动抑或个体行为决策中并非以"利益—成本"核算逻辑作为博弈行动依据。应该说,在基于社会记忆及社会资本的行为逻辑之下,自发按照村庄传统记忆,以形成有序的农村集体行动。正如康纳顿在《社会如何记忆》中所认为的,"社会习惯记忆的作用机制是,只要社会环境结构不发生重

---

① 参见贺雪峰《论利益密集型农村地区的治理——以河南周口市郊农村调研为讨论基础》,《政治学研究》2011年第6期。

② 参见徐勇《农民理性的扩张:"中国奇迹"的创造主体分析——对既有理论的挑战及新的分析进路的提出》,《中国社会科学》2010年第1期。

③ 参见郑杭生、张亚鹏《社会记忆与乡村的再发现——华北侯村的调查》,《社会学评论》2015年第1期。

大变化，人们便会习惯性地重复这样的实践，更不会理性地考量这一实践的利与弊"①。由此可以认为，乡村场域空间会自发促成强化社会记忆行动，只有如此才能易于形成一致性的农村集体行动；反之，在社会记忆相对较弱的区域，其农村集体行动效果恰恰相异，甚至诱致出众多机会主义行动，蔓延在乡村场域空间之中。

综合上述理论分析的结果可知，于农村集体行动而言，并非如制度经济学视角下的论断一般，即"有效规避搭便车的手段仅存有强制性惩戒抑或选择性激励"②，社会记忆或可成为治理农村集体行动中"搭便车"现象的有效机制。事实上，正是囿于农村场域空间中的多维风险，此外其内含的多重复杂性和不确定性，进一步加剧了农村现代化改革的治理风险。在如上情景之下，农村集体行动逻辑似乎更呈现出"动态性、多阶段"特征的链式发展过程。但是如上实践分析和理论阐释更多时候映射出的是一种静态分析行为，进一步限制了农村集体行动的诠释范围与深度。为此，本研究尝试将"社会记忆"作为一个可分析的动态博弈变量，进而建构出"社会记忆嵌入农村集体行动的演化博弈"的理论分析框架，见图1。

三 博弈图景：社会记忆嵌入农村集体行动的演化博弈逻辑

（一）基本决策模型

传统村落与农村空间基本上是以血缘关系为纽带的亲疏远近的格局，这恰恰与费孝通的"熟人社会与差序格局"相呼应，有效厘清和解读了传统乡土社会的现实形塑。而随着现代性要素的不断输入，农村社会结构发生了迅速转型，且呈现持续的原子化抑或是细碎化过程。③ 而这又进一

---

① [美] 保罗·康纳顿：《社会如何记忆》，纳日碧力戈译，上海人民出版社2000年版，第45—48页。

② Coase R. H., "The Nature of the Firm", *Economica*, Vol. 16, No. 4, 2007, pp. 386 – 405. Williamson, Oliver E., "Transaction-Cost Economics: The Governance of Contractual Relations", *Journal of Law & Economics*, Vol. 22, No. 2, 1979, pp. 233 – 261.

③ 参见詹国辉《名声效应、重复博弈与农村集体行动》，《中国农业大学学报》2018年第6期。

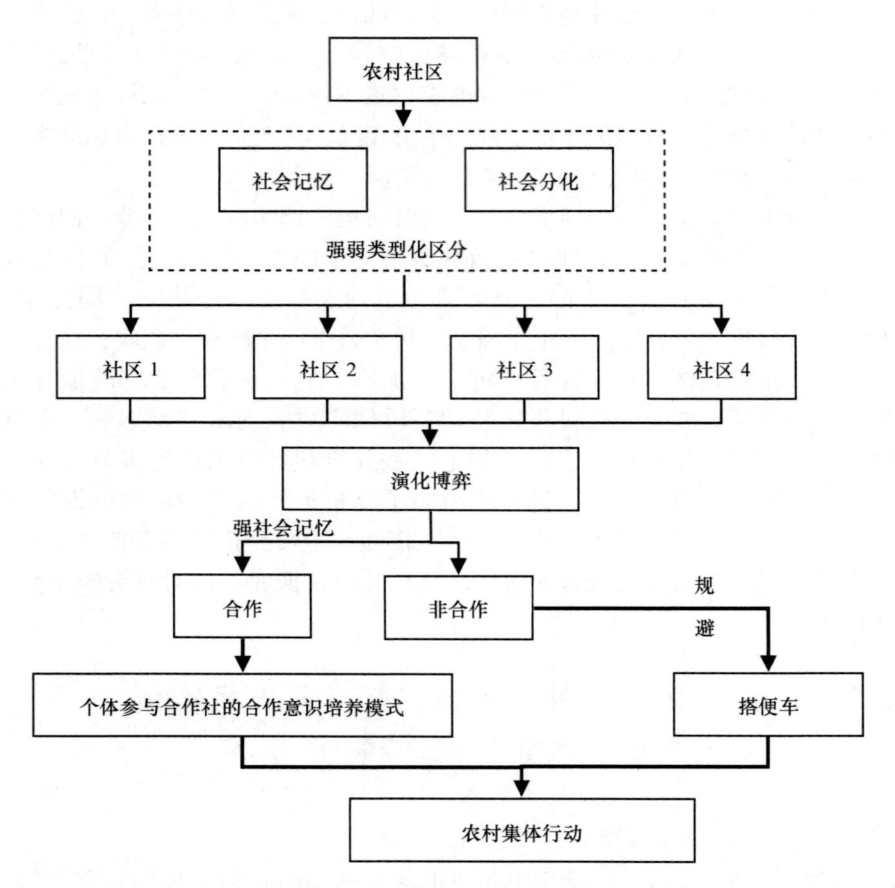

图 1　社会记忆嵌入农村集体行动的分析框架

步造成了村庄历史的断裂，由传统的"宗法和长老权威"治理模式演变成压力型体制下的"利益支配"的治理逻辑。换言之，随着现代性不断深入，农村社会分化速度不断加快，社会程度的差异所引致的社会分层越发明显。[①] 而农村社会的社区记忆有助于再造农村社会的图景。社区记忆意指农村社区内的历史传统通过某种途径对农村社区产生某种影响，社区

---

① 参见 O. Williamson, *The Economic Institute of Capitalism*, New York: Free Press, 1985, pp. 10 – 13.

传统不仅囊括了农村社会伦理道德以及价值观念,还包含了属地的风俗习惯。无论是社区记忆还是社会分化,这两者在农村集体行动中都扮演着调适者的角色,有效促成了农村社会经济的互动,同时亦影响了农村场域内社会成员的名声、信誉等。① 为此,笔者依据社区记忆与社会分化的强弱,对转型期的农村社区进行了有效分类,具体见表1。

表1　　　　　　　　　　　农村社区的类型划分

	弱社会分化	强社会分化
强社会记忆	M_0	M_1
弱社会记忆	m_0	m_1

农村场域内农户个体以及农村合作社的约束条件在于信息的有限性,能达成合作的行为逻辑是这两者能以双向性互动轨迹来建立和维系双方的良性渠道关系,并以自身的成本效益来调适其合作策略,以便实现其个体收益,最终达成双方的动态平衡状态。② 上述分析得出,个体农户与农村合作社之间的博弈可视为演化博弈。因此,以演化博弈为研究工具,依据社会分层的异质性,可以在强弱社会分层水平下探究在社区记忆的不同强弱程度中个体农户与农村合作社参与集体行动的博弈机制,决策策略选择以及社会交易的稳定性。

(二)不同类型下的演化博弈分析

1. 弱社区记忆下的演化博弈分析

(1) m_0 社区农户群体参与农村集体行动的博弈分析

m_0 型农村社区兼具"弱—弱"的社会分化及社区记忆,而其具体指代区域集中在中西部贫困地区。这部分区域的农户个体社会分化明显,社区记忆程度较弱,农村社会秩序紊乱,造成农户个体不重视声誉,往往会进一步引致农村传统文化的缺失,个体逐渐演变成理性而又自利的原子化个体,农村合作社组织的衰败也无法避免。在此背景中,

---

① 参见贺雪峰《退出权、合作社与集体行动的逻辑》,《甘肃社会科学》2006年第1期。

② 参见 Zhou Jie, Wang Erping, "Pathways to Hostile Collective Action: The Roles of General Attitudes toward the Advantaged Group and Situational Anger", *PsyCh Journal*, Vol. 1, No. 2, 2012, pp. 90–100.

农村场域内的个体农户和农村合作社组织在参与农村集体行动的合作过程中，在利己性驱使下偏向于选择机会主义的策略，最终倒逼了集体行动的困境。

基于上述的理论分析，在 m_0 型农村社区中，当另一方选择互惠主义策略时，个体农户选择互惠主义的收益为 V_0，而个体农户选择机会主义策略的收益为 V_1；而当另一方选择机会主义策略时，个体农户选择互惠主义的收益为 V_2，而个体农户选择机会主义策略的收益为 0。具体的博弈支付矩阵，见表 2 所示。

表2　　　　　　　　　　　m_0 型农村社区的双向博弈

策略类型	互惠主义	机会主义
互惠主义	(V_0, V_0)	(V_2, V_1)
机会主义	(V_1, V_2)	$(0, 0)$

在表 2 中，为了有效防止策略选择的一般性原则的出现，将收益值的大小，设置为：$V_1 > V_0 > 0 > V_2$。从实践意义来看，即当他人选择互惠主义策略时，农户选择机会主义策略的收益大于其选择互惠主义策略的收益；当他人选择机会主义策略时，农户选择机会主义策略的收益仍然大于其选择互惠主义策略的收益。

而从演化博弈的内生思想来看，对于任一博弈方而言，其决策与策略选择的依据是以行为选择的收益高低为标准的，偏好高收益的策略选择而摒弃低收益选择。[①] 参与博弈过程的多方主体在行为选择过程及其后期选择时会不断调适自身的策略选择，从而改变主体自身的收益，逐渐达到一种稳态性的演化系统状态。而在具体 m_0 型农村社区中，个体农户抑或是农村合作社的双向博弈，其演化博弈的调适过程是选择低于平均收益值的互惠策略，但这个调适概率会逐步降低，但选择高于平均收益的策略的最终概率会逐步增大。由此看出，在此博弈系统结构中，各方利益主体在以严格占优策略为导向的前提下，机会主义策略会被更多行为主体所接纳，最终的博弈系统会收敛于所有行动主体选择机会主义策略，即达到一个演

[①] 参见杨正喜《结构变迁、怨恨集聚、共同命运与华南地区工人集体行动》，《社会科学》2012 年第 7 期。

化稳态性的策略 ESS。① 此时意味着 m_0 型农村社区难以达成稳定有效的集体行动。

(2) m_1 型农村社区参与农村集体行动的博弈分析

m_1 型农村社区兼具了"弱社区记忆与强社会分化"的现实特征，大体上是现代化建设较快的发达区域，具体是指浙江、江苏、上海等长三角区域。随着改革开放的进程不断加快，市场经济不断渗入农村社区，农村经济与社会结构发生显著转型。② 农村社区发展的特征具体表现为农村市场经济要素不断流动，农村劳动力外流程度增大，而农村生产与社会生活呈现衰败现象，农村社区秩序的稳态不明显。在此境况下，农户个体与农村合作社的双向博弈关系呈现出典型的"智猪博弈"，具体博弈支付矩阵，见表 3 所示。

表 3　　　　　　　　农村个体与合作社组织的双向博弈

	合作社的积极策略	合作社的消极策略
农户个体采取合作策略	(r_0, R_0)	(r_2, R_2)
农户个体采取非合作策略	(r_1, R_1)	$(0, 0)$

从上述双向博弈的支付矩阵来看，个体农户与农村合作社参与农村集体行动过程中所获得的彼此收益存在异质性。具体说明，对个体农户而言，当农村合作社以"积极"策略选择来应对，则个体农户以"搭便车"行为，从而采取"非合作"的策略所获得的收益 r_1 大于合作策略能获得的收益 r_0，$r_1 > r_0$。但当合作社以"消极"策略来应对，个体农户采取合作策略将会增加更多交易成本与外部性成本，所能获得收益 r_2 是负值，$r_1 > r_0 > 0 > r_2$。同理可得，对农村合作社而言，当农户选择合作策略时，而农村合作社所采取积极策略所获得的收益 R_0，R_0 小于选择消极策略时的收益 R_2；当个体农户选择非合作的策略时，合作社选择积极策略时所获等的收益 R_1 仍然为正值，$R_2 > R_0 > R_1 > 0$。因此，当个体农户与

---

① 参见冯建华、周林刚《西方集体行动理论的四种取向》，《国外社会科学》2008 年第 4 期。

② 参见杨正喜《结构变迁、怨恨集聚、共同命运与华南地区工人集体行动》，《社会科学》2012 年第 7 期。

农村合作社之间经过长期博弈,个体农户势必会以"非合作"的策略选择,而这亦是严格占优策略,至此个体农户会演变成机会主义行为者,而农村合作社仍兼具了"相机抉择"的机会主义者,最终该博弈模型会演化成(r_1, R_1)的策略选择,即合作社选择积极策略,农户选择不合作策略。同时这亦是一个演化均衡。[①] 综合以上博弈分析可知,在 m_1 社区模式中,个体农户与农村合作社之间很难达成一致性的集体行动。从社会调研的实践过程中得以验证与反馈的是,弱社区记忆和弱社会分化的 m_0 社区类似于贺雪峰等学者所提出的"原子化与细碎化农村"[②],但其最为显著的特征是农户参与农村集体行动过程中扮演着"严格的机会主义者"的角色。

2. 强社区记忆下农村的演化博弈分析

(1) M_0 的农户参与集体行动的博弈分析

M_0 型农村社区兼具了"强社会记忆与弱社会分化"的特征,其具有传统农村乡土社会抑或是熟人社会的特征,多分布在农村传统秩序完好的湘赣地区。在此类型的农村社区中,村民是熟人而非陌生人,差序化格局较明显,村民自觉维系着农村集体行动取向。此外,其积极参与农村集体活动,社会资本与社会关联度集中蕴含于农村社会交往中。

M_0 型农村社区中的个体农户博弈中,当另一方采取互惠主义策略,个体农户选择互惠主义策略时的收益除了合作收益 V_0,还能在此场域内获得选择性激励 Δe,例如相互达成合作的好名声;而弱个体农户选择机会主义策略,尽管能在"搭便车"行为中获得收益 V_1,且其收益大于合作收益 V_0,即 $V_1 > V_0$。但此时会"因机会主义和'搭便车'行为"而造成负面效应,致使双方行为主体的互助合作的交易,而这体现出因"搭便车"所遭受的损失 Δd。

而当另一方采取机会主义策略,虽说个体农户因互惠主义策略而损益了 $V_2 (V_2 < 0)$,但却获得好名声,因而在后续交往和合作交易过程中能

---

① 参见[美]赫伯特·金迪斯《演化博弈论——问题导向的策略互动模型》,王新荣译,中国人民大学出版社 2013 年版,第 11 页。

② 农村社区的"原子化与细碎化"详见于贺雪峰学者的注解(参见贺雪峰《论中国农村的区域差异——村庄社会结构的视角》,《开放时代》2012 年第 10 期。),一旦农村社区演变成原子化的形态,势必形塑农户的行为方式。与此同时,人地关系状况和生态条件,使得居民缺乏相互协作的压力和动力,村庄内生性规范没有得到内外部环境强有力的激发,人们生活在一个相对自由的环境之中,靠个人力量来应对环境变化,而机会主义的滋生与蔓延终将会影响到农户行为。

获得更多互助交易机会,换言之可获得较高的奖励性补偿 Δr。由此看出,与 m_0 型的农村社区有着异质性特点,在 M_0 型的农村社区中,传统的农村社区因规范、宗法、民俗文化的存在,使得选择性激励和惩罚机制能对社区内的村民产生影响效应,同时这种影响效应是持续且能自我实施的。因此,M_0 型的农村社区最终演化为博弈收益支付矩阵,具体见表4。

表4 M_0 型农村社区中农户参与农村集体行动的博弈支付矩阵

决策模型	互惠主义	机会主义
互惠主义	$(V_0 + \Delta e, V_0 + \Delta e)$	$(V_2 + \Delta r, V_1 - \Delta d)$
机会主义	$(V_1 - \Delta d, V_2 + \Delta r)$	$(0,0)$

设定在任意时点上个体农户所选择互惠主义策略的可能性为 X_1,则其采纳机会主义策略的可能性为 X_2,且满足于:$X_1 + X_2 = 1$,此时个体农户的收益矩阵为:

$$\begin{bmatrix} V_0 + \Delta e & V_2 + \Delta r \\ V_1 - \Delta d & 0 \end{bmatrix} \Rightarrow \begin{bmatrix} V_0 + \Delta e - V_1 + \Delta d & 0 \\ 0 & -(V_2 + \Delta r) \end{bmatrix} = \begin{bmatrix} a_1 & 0 \\ 0 & a_2 \end{bmatrix}$$

根据 Weibull[①] 的处理方法,在 M_0 型农村社区中,个体农户选择互惠主义策略时所形成的复制动态方程为:

$$\frac{dX_1}{dt} = (a_1 X_1 - a_2 X_2) X_1 X_2$$
$$= [(V_0 + \Delta e + \Delta d - V_1 - V_2 - \Delta r) X_1 + V_2 + \Delta r](1 - X_1) X_1$$

令 $\frac{dX_1}{dt} = 0$,可计算出三项平衡点,具体为:

$$X_1^* = \left(0 \quad 1 \quad \frac{-(V_2 + \Delta r)}{(V_0 + \Delta e + \Delta d - V_1 - V_2 - \Delta r)} \right) = (0 \quad 1 \quad \mu)$$

根据 Weibull 所建构出的核定标准,上述三项平衡点的演化稳定,具体见表5所示。

---

① Weibull J. W, "The 'as if' Approach to Game Theory: Three Positive Results and Four Obstacles", *European Economic Review*, Vol. 38, 1994, pp. 868 – 881.

表5　　　　　　　　　　局部稳定性分析

a_i/X_1^*	$X_1^* = 0$	$X_1^* = 1$	$X_1^* = \mu$
$a_1 > 0, a_2 > 0$	ESS	ESS	—
$a_1 < 0, a_2 < 0$	不稳定	不稳定	ESS
$a_1 > 0, a_2 < 0$	不稳定	ESS	—
$a_1 < 0, a_2 > 0$	ESS	不稳定	—

为了有效剖析出上述的"局部稳定性",有必要对此进行深入探究,在不同 a_i/X_1^* 条件下,具体博弈选择如何。

一是当 $a_1 > 0, a_2 > 0$ 时,其演化稳定均衡点在于 $X_1^* = 0$, $X_1^* = 1$。其实践意义体现为,当另一方选择互惠主义策略时,尽管个体农户选择机会主义策略时的收益大于选择互惠主义策略时的收益,即 $V_1 > V_0$,但其选择过程会遭遇选择性激励 Δe 与惩罚性损失 Δd,且其能够有效弥补 V_1 与 V_0 之间的差额。由此看出,个体农户的最佳策略选择是互惠主义策略。而当另一方选择机会主义策略时,个体农户因选择互惠主义策略而遭受的损失 V_2 尚不及因此策略选择而获得的奖励性补偿 Δr,此时个体农户的最佳策略选择是机会主义策略。基于上述博弈阐释,在任一时间点 t,个体农户即时的互惠主义策略比例 X_1 决定了最终的演化博弈结果。因此,当 $X_1^* > \mu$,收敛于 $X_1^* = 1$,即所有博弈参与人都将采取互惠主义策略;当 $X_1^* < \mu$,收敛于 $X_1^* = 0$,即所有博弈参与人都将采取机会主义策略。

二是当 $a_1 < 0, a_2 < 0$ 时,M_0 型农村社区中个体农户与另外一方的双向博弈为"鹰鸽博弈",此时的 $X_1^* = \mu$ 是场域内唯一性的演化稳定均衡点。具体实践意义在于:当另一方选择互惠主义策略时,基于所获得选择性激励与惩罚性损失较小,个体农户所选择的策略是机会主义;而当另一方采取机会主义策略时,奖励性补偿比较丰裕,个体农户更偏向于互惠主义策略。因此,在任意时点 t,个体农户倾向于何种策略选择,取决于此阶段过程中能够采取互惠主义策略的农户比例大小值 X_1,当 $X_1^* > \mu$ 时,农户倾向于采取机会主义策略;当 $X_1^* < \mu$ 时,农户倾向于采取互惠主义策略。换言之,比例为 μ 的农户选择合作,而其余农户则选择"搭便车"行为。

三是当 $a_1 > 0, a_2 < 0$ 时,$X_1^* = 1$ 是唯一的演化稳定均衡点,此时的

互惠主义是"严格占优"策略选择。其具体现实意义在于,在农村社区场域内,当选择性激励、惩罚性损失过大,且奖励性补偿足够丰裕,则场域内的所有个体农户始终会选择互惠主义策略。

四是当 $a_1 < 0, a_2 > 0$ 时,$X_1^* = 0$ 是唯一的演化稳定均衡点,此时的机会主义是"严格占优"的策略选择。其具体现实意义在于,一旦场域内出现选择性激励与选择性惩罚比较小,且奖励性补偿也比较低的情况,场域内的所有个体农户的策略选择仍是机会主义。

（2）M_1 型农村社区农户参与合作社行动的演化博弈分析

M_1 型农村社区是强社会分化以及社会记忆影响下的现行"熟人社会"的演化模式,常见于东南沿海区域（福建、广东）的农村。强社区记忆能为农村社区经济与社会发展带来资金、项目、外部关注和社会交易等,同时随着市场经济的不断渗入,农村社区精英的嵌入,其逐步演化为社区参与角色嵌入农村合作社的发展与经营中,通过投资、借贷、农业技术的培训等,与个体农户达成较为紧密的社区良性关系。

在兼具了强社区记忆与强社会分化特征的 M_1 型农村社区,个体农户与农村合作社的双向博弈过程中,当农村合作社选择积极策略时,个体农户是否采纳合作互惠的策略选择取决于此行为过程所能获得收益是 r_0 抑或是 r_1,及其能从农村合作社中获得的关联性奖励 Δr,或是惩罚 $-\Delta r$。

与此相对应,当个体农户采纳合作的策略选择时,农村合作社倘若选择积极的策略,农村合作社除了能与个体农户合作过程中获利 R_0,还需支付额外的交易与管理成本 ΔC。并因行为而获得个体农户的信任,增加了其在农村场域内的社会资本 ΔR。农村合作社采纳消极的策略选择,尽管其可从双方的合作互动过程中获利 R_2,但因此行为而有损信任,进而降低了其社会资本 ΔR。在 M_1 型农村社区中个体农户与农村合作社之间的双向博弈支付矩阵,详见表6。

表6　　　　　　　　　　M_1 型农村社区中的双向博弈

策略类型	合作社采取积极策略 k_1	合作社采取消极策略 k_2
农户个体采取合作策略	$(r_0 + \Delta r, R_0 - \Delta C + \Delta R)$	$(r_2, R_2 - \Delta R)$
农户个体采取非合作策略	$(r_1 - \Delta r, R_1 - \Delta C)$	$(0, 0)$

为了使得所设立的不失为一般性的假设，对社会资本的增存量、交易与组织管理成本以及关联性的惩罚（奖励）的满足条件，即 $\Delta R > \Delta C$，$\Delta R > R_2, \Delta C > R_1, \Delta r > (r_1 - r_0)/2$。此外，在任意时点上，假设个体农户所接纳"合作与非合作"策略的比例分别为 X_1 与 X_2，其必然要符合 $X_1 + X_2 = 1$ 的条件；而对于农村合作社而言，其积极与消极策略选择比例为 K_1 与 K_2，且需符合 $K_1 + K_2 = 1$ 的条件。

因此，个体农户最终收益矩阵，如下：

$$\begin{bmatrix} r_0 + \Delta r & r_2 \\ r_1 - \Delta r & 0 \end{bmatrix} \Rightarrow \begin{bmatrix} r_0 + 2\Delta r - r_1 & 0 \\ 0 & -r_2 \end{bmatrix} = \begin{bmatrix} \alpha_1 & 0 \\ 0 & \alpha_2 \end{bmatrix}$$

而从上式的表达过程，显然可以看出，$\alpha_1 > , \alpha_2 > 0$，且 Δr 的引入会使得农户个体从"严格机会主义者"演变成"相机选择的合作者"。

因而，农村合作社最终收益矩阵，如下：

$$\begin{bmatrix} R_0 + \Delta R - \Delta C & R_1 - \Delta C \\ R_2 - \Delta R & 0 \end{bmatrix} \Rightarrow \begin{bmatrix} R_0 + 2\Delta R - \Delta C - R_2 & 0 \\ 0 & -(R_1 - \Delta C) \end{bmatrix}$$

$$= \begin{bmatrix} \beta_1 & 0 \\ 0 & \beta_2 \end{bmatrix}$$

同样看出，$\beta_1 > 0$，$\beta_2 > 0$，且 ΔR、ΔC 的引入会致使农村合作社的博弈选择从初始的"相机抉择的消极机会主义者"转向"相机抉择的积极合作策略"。

同样基于 Weibull 的动态处理方法，在 M_1 型农村社区，个体农户所采取合作策略及农村合作社所采取积极策略时的复制动态方程，分别为：

$$\frac{dX_1}{dt} = (\alpha_1 X_1 - \alpha_2 X_2) X_1 X_2 = [(\alpha_1 + \alpha_2) X_1 - \alpha_2](1 - X_1) X_1$$

$$\frac{dK_1}{dt} = (\beta_1 K_1 - \beta_2 K_2) K_1 K_2 = [(\beta_1 + \beta_2) K_1 - \beta_2](1 - K_1) K_1$$

为此，令 $\frac{dX_1}{dt} = 0$，$\frac{dK_1}{dt} = 0$，得到如下的平衡点：

$$X_1^* = \left(0 \quad 1 \quad \frac{\alpha_2}{(\alpha_1 + \alpha_2)}\right) = \left(0 \quad 1 \quad \frac{-r_2}{(r_0 - r_1 - r_2 + 2\Delta r)}\right) = (0 \quad 1 \quad \omega)$$

$$K_1^* = \left(0 \quad 1 \quad \frac{\beta_2}{(\beta_1 + \beta_2)}\right) = \left(0 \quad 1 \quad \frac{-(R_1 - \Delta C)}{(R_0 - R_1 - R_2 + 2\Delta R)}\right) = (0 \quad 1 \quad \lambda)$$

根据 Weibull 提出的方法，通过对复制动态方程组求解出的偏导数，得到相应的矩阵，并计算出其在 5 个平衡点的行列式的值域符号以期来判定出复制动态方程平衡点的演化稳定性，如表 7 所示。

表 7　M_1 型农村社区个体农户与农村合作社的演化博弈的局部稳定性分析

平衡点	det(J)	矩阵 J 的迹	局部稳定性
$X_1^* = 0, K_1^* = 0$	$\alpha_2 \beta_2$	—	ESS
$X_1^* = 1, K_1^* = 1$	$\alpha_1 \beta_1$	—	ESS
$X_1^* = 0, K_1^* = 1$	$\alpha_1 \beta_2$	+	不稳定
$X_1^* = 1, K_1^* = 0$	$\alpha_2 \beta_1$	+	不稳定
$X_1^* = \omega, K_1^* = \lambda$	$\dfrac{\alpha_1 \alpha_2 \beta_1 \beta_2}{(\alpha_1 + \alpha_2)(\beta_1 + \beta_2)}$	0	鞍点

由表 7 中可以看出，在复制动态系统中存在两个演化博弈均衡点，分别是 (0,0)，(1,1) 以及鞍点，以鞍点为中心，可以将演化博弈的相位图分为 4 个分区，其演化图景如图 2 所示。

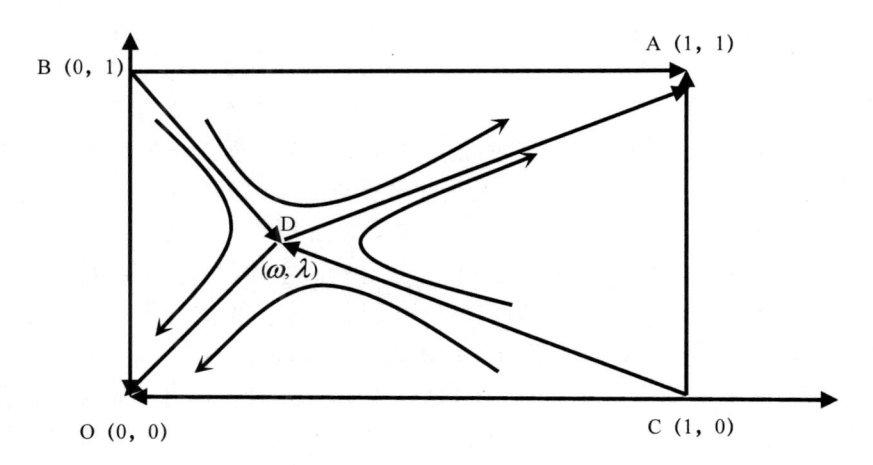

图 2　农村合作社与个体农户演化博弈的动态相位

从图 2 中可看出，农村集体行动演化博弈系统的最终决策路径取决于两条件：一是博弈行为发生时的初始状态，二是博弈图形中鞍点所处的位置。对任意时点 t，表 7 中的相关参考系数决定了双方行为主体在互动博弈过程中的初始状态。而在图 2 中的具体区域划分，当初始状态处于 $BOCD$ 区域内，个体农户与农村合作社之间的共同策略选择是（非合作，消极），此时的博弈系统收敛于 $(0,0)$；而当初始状态处于 $ABDC$ 区域时，个体农户与农村合作社之间的共同策略选择会转变成（合作，积极），而此时的博弈系统收敛于 $(1,1)$。

但从长期演化博弈的均衡效果来看，个体农户与农村合作社的演化博弈结果最终只有两项，分别为非合作/消极的策略选择 $(0,0)$、合作/积极的策略选择 $(1,1)$。选择何种策略取决于鞍点在区域内的位置。因此，当博弈双方主体的相关收益系数发生转变时，区域内的鞍点 D 势必需要调适性的移动。倘若因鞍点 D 的移动而引致了 $ABDC$ 区域面积增大，则此时博弈系统收敛于 $(1,1)$ 的可能性势必会增大，而这意味着个体农户与农村合作社更偏向于（合作、积极）的策略选择。

四 结论与进一步反思

基于上文不同类型的农村社区，无论社会分化处于强抑或是弱，对于弱社区记忆的农村社区而言，个体农户与农村合作社是难以形成一致而稳定有效的合作关系。但强社区记忆的农村社区能够有效收敛于（合作，互惠）的演化博弈均衡点。在对此演化博弈过程和模式结果分析中，最为重要的是，能够影响理性人的行为主体，无外乎以下三个原则：一是个体抑或是集团组织（农村合作社）追求个体性的最大化利益；二是个体农户与其他利益主体博弈的有效反应；三是行为主体的行为损益易受到外部激励和约束条件的影响。[1] 以上显然可看出，利益主体行为的外部性激励与约束可以影响主体行为的行为动机以及后续行为路径。而农村集体行动的参与人不单单是个体农户，还囊括了农村合作社。通过个体农户内嵌于农村合作社，形成一个利益集团，但其能否有效形成有序性农村集体行

---

[1] 参见 Robb Willer, "Dissertation Abstract: A Status Theory of Collective Action", *Experimental Economics*, Vol. 10, No. 2, 2007, pp. 189–190.

动，有赖于各个行为主体间的合作意识。① 之所以强调集体行动中的合作意识的建立，不仅是集体内部所需的内生性凝聚力，关键在于：一是缺乏合作意识的个体农户在农村集体行动中不受外部行为规范的约束，势必会影响农村合作社与个体农户参与农村集体行动的运行效率，最终倒逼了集体行动困境的发生。② 因而，借助于外部显性激励机制的建构，有利于引导集团内部个体成员的正确行为决策。二是隐性社会激励机制在中国农村社区的集体行动中具有显著性贡献。这种隐性激励机制内生于中国农村的"熟人社会"格局，进而形成了以血缘、地域为纽带的差序格局社会。因此，农村社会资本、非正式支持、风俗民情及农村传统道德秩序等都会影响农村社区集体行动的走向，甚至映射于乡村治理质量的提升。③

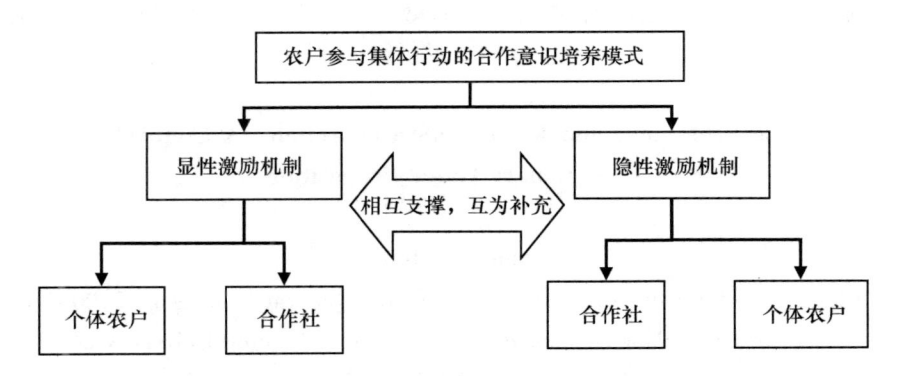

图3 农户与合作社参与农村集体行动的合作意识培养模式

基于上文的博弈矩阵分析以及理论阐释，个体农户与农村合作社以合作模式参与农村集体行动过程中，其必然要考量的合作意识培养机制由显性激励机制与隐性激励机制两个体系所构成，如图3所示。在图3中，显性激励机制的关键在于将个体农户采取积极、互惠主义以及合作策略选择

---

① 参见 Daniel Little, "Collective Action and the Traditional Village", *Journal of Agricultural Ethics*, Vol. 1, No. 1, 1988, pp. 41–58.
② 参见王国勤《集体行动中的"准组织化"及策略应对》，《南京社会科学》2014年第12期。
③ 参见詹国辉《乡村治理质量提升与村民幸福感的关联效应——基于村庄调查的经验证据》，《探索》2021年第5期。

所获得的奖励以及惩罚客观陈述,比如在 M_0 社区中的选择性激励(Δe)、奖励性补偿(Δr)、选择性惩罚(Δd),及在 M_1 社区中的关联性奖励(Δr)和关联性惩罚($-\Delta r$)。进而通过设计为显性化的货币报酬性激励抑或是惩罚性约束,以此来引导个体农户参与集体行动的行为。而对于隐性激励机制而言,表现为一种非货币激励方式,通过强化社区的名声以及信誉等内生隐性机制,减少个体农户在参与农村集体行动中的机会主义行为。[①] 换言之,在个体农户与农村合作社的合作过程中,强化社会资本的嵌入,进而将其有效培育以便有效形成合作格局。显性激励机制与隐性激励机制在农村社区中相互嵌入,相互支撑,互为补充,从而引导个体农户参与农村集体行动时更倾向于积极合作、互惠主义的策略选择,建构出个体农户与农村合作社之间的长效合作关系,并在此过程中积极培养合作意识。

Social Memory and Rural Collective Action: A Coupled Evolutionary Game Proposition

Zhan Guo hui[1,2]

(1. School of Sociology, Nanjing University, Nanjing, Jiangsu, 210046
2. Government Management Research Center, Nanjing University of Finance and Economics, Nanjing, Jiangsu, 210023)

Abstract: the resolution of collective action dilemma is related to the process of rural revitalization, and the Localization Practice of Rural Revitalization Strategy also depends on the achievement of village social memory. This paper attempts to construct an analytical framework of social memory embedded in rural collective action. This paper classifies rural communities with social differentiation and social memory, and explores the evolutionary logic of collective action between individual farmers and cooperatives from the perspective of evolutionary game. The study found that:

---

① 参见 Eniola Fabusoro, "Use of Collective Action for Land Accessibility among Settled Fulani Agro-Pastoralists in Southwest Nigeria", *Sustainability Science*, Vol. 4, No. 2, 2009, pp. 199–213.

whether in the pre-conditions of weak social differentiation or strong social differentiation, rural communities with strong community memory characteristics will promote the collective action of rural communities to converge to the evolutionary game equilibrium of cooperation and mutual benefit, so as to effectively avoid rural "free riding" behavior. Accordingly, this paper puts forward the cooperative consciousness training mode of farmers' participation in cooperatives, so as to optimize rural collective action and further improve the quality of rural governance, in order to comprehensively promote rural revitalization.

Key Words: Social Memory; Rural Collective Action; Evolutionary Game; Rural Vitalization

乡村振兴研究

◆ **教育援藏促进西藏乡村振兴：时代内涵、根本目标与路径优化——基于内地西藏班和"组团式"教育人才援藏政策的分析**

教育援藏对新时代背景下实现西藏乡村振兴具有重要作用，从教育的个体发展功能层面而言，乡村振兴背景下的教育援藏必须全面提升育人水平，为进一步实现乡村振兴的社会主义精神文明、进一步铸牢中华民族共同体意识奠定基础。从教育的社会发展功能层面而言，应帮助西藏教育系统全方位衔接乡村振兴需求，发挥好服务支撑功能。"组团式"教育人才援藏的"引进来"模式和内地西藏班的"走出去"模式是教育援藏的两种代表性模式。为实现教育援藏促进西藏乡村振兴的目标，应进一步优化"引进来"和"走出去"的援藏模式，充分利用各对口援藏省市的人才援助资源，提升西藏师资队伍水平，拓展创新乡村振兴人才培养方式，优化升级教育基础条件，推动实现教育信息化、智能化，建构更加灵活丰富多元的教育援藏政策体系。构建立足于教育均衡发展目标和中华民族共同体意识，具有中国特色的民族教育发展政策体系，是未来西藏乃至民族地区实现乡村振兴的根基。

◆ **环境政策如何促进农村居民生活自觉亲环境行为发生？——基于生产与生活环境政策交互的视角**

农村居民在生活中自觉实施亲环境行为是建设美丽中国的重要因素。然而，农村居民生活自觉亲环境行为尚未得到有效的引导。根据政策实施领域的不同，本文将生态环境政策分为生产环境政策和生活环境政策，采用回归分析与模糊集定性比较分析法结合的方式，从生产与生活环境政策交互的视角探索生态环境政策的联动匹配关系对农村居民生活自觉亲环境行为的作用效果。研究表明：生产命令型政策、生产技术指导、生活沟通扩散型政策和生活服务型政策能显著促进农村居民生活自觉亲环境行为的实施；生产环境政策和生活环境政策的联动匹配促使农村居民生活自觉亲环境行为发生的路径共有 3 条；农村居民生活自觉亲环境行为的驱动机制存在因果非对称性，导致非自觉亲环境行为发生的路径与自觉亲环境行为发生的路径并非完全相反。

◆ 新时代农民参与和数字乡村建设协同创新：理论逻辑、现实困境与实践路径

农民作为数字乡村建设的主体，实现农民参与和数字乡村建设的协同发展是解放和发展数字生产力，激发乡村振兴内生动力的必然选择。从历史逻辑看，中国共产党始终坚持农民主体地位，充分发挥农民在革命、建设、新时期和新时代乡村建设中的积极性和主动性，实现了农民参与和乡村建设的协同发展，构成了协同创新的依据。从理论逻辑看，农民与数字乡村建设存在着以内容共融性、主体共通性、功能互构性和价值一致性为表征的"互协性"关系，可以为协同机制构建提供动力。新时代农民参与和数字乡村建设协同过程中存在着开放、需求、动力和合作困境，因此，应以政策协同为支撑，以环境协同为依托，以素养协同为核心，以主体协同为重点，增强农民参与和数字乡村建设协同创新的保障力、推动力、内生力和组织力。

◆ 名实分离或名实相符：双重约束下贫困地区基层政府培育农业产业的行动逻辑

贫困地区基层政府在培育农业产业的行动中普遍且长期存在着差异化现象，即名实分离与名实相符并存。这一现象是基层政府在组织内外情境双重作用下理性选择的结果。在试点性压力型体制引导的组织内情境下，贫困地区基层政府在培育农业产业中表现出了强烈的发展主义特征。在具体执行过程中，基层政府会依据组织外情境要素灵活调整既有行动策略。在组织外情境较强的村庄，基层政府会由全面主导者转变为辅助者和协调者，政府与多元主体良性互动保证了农业产业培育契合市场需求，形成了名实相符现象。在组织外情境较弱的村庄，基层政府会延续行政主导的方式，但因为忽略了各个乡村的差异性致使政策执行效率比较低，形成名实分离现象。在普惠性压力型体制引导的组织内情境约束与作用下，贫困地区基层政府只需要对照上级政府的政策标准完成任务即可，追求稳定成为其首要目标。在组织外情境较弱的村庄，基层

政府会继续延续"稳定优先"的行动策略，形成名实分离。与之相反，对组织外情境较强的村庄，基层政府则会由稳定优先转向更具发展主义特征的策略，政策执行结果与政策目标之间的一致性，出现名实相符现象。

教育援藏促进西藏乡村振兴：时代内涵、根本目标与路径优化[*]

——基于内地西藏班和"组团式"教育人才援藏政策的分析

杨长友[1]　黄　静[2]

(1. 中国劳动关系学院　北京　100048；
2. 四川大学公共管理学院　四川成都　610044)

内容提要：教育援藏对新时代背景下实现西藏乡村振兴具有重要作用，从教育的个体发展功能层面而言，乡村振兴背景下的教育援藏必须全面提升育人水平，为进一步实现乡村振兴的社会主义精神文明、进一步铸牢中华民族共同体意识奠定基础。从教育的社会发展功能层面而言，应帮助西藏教育系统全方位衔接乡村振兴需求，发挥好服务支撑功能。"组团式"教育人才援藏的"引进来"模式和内地西藏班的"走出去"模式是教育援藏的两种代表性模式。为实现教育援藏促进西藏乡村振兴的目标，应进一步优化"引进来"和"走出去"的援藏模式，充分利用各对口援藏省市的人才援助资源，提升西藏师资队伍水平，拓展创新乡村振兴人才培养方式，优化升级教育基础条件，推动实现教育信息化、智能化，建构更加灵活丰富多元的教育援藏政策体系。构建立足于教育均衡发展目标和中华民族共同体意识，具有中国特色的民族教育发展政策体系，是未来西藏乃至民族地区实现乡村振兴的根基。

关键词：教育援藏；乡村振兴；政策体系

---

[*] 基金项目：国家自然科学基金面上项目"公共服务个性化如何可能——基于智能决策的城市公共服务精准配置研究"(71974139)，国家社科基金重大项目"'高质量'导向下城乡社区治理和服务体系建设的有效性"(21ZDA110)。
作者简介：杨长友，男，硕士，中国劳动关系学院助教，主要研究教育公共政策；黄静，女，博士，四川大学公共管理学院教授，博士生导师，主要研究公共政策、教育经济与管理。

一　问题提出

　　自西藏和平解放以来，在我国社会主义改革和发展各个阶段，在党中央的领导下，全国各省市的共同努力和西藏广大干部群众自身的努力下，形成了全面系统的援助西藏经济社会发展的援藏局面。正如习近平总书记所强调的："中央支持西藏、全国支援西藏，是党中央的一贯政策，必须长期坚持，认真总结经验，开创援藏工作新局面。"① 在新时代背景下，全面脱贫攻坚的历史任务已经完成，我国的社会主义现代化建设正在朝着新的阶段迈进，而当前西藏正在迈向全面乡村振兴的征途，坚持并优化援藏工作，以更大力度推动西藏社会主义现代化建设和乡村振兴，是一项必须重视的时代课题。

　　习近平总书记在党的二十大报告中指出："教育、科技、人才是全面建设社会主义现代化国家的基础性、战略性支撑。"② 教育培养人才，教育发展科技，教育在西藏社会主义现代化建设中发挥着基础性、战略性作用。而西藏实现全面乡村振兴是西藏社会主义现代化建设的重要方面。巩固拓展教育脱贫攻坚成果同乡村振兴有效衔接，以振兴西藏乡村教育赋能乡村振兴，是教育的职责和使命，教育发展是西藏乡村振兴的重要支撑。当前西藏正处于巩固脱贫攻坚成果同实现乡村振兴目标相衔接的关键发展阶段，教育援藏作为援助西藏的重要政策之一，对促进西藏经济社会发展具有重要作用，是长期以来落实援藏目标由"输血"到"造血"的价值转变的关键举措。在当前形势下，以教育援藏等方式作为重要抓手的援藏工作，是深挖时代内涵，瞄准根本目标，实现路径优化，开创援藏工作新局面十分必要且紧迫的议题。

　　教育援藏是一个广义的概念，包含从中央到地方对西藏教育的人力、物力的援助和政策支持。其中以"组团式"教育人才援藏和内地西藏班（校）政策为代表的教育援藏政策在西藏发展各个时期为其经济社会快速

---

①　习近平：《全面贯彻新时代党的治藏方略　建设团结富裕文明和谐美丽的社会主义现代化新西藏》，《人民日报》2020年8月30日第1版。

②　习近平：《高举中国特色社会主义伟大旗帜　为全面建设社会主义现代化国家而团结奋斗——在中国共产党第二十次全国代表大会上的报告》，人民出版社2022年版，第33页。

发展提供了重要支持和保障。在新时代党的治藏方略和新发展理念的指导下，结合西藏教育和乡村发展的历史与现实，教育援藏促进西藏乡村振兴的重要支点在于支持西藏教育高质量发展，通过教育培养西藏乡村振兴人才，传承优秀文化，营造良好的乡村社会发展氛围，围绕教育现代化目标任务和乡村振兴要求，强化西藏教育发展与乡村经济社会发展的相互影响，着力优化路径，推进通过教育援藏促进西藏乡村振兴，这对于西藏高质量发展具有重要意义。

二 教育援藏促进西藏乡村振兴的时代内涵

随着全国和西藏地区全面脱贫攻坚历史任务的完成，现已进入实现全面乡村振兴的历史发展阶段，教育援藏作为党中央援藏体系的重要组成部分，在西藏建设和发展的各个历史时期和阶段发挥了重要作用。教育援藏的着力点在于促进西藏教育的高质量发展，通过高质量的教育发展体系培养人才、传承优秀民族文化，为西藏乡村振兴提供基础保障。乡村振兴是西藏社会主义现代化的重要组成部分，产业兴旺、生态宜居、乡风文明、治理有效、生活富裕是乡村振兴战略的总要求①，也是全面乡村振兴的根本目标所在。西藏乡村振兴的根本目标和全国的乡村振兴目标一致，即建设产业兴旺、生态宜居、乡风文明、治理有效、生活富裕的西藏乡村。西藏乡村振兴又可以划分为精神层面和物质层面两个维度。大力发展教育、培养优秀乡村振兴人才，是实现西藏乡村振兴目标和社会主义现代化建设的根本选择。教育援藏促进乡村振兴，一方面，要通过教育援藏促进精神层面的发展，教育援藏通过促进西藏教育发展，铸魂育人，为西藏乡村精神文明建设提供重要支撑；另一方面，要通过教育援藏促进物质层面的发展，教育援藏通过人才培养和资源帮扶，为西藏乡村经济社会建设提供动力，以高质量教育赋能西藏乡村振兴。

（一）教育援藏是促进西藏乡村精神文明建设的重要支撑

党的二十大报告中强调坚持以人民为中心的发展思想，以人民为中心，除了在物质层面的价值追求，也需要在人的精神塑造和价值引领方面

---

① 参见《中共中央国务院关于实施乡村振兴战略的意见》，《人民日报》2018年2月5日第1版。

下功夫。尤其是在西藏以及其他民族地区，应坚持立德树人根本目标，加强乡风文明建设，推进有效乡村治理，巩固民族团结进步教育，铸牢中华民族共同体意识，这对于引领新时代乡村精神文明建设，加快西藏乡村振兴发展步伐，推进西藏社会主义现代化建设的高质量实现，更是具有极其重要的意义和价值。

教育援藏的首要任务是促进西藏教育的进一步发展，通过教育援藏，进一步提升西藏教育发展水平，进一步提升西藏地区人民的文化素养，提升价值观念认识，进一步弘扬和传承中华优秀传统文化和西藏优秀民族文化。在新时代背景下，教育援藏必须承担起进一步促进西藏地区教育高质量发展的任务，就文化传承方面而言，教育发展可以传承和弘扬中华民族优秀文化。西藏教育高质量发展可以培养乡村振兴人才，传承和丰富文化，塑造乡风文明形象，促进乡村振兴各方面要求的实现，乡村振兴又进一步作用于教育发展，推动西藏教育高质量发展，实现良性循环。

教育援藏同时还为民族交往、交流、交融提供了重要的窗口，通过交流互动，培育文明乡风、良好家风、淳朴民风，引导群众移风易俗，不断提高农牧区文明程度，焕发西藏乡村文明新气象。从而促进西藏地区的精神文明建设，进一步巩固民族团结进步，建设良好的乡风文明，全面铸牢中华民族共同体意识，为西藏地区全面乡村振兴提供重要支撑。

（二）教育援藏是促进西藏乡村经济社会建设的关键动力

党的二十大报告指出，高质量发展是全面建设社会主义现代化国家的首要任务；教育、科技、人才是全面建设社会主义现代化国家的基础性、战略性支撑。在全面乡村振兴背景下，教育援藏是党和国家的重要战略举措，历史实践表明，党和国家的教育援藏举措为西藏各个时期的经济社会发展提供了重要的支撑，对当前西藏教育发展成绩的取得作出了重大贡献。教育援藏是促进西藏乡村振兴目标实现的重要环节，西藏乡村振兴的实现，乡村振兴战略是关键指引，全面贯彻新发展理念是基本要求。推动西藏经济社会高质量发展，最重要的是巩固脱贫攻坚成果，做好与实施乡村振兴战略的有机衔接。教育援藏要全面服务于新时代党的治藏方略，为西藏长期繁荣稳定发展奠定基础，教育为新时代党的治藏方略的实现提供了根本支撑，是乡村振兴的关键支柱，通过教育援藏促进西藏乡村振兴是时代要求。

就促进西藏乡村经济社会建设而言，关键在于乡村振兴人才培养。需要从修复与构建乡村基础教育、乡村人才教育、乡村文化传承教育出发的大教育观来推动乡村教育改革。着力推动教育均衡发展，创新西藏人才培养方式，培养乡村振兴人才，引导西藏籍高校毕业生充分就业，统筹各类人才向乡村聚集，为西藏经济社会全面发展提供人才支撑。在新的发展格局条件下，引导各类人才主动融入西藏乡村振兴和经济社会发展全局，帮助西藏教育系统全方位衔接乡村振兴需求，发挥好服务支撑功能。充分利用好教育援藏人才和物资资源，对接和服务好乡村振兴战略，围绕乡村振兴中心任务，在教育布局、人才支撑、对口帮扶等领域精准发力。相比于西藏和平解放初期，西藏教育已经取得了历史性、跨越式发展。而全面乡村振兴目标的实现和乡村长期繁荣，仍然需要教育援藏举措的大力支持。

三　教育援藏促进西藏乡村振兴的根本目标

教育援藏的职责在于教育发展，但是教育援藏的目标却不能仅局限于教育的发展。对于教育援藏而言，在建设西藏高质量教育体系的总任务之下，首先要以教育的个人发展功能为主要方向，助力西藏立德树人根本任务的完成，培养新时代西藏经济社会发展的合格建设者和可靠接班人。其次要以教育的社会功能为主要关注点，以推动西藏教育实现持续高质量发展为目标，着力为乡村振兴建设的各层面需求，培养专业对口、业务过硬的专业人才，为西藏的经济社会发展提供支撑。最后还要进一步在长期可持续发展推动方面下功夫，坚持援藏的"造血"功能的价值引领，为建设团结富裕文明和谐美丽的社会主义现代化新西藏[①]根本目标的实现奠定基础。

（一）突出教育个体发展功能，培养适应社会主义现代化发展的时代新人

一是坚持立德树人根本任务，结合教育现代化目标，结合西藏教育发展历史经验和现状，进一步推动西藏教育的高质量发展。要实现西藏乡村振兴，实现中华民族伟大复兴，首先是教育要振兴；建设社会主义现代化新西藏，首先是教育现代化。西藏教育高质量发展，涉及教育发展的各层

---

① 参见《为建设团结富裕文明和谐美丽的社会主义现代化新西藏而努力奋斗》，《西藏日报（汉）》2021年11月27日第2版。

次和各方面，涉及学生发展的各方面。在基础教育阶段，涉及学前教育的发展，义务教育的优质均衡发展，高中阶段涉及普通高中和中职教育的进一步发展等方面，高等教育阶段涉及高等职业教育和普通高等教育发展，人才培养质量等问题。解决人才培养质量的首要问题，在于坚持立德树人根本任务，以社会主义核心价值观为引领，铸魂育人，打牢学生发展的思想之基，全面铸牢中华民族共同体意识。

二是解决好"培养什么人、怎样培养人、为谁培养人"这个根本问题。进一步聚焦教育均衡发展基本要求，以师资队伍建设和学生全面发展为出发点，提升西藏教育的软实力。在师资队伍建设方面，教育援藏人才对西藏地区的师资队伍水平提升的帮扶力度要进一步加强，要把内地的先进教育教学理念融入西藏，与当地教师要密切合作联系，实现教育教学改革更新，加大师资培训交流力度，引导西藏本地教师在教育教学方式方法方面的快速提高。在学生发展方面，援助省市要坚持立德树人根本任务，进一步促进民族间师生交往交流交融，铸牢中华民族共同体意识，厚植学生爱党爱国爱社会主义情怀；引导学生努力学知识、增本领、强体魄，实现全面发展；要以学生全面发展为根本旨归，从学生的身心健康到知识学习要全方位促进，切实帮助受援地市学生的全面发展。

（二）把握教育社会发展功能，为建设社会主义现代化新西藏提供保障

首先要进一步明确教育援藏的中心目标，以巩固基础教育阶段教育援助和加强职业教育与高等教育为根本方向，持续推进西藏教育的全方位发展。明确自身定位，结合西藏经济社会发展和乡村振兴要求调整教育援藏重心，更加高效精准推动西藏教育发展。其中乡村振兴主要涉及两个方面。一方面是巩固西藏基础教育阶段援助成果，进一步提升西藏基础教育质量，实现教育均衡发展，为教育现代化目标奠基。另一方面是职业教育和高等教育方面需要进一步加强。提高人才培养质量，既要平衡好西藏自身乡村振兴的人才需求，也要考虑到学生的自我发展和就业选择。乡村振兴背景下，教育援藏应当以教育现代化目标为基本要求，结合援助地市的教育现状和社会发展情况，投入人力、物力，帮助受援地市的中小学建立起现代化的教育教学环境，持续推进教育信息化、智能化建设，实现教育环境的现代化更新升级。集中优势资源进行重点突破，对薄弱地区和薄弱学校进行帮扶提升，实现优质教育资源的均衡供给，体现教育公平。

其次要进一步聚焦教育援藏和西藏乡村振兴任务要求，要紧密结合党和国家对西藏发展的战略规划和要求。党中央明确要求，新时代西藏发展的根本目标，就是要努力建设团结富裕文明和谐美丽的社会主义现代化新西藏。[①] 结合新时代党的治藏方略和乡村振兴的根本要求，教育援藏的根本目标就是，在继续承担教育援藏基本任务的前提下，进一步优化援助路径，构建新的教育援藏政策体系，形成更加完善、有效的教育援藏体制机制，实现西藏教育高质量发展和乡村振兴的优质高效循环机制，持续不断为实现团结富裕文明和谐美丽的社会主义现代化新西藏提供动力。

在乡村振兴背景下，西藏进入加快推进社会主义现代化西藏新征程，推动西藏全面进步需要加快教育事业发展，培养越来越多与新时代发展要求相适应，堪当时代重任的建设者和接班人，用教育带动西藏发展，才能为西藏的发展奠定最为坚实的基础。要落实好教育政策，进一步提升教育质量，为乡村振兴培养实用型人才。具体说来，教育促进西藏乡村振兴，关键要实现教育与经济社会发展各方面的衔接。教育援藏政策对于促进西藏乡村振兴具有十分重要的意义。应结合西藏自身优势，充分挖掘发展潜力，紧密联系内地和西藏，通过教育援藏平台，扩大交流机制，为乡村振兴提供新的视野、方法和路子，带动社会氛围，从而实现全方位的整体提升。

（三）强调教育援藏"造血"功能，为西藏长期可持续发展打牢基础

长期以来的援藏目标，都是希望全国各地通过一定的人力、物力的"输血史"援助，进而帮助西藏地区快速发展，弥补短板，快速跟上发展步伐，同时也希望能够进一步激发西藏内部发展动力，实现由"输血"到"造血"的援助目标。在全方位的援藏行动中，尤其以教育援藏的"造血"功能最为明显，结合西藏地区的现实经济社会发展，基于人才培养的方式，更容易激发西藏地区内生发展动力。

在乡村振兴背景下，教育援藏通过有针对性的培养人才，对西藏地区的乡村发展提供直接的人才支持，同时也需要着眼于长远，长期布局规划，通过教育援藏，因地制宜地采取援助措施，结合地域发展特色和资源要素，帮助西藏地区培养具有长期可持续发展动力的人才，这样才能充分体现教育援藏的"造血"功能，为西藏长期可持续发展打牢基础。

---

① 参见《为建设团结富裕文明和谐美丽的社会主义现代化新西藏而努力奋斗》，《西藏日报（汉）》2021年11月27日第2版。

四 基于教育援藏时代内涵与根本目标的案例分析

自西藏和平解放以来,教育援藏的方式经历了漫长的历史变迁,最初主要以选派教师进藏为主,这一模式在具体的实行过程中仍然面临很大局限。后来,1984年第二次西藏工作座谈会上讨论通过了"内地西藏班(校)"的异地办学模式,随后于1985年9月启动了内地西藏班(校)的招生培养。自2016年起,"组团式"教育人才援藏政策作为新的教育援藏方式得到进一步发展。除此之外,还有不同形式和期限的教育援助机制。不论何种方式的教育援藏,大体上可以按照主要受援方式分为两类,一类是以西藏班为主要代表的"走出去"形式的教育援助,另一类是以组团式教育人才援藏为主要代表的"引进来"形式的教育援助。两类教育援藏体系在一定程度上互补,也存在各自的局限与困难,为教育援藏促进西藏乡村振兴带来一定的挑战。

(一)以"走出去"为核心援助特征的西藏班政策

1. 历史经验和成就

以内地西藏班(校)政策为例,自1985年以来,目前已经在全国13个省市的20所中学开办内地西藏初中班,20个省市的30所中学开办内地西藏高中班,并于2020年开始,在天津、河北等12个东中部发达地区开办内地西藏中职班。[①] 37年以来,根据西藏经济社会发展和全国教育发展情况,不断调整深化内地西藏班(校)的办学层次和类型,目前为止已基本形成了包括初中、高中、中职、专科、普通本科和研究生教育在内的较为完整的办学体系。截至2021年,内地西藏班(含中职班)累计招生14.3万人,向西藏培养输送了5.6万余名中专及以上各级各类人才,内地各支援省市投入各项专项经费年累计近3亿元。[②] 这不仅为西藏整体的教育发展作出了巨大贡献,同时也为西藏与内地之间的文化、经济、人员的交往、交流、交融提供了重要的平台。

2. 乡村振兴背景下的目标任务

对于乡村振兴来讲,这一援藏政策有着更加重要的深远意义,内地西

[①] 参见马佳《内地办学为民族地区发展培养人才》,《中国民族教育》2021年第Z1期。
[②] 数据来源:西藏自治区网络安全和信息化委员会办公室公开报道材料。

藏班已成为宣传党和国家民族政策以及西藏工作的重要窗口。内地西藏班的学生通过在内地的学习，有了开阔的视野和丰富的经历，内地西藏班成为增进各民族交往交流交融和维护民族团结的坚强阵地，成为促进西藏经济发展、社会稳定和长治久安的重要人才培养基地。内地西藏班是贯彻党的教育方针的具体体现，是落实党的民族政策的生动实践，对于维护平等团结互助和谐的社会主义民族关系，促进各民族共同团结奋斗、共同繁荣发展具有十分重要的意义。

乡村振兴背景下，各省市要进一步强化内地西藏班人才培养和模式优化。一是要加强高中和中职教育，实现援助资源的充分和精准供给，结合西藏地区乡村和经济社会发展特点，紧紧围绕"为谁培养人、培养什么人、怎样培养人"这个核心问题，以社会主义核心价值体系和社会主义核心价值观为引领，以爱国主义和铸牢中华民族共同体意识为基础，有针对性地提升学生基本素质，培养内地西藏班学生的基础知识和职业技能。二是要进一步厚植内地西藏班学生的爱国主义情怀，加强学生与内地的联系，引导他们在毕业以后能够将先进的发展理念带回西藏，同时能够结合西藏自身优势，充分挖掘发展潜力，紧密联系内地和西藏，通过内地西藏班的平台，扩大交流机制，为乡村振兴提供新的视野、方法和路子，带动社会氛围，从而实现发展水平全方位整体提升。三是要以教师队伍建设为重点，坚持教育培养与管理服务并重，提升教育教学水平，铸牢中华民族共同体意识，全面优化育人质量，培养出服务于西藏经济社会发展和实现乡村振兴的现代化人才。

（二）以"引进来"为核心援助特征的组团式教育人才援藏政策

1. 历史经验和成就

以"组团式"教育人才援藏为例，自 2016 年以来，由中组部、教育部等部门组织实施，由 17 个对口支援省市组织专任教师和管理干部，已经连续派出 3 批次 1600 余人进行为期三年的长期驻藏支援，另外还有不少短期援藏人员。目前已累计选派 2076 名教育人才通过"以省包校"的形式支援西藏 21 所中小学，辐射带动西藏基础教育质量整体提升。实施"青蓝工程"等教师能力提升项目，组织师徒结对 677 对，帮带本地教师 1129 名；选派西藏 679 名教师赴支援省市学校跟岗学习；开展"送教下乡"等教学指导等帮扶活动 168 批 1485 人次，邀请 134 批 730 名专家名师进藏送教送培，受益教师达5万余人次。① 这些举措为西藏教育发展注入了强大动力。

2. 乡村振兴背景下的目标任务

随着从全面脱贫攻坚到乡村振兴的历史跨越，教育赋能西藏经济社会发展的目标和任务也发生着变化，2022年强师计划助力社会发展目标举措，融合乡村振兴政策，凸显师资队伍科学化新任务新要求，为深化西藏教育发展和乡村振兴目标增加新的内涵。当前"组团式"教育人才援藏政策应当紧紧围绕教育现代化的根本要求，结合西藏具体的教育发展水平，继续推动教育高质量发展，提升师资力量水平，提升教育信息化程度，提升教育管理水平。应牢牢聚焦教育信息化和智能化发展要求，区域性教育均衡和城乡一体化目标，进一步提升西藏教育发展质量。

教育支持乡村全面振兴的关键作用，是西藏和其他民族地区的社会发展进程中不可忽视的重要一环，"组团式"教育人才援藏作为支持西藏教育发展的重要政策之一，把握教育促进西藏全面乡村振兴发展重要任务，对帮助西藏扎实推进城乡学校共同体的建设，早日实现全面乡村振兴目标，具有不可替代的重要作用。面对乡村振兴新要求，一是要进一步优化当前"组团式"人才援藏在援藏学校精准性、援藏人才培养和交流、评价和考核等政策、制度和规定方面仍然存在的不完善的地方，以及与内地西藏班等其他援助政策缺乏协同等。二是要立足新发展阶段，贯彻新发展理念，服务新发展格局，努力办好高质量教育，实现西藏教育均衡发展，要进一步提升政策的系统性、整体性和协同性，优化组团式援藏人才的结构和支援学校的分布，更加聚焦于乡村地区，实现更广阔的援助效果辐射，高效优质服务乡村振兴发展大局。

五 促进西藏乡村振兴的教育援藏路径优化

（一）聚焦教育援藏促进西藏乡村振兴基本任务，夯实西藏教育发展基础

教育是实现西藏乡村振兴的重要支点，在新的发展起点上，教育援藏

---

① 参见李昌禹《近7000名援藏干部人才助力西藏发展》，《人民日报》2022年8月16日第1版。

要进一步凸显教育担当，聚焦教育援藏促进西藏乡村振兴基本任务、根本目标，进一步聚焦教育均衡发展目标，抓住西藏教育事业发展关键，整合援藏资源，着力提升师资队伍水平，加快推进西藏义务教育城乡一体化，促进教育公平，全面推进教育事业优质均衡高质量发展，夯实西藏教育发展基础。

首先，利用好援藏资源，进一步提升西藏区内教师队伍水平，实现优质教育资源的软实力建设。教师队伍不仅是西藏教育发展的主体，也是西藏乡村振兴的参与者和主力军。教师队伍素质和能力的高低，与振兴乡村教育的目标能否实现息息相关。一是要创新教师补充机制，充分利用好"组团式"教育人才援藏等教育人才援藏政策，加大学习培训力度，加大紧缺学科尤其是理科教师的配置和培养。二是要进一步实现优质教师资源的共享和均衡配置。三是要提升援藏教师的福利待遇，从物质、精神等方面给予乡村教师更多的关怀，并在评职、晋升等方面给予必要的政策倾斜。四是要加强定点帮扶，打造交流平台，通过开展讲座、宣讲等活动，就教学理念、教学方式等进行沟通交流、相互学习。与更多同行加强交流，通过更多、更规范的平台学习专业技能，提升获得感和幸福感。

其次，通过多样化手段提升西藏学生学业发展水平，实现教育资源、教育过程和教育结果上的公平获得。教育援藏要进一步引导关注西藏乡村地区的教育发展，引导乡村教育通过运用网络技术，加强同内地援助省市的交流学习，增进了解、拉近距离，共同培育学生的中华民族共同体意识，实现优质教育资源的共享共学，最终实现全面发展的根本目标。

最后，以更大力度支持教育基本环境建设，帮助实现教育信息化、智能化，实现提升教育质量的平台建设。要进一步推动农村教育信息化建设。积极对接国家智慧教育平台，同全国各地的中小学师生共享线上优质教学资源，积极开展线上教育教学活动，充分发挥现代信息技术对支撑乡村教育跨越式发展的作用。通过学习和使用国家通用语言文字，扩宽学生获取知识的渠道，才能加强其对祖国文化、科技等各方面的了解，从心底深处增强自豪感、荣誉感，提升对伟大祖国的认同，进而形成对中华民族共同体的认同，同时也能投身到乡村振兴的建设之中去。

（二）把握教育援藏促进西藏乡村振兴根本目标，奠基西藏乡村振兴

首先，教育援藏团队要注重对西藏乡村学校学生的文化供给，扩充学生知识储备，开阔学生视野，激发学生的学习热情。依靠党的全面领导，做好顶层设计，打破地域限制，借助教育援藏优势资源，整体提升西藏乡村学校的办学条件。积极协助西藏各级党委政府，将西藏乡村教育服务体系建设纳入重要议事日程，注重发挥群众在教育中的重要作用，运用宣传栏、村民会议等方式，引导西藏民众参与到乡村教育的建设中来，带动西藏本土社会力量关注与帮扶乡村教育，进一步改善西藏乡村学校办学质量。充分利用援藏资源和西藏本土文化资源，共同丰富西藏乡村教育的社会情感、价值情感。由各教育援藏省市和西藏教育部门牵头，联系相关部门，投入乡村教育的资源整合与优化之中。通过教育援藏平台，积极引进专家学者入藏交流，对基层党员干部和教育系统人员进行培训，增强他们为乡村教育服务的意识和能力。

其次，教育援藏团队要注重将教育的辐射影响作用渗透到乡村文化建设中，将中华民族和西藏本土优秀文化融入学校文化建设之中，进一步铸牢中华民族共同体意识。整合学校、相关社会单位的资源，实现资源共享，提供适合乡村学生特点的活动场馆、场地和设施，完善学生社会活动项目，提高活动场所影响力，并利用这些场所作为文化宣传的重要平台，推动文明社会氛围的形成。成立乡村助导机构，把关心学生成长纳入乡村社会发展规划之中，开展学生喜闻乐见的活动，为乡村学生提供必要的成长辅导和道德教育服务。西藏乡村基层政府和学校可以共同组织学生参加公益性劳动与实践，让学生在活动中了解社会、了解民生。引导社会力量参与乡村教育服务体系建设，利用各种协会鼓励民间投资乡村教育，建立乡村教育发展基金，赞助公益性乡村教育活动和项目；建设乡村电子阅览室，提供优秀读物和文体器材；利用乡村舞台和服务中心，开展家庭教育知识、理论政策宣讲等活动，为群众送书刊、信息等共享资料。

最后，教育援藏要重视对群众的文化水平提升，应用内地援藏资源和平台，结合西藏乡村发展实际，帮助、引导西藏农牧民学习新思想、新技术，提升农牧民的综合素质和职业能力，促进乡村产业发展，扎稳乡村教育和乡村振兴的根基。积极帮助本土乡村振兴人才的知识、技能传播，整合群众智慧，推动职业教育发展，以专业技能丰富乡村教育内容。努力营造教育提升群众文化水平，人才振兴促进教育创新，教育发展促进乡村振兴的良好氛围。

（三）完善教育援藏促进西藏乡村振兴体制机制，优化教育援藏体系

党的十八大以来，中央和各地针对性地推进教育援藏，经历了单一学段到全学段、个人支援到组团支援的变化。在新时代党的治藏方略精神、乡村振兴根本任务和新发展理念的共同影响下，教育援藏要以相关政策与实践为抓手，探索教育援藏的多方诉求、政策效果与制度保障，从当前教育援藏体系理论构建和机制创新入手，以长期以来教育援藏的经验、成效与问题的总结为基础，探究建立高质量的教育援藏体系，进一步就高质量教育援藏体系的目标、问题和优化路径进行深入探讨。

首先，要立足当前已有的教育援藏政策，进行深入总结梳理，要始终立足西藏本地乡村振兴和经济社会发展的基本需求进行援藏。西藏地区教育基础薄弱，现代化教育起步晚，又存在藏族与汉族历史文化的不同，在援藏时应该立足西藏地区的本土需求，这一经验是从教育援藏政策的执行环境出发考虑。随着西藏经济社会发展速度的快速提高，不同的发展阶段对于教育援藏的要求也是有变化的，只有深入总结当前的教育援藏实践经验，立足西藏的新发展阶段和社会发展水平，才能更好支撑西藏地区的发展。

其次，要注意援藏教育人才的培训与管理。援藏教师是教育援藏政策最重要的目标群体之一，对援藏教师的管理和培训直接关系到政策执行的效果，重视援藏教师的政策建议，对援藏教师进行培训和科学管理，让援藏教师能够在工作中发挥最大的价值以推动政策的有效执行，突出了政策目标群体对政策执行的重要作用。

最后，要更加重视西藏和各援藏省市政府的积极作用，充分发挥当地政府作为政策执行主体的积极作用，通过当地政府与人民群众建立积极合作关系，推动政策落地执行，体现政策执行主体的重要性。要注重教育援藏的目标、任务和执行的整体性，注重各政策之间的交流沟通，一方面要确保教育援藏政策的全方位、体系化运行，做到重点突出，全面优化援藏水平。另一方面要避免援藏人力、物力的重复、过剩甚至是浪费，确保援藏资源的高效率使用。通过结合西藏政府、援藏省市和团队、受援地市等多方的情况，保证教育援藏政策的全面、高效和优质。

六　结语

立足于党的二十大精神和新时代党的治藏方略，面向西藏乡村振兴根本任务，紧密联系新发展理念要求，结合教育援藏的现实，深刻认识乡村振兴战略的重要意义,借助乡村振兴的大好发展契机,将教育援藏融入西藏乡村振兴的发展格局之中,应当成为新发展阶段教育援藏的重要目标和任务。把握教育发展对于西藏乡村振兴的根本意义,通过优化现有的教育援藏政策,完善教育援藏促进西藏乡村振兴体制机制,形成新时代优质高效的教育援藏体系,既是长期以来党和国家支持西藏发展的必要之举,也是未来教育援藏取得更大成效、作出更大贡献的必然要求。

Education Assistance to Tibet Policy Promote the Rural Revitalization in Tibet: Epoch Connotation, the Fundamental Goal and the Path Optimization

Yang Changyou   Huang Jing

(1. China University of Labor Relations, Beijing, 100048;
2. School of Public Administration, SCU, Chengdu, Sichuan, 610044)

Abstract: Education assistance to Tibet plays an important role in the revitalization of Tibetan villages in the new era. From the perspective of the individual development function of education, education assistance to Tibet in the context of rural revitalization must comprehensively improve the level of education, laying the foundation for further realizing the socialist spiritual civilization of rural revitalization, further building the awareness of the Chinese nation community and realizing the awareness of the Chinese nation community. From the perspective of the social development function of education, we should help the Tibetan education system to meet the needs of rural revitalization in an all-round way and give full play to its service support function. The "bringing in" mode of "group type" educational talents to help Tibet and the "going out" mode of "inland Tibetan class" are two representative modes of educational assistance to Tibet. In order to achieve the goal of education aid to Tibet and promote rural revitalization in Tibet, we will further optimize the Tibet aid model of "bringing in" and "going out", make full use of the talent assistance resources of the corresponding provinces and cities to help Tibet, improve the level of Tibetan teachers, expand and innovate the talent training methods for rural revitalization, optimize and upgrade the basic conditions of education, promote the realization of information and intelligence in education, and build a more flexible, rich and diversified policy system for education aid to Tibet. Building a national education development policy system with Chinese characteristics based on the goal of balanced development of education and the awareness of the Chinese national community is the foundation for realizing rural revitalization in Tibet and even in ethnic areas in the future.

Key Words: education assistance to Tibet; rural vitalization Policy system.

环境政策如何促进农村居民生活自觉亲环境行为发生?*

——基于生产与生活环境政策交互的视角

滕玉华[1]　金雨乐[1]　刘长进[2]
(1. 江西师范大学　江西南昌　330022;
2. 南昌航空大学　江西南昌　330063)

内容提要：农村居民在生活中自觉实施亲环境行为是建设美丽中国的重要因素。然而，农村居民生活自觉亲环境行为尚未得到有效的引导。根据政策实施领域的不同，本文将生态环境政策分为生产环境政策和生活环境政策，采用回归分析与模糊集定性比较分析法结合的方式，从生产与生活环境政策交互的视角探索生态环境政策的联动匹配关系对农村居民生活自觉亲环境行为的作用效果。研究表明：生产命令型政策、生产技术指导、生活沟通扩散型政策和生活服务型政策能显著促进农村居民生活自觉亲环境行为的实施；生产环境政策和生活环境政策的联动匹配促使农村居民生活自觉亲环境行为发生的路径共有3条；农村居民生活自觉亲环境行为的驱动机制存在因果非对称性，导致非自觉亲环境行为发生的路径与自觉亲环境行为发生的路径并非完全相反。

---

* 基金项目：国家自然科学基金项目"农村居民生活亲环境行为发生机制与引导政策研究"（71864018）、国家自然科学基金项目"农村居民生活垃圾分类行为发生机制、溢出效应与引导政策研究"（72064030）、江西省社会科学基金项目"农村居民生活亲环境行为私领域对公领域的溢出效应研究"（21GL41D）、江西省高校人文社会科学项目"农村居民生活垃圾分类行为干预政策溢出效应的发生机制研究"（GL20140）、江西省教育厅研究生创新基金项目资助"双向直接投资协同对中国生态福利绩效的影响研究"（YC2022 - s339）。

作者简介：滕玉华，女，博士，江西师范大学副教授，主要从事环境行为、国际贸易理论与政策研究；金雨乐，女，硕士研究生，主要从事环境行为研究；刘长进，男，博士，南昌航空大学讲师，主要从事环境行为、投资效率研究。

关键词： 自觉亲环境行为；模糊集定性比较分析；生活环境政策；生产环境政策

一　引　言

引导农村居民在生活中主动实施亲环境行为对推动美丽中国建设十分重要。《"美丽中国，我是行动者"提升公民生态文明意识行动计划（2021—2025年）》中指出要"把对美好生态环境的向往进一步转化为行动自觉"。农村居民既是农村生活的决策者，同时也是农业生产的主体，引导农村居民自觉实施亲环境行为是促进农村绿色发展的关键。为了推进农村绿色发展，在农业生产方面，政府出台了一系列秸秆还田、化肥农药减量和农膜回收等方面的政策措施；在农村生活方面，政府也出台了使用"阶梯电价"等引导农村居民在生活中实施亲环境行为的政策。理论上，环保领域的目标政策作用于目标行为的同时，还会对个体其他行为产生溢出效应。[①] 课题组调研中发现，农业生产方面的环境政策在促进农业绿色发展的同时也有可能影响农村居民生活自觉亲环境行为。在政府高度重视绿色发展的前提下，研究生态环境政策对农村居民生活自觉亲环境行为的作用机理，有利于完善和优化我国农村生态环境政策，更好地引导农村居民在生活中主动亲环境。

关于居民亲环境行为的研究主要集中在以下四个方面：一是居民内源亲环境行为的研究。芦慧等将其定义为个体能够改善生态环境、对环境负面影响较少的行为。[②] 二是生态环境政策分类的研究。关于生态环境政策的分类，学者们根据领域的不同分别对生活环境政策和生产环境政策进行研究[③]，也有学者根据政策作用途径的不同进行分类，如李献士将环境政策分为命令控制型政策、经济激励型政策、沟通扩散型政策和服务型

---

① 参见徐林、凌卯亮《居民垃圾分类行为干预政策的溢出效应分析——一个田野准实验研究》，《浙江社会科学》2019年第11期。

② 参见芦慧、刘严、邹佳星、陈红、龙如银《多重动机对中国居民亲环境行为的交互影响》，《中国人口·资源与环境》2020年第11期。

③ 参见王建华、钭露露、王缘《环境规制政策情境下农业市场化对畜禽养殖废弃物资源化处理行为的影响分析》，《中国农村经济》2022年第1期；黄炎忠、罗小锋、闫阿倩《不同奖惩方式对农村居民生活垃圾集中处理行为与效果的影响》，《干旱区资源与环境》2021年第2期。

政策①。三是生活环境政策对农村居民生活亲环境行为影响的研究,研究证实生活环境政策有助于农村居民在生活中实施亲环境行为。② 四是生态环境政策溢出效应的研究。既有研究发现针对目标环保行为的政策同时会促使居民其他环境行为的发生,也有研究指出生态环境政策作用于目标行为时会阻碍个体其他环保行为的实施。③

现有农村居民生活亲环境行为的研究为本文奠定了良好的基础,但仍有拓展的空间:一是研究农村居民生活亲环境行为的文献较多,而研究农村居民生活自觉亲环境行为的文献较少;二是研究生活环境政策对农村居民生活亲环境行为影响的文献居多,但考察生产环境政策对农村居民生活自觉亲环境行为影响的文献鲜见;三是已有农村居民生活亲环境行为影响因素的研究主要集中在分析单一影响因素的"净效应",而从组态视角探讨生态环境政策(生产和生活环境政策)组合驱动农村居民生活自觉亲环境行为发生机理的文献还很缺乏。为此,本文利用国家生态文明试验区(江西)农村居民的问卷数据,从生产环境政策与生活环境政策交互的视角,采用回归分析识别出哪些环境政策会影响农村居民生活自觉亲环境行为。并在此基础上,运用模糊集定性比较分析法(fsQCA)挖掘农村居民生活自觉亲环境行为发生的生态环境政策组态,为政府利用生态环境政策引导农村居民在生活中自觉实施亲环境行为提供决策参考。

二 理论分析与研究假说

借鉴芦慧等的研究,本文将"农村居民生活自觉亲环境行为"定义为:"农村居民受价值观等内在因素的驱动,在生活中自觉使自身活动对生态环境的负面影响尽量降低的行为。"负责任的环境行为模型认为外部情境因素是个体实施环境行为的重要因素。生态环境政策作为一种外部情境因素,根据干预行为领域的不同,可分为生产环境政策和生活环

---

① 参见李献士《政策工具对消费者环境行为作用机理研究》,博士学位论文,北京理工大学,2016年。
② 参见滕玉华、张轶之、刘长进《基于ISM的农村居民能源削减行为影响因素研究》,《干旱区资源与环境》2020年第3期。
③ 参见徐林、凌卯亮《垃圾分类政策对居民的节电行为有溢出效应吗?》,《行政论坛》2017年第5期。

境政策。① 已有研究表明，生活环境政策是影响居民生活亲环境行为的重要因素。② 此外，也有学者指出生态环境政策作用于目标环境行为的同时，也会对个体其他环境行为产生影响。③ 据此，生产环境政策和生活环境政策可能激发农村居民生活自觉亲环境行为，本文基于负责任的环境行为模型，从这两方面分析并提出研究假说。

"目标激活"理论认为，个体为了达到既设目标，会实施与目标一致的行为。在环境行为领域，个体在完成目标环保行为后，可能增加对环保目标的认知，进而促使其他非目标环保行为的发生。④ 已有研究表明环境政策的落实可能会促进或抑制个体其他环境行为的实施⑤，为了引导农村居民在农业生产中实施亲环境行为，国家出台了推广秸秆还田等农业环境政策，这些政策可分为沟通扩散型政策、命令型政策和技术指导⑥。根据"目标激活"理论，生产环境政策作用于农村居民生产亲环境行为的同时，可能会对非目标行为产生影响，而农村居民生活自觉亲环境行为即为非目标行为的一种，因此提出假说。

假说1：生产沟通扩散型政策、生产命令型政策和生产技术指导可能推动农村居民生活自觉亲环境行为的实施。

"前置—进行"行为模型认为个体的行为受到包括政策手段、组织手

---

① 参见王建华、钭露露、王缘《环境规制政策情境下农业市场化对畜禽养殖废弃物资源化处理行为的影响分析》，《中国农村经济》2022年第1期；黄炎忠、罗小锋、闫阿倩《不同奖惩方式对农村居民生活垃圾集中处理行为与效果的影响》，《干旱区资源与环境》2021年第2期。

② 参见王学婷、张俊飚、童庆蒙《地方依恋有助于提高农户村庄环境治理参与意愿吗？——基于湖北省调查数据的分析》，《中国人口·资源与环境》2020年第4期。

③ 参见 Truelove H. B., Carrico A. R., Weber E. U., et al., "Positive and Negative Spillover of Pro-environmental Behavior: An Integrative Review and Theoretical Framework", *Global Environmental Change*, No. 29, 2014, pp. 127 – 138.

④ 参见徐嘉祺、余升翔、田云章、陈璟《绿色消费行为的溢出效应：目标视角的调节作用》，《财经论丛》2019年第12期。Wang J., Yang X., Bailey A., "Positive Spillover of Consumers' Sustainable Behaviors: The Mediating Role of Self-determination Need Satisfaction", *Journal of Cleaner Production*, No. 317, 2021, pp. 128 – 436.

⑤ 参见徐林、凌卯亮《垃圾分类政策对居民的节电行为有溢出效应吗？》，《行政论坛》2017年第5期。Poortinga W., Whitmarsh L., Suffolk C., "The Introduction of a Single-use Carrier Bag Charge in Wales: Attitude Change and Behavioural Spillover Effects", *Journal of Environmental Psychology*, No. 36, 2013, pp. 240 – 247.

⑥ 参见朱润、何可、张俊飚《环境规制如何影响规模养猪户的生猪粪便资源化利用决策——基于规模养猪户感知视角》，《中国农村观察》2021年第6期。

段和管制手段等"进行变量"的影响。① 生活环境政策是一种政策手段，其政策目标是引导居民在生活中实施亲环境行为。众多研究也发现，生活环境政策对居民生活亲环境行为有促进作用。② 为了引导农村居民在生活中自觉实施亲环境行为，国家出台了一些政策，这些生活领域的环境政策主要包括沟通扩散型政策和服务型政策③。一方面，政府适当开展有关环保的宣传教育，有利于促使农村居民意识到不主动实施亲环境行为的危害后果，从而引导农村居民在生活中主动实施亲环境行为。另一方面，政府提供垃圾分类网点等服务为农村居民垃圾分类提供便利，增加了农村居民的亲环境体验④，从而使农村居民可能主动实施垃圾分类等亲环境行为。基于上述分析，提出假说。

假说 2：生活沟通扩散型政策和生活服务型政策可能驱动农村居民生活自觉亲环境行为的发生。

本文所用的理论模型如图 1 所示。

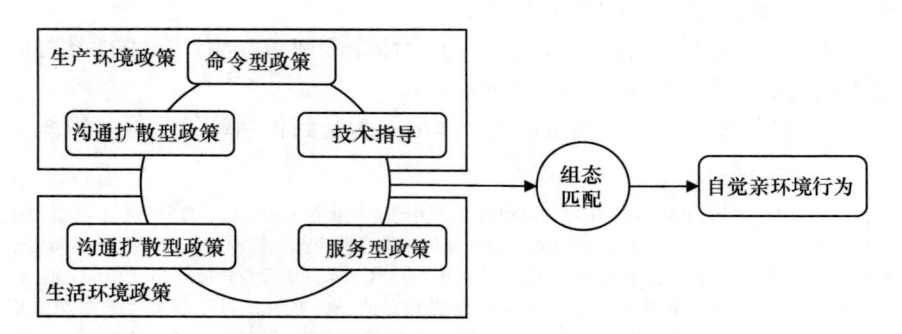

图 1　生态环境政策驱动农村居民生活自觉亲环境行为发生的理论模型

---

① Green L. W., Kreuter M. W., *Health Promotion Planning*: *An Educational and Ecological Approach*: 3rd Edition, New York: Mayfield Publishing Company, 1999, p. 621.
② 参见王建明《资源节约意识对资源节约行为的影响——中国文化背景下一个交互效应和调节效应模型》，《管理世界》2013 年第 8 期。
③ 参见王学婷、张俊飚、童庆蒙《地方依恋有助于提高农户村庄环境治理参与意愿吗？——基于湖北省调查数据的分析》，《中国人口·资源与环境》2020 年第 4 期。
④ 参见廖茂林《社区融合对北京市居民生活垃圾分类行为的影响机制研究》，《中国人口·资源与环境》2020 年第 5 期。

三 数据来源、研究方法和变量设置

(一) 数据来源和样本特征

本文数据来源于课题组2020年12月—2021年3月在国家生态文明试验区（江西）农村的实地调查。采用分层抽样和随机抽样结合的方式对农村居民进行问卷调查，共发放问卷635份，收回有效问卷593份，有效率为93.39%。从年龄来看，40岁以上的受访者占比约为54.97%，从受教育程度上看，约55.31%的农村居民未接受过高中及以上的教育。《江西省统计年鉴（2020）》表明，2019年40岁及以上的农村居民超过半数，大多只接受过初中及以下的教育，本研究总体样本与江西省农村的现实状况较为一致，因此有一定的代表性，同时也满足QCA方法所需案例数（2^{n+1}个，n=5）。

(二) 研究方法

1. 基础回归模型

为检验生产环境政策和生活环境政策是否能够促进农村居民生活自觉亲环境行为的实施，本文基于已有研究构建如下基础回归模型：

$$ZJ = \alpha_0 + \alpha_1 SC + \alpha_2 SH + \alpha_3 Con + \varepsilon_i \tag{1}$$

其中，ZJ表示农村居民生活自觉亲环境行为，SC表示生产环境政策，包括生产沟通扩散型政策、生产命令型政策和生产技术指导，SH表示生活环境政策，包括生活沟通扩散型政策和生活服务型政策。Con表示控制变量的集合，有性别、年龄、受教育程度、家庭年收入水平、生态价值观、主观规范和亲环境态度。ε_i为随机误差项。

2. 模糊集定性比较分析（fsQCA）

本文选用模糊集定性比较分析法（fsQCA）进行分析的原因主要有三个：一是因为常用的单因素回归模型只能解释单个环境政策对农村居民生活自觉亲环境行为的"净效应"，无法解释多个生态环境政策的相互依赖及其构成的组态如何影响农村居民生活自觉亲环境行为。fsQCA能从整体出发，分析不同生态环境政策的协同联动对农村居民生活自觉亲环境行为的影响。二是政策的多样性表明，可能存在多种政策组合驱动农村居民生活自觉亲环境行为发生，使用fsQCA方法有助于理解不同政策组合导致的差异化，使研究建议更有针对性①。三是引导农村居民生活自觉亲环境行为和非自觉亲环境行为发生的路径可能存在非对称性，而 fsQCA 可以较好地解释这个问题。fsQCA 的具体分析步骤为：首先，将所有变量校准为 0—1 之间的集合；其次，对前因条件进行必要性分析；最后，采用 fsQCA3.0 软件分析生态环境政策交互下激发农村居民生活自觉亲环境行为的环境组态，并对结果进行解释。

（三）变量测量

本文的被解释变量（结果变量）为农村居民生活自觉亲环境行为。参考芦慧、陈振②的研究，设计了 3 个条目，题项如"受到我个人环保信念的驱动，即使没有垃圾分类政策的影响，我也会积极进行垃圾分类"等，使用李克特五级量表对其进行测量，其中"1"表示不同意，"5"表示完全同意。核心解释变量（前因条件）为生产环境政策和生活环境政策，其中生产环境政策包括生产沟通扩散型政策、生产命令型政策和生产技术指导，考虑到不同区域的生活环境政策的实施存在差异，根据课题组调研结果，本文将生活环境政策分为生活沟通扩散型政策和生活服务型政策。参考已有研究③，本文还设置了可能影响农村居民生活自觉亲环境行为的控制变量。各变量的测量题项与赋值具体见表 1。

表1　　　　　　　　　　各变量选择与赋值

变量	测量题项与赋值
自觉亲环境行为	受到我个人环保信念的驱动，即使没有垃圾分类政策的影响，我也会积极进行垃圾分类；我认为实施破坏环境的行为或者无视环保行为都是不合理的；保护环境对我来说很重要，我非常乐意实施亲环境行为（如购买节能家电、自带购物袋/篮购物等）：A

---

① 参见谭海波、范梓腾、杜运周《技术管理能力、注意力分配与地方政府网站建设——一项基于 TOE 框架的组态分析》，《管理世界》2019 年第 9 期。

② 参见芦慧、陈振《我国从业者亲环境行为的内涵、结构与现状——基于双继承理论》，《中国矿业大学学报》（社会科学版）2020 年第 3 期。

③ 参见滕玉华、张轶之、刘长进《基于 ISM 的农村居民能源削减行为影响因素研究》，《干旱区资源与环境》2020 年第 3 期。

续表

变量		测量题项与赋值
生产环境政策	沟通扩散型政策	政府是否向您大力宣传过农产品（如水稻等）要减量增效：0＝否；1＝是
	命令型政策	当地政府为禁烧秸秆是否实施了严厉惩罚措施：0＝否；1＝是
	技术指导	我接受政府部门开展的化肥减量增效技术指导频率：1＝非常少；2＝比较少；3＝一般；4＝比较多；5＝非常多
生活环境政策	沟通扩散型政策	我通过多途径（广播、电视、报纸、手册等）获得有关环保的信息：A
	服务型政策	废品回收网点有很多：A
性别		1＝男；0＝女
年龄		如实填写（岁）
受教育程度		1＝小学及以下；2＝初中；3＝高中及以上且本科以下；4＝本科及以上
家庭年收入水平		1＝1万元以下；2＝1万元及以上且3万元以下；3＝3万元及以上且5万元以下；4＝5万元及以上且8万元以下；5＝8万元及以上
生态价值观		我希望在日常行为中能做到"保护环境"：A
主观规范		我的家人认为应该实施亲环境行为（如垃圾分类、节电等）：A
亲环境态度		我觉得实施亲环境行为（如垃圾分类、节电等）对大家身体健康都有利：A

注：A 为 1＝完全不同意；2＝比较不同意；3＝不确定；4＝比较同意；5＝完全同意

四 结果与分析

（一）信效度分析

使用 stata15.0 对农村居民生活自觉亲环境行为进行信度和效度检验，结果自觉亲环境行为的信度系数 Cronbach's α 值为 0.683，组合信度（CR）为 0.827，高于标准 0.7，表明其有较好的内部一致性，可信度较高。KMO 值为 0.645，表明适合因子分析，标准化因子载荷值均在 0.716

及以上，AVE 值为 0.616，均高于标准值，说明自觉亲环境行为的聚合效度和区分效度较高。

（二）生态环境政策对农村居民生活自觉亲环境行为的影响分析

在估计模型（1）之前，考虑到各变量间可能存在多重共线性，本文用检验方差膨胀因子（VIF）的方法诊断共线性，结果表明，各变量的 VIF 值均未超过 1.37，远小于标准值（10），因此可以忽略各变量间多重共线性的问题。

基准回归结果如表 2 第（1）列所示，生产环境政策中，生产命令型政策和生产技术指导与农村居民生活自觉亲环境行为显著正相关，表明政府针对农村居民在农业生产中破坏环境的惩罚措施能够起到警示的作用，进而促使农村居民在生活中自觉履行亲环境行为；同样地，农村居民受到农业生产上的技术指导频率越高，越能激发其在生活中主动实施亲环境行为。生活环境政策中，生活沟通型政策和生活服务型政策均显著正向影响农村居民生活自觉亲环境行为，这表明生活环境政策的实施能有效引导农村居民在生活中主动实施亲环境行为。

表2　生态环境政策对农村居民生活自觉亲环境行为影响估计结果

变量	（1）基准回归	（2）农村居民年龄≤65	（3）二分法赋值
生产沟通扩散型政策	-0.054 (0.050)	-0.080 (0.052)	-0.034 (0.049)
生产命令型政策	0.096* (0.052)	0.104* (0.055)	0.115** (0.052)
生产技术指导	0.045* (0.024)	0.050** (0.024)	0.079 (0.063)
生活沟通扩散型政策	0.078*** (0.038)	0.082*** (0.030)	0.131** (0.061)
生活服务型政策	0.051** (0.024)	0.046* (0.025)	0.086* (0.048)
性别	-0.067 (0.047)	-0.052 (0.049)	-0.059 (0.048)
年龄	-0.001 (0.002)	-0.002 (0.003)	-0.001 (0.002)
受教育程度	0.043 (0.031)	0.034 (0.033)	0.046 (0.032)
年收入水平	0.035* (0.018)	0.036* (0.019)	0.035* (0.018)
生态价值观	0.262*** (0.037)	0.280*** (0.038)	0.267*** (0.037)
主观规范	0.127*** (0.026)	0.124*** (0.027)	0.137*** (0.026)
亲环境态度	0.313*** (0.039)	0.295*** (0.041)	0.323*** (0.040)

续表

变量	（1）基准回归	（2）农村居民年龄≤65	（3）二分法赋值
常数项	0.345（0.240）	0.408（0.252）	0.640***（0.241）
样本量	593	535	593
R²	0.424	0.413	0.413
F值	35.523	30.546	34.050

注：***、**、*分别表示1%、5%和10%的显著性水平，括号内的值为系数的标准误。

（三）稳健性检验

为确保基准回归结果的可靠性，本文采用两种方法进行稳健性检验。一是筛选样本，考虑到老年农村居民的认知水平、知识体系和行为能力等各方面易形成固化，其主动在生活中实施亲环境行为的可能性较低，因此将65岁以上的农村居民样本剔除后重新进行回归。二是替换核心解释变量的取值，参考朱润等的研究[①]，将生产技术指导、生活沟通扩散型政策和生活服务型政策各题项的赋值方法改为二分法，即原题项回答为1、2或3时，记为0，原题项回答为4或5时，记为1，再次进行回归。表2第（2）、（3）列结果显示，各项环境政策的系数显著性和作用方向与基础回归结果基本一致，表明基准回归结果有一定的稳健性。

（四）农村居民生活自觉亲环境行为的组态路径分析

农村居民生活自觉亲环境行为是一种复杂行为，可能是多个环境政策工具共同作用的结果，因此本研究采用模糊集定性比较分析法（fsQCA）进一步明晰生产环境政策和生活环境政策组合共同驱动农村居民生活自觉亲环境行为的发生路径。

1. 数据整合与校准

根据案例实际取值的有偏分布，选用直接法对结果变量和前因条件进行校准[②]，按样本数据的95%、50%和5%分位数，将其校准为0—1之间

[①] 参见朱润、何可、张俊飚《环境规制如何影响规模养猪户的生猪粪便资源化利用决策——基于规模养猪户感知视角》，《中国农村观察》2021年第6期。

[②] 参见杜运周、贾良定《组态视角与定性比较分析（QCA）：管理学研究的一条新道路》，《管理世界》2017年第6期。

的集合。各变量的校准锚点及描述性统计分析详见表3。

表3 变量校准锚点和描述性统计分析

结果变量及前因条件	校准锚点			描述性统计分析			
	完全隶属	交叉点	完全不隶属	平均值	最小值	最大值	标准差
自觉亲环境行为	5	4	3	4.126	1.333	5	0.715
生产沟通扩散型政策	1	1	0	0.504	0	1	0.5
生产命令型政策	1	1	0	0.666	0	1	0.472
生产技术指导	4	2	1	2.31	1	5	1.044
生活沟通扩散型政策	5	4	2	4.056	1	5	0.916
生活服务型政策	5	4	2	3.529	1	5	1.029

2. 必要性分析

在进行组态分析前，首先对前因条件采取必要性分析，以验证其是否为结果变量的必要条件。由表4可知，影响农村居民生活自觉亲环境行为的单项前因条件的一致性都未超过0.9，说明所有单项前因条件对农村居民自觉亲环境行为的解释力较弱，无法构成必要条件，需进一步探讨农村居民生活自觉亲环境行为产生的前因条件组态。

表4 必要性分析结果

条件因素	一致性	覆盖度
生产沟通扩散型政策	0.517	0.579
~生产沟通扩散型政策	0.483	0.551
生产命令型政策	0.721	0.611
~生产命令型政策	0.279	0.473
生产技术指导	0.671	0.709
~生产技术指导	0.543	0.660
生活沟通扩散型政策	0.784	0.763

续表

条件因素	一致性	覆盖度
~生活沟通扩散型政策	0.482	0.650
生活服务型政策	0.586	0.803
~生活服务型政策	0.642	0.617

注：~表示逻辑非。

3. 生态环境政策促进农村居民生活自觉亲环境行为的组态分析

借鉴已有研究[1]，将原始一致性和 PRI 一致性的阈值分别设定为 0.8 和 0.7。表 5 显示了 3 条农村居民生活自觉亲环境行为发生的组态路径，解的总一致性为 0.868，高于 0.8 的临界值，且总体覆盖度为 0.430，说明 3 条行为发生路径可以解释约 43.0% 的生活自觉亲环境行为发生的案例；表 5 还报告了 1 条非自觉亲环境行为的发生路径，解的一致性为 0.820，覆盖度为 0.169，表示 16.9% 的非自觉亲环境行为的案例可以被解释。

表 5　　　　　　　　　生活自觉亲环境行为产生的组态

前因条件	自觉亲环境行为			非自觉亲环境行为
	1	2	3	4
生产沟通扩散型政策	⊗		⊗	⊗
生产命令型政策	●	●		⊗
生产技术指导		•	●	⊗
生活沟通扩散型政策	•	•	•	⊗
生活服务型政策	●	●	●	⊗
原始覆盖度	0.139	0.316	0.164	0.169
唯一覆盖度	0.044	0.222	0.069	0.169
一致性	0.846	0.865	0.873	0.820

---

[1] 参见 Ragin C. C., *Redesigning Social Inquiry*: *Fuzzy Sets and Beyond*, Chicago: University of Chicago Press, 2008, pp. 100-200.

续表

前因条件	自觉亲环境行为			非自觉亲环境行为
	1	2	3	4
总覆盖度	0.430			0.169
总一致性	0.868			0.820

注：●表示出现该核心条件，●表示出现该边缘条件，⊗表示缺少该核心条件，⊗表示缺少该边缘条件，空格表示该前因条件可出现也可缺少。

组态1（~生产沟通扩散型政策×生产命令型政策×生活沟通扩散型政策×生活服务型政策）指出生产命令型政策和生活服务型政策为核心条件，生产沟通扩散型政策的缺失和生活沟通扩散型政策为边缘条件，能够驱动农村居民生活自觉亲环境行为的发生，这一结果表明，在多种生活环境政策的引导下，政府可以适当地加强禁烧秸秆等农业生产惩罚以增加农村居民对环境政策的认知，激励其在生活中主动实施垃圾分类等亲环境行为。

组态2（生产命令型政策×生产技术指导×生活沟通扩散型政策×生活服务型政策）指出生产命令型政策和生活服务型政策作为核心条件，生产技术指导和生活沟通扩散型政策作为辅助条件，能够激发农村居民生活自觉亲环境行为。该组态说明，在多个生产环境政策的助力下，政府为农村居民提供生活上的便利，如提供废品回收的网点等能够提高农村居民在生活中主动实施亲环境行为的可能性。

组态3（~生产沟通扩散型政策×生产技术指导×生活沟通扩散型政策×生活服务型政策）指出生产沟通扩散型政策的缺失、生产技术指导和生活服务型政策为核心条件，生活沟通扩散型政策为边缘条件，能够促使农村居民生活自觉亲环境行为的发生。这一组态结果表明，在多重生活环境引导政策的驱动下，对农村居民给予生产技术上的指导有利于其将生产上的理论技能转化为具体实践，增加农村居民对亲环境行为的认同感，进而激发其在生活中积极主动地实施亲环境行为。

4. 生态环境政策促进农村居民非生活自觉亲环境行为的组态分析

如表5所示，本文还检验了非生活自觉亲环境行为产生的生态环境政策组合。组态4（~生产沟通扩散型政策×~生产命令型政策×~生产技术指导×~生活沟通扩散型政策×~生活服务型政策）表示缺少生态环境政策的引导和约束时，农村居民并不会主动在生活中实施亲环境行为，表明农村居民生活自觉亲环境行为的实施需要政府制定相关的生态环境政策。

5. 组态间横向分析

基于上述4条组态路径的分析，进一步对组态路径间的异同点进行比较，具体分析如下。

对比组态1和组态2发现，生产命令型政策和生活服务型政策是两条路径中共同的核心条件，生活沟通扩散型政策是共有的边缘条件，表明生产命令型政策和生活服务型政策发挥关键作用，辅之以适当的对农村居民日常生活的宣传教育，能有效引导农村居民生活自觉亲环境行为的实施。而不同之处在于生产环境政策上，组态1中未宣传农业生产中亲环境的重要性，组态2则辅之以农业生产上的技术指导，说明在相似的政策实施下，给予农村居民绿色生产技术有关的指导有助于其在生活中自觉实施亲环境行为。

组态1和组态3都强调了生活服务型政策的重要性，而区别在于组态1还突出生产命令型政策的关键作用，而组态3则强调生产技术指导对农村居民生活自觉亲环境行为的影响，说明在生活环境政策的共同作用下，生产命令型政策与生产技术指导在一定程度上可以相互替代。因此，政府可以考虑在落实生活环境政策的同时，在农业生产上实施命令型政策或者给予农村居民一定的农业技术指导。

对比农村居民生活自觉亲环境行为发生的3条组态路径，发现其均凸显生活服务型政策的重要作用，以及生活沟通扩散型政策的辅助作用，说明政府为农村居民提供便捷生活服务作为关键，辅之以在农村中不间断宣传日常生活中保护环境的重要性，同时落实相应的生产环境政策，能共同促进农村居民在生活中主动实施亲环境行为。

对比4条路径发现，农村居民生活自觉亲环境行为和非生活自觉亲环境行为的前因条件构成并不是简单的互补，而是具有非对称性，且促使农村居民生活自觉亲环境行为发生的路径并不单一，只要适当的生产环境政策和生活环境政策联动匹配，均能够驱动农村居民生活自觉亲环境行为的发生。

6. 组态分析的稳健性检验

借鉴张明、杜运周[①]的研究，本文选用两种方法检验农村居民产生自

---

① 参见张明、杜运周《组织与管理研究中QCA方法的应用：定位、策略和方向》，《管理学报》2019年第9期。

觉亲环境行为前因组态的稳健性，一是将原始一致性的阈值提升到 0.85，二是将 PRI 一致性的阈值从 0.70 提高到 0.75，结果解的总体覆盖度和总体一致性并没有发生较大的改变，说明结果是稳健的。

五　结论及建议

本文基于生产和生活环境政策交互的视角，探究了生产环境政策和生活环境政策对农村居民生活自觉亲环境行为的影响效果。研究发现：第一，生产命令型政策、生产技术指导、生活沟通扩散型政策和生活服务型政策能够促使农村居民在日常生活中主动实施亲环境行为；第二，驱动农村居民生活自觉亲环境行为发生的路径共有 3 条，非生活自觉亲环境行为的发生路径有 1 条，组态路径间存在非对称性；第三，在生活环境政策存在的情况下，生产命令型政策和生产技术指导可互为替代关系；第四，生活服务型政策和生活沟通扩散型政策是促使农村居民在生活中自觉实施亲环境行为的重要因素。

本文的研究结论对激发农村居民在日常生活中自觉实施亲环境行为有一定的参考价值。基于上述分析，本文提出以下政策启示：第一，生活服务型政策与生活沟通扩散型政策对于农村居民来说影响最为直接和重要，政府应首先通过实施生活环境政策来引导农村居民在生活中主动实施亲环境行为，以提供垃圾分类箱等便捷服务为重点，加强对生活亲环境行为各方面生态效益的宣传，激发农村居民生活亲环境行为的主动性；第二，注重生产环境政策和生活环境政策的协同作用，政府要在完善生活环境政策的同时落实生产环境政策，推进农业绿色发展及健全相关法律法规，大力推广绿色生产技术，普及化肥减量等技术知识，进一步促使农村居民自觉在生活中实施亲环境行为；第三，根据不同农村地区的特性采纳有针对性的生态环境政策，由于不同农村地区在生活习惯、生产方式上存在差异，政府要有目的地选择不同生态环境政策，如在整体生态意识较为薄弱的农村地区，通过加大命令型政策等农业生产环境政策的实施力度，培养农村居民的环境意识，促使其在生活中主动实施亲环境行为。

How can Environment Policies Promote Rural Residents' Self-conscious Pro-environmental Behavior?
——Based on the perspective of interaction between production policies and living environment policies

Teng Yuhua[1] Jin Yule[1] Liu Changjin[2]

(1. Jiangxi Normal University, Nanchang, Jiangxi, 330022;
2. Nanchang Hangkong University, Nanchang, Jiangxi, 330063)

Abstract: Consciously adopting pro-environmental behaviors in rural residents' life is an important factor in building a beautiful China. However, the behavior of rural residents living consciously pro-environment has not been effectively guided. According to the different areas of policy implementation, this paper divides eco-environmental policies into production environment policies and living environment policies. Using the combination of regression analysis and fuzzy set qualitative comparative analysis, from the perspective of the interaction of production and living environment policies, this paper explores the effect of the linkage and matching relationship of ecological environment policy on rural residents' self-conscious pro-environment behavior. Research shows that: Firstly, production order policies, production technology guidance, life communication policies and life service policies can significantly promote the implementation of pro-environment behavior of rural residents. Secondly, the linkage between production and living environment policies leads to the occurrence of three paths of conscious pro-environmental behavior. Thirdly, there is an asymmetry in the driving mechanisms of conscious pro-environmental behaviors in the lives of rural residents, and the paths leading to the occurrence of non-conscious pro-environmental behaviors are not exactly opposite to those driving conscious pro-environmental behaviors.

Key Words: conscious environmental-friendly behaviors; fuzzy set qualitative comparative analysis; production environment policies; living environment policies

新时代农民参与和数字乡村建设协同创新：
理论逻辑、现实困境与实践路径*

豆书龙[1]　金红艳[1]　周　静[1]　常　亮[2]

(1. 西北农林科技大学人文社会发展学院　陕西杨凌　712100；
2. 山东工商学院公共管理学院　山东烟台　264005)

内容提要： 农民作为数字乡村建设的主体，实现农民参与和数字乡村建设的协同发展是解放和发展数字生产力，激发乡村振兴内生动力的必然选择。从历史逻辑看，中国共产党始终坚持农民主体地位，充分发挥农民在革命、建设、新时期和新时代乡村建设中的积极性和主动性，实现了农民参与和乡村建设的协同发展，构成了协同创新的依据。从理论逻辑看，农民与数字乡村建设存在着以内容共融性、主体共通性、功能互构性和价值一致性为表征的"互协性"关系，可以为协同机制构建提供动力。新时代农民参与和数字乡村建设协同过程中存在着开放、需求、动力和合作困境，因此，应以政策协同为支撑，以环境协同为依托，以素养协同为核心，以主体协同为重点，增强农民参与和数字乡村建设协同创新的保障

---

* 基金项目：2022年教育部人文社会科学研究项目"新时代党建引领乡村振兴的嵌合性发展模式研究"（22XJC710001）；教育部人文社会科学研究一般项目"乡村振兴战略下传统村落文化基因的图谱构建与创新应用研究"（20YJEZH001）；2021年陕西省社会科学基金年度项目"陕西省基层党建与乡村振兴的深度融合研究"（2021B015）；2022年中国农学会教育教学类第八批立项资助课题"嵌合性视角下涉农高校服务乡村振兴的长效机制研究"（PCE2204）；山东工商学院财富管理特色研究项目"共同富裕背景下乡村振兴与基层党建的有效融合及其机制构建研究"（2022YB16）。

作者简介：豆书龙，男，博士，西北农林科技大学人文社会发展学院副教授、硕士生导师，主要研究乡村振兴与数字乡村建设；金红艳，女，西北农林科技大学人文社会发展学院本科生，主要研究数字乡村建设；周静，女，西北农林科技大学人文社会发展学院本科生，主要研究数字乡村建设；常亮，男，博士，山东工商学院公共管理学院副教授，主要研究数字乡村建设。

力、推动力、内生力和组织力。

关键词：农民参与；数字乡村建设；协同创新

一　引　言

农民作为数字乡村建设的主体，实现农民参与和数字乡村建设的协同发展是必然选择。《数字乡村发展行动计划（2022—2025）》中特别指出要坚持以人为本，内生驱动的原则。2022 年 10 月，党的二十大报告提出"坚持人民至上""加快建设数字中国"，更加强调农民参与数字乡村建设的重要性。农民参与数字乡村建设的相关研究归纳如下。一是现状研究。数字乡村建设取得一定成效，体现在信息基础设施建设加快，信息服务体系基本建成，智慧农业和电商产业集群快速发展等。[①] 二是问题研究。相关问题体现在政策法规统筹缺位[②]、外源因素供给不足[③]、多元主体赋能不足[④]和乡土人才支撑弱[⑤]。三是对策研究。针对以上问题提出策略，如完善相关领域政策体系，增加资金、技术等要素供给，协同多元主体参与和吸引人才返乡等。四是视角研究。相关研究聚焦于治理现代化视角[⑥]和高质量视阈[⑦]等。

综上所述，相关研究较多侧重分析其现状、问题及对策，运用相关理论探究农民参与数字乡村建设相关研究较少，更缺乏从协同视角出发进行系统深入的探讨。据此，本研究基于协同治理的理论视角，从历史、理

---

① 参见陈亚军《数字普惠金融促进乡村振兴发展的作用机制研究》，《现代经济探讨》2022 年第 6 期。

② 参见董志勇、李大铭、李成明《数字乡村建设赋能乡村振兴：关键问题与优化路径》，《行政管理改革》2022 年第 6 期。

③ 参见文丰安《数字乡村建设：重要性、实践困境与治理路径》，《贵州社会科学》2022 年第 4 期。

④ 参见贾秀飞《复合语境下技术赋能数字乡村建设的运行逻辑与实践检视》，《电子政务》2022 年第 8 期。

⑤ 参见王胜、余娜、付锐《数字乡村建设：作用机理、现实挑战与实施策略》，《改革》2021 年第 4 期。

⑥ 参见沈费伟、杜芳《数字乡村治理的限度与优化策略——基于治理现代化视角的考察》，《南京农业大学学报》（社会科学版）2022 年第 4 期。

⑦ 参见赵成伟、许竹青《高质量发展视阈下数字乡村建设的机理、问题与策略》，《求是学刊》2021 年第 5 期。

论、现实、未来逻辑四种维度展开深入研究,系统性探讨农民参与和数字乡村建设协同创新的理论逻辑与实现路径,对推动乡村全面振兴和建设数字中国均具有理论与现实意义。

二 历史逻辑:建党百年农民参与和数字乡村建设协同创新的依据

回顾建党百年农民参与乡村建设的历史岁月,中国共产党始终坚持以人民为中心的发展思想,坚持农民主体地位,充分发挥农民在革命、建设、新时期和新时代乡村建设中的积极性和主动性,实现了农民革命者、建设者、改革者和致富者的身份转换,实现了农民参与和乡村建设的协同发展,为实现新时代农民"数字人"的身份转换提供了历史必然性,这构成了二者协同创新的依据。

(一)革命时期农民参与乡村建设的协同创新实践

早在革命时期,中国共产党已经意识到农民对于农村及革命的重要意义,并通过建立革命根据地领导农民开展武装斗争、政权建设和土地革命,推动了乡村发展。该时期的乡村建设关系到革命根据地农民群众的切身利益,包括农村基本教育、妇女平等、医疗卫生和社会管理等各个方面[①],突出表现在土地革命和发展教育两大领域。一方面,中国作为一个农业大国,土地问题始终是农民首要关心的,因此土地革命成为当时农民参与乡村建设和民主革命的重要推动力。全国农村地区通过开展"耕者有其田"的土地革命,没收地主土地,废除了封建土地剥削制度,使农民成功摆脱几千年来旧有生产方式的束缚,农民成为土地的主人,释放了农民参与乡村建设的热情;改善了农业生产水平,加速该时期乡村经济的发展,为乡村建设运动奠定经济和人心基础。另一方面,加强平民教育也是乡村建设的重点任务之一。该时期教育以马克思主义为指导原则,实行扫除文盲和普及科学知识的启蒙教育,教育形式有识字班、冬学和民众学校等[②],既提高了农民的思想觉悟和文学素养,激发出农民主体地位的觉

---

① 参见《毛泽东文集》(第1卷),人民出版社1996年版,第111页。
② 参见王继平、张晶宇《论土地革命时期湖南革命根据地的乡村社会建设》,《湖湘论坛》2017年第5期。

(二) 建设时期农民参与乡村改造的协同创新实践

新中国成立后,为加速工业化建设,乡村改造成为建设时期的重中之重。经济方面,中国共产党先后通过成立互助组和合作社方式,完成对农村土地的集体化改革,使得农民有效组织起来[1],增强了农民主人翁意识,同时结合"统购统销"政策,有力促使农民参与到乡村改造中。乡村治理方面,国家治理逐渐渗透到乡村,重塑基层政权,注重农民在乡村建设中的发言权,使得农民在参与乡村改造过程中对国家治理与发展方向有了深入的了解。此时期的乡村改造极大提升了农民的主人翁、民主和政治参与意识,实现了乡村治理的民主化转型。思想教育方面,落后的封建文化在农村社会仍然占据重要地位,阻碍着乡村改造。因此转变和提高农民的思想认识成为乡村改造的重要任务。其主要方式是通过对社会主义和马克思主义理论的广泛宣传和教育,营造出社会主义农村建设的有利氛围[2],进而实现农民的思想变革,提升农民的政治素养,为乡村改造的进一步推进创造良好的现实条件。

(三) 新时期农民参与新农村建设的协同创新实践

改革开放后,中国农村发生了翻天覆地的变化,家庭联产承包责任制和乡镇企业的异军突起是发生变化的根本原因。一方面,中国率先废除了人民公社制度,逐步推行家庭联产承包责任制,纠正了长期存在的高度集中的管理方式。这释放了广大农户的生产积极性,使农民的主人翁精神得到进一步激发,弥补了原有机制的不足,解放了生产力。另一方面,受城乡二元结构和家庭联产承包责任制的影响,农民从土地上得到解放,导致农村产生大量剩余劳动力,乡镇企业的发展无疑成为当时农民突破现实束缚的必然选择。农民采取入股兴办新的合作企业,或将原有集体所有制企业实行厂内职工缴纳股金并向社会集资入股等方式,发展了一批群众集资入股的合作企业[3],扩大了就业容量,释放了农民发展生产的积极性,同

---

[1] 参见邹宏如《新民主革命时期党对农村改造问题的探索》,《湘潭大学学报》(哲学社会科学版) 2006 年第 3 期。

[2] 参见尹广文、姚正《从"文字下乡"实验到"数字乡村"建设:中国百年乡村建设行动研究》,《青海社会科学》2022 年第 2 期。

[3] 参见谢迪斌《论新中国成立初期乡村社会改造的经验》,《中共党史研究》2010 年第 3 期。

时为农村产业的发展提供支撑，对推进中国农村城镇化进程发挥了不可替代的作用。进入 21 世纪后，中国开展了社会主义新农村建设，让一些关系农村农业未来发展、关系农民切身利益的大事实事得到落实，推动了农村全面发展进步①，也推动农民不断学习新知识和技能，提升自身能力。而后中国进入美丽乡村建设阶段，此阶段鼓励农民发展现代家庭工业、高效生态农业和个体私营经济，动员农民积极投身村庄环境整治和基础设施项目建设②，凝聚建设美丽乡村的合力。农民在参与过程中环保意识得到增强，个人素质有了较大提升，同时有效改善了农村生态环境，解决了农村发展不平衡的问题。

（四）新时代农民参与数字乡村建设的协同创新实践

2015 年 11 月，中国正式吹响脱贫攻坚战的号角，政府、社会组织、农民个人等多元主体纷纷参与到脱贫攻坚战中，脱贫攻坚的内生动力源源不断，到 2020 年底中国成功打赢脱贫攻坚战，全面推进乡村振兴战略。在此背景下，农民收入持续增长，生活水平明显改善，农村社会保障体系更加健全，基本公共服务显著提升③，乡村建设环境得到进一步改善，资金、人才、技术等源源不断地涌入农村，同时农民自我学习的意愿不断增强，农民运用现代技术的能力得到了提升，进一步为实现全面乡村振兴奠定了人才基础，推动农村高质量发展。可见，脱贫地区内生动力的增强是巩固拓展脱贫攻坚成果同乡村振兴有效衔接的关键所在，农民参与和乡村建设的协同发展既促使农民不断学习以紧跟时代，提升个人能力，又促进了乡村建设目标的实现。随着数字时代的到来，数字技术赋能乡村建设已成为大势所趋，中国也将数字乡村建设作为实施乡村振兴战略的重要方向。百年乡村建设的历史已经表明，农民作为乡村建设的主体对乡村发展起着至关重要的作用，这就要求数字乡村建设必须坚持以人民为中心，充分了解农民的数字化需求以便"对症下药"，调动农民积极性，尊重农民对数字乡村建设的创造性实践，促使数字乡村建设成果最大程度地惠及广大农民群体，实现农民参与和数字乡村建设的协同创新发展。

---

① 参见郑有贵《农民参与视角的乡镇企业组织制度变迁》，《宁夏社会科学》2022 年第 2 期。
② 参见鲁永文、朝克《建设社会主义新农村战略探析》，《山东社会科学》2014 年第 7 期。
③ 参见郭昕霖《美丽乡村建设的实践与思考——以湖北省荆州市为例》，《湖北农业科学》2021 年第 24 期。

三　理论逻辑：农民参与和数字乡村建设协同创新的动因

对农民参与和数字化乡村建设关系机理的理解决定了协同创新机制的探索。本文认为，二者存在着以有机互动为表征的"互协性"关系，可以为协同创新奠定理论基础。具体而言，"互协性"关系体现为内容共融性、主体共通性、功能互构性和价值一致性四个方面。

（一）内容共融性

《数字乡村发展战略纲要》提出通过网络化、信息化和数字化的应用激发乡村发展内生动力，逐步实现农业农村现代化发展和转型[①]，显然技术赋能农民、数字赋能乡村建设是新时代乡村转型发展的重要举措。农民作为乡村数字建设的直接受益者，从诸多层面同数字乡村建设存在密切联系。一是从国家战略目标可知，数字乡村建设以"数字富农"为目标，紧紧围绕"以人为本"，践行乡村数字建设依靠农民、数字红利由农民共享的发展理念，借助数字赋农，增强农民综合素养，培育适应数字时代需要的新型农民。二是从数字乡村建设涉及领域而言，数字乡村建设需要实现数字技术与乡村生产（经济）、生活、生态、治理等多领域全方位融合，农民作为各领域的连接体，其作用可见一斑。以生产数字化为例，数字乡村建设赋能农业生产，在"互联网＋农业"融合中创造发展活力。这不仅是农业的智能化转型，随之提升的更是农民现代化种植能力。从生产到销售，从宣传到物流，农民作为农业生产的终端主体，是农业高质量发展的践行者，农民的劳动者身份促成农业生产力的重大变革。确切而言，数字乡村建设不仅仅要求农民各领域在场，同时注重各领域实践参与程度的协同提升[②]，发挥主体建设综合效益。三是从农民生产生活实践来看，数字信息技术已渗透到农业农村发展众多领域和农民日常生活之中。智慧农业、电商发展实现农产品数字生产、销售，使农民生产实践活动同

[①] 参见翁贞林、鄢朝辉、谌洁《推进农民共同富裕：现实基础、主要困境与路径选择》，《农业现代化研究》2022年第4期。

[②] 参见苏岚岚、彭艳玲《数字乡村建设视域下农民实践参与度评估及驱动因素研究》，《华中农业大学学报》（社会科学版）2021年第5期。

现代接轨；电子村务在为农民提供便捷服务的同时，也拓宽了民主监督、建言献策途径；互联网平台使农民迅速获取到外界信息，延展农民视野。从产业发展到村务管理服务，从信息传播到日常生活等诸多场景，农民生产生活逐渐同数字技术实现紧密契合，因此农民诸领域在场为数字乡村建设提供了可能。综前所述，数字乡村建设从顶层战略目标、建设领域以及农民生产生活实践诸多层面同农民产生紧密联系，具有内容共融性。

（二）主体互通性

数字乡村建设主体涉及村民、新型农业经营主体、村两委干部和非政府组织等主体，农民参与数字乡村建设是发挥农民主体性的重要体现。首先，一方面数字乡村建设借助数字平台整合治理力量，形成多元主体共治局面[1]，换言之，农民可以借助数字平台为乡村建设建言献策，监督其实施，反馈评价，这为建设实践提供了广泛的民意支撑；另一方面数字技术通过经济驱动、乡村群体影响等途径激发农民参与数字乡村建设的主体内在需求。由此观之，农民是数字乡村建设的重要实践主体。其次，鉴于农民作为乡村生产生活实践的主体，无论是传统乡土社会，还是现代新型农村，家庭作为农民开展生产生活的重要形态，一定程度上延伸出农民的主体展现形式，为数字乡村建设提供新契机，目前学界对农民及其家庭作为数字乡村建设主体力量已经予以明示[2]。最后，关于农民发挥何种主体性作用，诸多学者认为农民是数字乡村建设的主要参与者、实际受益者和直接评价者[3]，相较于有些学者从数字乡村建设时间历程较为综合性角度阐述农民主体性地位，部分学者从数字资源维度讲述，创造性提出农民不仅是资源的使用者，也可成为部分资源的贡献者[4]，具有"造血性"的内生发展潜力，在数字乡村建设中意义重大。综前所述，尽管数字乡村建设主体涉及当地政府、村两委、数字技术平台以及当地农民等诸多相关主体，

---

[1] 刘俊祥、曾森：《中国乡村数字治理的智理属性、顶层设计与探索实践》，《兰州大学学报》（社会科学版）2020年第1期。

[2] 参见苏岚岚、张航宇、彭艳玲《农民数字素养驱动数字乡村发展的机理研究》，《电子政务》2021年第10期。

[3] 参见江维国、胡敏、李立清《数字化技术促进乡村治理体系现代化建设研究》，《电子政务》2021年第7期。

[4] 参见徐顽强、王文彬《重塑农民主体自觉：推进乡村振兴之路》，《长白学刊》2021年第2期。

但广大农民及其家庭作为数字乡村建设的探索者、建设者,是多元主体共建数字乡村中的重要力量。

(三) 功能互构性

农民主体参与数字乡村建设为乡村转型发展凝聚主体力量,反之数字乡村建设为农民创造发展潜力,彼此之间形成相互促进的循环圈。首先,百年乡村建设实践构建农民参与数字乡村建设的主体内驱力,凝聚农民参与共识。纵览农民"三个伟大创造"、创意民宿、观光体验农业、"互联网+"特色产业①等诸多探索实践,在改进自身生活水平的同时推动了当地乡村建设,顺应时代发展需求。同时,将农民组织化开展低成本乡村建设②,亦取得良好绩效。主体自觉、自我完善、自我价值实现等农民主体内生动力在现代化实践中不断被激发,农民主观能动性成为助推数字乡村建设的内在驱动力。其次,数字乡村建设实现多场景赋能,凝聚农民能动力量,使农民共建数字乡村。最后,数字乡村建设缩减城乡"数字鸿沟",使农民共享数字红利。数字乡村建设的本质在于使各类群体实现数字赋能成为可能,享受信息化、数字化红利③,实现发展成果由人民共享。面对农民在信息技术生产、接入、接受、使用等方面的相对劣势地位,数字乡村建设努力将数字技术与数字乡村建设各领域深度结合起来。数字技术从生产经营理念、模式、能力诸多方面缩小了城乡居民的差距④,不仅为农民自身发展奠定良好基础,而且使农民真正享有数字发展红利,增强乡村发展潜力,缩小城乡发展鸿沟。

(四) 价值一致性

《数字乡村发展战略纲要》中明确指出发挥农民先导作用,增强农民数字素养,不仅是以人民为中心发展思想的生动体现,同时也是农业农村现代化发展和转型进程的重要环节⑤,换言之,提升农民综合素质的同

---

① 参见尹广文《乡村振兴背景下数字乡村建设的行动主体激活与培育》,《社会发展研究》2021 年第 4 期。

② 参见刘合光《激活参与主体积极性,大力实施乡村振兴战略》,《农业经济问题》2018 年第 1 期。

③ 参见苏岚岚、张航宇、彭艳玲《农民数字素养驱动数字乡村发展的机理研究》,《电子政务》2021 年第 10 期。

④ 参见夏显力、陈哲、张慧利、赵敏娟《农业高质量发展:数字赋能与实现路径》,《中国农村经济》2019 年第 12 期。

⑤ 参见王春刚《数字经济时代农民经营观的塑造与培育》,《成人教育》2022 年第 2 期。

时，使其更好地参与数字乡村生产（经济）、生活、生态、治理诸多建设领域，以农民作为三农问题矛盾交汇点，发挥农民主体参与数字建设的积极性、主动性、创造性，实现其自我价值，充分彰显着"民为邦本，本固邦宁"的大国智慧。因此，数字乡村建设作为跨越"数字鸿沟"、缩小城乡差距的重要途径，以数字赋能乡村发展，遏制乡村衰败。与此同时，提升农民数字素养与技能是数字乡村建设的重要环节，以科技赋农，实现数字强农，逐步提升农民利用信息技术开展生产生活的素养与能力，为解决"三农"问题提供内生动力。回归数字乡村建设本质，部分学者从社会主义现代化进程这一历史背景分析，把推进农业农村迈入现代化新进程作为其本质属性，主张数字乡村建设核心在于借助信息技术将传统农业和落后农村社会转变成为现代农业和先进农村社会[①]，虽不曾强调农民，但同"三农"之间的密切关联不言自明。农民作为农业农村现代化转型的受益者，农业农村的现代化建设亦不能脱离农民顺应时代的探索实践，"三农"问题的顺利解决是数字乡村建设同农民主体实践的价值交汇点。

四 现实逻辑：农民参与和数字乡村建设协同创新的困境

自数字乡村建设试点以来，中国不断完善相关的政策体系，推动农民深度参与数字乡村建设，展现出显著的积极效能，但仍存在顶层设计不够完善、数字基础设施薄弱、农民数字素养缺乏、多元主体组织孱弱等问题。

（一）开放困境：顶层设计不够完善导致参与领域受限

自数字乡村建设试点以来，中国不断完善相关的政策体系，但在很多领域仍存在政策空白。首先是数字乡村立法问题。当前，中国数字乡村进程不断加快，但部分建设领域仍缺少相关法律保障，导致农民不敢参与其中。尤其是治理主体权责边界、数据开放共享等与数字乡村相关的配套法律法规尚未制定，致使主体责任、数据产权归属和数据共享标准等诸多方

[①] 参见曾亿武、宋逸香、林夏珍、傅昌銮《中国数字乡村建设若干问题刍议》，《中国农村经济》2021年第4期。

面存在较为严重的问题。如在陕西省 A 村数字乡村建设过程中，村委会书记提出目前数据壁垒尚未打通，上下层级之间数据无法融通；而且共享数据信息的边界不明确导致该村村民对线上信息共享存有疑虑，担心个人隐私泄露，严重影响数据共享的质量和实效。其次是数字乡村建设执行标准问题。在数字乡村建设的实际过程中，各地区在执行相关政策时，往往忽略农民的现实需求、忽视所在地区的现实情况而造成数字乡村"形式化"，未能达到真正的现实效果。如陕西省 A 村通过与深圳盛阳科技公司合作，搭建微信平台，建立数字化管理系统，并通过在各家各户粘贴二维码将其基本信息上传至云端，但是鲜有村民知晓该系统的存在。可见由于基层在执行政策时缺少严格的考核标准，而导致数字乡村建设只停留在表面，未能充分与乡村发展实际相结合。最后是数字乡村建设监管问题。这一问题主要表现在网络信息监管、直播销售等方面，比如电商带货直播中所销售的产品以假乱真、以次充好，被过分夸大的现象数不胜数，致使网络销售市场秩序亟待加强管理。

（二）需求困境：数字基础设施薄弱导致建设环境失衡

数字基础设施是农民参与数字乡村建设的客观环境保障，而农村数字基础设施建设不平衡、不充分问题制约着农民参与数字乡村建设的深度和广度。首先是城乡"数字鸿沟"问题。相较于城市，农村地区不仅在信息基础设施接入、信息支付能力等方面与城市存在差距，更在信息技术生产之初便呈现出城市化与知识性的偏向[①]，一方面城市市场的生产定位使得农村自然环境、特殊性需求难以满足，同时由于诸多生产要素不及城市，信息技术引入面临现实困境；另一方面，知识水平的高准入门槛进一步影响农村信息技术接入范围以及使用程度。其次是不同区域农村"数字鸿沟"问题。近年来乡村互联网普及率不断提升，一定程度缩小了城乡差距，但是中西部地区农村，存在着信息基础设施密度低且配置低，信息传递质量较差等问题；同时与之相适应的技术基础设施建设仍然未能同步配给，如可供上网的电脑、智能手机等硬件设备供应不足。最后是建设诸领域"数字鸿沟"问题。作为国家级数字乡村建设试点，陕西省杨凌示范区数字乡村建设诸多示范村实地调研数据显示，数字基础设施建设的不平衡、不充分同样体现在数字乡村建设的诸多领

---

① 参见吕普生《数字乡村与信息赋能》，《中国高校社会科学》2020 年第 2 期。

域。大多数乡村集中于单一领域建设，尚未实现多领域综合统筹，比如B村数字农业生产取得良好成效，但"电商+宣传或销售"未同步跟进；无独有偶的是A村搭建数字平台开展电子政务，但建设停留在管理层尚未惠及民生领域。由此观之，基础设施建设薄弱引发的环境失衡不仅持续而深远地影响着数字乡村建设进程，更在无形中构筑起阻碍农民主体参与的"技术壁垒"。

（三）动力困境：农民数字素养缺乏导致内生动力不足

农民是数字乡村建设的主体，是发展过程中的关键因素。首先，农村劳动力流失问题。受城乡二元结构影响，青壮年劳动力流失严重，留守老人、妇女和儿童几乎没有能力参与数字乡村建设。陕西省A村户籍人口共有2036人，但该村大部分劳动力选择外出务工，留在该村工作的基本是妇女和年长的村民，实际不足700人。其次，农民数字素养问题。由于受教育程度普遍较低并且缺少有关数字技能的学习与培训，大部分农民的数字素养无法适应当前数字乡村建设的现实需要。在陕西省A村和B村调研中了解到，平均10个人中仅有2个高中学历，其余均为初中及以下学历，可见村民受教育程度普遍偏低。而且村民使用智能手机更多用来休闲娱乐，在智慧农业、数字治理等方面的学习不足，农民数字素养亟待提高。正因为农民缺少数字素养，无法利用现代数字技术赋能生产与生活，从而导致出现"数字下乡"而"乡村不动"[1]的现象。最后，人才引领问题。由于乡村经济发展相对落后，教育、就业、医疗等资源相对匮乏，现实条件无法满足当代人才的发展需求，因而大量人才选择外出就业而不愿留在农村发展，使得人才引领示范效应无法得到发挥。通过实地调研了解到，绝大部分青壮年劳动力认为在外发展要好于在村内发展，纷纷选择外出就业，导致村内人才缺口极大。进一步来讲，数字乡村建设不单单要求农民在行动上有所作为，同时需要农民充分提高个人创新思维和能力，因地制宜进行数字乡村建设。而目前缺乏人才引领导致农民参与积极性不高，学习意愿不强，内生动力严重不足。

（四）合作困境：多元主体组织孱弱导致互动协同低效

数字乡村建设的长期性、动态性、领域多样性等内在特点，决定着

---

[1] 陆益龙：《"数字下乡"：数字乡村建设的经验、困境及方向》，《社会科学研究》2022年第3期。

数字乡村建设依靠党组织、村两委、社会组织、农民、信息技术平台等多元主体参与及其协同配合。虽然上述主体在参与数字乡村建设过程中，取得了良好建设成果，但单主体内、多主体间存在因组织孱弱导致协同低效的现实问题。首先是农民群体去组织化，内部组织孱弱。在农业产业化、资源市场化进程中，"个人主义"盛行，村社共同体去组织化现象显著，而且"农民集体土地制度"这一凝聚村民个人利益与集体利益的重要保障，面临"虚置化""私有化"的冲击，增加了农民通过自主治理实现再组织化的难度。其次是党群关系"悬浮化"，组织协同领导效用受限。随着群众路线"边缘化"、组织管理"虚化"等问题不断凸显，基层党组织这一重要建设主体对于农民参与数字乡村建设的号召力、组织力遭到削弱，出现难动员、组织低效等问题。最后是农民与社会组织缺乏接触，组织协同群体链接薄弱。社会组织作为数字乡村建设的外生性力量，农民主体多样性需求、形成群体共识困难以及组织程度薄弱等诸多原因使得社会组织同农民主体接触程度受限；与此同时，农民主体对于社会组织性质、功能认识不足，双方深入接触缺乏主体内驱力，甚至出现组织协同链接的断裂。可见，数字乡村建设实践过程中，农民主体间、多主体间的协同配合难以实施，孤木难成舟，零散单一主体的建设行动极易出现行为之间的冲突与消解，难以发挥系统功效，滞缓数字乡村建设进程。

五 未来逻辑：农民参与和数字乡村建设协同创新的路径

农民参与数字乡村建设的历史、理论、现实逻辑为协同创新机制的构建提供了依据、动因和紧迫性，三者共同决定了农民参与和数字乡村建设的协同创新是未来必然存在的形态。两者协同创新应以政策协同为支撑，以环境协同为依托，以素养协同为核心，以主体协同为重点。

（一）以政策协同为支撑，提升农民参与数字乡村建设的保障力

从制度主义视角看，国家的各项规章制度和法律法规都具有应对现实压力和挑战的能力。因此，完善顶层设计框架，加强政策制度保障，优化农民参与数字乡村建设的环境是现实所需。首先，完善相关领域立法，加强法律及政策机制保护。积极推进数字乡村建设相关领域的立

法，从法律和政策层面为数字产权归属、数据共享边界等问题制定明晰的规范，明确数据信息共享边界、统一共享的渠道等，防范参与主体信息泄露等风险。其次，规范考核标准，防止形式主义。制定严格的考核标准，一方面，将有关数字乡村建设的平台搭建、资金投入、使用情况等纳入建设成效的考核范围，以便上级及时了解数字乡村建设的具体进展；另一方面，将数字平台运营维护情况、数据信息流通情况、数据信息共享开放情况、解决实际问题的流程与结果等纳入具体的考核标准中，考核所建的数字平台是否能真正地发挥功能，避免出现平台有而作用无的形式主义问题。最后，建立完善的监管体系，加强监督与检查，规范网络秩序。通过相关的法律规范网络直播销售中的不良现象，并依托线上监督平台对非法经营者、销售者和发表不良言论的主播进行封号之类的警戒，明确法律底线，规范各大网络平台、主播等相关利益者的言行，保障消费者和农民的合法权益。

（二）以环境协同为依托，增强农民参与数字乡村建设的推动力

改善数字基础设施环境，实现数字乡村基础设施建设"多地区、多领域"协同发展，不断释放数字红利，增强农民参与数字乡村建设的外在推动力。首先，践行人本理念，以当地实际数字建设需求为导向，统筹数字基础设施建设。通过开展乡村环境监测、民意访谈等方式，深入把握乡村发展阶段，制定分步骤、有层次、兼具人文关怀特色的基础设施规划，为"政府主导、社会协同、农民参与"多元主体共建提供制度保障。其次，拆分建设环节，以时间维度确定阶段实施重点，落实数字基础设施建设。设施建设阶段注重落实及其成效检测，通过主体负责制等监督举措形成建设主体同建设项目的"利益与共"；设施投入使用阶段注重服务于不同层次的农民多元数字需求，提升实际服务效益；设施维护阶段注重激发集体维护意识，从数字建设、使用、维修等诸多环节协同配合，延长数字设施使用年限，保障数字设施使用安全，实现村庄数字设施更新换代。最后，探索协同联结方式，以区域联建、联享为加速器，消弭基础设施鸿沟。通过构建"联享"权利义务机制，推进基础设施建设的跨区域、跨群体共建共享，在弥补劣势、要素整合的过程中不仅实现"人与技术"的协同实践，更为乡村主体间的协同发展提供坚实的数字环境保障。

（三）以素养协同为核心，激发农民参与数字乡村建设的内生力

在数字乡村建设过程中，农民作为数字乡村建设主体，其数字素养与数字乡村建设的进展和成效息息相关。因此，提高农民数字化素养是数字乡村建设的现实要求和必然选择。首先，村委会及党员积极发挥自身作用，探索"党建＋农民＋数字乡村建设"模式，利用广播、电视、手机网络等多种媒体方式开展数字乡村建设的相关宣传和数字技能培训活动，通过线上线下相结合的方式开展数字乡村建设的讲座，多方位、全方面地让农民了解数字乡村建设，促使农民转变传统思想观念，提升其数字素养与技能，转变农民传统的生产生活理念。其次，加强有关数字乡村建设的教学实操，提高农民对数字乡村的认识和了解，鼓励其积极学习新的先进知识和技能，提升农民自身科学文化素养和利用数字技术的能力，并激发农民创新思维与活力。如在智慧农业发展过程中，经过培训后的农民可以利用传感器和软件等设备及时了解和控制农业的生产情况，从而实现无人化、智能化管理，极大减轻农民的劳动负担。最后，积极鼓励有想法、有能力的农民投身数字乡村建设，给予乡村人才更广阔的发展空间，将其才智运用于数字乡村建设中，通过乡村精英的引领将数字技术和数字乡村的未来图景带给广大农民，以此激励其他农民主动学习先进技术并参与到数字乡村建设中，充分激发农民的首创精神和创新力，增强内生动能。

（四）以主体协同为重点，提高农民参与数字乡村建设的组织力

鉴于数字乡村建设对于"多元主体共建、共治、共享"的现实需要，健全多主体协同参与数字乡村建设机制，提高农民主体参与数字乡村建设的自组织能力以及群际组织效用刻不容缓。首先，充分发挥主观能动性，围绕自组织技能提升，逐步实现农民群体再组织。通过发展壮大"新型村集体经济"，逐步增强农民群体之间的核心利益关联程度，为农民主体组织协同凝聚主体倾向性。进而借助党建嵌入农民群体、"互联网＋培训"、引进大学生村官等外来人才诸举措强化村民政治组织治理能力，并且充分发挥乡村社会文化网络关系对于农民主体的组织联结作用，增强农民主体协同建设数字乡村的内部组织力。其次，构建协同组织配合信息沟通的"线下＋线上"双渠道，增强多元主体联结紧密度。通过家访、座谈会等实地沟通互动以及QQ、微信、抖音等移动终端平台拓展"互联网＋社区"的数字公共领域，为多元主体组织协同互动创造物理条件支

撑，以及时有效的信息反馈、沟通增强多元主体的协同组织力。最后，实现多元主体有序有责有效性的组织协同，构建数字乡村建设共同体。注重为农民依托农村各类政治、经济、社会组织谋求自身发展提供制度依循与法制保障，实现个人与集体耦合，激发农民组织化意愿，增强农村社会组织的凝聚力，打造数字乡村建设共同体。

Collaborative Innovation of Farmer Participation and Digital Rural Construction in New Era: Theoretical Logic, Practical Predicament and Practical Path

Dou Shulong[1]　Jin Hongyan[1]　Zhou Jing[1]　Chang Liang[2]

(1. College of Humanities and Social Development,
Northwest A&F University, Yangling, Shaanxi, 712100;
2. School of Public Administration, Shandong Institute of
Business and Technology, Yantai, Shandong, 264005)

Abstract: As the main body of digital village construction, farmers' participation and the coordinated development of digital village construction are an inevitable choice to liberate and develop digital productivity and stimulate the endogenous power of rural revitalization. From the perspective of historical logic, the Communist Party of China has always adhered to the dominant position of farmers, and gave full play to the enthusiasm and initiative of farmers in rural construction in the revolutionary period, rural reconstruction in the construction period, new rural construction in the new era, and digital village construction in the new era. The coordinated development of rural construction constitutes the basis for farmers' participation and collaborative innovation in digital rural construction. From the perspective of theoretical logic, farmers and digital rural construction have a "mutual synergy" relationship characterized by content compatibility, subject commonality, functional inter-construction, and value consistency, which can provide impetus for the construction of a collaborative mechanism. There are opening dilemmas, demand dilemmas, power dilemmas and cooperation dilemmas in the process of farmers participating in digital village construction in the new era. Therefore, policy coordination should be the support, environmental coordination should be the support, literacy coordination should be the core, and subject coordination should be the focus. Strengthen the guarantee, driving force, endogenous force and organizational force of farmers' participation and collaborative innovation in digital village construction.

Key Words: farmers' participation; digital village construction; collaborative innovation

名实分离或名实相符：双重约束下贫困地区基层政府培育农业产业的行动逻辑

朱天义　黄慧晶

（江西师范大学政法学院　江西南昌　330022）

内容提要：贫困地区基层政府在培育农业产业的行动中普遍且长期存在着差异化现象，即名实分离与名实相符并存。这一现象是基层政府在组织内外情境双重作用下理性选择的结果。在试点性压力型体制引导的组织内情境下，贫困地区基层政府在培育农业产业中表现出了强烈的发展主义特征。在具体执行过程中，基层政府会依据组织外情境要素灵活调整既有行动策略。在组织外情境较强的村庄，基层政府会由全面主导者转变为辅助者和协调者，政府与多元主体良性互动保证了农业产业培育契合市场需求，形成了名实相符现象。在组织外情境较弱的村庄，基层政府会延续行政主导的方式，但因为忽略了各个乡村的差异性致使政策执行效率比较低，形成名实分离现象。在普惠性压力型体制引导的组织内情境约束与作用下，贫困地区基层政府只需要对照上级政府的政策标准完成任务即可，追求稳定成为其首要目标。在组织外情境较弱的村庄，基层政府会继续延续"稳定优先"的行动策略，形成名实分离。与之相反，对组织外情境较强的村庄，基层政府则会由稳定优先转向更具发展主义特征的策略，政策执行结果与政策目标之间的一致性，出现名实相符现象。

---

* 基金项目：国家社会科学基金青年项目"人民美好生活视域下乡村振兴战略高质量发展机制研究"（21CKS038）；江西省教育厅研究生创新基金项目"常态化疫情防控条件下江西县级政府赋能农业产业振兴的机制研究"（YC2022 – s310）。

作者简介：朱天义，男，博士，江西师范大学政法学院副教授，硕士研究生导师，华中师范大学政府治理与公共政策研究院兼职研究员，主要研究基层政府治理；黄慧晶，女，江西师范大学政法学院硕士研究生，主要研究地方政府治理。

关键词： 压力型体制；农业产业培育；基层政府；产业扶贫

一 问题提出：基层政府培育农业产业遵循何种行动逻辑？

政府政策执行中的名实分离或名实相符现象长期且普遍存在。围绕这一问题学术界主要从两个路径展开研究。

（1）政策的统一性和执行的灵活性视角。围绕政策的统一性和执行的灵活性这一矛盾关系形成了不同的分析路径。第一种路径："委托—代理"模型。周雪光教授用"委托方—管理方—代理方"三级科层组织模型来解释中央与地方治理之间的矛盾关系。[①] 第二种路径：压力型体制。荣敬本等人提出"压力型体制"概念来解释政府上下级在经济发展中的互动关系，主要包括数量化的任务分解机制、各部门共同参与的问题解决机制、物质化的多层次评价体系。[②] 第三种路径：晋升锦标赛。周飞舟通过对"大跃进"时期央地关系的观察，发现在中央高度集权的体制下，政府权力运作会出现"锦标赛"现象，即在中央全面控制政治、经济、文化领域的条件下，中央政府会通过向地方政府大规模放权以鼓励地方政府在主要经济指标方面展开竞赛。[③] 杨其静指出上级政府或中央政府依托人事任免权等形式对下级政府进行监督和控制。[④] 周黎安进一步将这种人事任免权集中在上级或者中央政府的政治集权形象地提炼为晋升锦标赛治理模式。[⑤] 第四种路径：行政发包制。周黎安用"行政发包制"概念，从行政权分配、经济激励和内部控制三个维度解释政府内部上下级之间的关系。[⑥]

（2）横向府际竞争分析视角。自我国改革开放以来，地方政府竞争

[①] 参见周雪光、练宏《中国政府的治理模式：一个"控制权"理论》，《社会学研究》2012年第5期。

[②] 参见杨雪冬《压力型体制：一个概念的简明史》，《社会科学》2012年第11期。

[③] 参见周飞舟《锦标赛体制》，《社会学研究》2009年第2期。

[④] 参见杨其静《市场、政府与企业：对中国发展模式的思考》，中国人民大学出版社2009年版，第12页。

[⑤] 参见周黎安《中国地方官员的晋升锦标赛模式研究》，《经济研究》2007年第7期。

[⑥] 参见周黎安《行政发包制》，《社会》2014年第6期。

就一直被视为经济发展的重要动力。① 为了更好地解释相同资源禀赋条件下地方政府发展农业产业的差异，需要详细梳理地方政府展开竞争的理论脉络。围绕同级政府横向竞争行动策略，学术界形成了多种分析路径。第一种路径：统合主义。统合主义的基本内涵包括：统合主义模型是介于强政府论与自由市场至上论之间的中介形态，其最终目标是将公民社会中的组织化的利益嵌入国家的制度体系当中；国家界定和规制阶级或者利益集团活动范围，协调私人协会和行业协会的活动；强调了非正式与正式的制度化要素的作用，认为个体的偏好是受到特定环境中的习俗、文化、价值规范以及市场规则体系影响的，制度能够降低行动的不确定性。日本学者青木昌彦将政企关系分为三类：以东南亚为代表的威权关系型、以日本为代表的关系依存型、以美国为代表的规则依存型。② Jane Duckett 首次提出"地方统合主义"概念，并将地方统合主义的特点归纳为两点：政府不仅为集体企业发展募集资金，而且为其提供土地和执照审批。③ 第二种路径：嵌入性自主。"嵌入性自主"意指具有发展主义取向的基层政府在与社会、市场建立融洽合作关系的同时也要保持自身的独立行动能力，从而避免外部行动主体对政府政策的消解。嵌入性自主概念包含以下几个要件：官僚体系以经济产业发展为目标，政府政策不受既得利益影响，需要建立政府与市场和社会主体之间的沟通机制，进行定期化的互动，以保证政府能够获取市场发展的真实信息④。

二 基层政府培育农业产业行动的"情境—过程"分析视角

在厘清上述分析范式解释优势和不足的基础上，本研究构建了"情

---

① 参见张军、高远、傅勇、张弘《中国为什么拥有了良好的基础设施?》，《经济研究》2007 年第 3 期；周业安《地方政府竞争与经济增长》，《中国人民大学学报》2003 年第 1 期；周业安、宋紫峰《中国地方政府竞争 30 年》，《教学与研究》2009 年第 11 期。

② 参见 [日] 青木昌彦、奥野正宽《经济体制的比较制度分析》，魏加宁等译，中国发展出版社 2001 年版，第 15—30 页。

③ Qi Jean C., Fiscal Reform and the Economic Fonndations of Local State Corporatism in China, *World Politics* 45, 1992 (1): pp. 99 – 126.

④ 参见 Evans Peter B., *Embedded Autonomy: States and Industrial Transformation*. Princeton: Princeton University Press, 1995, p. 49.

境—过程"① 分析视角。本文试图借助该视角对贫困地区基层政府培育农业产业过程中复杂且灵活多变的行动逻辑进行深入剖析，并对此可能产生的问题进行阐释。

(一) 传统分析视角的困顿

第一，静态分析无法捕捉政府复杂的行动策略。贫困地区基层政府在培育农业产业的过程中会面对不同的情境。在不同的情境下，基层政府的行动逻辑存在巨大差异。即使是在宏观制度环境相同且具有相似的自然资源禀赋、采取同样的产业组织形式的条件下，产业发展结果也会大相径庭。② 因此，传统"制度—结构"的静态分析类概念不能很好地诠释复杂情境下的政府行为轨迹。第二，政府行动的社会条件变量被忽视了。贫困地区基层政府在培育农业产业的过程中并非独立于社会之外，而是深深嵌入社会中发挥作用，主要表现为不仅存在制度等硬条件的约束，还会受到乡村社会本身软环境的影响。"乡土社会的人际关系与曲尽人情的社会伦理不仅可以确保生产管理得以可能"③，而且有助于整合土地、人力、文化和组织等资源，从而能够吸引行政力量和市场力量的注意力④。此外，通过对农民市场、创新意识的传导，农民的学习能力会对生产经营绩效产生显著的正向影响⑤。第三，统合主义并不适用于解释农业产业发展过程中的政府与市场主体之间的关系。原因包括以下几点：其一，统合主义是指政府控制下的政商紧密合作。然而在产业发展实践中，政府与市场主体之间是松散的联盟关系，有时基层政府甚至需要依赖经济组织来保证其政策目标的实现。其二，统合主义主张利益团体与国家之间的联系是制度

---

① 陈国权和陈洁琼提出的"情境—过程"框架将政府行为置于制度情境中加以考察，并将制度情境分为组织内情境与组织外情境。由于本研究增加了政府行为的社会条件变量，故而在承袭上述框架的优势基础上，将社会条件变量纳入组织外情境一端，将政府内部纵、横向互动纳入组织内情境一端，从而构建起新的"情境—过程"分析框架。参见陈国权、陈洁琼《名实分离：双重约束下的地方政府行为策略》，《政治学研究》2017 年第 4 期。

② 参见符平《市场体制与产业优势——农业产业化地区差异形成的社会学研究》，《社会学研究》2018 年第 1 期。

③ 付伟：《城乡融合发展进程中的乡村产业及其社会基础——以浙江省 L 市偏远乡村来料加工为例》，《中国社会科学》2018 年第 6 期。

④ 参见郭珍、刘法威《内部资源整合、外部注意力竞争与乡村振兴》，《吉首大学学报》（社会科学版）2018 年第 5 期。

⑤ 参见耿献辉、刘志民《农民学习能力对生产经营绩效的影响——基于山东省大蒜主产区 272 个农户调查数据的实证研究》，《南京农业大学学报》（社会科学版）2013 年第 6 期。

化、强制性的，但是政经关系在产业发展的实践中通常是弱制度化的。

（二）"情境—过程"新分析视角的构成要素及内涵

"情境—过程"分析视角下的基本构成要素主要有四个，即情境、行动者、过程和结果（如图 1 所示）。情境包括组织内情境与组织外情境两个方面。组织内情境是政府内部可以选择和管理的组织条件，其中包括基层政府发展政绩的动机、纵向政策压力与激励[①]、府际竞争的压力和财政能力等。组织外情境是指基层政府嵌入其中并受其影响的外部社会条件，其中包括乡村社会的自组织能力、自主经营能力[②]等。"情境—过程"视角下的行动者是具备理性人特质的基层政府，不仅涵盖县级党委、人大、政府、政协等在内的所有机关，还包括乡镇一级政府及所有机构。结果是指基层政府采取一系列的行动后所达到的状态。这四个要素之间相互影响、相互作用。组织内情境与组织外情境的混合作用决定着基层政府在农业产业发展中的行动策略和行动逻辑。在组织内情境与组织外情境不同组合类型下基层政府会灵活采取差异化的行动策略。

组织内情境要素之间存在一定的张力。首先，政策的统一性与灵活性之间的张力一直存在。中国幅员辽阔，各个地方之间的差异巨大，中央的宏观调控政策不可能兼顾到基层所有的差异，因此需要赋予基层一定的自

---

① 随着政府体制改革的持续深入以及城乡社会环境变化，压力型体制的"压力源"逐渐丰富，不再仅仅是政府系统内部以上而下的方式传导的压力，还包括横向府际竞争压力、自主意识觉醒的民众的反对、社会条件对政府干预经济发展绩效的影响。由于中央或者上级政府实施政策的靶向范围不同，压力型体制在政府治理实践中呈现出不同的类别，即试点性压力型体制与普惠性压力型体制。试点性压力型体制是指中央或地方政府在全面、正式制定政策之前，选择特定的试验单位，进行持续的检验互动，并自上而下逐级施加压力以保证政策目标实现，并对每阶段目标实现情况给予奖惩的组织机制。在政策试验过程中，压力的启动方包括中央政府或者上级政府在试点地区的政府提供政策支持的同时也会施加一定的压力，监督政策执行的进度。普惠性压力型体制与试点性压力型体制存在很大的差别。从形成途径来分析，普惠性压力型体制是中央或者地方政府在自身掌握相关信息的基础上，自上而下提出政策动议，并指定特定区域政府作为执行单位。参见朱天义、张立荣《乡村振兴背景下基层政府培育农业产业的组织机制》，《西南民族大学学报》（人文社科版）2020 年第 8 期。

② 自主经营被界定为参与市场实践的一种方式，并且是和与他人合伙经营以及给他人打工等不同的一种经济活动。在培育农业产业中，自主经营包含如下几个方面的内涵：第一，产业经营主体的能力与素质。第二，行动的内容，即以市场为背景，与企业运转相关的经济行动，比如筹措生产要素、组织生产、产品销售、利润分配等。第三，行动的过程仅仅是某一行动策略的描述，还是企业组织和管理过程的抽象表达。参见汪和建《自我行动的逻辑——当代中国人的市场实践》，北京大学出版社 2013 年版，第 52 页。

主性和灵活性，鼓励基层政府依据当地的实际条件在不违背中央政策原则的条件下开展政策实践。此时，由于各基层区域差异较大，过多的基层自主性不仅会导致区域间协调成本过高，还常常会遭遇精英俘获或选择性应付等行为，因而又需要中央或上级政府维护政策目标的一致性。其次，不同基层政府财政能力的强弱直接决定其究竟采取何种行动逻辑。在地方税收充裕且财政能力较强的地域，基层政府往往扮演发展型政府的角色，与之相对才会采取稳定优先的行动策略。最后，府际竞争中的"鲇鱼效应"。在乡村发展过程中，同一区域的基层政府间会形成一定的默认惯例，即各政府之间会形成相对平衡的竞争均势。只有在中央自上而下的政策压力和政治激励下才有可能打破这种均势，各基层政府主政官员为了获取更好的政绩而扮演发展型政府角色。

组织内情境决定着县域政府的初始行动策略，组织外情境则会影响县域政府的最终行动策略。在推进农业产业振兴的过程中，县域政府总是会在综合权衡政府系统内部各要素的基础上确定初始的行动策略。但县域政府绝不是被动的政策执行者，而是会结合当地各产业政策实施地的条件而灵活调整最终的产业扶持策略。

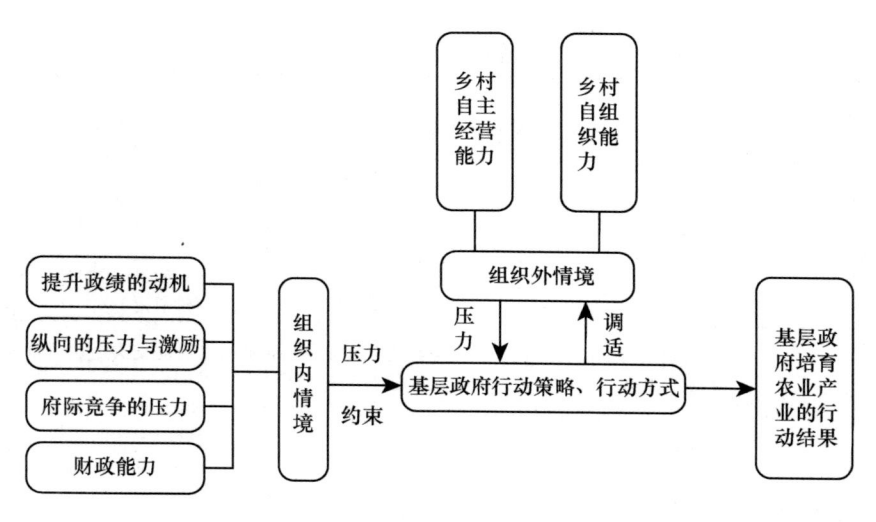

图1 情境—过程分析视角

三 双重组织情境约束下基层政府培育农业产业的差异化行动逻辑

（一）研究方法及案例介绍

为了更好地回答所研究的问题，本文采用多案例比较分析的研究方法。选取多案例比较分析的原因有如下几条：第一，现有理论对基层政府与企业、农户（个体农户、农业大户）的互动如何作用于乡村产业发展的探索缺乏系统性整合，通过案例比较分析可以更好地探索产业发展中中央政府与基层政府之间的政策衔接机制是什么，政府如何与企业开展合作，政府如何协调资本与农户之间的关系。第二，现有研究成果多从制度结构的角度研究政府作用于乡村产业的发展，但对于政府促进产业发展行动的社会基础阐述不多，采取多案例比较分析方法有助于回答上述问题。第三，选择多案例比较分析方法，有助于借助"复制"逻辑，对比和识别不同情境下的差异和相似之处，帮助本文设计基于类似准实验逻辑的研究视角，并有助于因果关系的识别以及外部效度的提高。

表1 数据来源及调研概况

案例编码	A: LT县苹果产业	B: XX县食用菌产业	C: LS县食用菌产业	D: XS县蚕桑产业
核心访谈对象及次数	果业局干部2次，乡镇干部2次	农业局干部2次，乡镇干部2次	产业办主任1次，金融办主任1次，扶贫办主任1次	蚕桑局副局长1次，办公室主任1次
	合作社负责人2次	合作社负责人2次	合作社负责人2次	合作社负责人2次，村书记1次
补充访谈对象及次数	农业龙头企业负责人1次	农业龙头企业负责人1次	农业龙头企业负责人1次	农业龙头企业负责人1次
	驻村工作队队长1次	驻村工作队队长1次	驻村工作队队长1次	驻村工作队队长1次
访谈总次数	6次	5次	6次	6次
官媒报道	18万字	23万字	21万字	17万字

续表

案例编码	A： LT县苹果产业	B： XX县食用菌产业	C： LS县食用菌产业	D： XS县蚕桑产业
档案及文件：政府文件、个人传记	14万字	13万字	17万字	16万字
参与式观察	苹果树果园1次，苹果醋厂1次	蔬菜基地1次，产业园1次	香菇基地2次	桑树园2次，小蚕工厂2次

（二）试点性压力型体制塑造的组织内情境下基层政府的行动逻辑

在试点性压力型体制塑造的组织内情境下，贫困地区基层政府在培育农业产业过程中表现出强烈的发展主义特征。在上级政府部门政策和资金的扶持下，基层政府会在辖区内广泛开展农业产业培育试验。

1. 农业经营主体培养中基层政府的行动策略

首先，在试点性压力型体制的作用下，贫困地区基层政府在农民职业技能的培训中发挥着关键的主导者角色，有时甚至需要基层政府持续兜底才能够保证经营主体培育效果的提升。早在20世纪60年代，LT县就开始大面积种植苹果，但那时该县沿用的是传统技术，农业经营主体的培育并未引起基层政府的注意。苹果产业经历了第一次的挫折后，于1986年重新启动，这次主要是由行政推动，县乡政府部门组织带领群众以义务工的形式投入果园种植中去。但是没过多久，苹果产业发展过程中的主要问题未能得到足够重视，一系列的问题又接踵而来。在1991年，全县果园面积锐减到12866亩。1992年，该县再次大规模栽植果树，到2000年全县果园面积最高达到10万亩。虽然LT县基层政府及相关部门花费大量资源，动员果农参与苹果产业培育，但是由于疏于对果园经营主体生产技术和管理技术的培训，果园管理粗放，病虫害蔓延，果树大面积死亡，到2003年全县果树基本被挖。2007年，农业部将该县确定为全国适宜苹果生产区并且省政府确定其为苹果生产重点县。此后，自上而下的财政转移支付为LT县采取吸引农业企业、引进农业科研院所技术力量等方式培育农业经营主体提供了有效助力。从图2可以看出，经过多年的耕耘，LT县苹果种植面积一直居于高位，平均每年都有3万亩的增量。虽然该县苹果种植面积增幅并不大，但是苹果产量却呈现快速增加的状态。

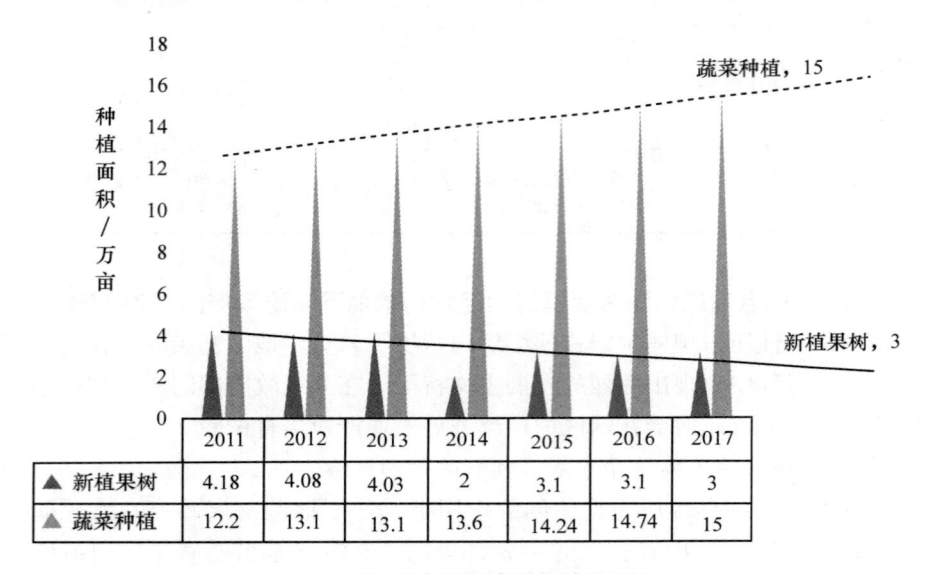

	2011	2012	2013	2014	2015	2016	2017
▲ 新植果树	4.18	4.08	4.03	2	3.1	3.1	3
▲ 蔬菜种植	12.2	13.1	13.1	13.6	14.24	14.74	15

图2　LT县主要经济作物种植面积

注：依据PL市统计年鉴整理。虚线代表线性预测蔬菜种植趋势，实线代表线性预测新植果树面积趋势。

其次，大力引入具备经营能力的农民企业家也是基层政府较为关注的内容。治理能人是乡村产业振兴的关键主体，尤其在农民组织化程度较低且农民自主经营能力较弱的贫困地区。随着基层政府加大力度引进和培育新型农业经营主体，新型农业经济能人迅速崛起并参与到乡村产业发展中。一些经济能人进入村两委后，不仅将企业经营理念引入乡村事务治理，还将创业发展作为村庄治理的工作重心[①]。在农业产业专业化发展中，经济能人的带领能力、从业背景以及获得信贷能力等因素影响产业村的养成速度[②]。受组织内情境等因素的影响，为了与同时期被划定为金

---

① 参见卢福营《论经济能人主导的村庄经营性管理》，《天津社会科学》2013年第3期。
② 参见林柄全、谷人旭、严士清、钱肖颖、许树辉《企业家行为与专业村形成及演变的关系研究——以江苏省宿迁市红庙板材加工专业村为例》，《经济地理》2017年第12期。

融扶贫试验区的其他县展开竞争，LS县基层政府主动出击，在农业经营主体培育中逐渐形成了两种农民企业家培育的方式，即本土内生力量的培育和外部"柔性引才"。从LS县西南山区一名普通的农户成长为远近闻名的农业技术好手，薛某的成长离不开基层政府的引导和扶持。精准扶贫政策实施以后，LS县被确定为金融扶贫试验区，各银行针对农业产业发展增加了小额贷款额度，降低了贷款的门槛限制。薛某敏锐地觉察到先机，带领全村人更新了生产设备，不但配备了自动程控装袋机等机械设备，而且恒温菌种培育室、冷库、净化接种室等一应俱全，不仅实现了香菇生产的流水化作业，而且保证了香菇菌袋中碎木屑营养成分的完全挥发。

最后，大力引导懂技术、会经营的人才进入乡村产业是快速提升政绩更有效的办法。若要高质量完成国家金融扶贫试验区的政策目标，单纯依靠培育本土农民企业家显然有点不太合适，因为从发现人才到培育成农民企业家需经历漫长的过程，在面对自上而下的试点性政策压力时明显有点远水不解近渴的意味。LS县就是通过从外部引进龙头企业来发展当地的农业产业项目。崇信集团和金海生物等农业龙头企业就是在政策利好的条件下"悄悄"进入LS县的。在基层政府的支持下崇信集团开始发展香菇和蔬菜产业。在建立大棚的时候基层政府提供了各种优惠政策，县政府出资900万元，崇信集团出资2100万元，双方联合成立产业信贷保证金池，撬动银行2.1亿元贷款投入香菇产业的发展中。截至目前，崇信集团已经在LS县11个乡镇发展了袋料香菇种植项目，引导该县6000多户农户发展了香菇种植产业。崇信集团先后花费3亿多元建立了10万平方米和3万平方米的菌棒生产企业各一家，在县政府金融政策的激励下，崇信集团还投资3.8亿元建立了食用菌生产园和食用菌研发中心，年生产菌棒达到了3000多万棒。金海生物是LS县推进金融扶贫政策后引进的另外一家大型农业龙头企业。同样在县政府金融扶贫政策的推动下，该企业投资7亿元发展香菇种植项目，其中花费2亿元建立了占地达到150亩的食用菌研发中心，投资2.8亿元在7个乡镇建立食用菌生产基地示范大棚769个。众多农业龙头企业的进驻不仅构建了该县从配套装袋、拌料、灭菌到接种和养菌各环节的流水化生产线，而且极大地提升了该县鲜菇产业的自动化、工厂化和多元化水平。

2. 农业产业技术革新中基层政府的行动策略

在试点性压力型体制引导的组织内情境的作用下,贫困地区基层政府倾向于采用"发展型政府"的行动策略,在本辖区全面推广先进的农业产业技术。

首先,在试点性压力型体制引导的组织内情境下,贫困地区基层政府需借助转移支付资金加大对当地基础设施的投资。贫困地区基础设施建设短板一直是制约其农业产业发展的重要因素。由于其具有耗资大且预期效益不确定的特点,因此鲜有市场资本投资于此,大多由政府部门以公共产品形式供给。2017年金融扶贫试验区正式进入运行状态,被县政府列为重点扶持对象的山洼村在资金的助力下,很快建立了香菇生产基地。政府部门不仅免费向农户发放大棚、发酵好的菌棒等,还派遣县农技站的工作人员驻村帮扶村民提高生产技术。此外,在LS县政府的督促下,县供电公司不但帮助牛耳村将原有的两台30V、50V变压器分别更换为100V、315V,而且重新设计该村的电路走向,将电线从深山密林移往公路边上。

其次,追求稳定的政绩表现是基层政府积极主动提供公共物品类农业产业技术的重要原因。LS县作为国家级重点贫困县和H省金融扶贫试验区,从中央到省市都给予其大量政策倾斜与资金支持。为了完成精准扶贫和试验区双重任务指标,LS县将目标锁定在香菇产业。香菇生长周期短、见效快,从种植到出菇仅需一年时间就能够获利。从近年香菇产业的发展情况来看,大部分农户是获利的,只有很少一部分农户由于技术等原因失败了。如图3所示,近年来,虽然香菇种植规模、种植地域逐渐扩大,但是各省香菇的批发价格基本趋于稳定,没有大起大落,所以香菇产业的发展于农户增收与政府政绩都是有益的。

(三) 普惠性压力型体制塑造的组织内情境下基层政府的行动逻辑

在普惠性压力型体制引导的组织内情境的作用下,贫困地区基层政府只需对照上级政府的政策标准,达标就算完成任务,并不需要就农业经营主体培养开展创造性探索。因此,在农业经营主体培育中贫困地区基层政府倾向于采取稳定优先的行动策略。

1. 农业经营主体培育中基层政府的行动策略

在稳定优先的农业经营主体培育策略下,贫困地区基层政府会放任农业经营主体自然成长。XX县人虽身居大山深处，但是这里的人自身携带"客家文化"的精神特质，只要需要，他们就会走南闯北、四处奔波；只要有活儿干、有钱赚，他们就不嫌脏、不嫌累。XX县独特的文化特质使得当地农户很早就开始自发革新食用菌生产技术。与XX县经营主体培育的状态不同，LS县由于缺少政府部门的干预，虽与XX县同一时期涉足食用菌的种植和生产，但却一直沦为周围市县的原材料供应地，农户的生产技术仍停滞在传统的种植技术阶段。贫困地区基层政府并非一成不变地追求稳定优先的行动策略，在特定的条件下追求政绩的需要也会促使基层政府在短时间内将稳定优先的行动策略转变为发展优先的行动策略。S镇是XX县食用菌产业发展的龙头，改革开放后S镇紧紧抓住该县及周边县市发展香菇产业的市场机遇，立足自身的交通区位和自然资源优势，积极主动地吸引海外客商来XX县发展香菇产业。随着香菇产业的逐渐成熟，XX县不再局限于单纯提供原材料的经营模式，还在当地建立食用菌交易市场。目前该县已成为全国香菇行业货源中心、价格中心和信息来源中心。而吸引XX县基层政府举全县之力发展香菇产业的根源就在于香菇产业丰厚的利润回报，这对于提升基层政府的政绩大有裨益。

2. 农业产业技术革新中基层政府的行动策略

在普惠性压力型体制下，自上而下传导的政策任务已经形成了标准的量化指标，基层政府只需对照指标完成任务即可，并不用过多的拓展和延伸。因此，在大多数情况下基层政府会倾向于采取稳定优先的策略。

在普惠性压力型政策引导的组织内情境下，贫困地区基层政府为了提升政绩会为发展农业产业提供一定的公共物品类农业产业技术。XX县从20世纪80年代开始发展香菇产业，但在发展的初期菇农曾因各种技术原因饱受损失。香菇产业是劳动密集型产业，为了节省种植面积就需要采用立体化种植的方式，搭置香菇架，定期对香菇菌袋进行技术处理，以确保香菇孢子生殖。这些都需要较大的成本，普通农户根本无力承担如此高额的费用，需要政府做好宏观调控和市场引导。2006年左右，在XX县政府的协助下，该县派遣工作队从中国东北和俄罗斯等森林资源丰富的地区购买菌材，这些活动是小企业或者分散的农户根本无法单独进行的。时至今日，XX县依然从邻近的陕西、吉林、黑龙江以及俄罗斯等地区购进菌材发展香菇产业。近年来为了减少林木资源及薪柴消耗，县政府出资实行柴改煤、柴改电、柴改沼气等工程，免费为农户建设相应的基础设施。XS县在蚕桑产业公共物品类技术提供方面也花费了不少力气。养殖小蚕不仅耗费巨大，而且温度要控制在27℃至28℃之间，春天养小蚕，房间要升温；夏天养小蚕，房间要降温。养殖的过程中还需要定期消毒和防疫。蚕桑养殖不同于香菇种植可以实现工厂化养殖，其最终都是分散在每一户蚕农家里。依靠个体的农户根本无法独自应对养殖过程中可能存在的技术风险，这时就需要政府派遣农技部门的技术人员下乡为农户提供相应的公共服务。

四 双重组织情境约束下基层政府培育农业产业的行动结果

两种压力型体制引导的组织内情境形塑了贫困地区基层政府总体的行动策略，但基层政府并非被动的政策执行者。与之相反，在面对各个村庄差异化的组织外情境时，贫困地区基层政府会对组织内情境下形成的行动策略做出灵活调整。结果导致基层政府在培育农业产业的过程中出现名实分离与名实相符并存的行动结果。

（一）试点性压力型体制塑造的组织情境下基层政府培育农业产业的行动结果

在试点性压力型体制引导的组织内情境下，贫困地区基层政府会充分发挥政策赋予的自主性，全面主导辖区内农业经营主体培养。但这种做法也并非一成不变，在农业经营主体的培养过程中，基层政府会根据组织外部环境灵活调整行动策略。在组织外条件较强的乡村，农业经营主体自身具备较好的经营能力，政府会从全面主导型角色转变为辅助者、协调者，为经营主体的培养进行有限兜底，政府与多元主体的良性互动保证了农业产业培育会依据市场需求而行动，形成了名实相符现象。然而，在组织外情境较弱的乡村，基层政府在培养农业经营主体方面则会继续采取行政主导的方式，由外部嵌入统一的培训项目提高农业经营主体的能力，并为农户、农业企业、合作社等经营主体全面兜底。虽然基层政府未投入大量的财力、物力培育农业产业，但是由于统一的服务供给忽略了各乡村之间的差异致使政策执行效率较低。

在试点性压力型体制下，虽然任务的发包方没有预设政策的达成标准，但赋予了地方较大的自主权，增加了自上而下的政策支持力度，保持着一贯的高强度政策压力。在政策压力与激励的双重作用下，基层政府在产业发展中会表现出不同以往的发展积极性。正如前文所述，在经历一次次产业的跌宕起伏之后，LT、LS 县基层政府总是能够始终坚持产业政策不动摇，一步步将传统的小农分散经营的产业做成外向型产业，并在世界同类产业中占据一席之地。然而，农业产业的发展不同于企业工业，农业产业对农户技术、自然禀赋等要求较高，高强度的政策压力一旦与县级主政官员强烈的追逐政绩心态碰撞，有可能会导致政府官员忽略局部地方产业条件不足的劣势强行推进政策，结果出现"一刀切"问题。2012 年，双湖镇以扩建和提升香菇交易市场品质为名征收大湾村 200 余亩口粮田。据村民反映，这些农田不仅配备了水利设施，而且水稻、小麦等粮食作物也是高产。村民与镇政府就此事各执一词，冲突不断。农户的说法是村民小组仅有 200 余亩口粮田，而且政府在征地中 95% 的村民均不同意，并怀疑所征耕地其实是另做房地产之用，并未用来扩建香菇市场。镇政府出示的意见则明确表明征地的原因在于香菇交易市场水平低、购销加工企业劳动力短缺而偏远山区农户增收渠道却不畅通、香菇加工用地不规范等。并且镇政府针对征地是否符合相关程序、大部分村民是否同意等问题，在大湾村进行了公示。镇政府多次召开村两委会议就征地问题进行商讨，通过召开群众代表会议的方式，了解民意、征求意见，最终得到了广大群众的签字同意。随着争议不断加深，问题也越来越多。首先，关于被征收土地的性质，镇干部坚持认为用地属商贸、工业、住宅、公共设施二类地价区四类混合用地，2009 年之前已经由耕地变更为建设用地。但农户手中的粮食直补册却显示直到 2011 年村民依然在领取粮食直补，这说明镇政府从一开始说的土地性质变更就站不住脚。其次，镇政府与村民小组所签订的征地协议中，"征地面积"条款居然是空白。镇政府给出的解释是相关工作人员遭村民阻拦而难以入户测量，遂以以往公开的数据为标准进行公示。

（二）普惠性压力型体制塑造的组织情境下基层政府培育农业产业的行动结果

在普惠性压力型体制引导的组织内情境下，贫困地区基层政府大多保持着稳定优先的行动策略，只需对标完成上级的考核任务，不会进行过多的创新性尝试。但是在差异化的组织外情境下，基层政府也会适当调整行动策略。在组织外条件较弱的情况下，基层政府会继续采取"稳定优先"①的行动取向，主要致力于保障民众基本就业与维护社会稳定，在农业经营主体培育方面并不会花费过多精力，导致政策执行结果与政策目标之间相背离，呈现出名实分离的状态。反之，在面对组织外条件较强的乡村，基层政府的行动策略则会发生改变，由稳定优先转为发展主义。着重支持这类村庄的产业项目发展，必要时甚至会为其启动实行兜底②，从而保证政策执行结果与政策目标之间的一致性，呈现出名实相符的状态。

在普惠性压力型体制下，基层政府政策的随意性变动或中断会对产业发展产生消极影响。由于普惠性压力型体制已经预先设定了标准和考核时间。考核时间一到，考核任务就算完成，后续也不会再有持续性的政策压力，往往会导致基层政府要么想尽办法应付完成指标，要么以"堆资源"的方式完成任务后撤出。2007年XX县出台政策着力培育香菇产业，倡议全县农民建设标准化厂房种植蘑菇，并实行"三包"，即包技术、包产量、包回收。大古镇村民积极响应政府政策修建了1056个标准化菇房。县政府为全镇菇农配备了4个技术员，由于全镇菇房太多，4个技术员无暇顾及。此外，由于对香菇生长所需要条件掌握不够精确，香菇出菇率还不及预先料想的一半。政府产业办相关部门对市场行情的判断不成熟，政府事先承诺的价格根本无法兑现，导致菇农出现了大面积亏损。次年，村民新建的标准化香菇种植大棚赫然一排排出现在村庄耕地上，有些菇农不甘心就此失败，决心再次尝试，但这时政府的政策却中途暂停实施，县政

---

① 从中央相关文件可以窥测，在乡村产业政策实施中央政府重点强调稳定基础上的经济发展，由此稳定与发展两种取向成为中央对基层治理的期待。

② 本文把基层政府的上述选择行为界定为"选择性兜底"，即基层政府不是对所有产业项目或者村庄兜底，只是对个别村庄进行兜底。

府派驻乡镇的技术员全部撤走了。中途又遭遇原材料疯狂涨价，而产量更低，有的颗粒无收，全镇菇农全军覆没，亏损比上年更甚。2010年，之前停摆的香菇种植厂房被种植户改做其他生意。但此时，县政府出台《关于展开标准化菇房和养猪场排查整改的通告》，部分改换性质的厂房被政府部门警告没有按"规划"要求擅自改变菇房用途，属于非法生产，必须生产与农业相关的产品，并要求限期撤离。从产业一开始启动，政府部门产业政策制定并未吸纳来自企业和农户的建议，同时缺乏对市场发展趋势的谨慎调查，项目仓促上马。既没有形成对接市场的机制和部门，也没有充分准备香菇产业发展所必需的技术条件，结果第一次香菇种植尝试以失败告终。而在面对产业政策的初次失败后，基层政府并未寻找产业失败的根源并想法补救，而是让产业政策一度停摆。基层政府在产业政策实施中的随意性不仅造成财政资金的流失，而且直接损害农户的生产积极性和利益。

五　小结与讨论

贫困地区基层政府在培育农业产业的过程中普遍且长期存在着名实分离与名实相符并存的现象。这是基层政府在不同类型的压力型体制所塑造的组织内情境的约束下做出的理性选择的结果。在试点性压力型体制引导的组织内情境下，贫困地区基层政府在农业经营主体培育中表现出了强烈的发展主义特征，但是基层政府也会依据农业产业政策实施地的组织外情境调整上述行动策略。在发展主义行动取向的指引下，基层政府会在组织外情境较强的村庄为多元主体协同参与产业项目有限兜底，契合市场需求，形成名实相符现象。在组织外情境较弱的村庄采取全面兜底和行政干预的方式，易滋生与市场需求脱节等问题，形成名实分离现象。在普惠性压力型体制引导的组织内情境下，贫困地区基层政府只需要对照上级政府的政策标准，达标就算完成任务，并不需要就农业经营主体的培育进行创造性探索。因此，在农业经营主体培育中，贫困地区基层政府倾向于采取稳定优先的行动策略，会集中资源扶持重点村，扩大村庄之间的收入差距，形成名实分离现象。上述研究也引起对以下问题的思考。

首先，在建立企业与农户利益联结机制中基层政府应当如何作为？农业龙头企业具备较强的参与国内外市场竞争的能力，能够将分散的涉农资源整合起来提升产业的可持续发展能力，也能够将分散的家庭小农户经营与大市场连接起来。因此，构建和完善企业与农户之间的利益联结机制是基层政府重要工作内容之一。然而，受企业与农户交易主体地位不对等、交易的不确定性[①]、企业与农户松散利益联结机制[②]等因素的影响，企业与农户之间往往存在很多矛盾与冲突，需要政府相关部门加以协调和规制。

　　其次，基层政府需要扮演农业固定资产投资的托底者角色吗？在贫困地区培育农业产业中，基层政府作为享有完整财权的最低一级政府，在产业培育中发挥着关键作用。XS县在蚕桑产业发展中将蚕桑产业发展风险基金的筹集与管理作为政府托底的重要内容，以此降低农户和企业发展产业的风险。县财政将丝、绸、家纺等企业年度实现税收部分的50%作为蚕桑产业发展风险基金，由县财政局提取并由县蚕桑局列为专户管理。乡镇蚕桑生产专业合作社从当年蚕茧收烘环节实现的利润中提取30%公积金部分作为蚕桑产业发展风险基金，由乡镇财政所提取并纳入蚕桑生产专业合作社账户实行专户管理。此外，县政府还对如何使用蚕桑产业发展风险基金做出详细规定。在蚕茧价格每市斤低于8元时，蚕农可以按照"社有县管，股东会决定，合作社申报，乡镇政府审核，蚕桑领导小组批准"的组织程序向县财政申请收购。

---

　　① 万俊毅、彭斯曼、陈灿：《农业龙头企业与农户的关系治理：交易成本视角》，《农村经济》2009年第4期。

　　② 陈学法、王传彬：《论企业与农户间利益联结机制的变迁》，《理论探讨》2010年第1期。

Separation or conformity of name and reality:
The action logic of grassroots government cultivating agricultural industry in poor areas under double constraints

Zhu Tianyi   Huang Huijing

(The School of Political Science and Law, Jiangxi Normal University, Nanchang, Jiangxi, 330022)

Abstract: There is a widespread and long-term phenomenon of differentiated results in the actions of grassroots governments in poor areas to cultivate agricultural industries, that is, the separation of name and reality coexist with name match.

This phenomenon is the result of rational choice of the grassroots governments under the dual role of internal and external situation. In the context of the organization guided by the pilot pressure system, the grassroots governments in poor areas have shown strong developmentalist characteristics in cultivating agricultural industries. In the specific implementation process, the grassroots government will flexibly adjust the existing action strategies according to the external situational elements. In villages with strong extra-organizational circumstances, the grassroots government will change from a comprehensive leader to an assistant and coordinator, and the positive interaction between the government and multiple subjects ensures that the cultivation of agricultural industry meets the market demand, forming a phenomenon of matching the name and reality. In villages with weak extra-organizational situation, the grassroots government will continue the administrative-led approach, but because it ignores the differences of each village, the efficiency of policy implementation is relatively low, forming a phenomenon of separation between name and reality. Under the constraints and effects of the organization guided by the inclusive pressure system, the grassroots governments in poor areas only need to complete the tasks according to the policy standards of the superior government, and the pursuit of stability has become their primary goal. In villages with weak extra-organizational situation, the grassroots government will continue to continue the action strategy of "stability first", forming a separation in name only. In contrast, for villages with strong external situation, the grassroots government will give priority to the strategy with more developmental characteristics instead of stability, and the consistency between the results of policy implementation and the policy objectives will appear to be consistent in name and reality.

Key Words: pressure-based system; agricultural industry cultivation; grassroots government; industrial poverty alleviation

博士生论坛

◆ **乡村社会中的文化治理：运行机制与逻辑特征——基于鲁西南 G 村的调查**

乡村文化振兴是乡村振兴的铸魂工程，但乡村文化振兴不能只停留在治理乡村文化的层面。以"孝老爱亲"表彰活动为载体的文化治理模式，是以村民"不甘心"的文化心理结构为动力机制，通过受表彰者"示范"引发村民效仿，进而在村民个体"自律"中再生出公共规则的"他律"功能，形成对争贫行为的反制。乡村文化治理本质上是重塑村庄公共规则和公共秩序的过程。文化治理的过程具有相对独立性，文化边界的不清晰性、规模较小的治理单元亦是文化治理发挥作用的关键。乡村文化振兴既要注重对乡村文化的治理，更要激活优秀乡村文化的治理价值与治理功能。新时期乡村治理应以文化治理为引领，加快构建多元化乡村善治新格局，进而以乡村治理能力与治理体系现代化汇聚起推动国家治理能力与治理体系现代化的强大力量。

◆ **"关系—行为"视角下贫农的行为逻辑研究——基于山西 M 村农业合作化运动口述史调查**

关系影响人的行为，包括人的行为形塑以及拓展关系。在 20 世纪 50 年代的农业合作化运动中，私人关系、地缘关系和阶级关系构成农村的社会关系底色，并对贫农的行为产生影响。生存考量是贫农做出行为选择的根本准则，也是影响各类社会关系互动的关键变量。当个体生存能自主时，贫农以阶级关系为前提，在阶级内部开展合作；当个体生存难自主时，贫农跨越阶级关系，与村落内的个体农民平等合作，实现对个体农民的生存保护。在全面推进乡村振兴的当下，我们既要将农民间的社会关系作为一类积极的治理资源加以利用，也要加强对农民根本利益的维护。

◆ **双向互动：乡村建设行动中的国家与社会互构——基于湖北省秭归县"幸福村落"建设的案例研究**

与西方国家和社会相互控制不同，在中国的治理实践中，国家与社会不是控制与反向控制的关系，而是双向嵌入、良性互动的关系。在乡村建设行动中，政府通过培育自治组织、党建嵌入村民自治、培育积极公民的方式嵌入乡村社会；乡村社会也以自治组织、积极公民，通过声音传递、需求回应、自主参与以取得国家支持，对接国家建设的行动嵌入国家。在这种双向嵌入的过程中，国家与社会共同协商、相互问责，从而寻求问题回应、需求满足，并在互动、互构中实现服务型国家和积极公民的角色塑造，为"强国家—强社会"的理想型"国家—社会"关系模式奠定基础。国家和社会可以在互嵌中实现合作共赢，这一关系模式的探索为我国乡村振兴建设行动提供坚实保障。

◆ **补位治理：传统时期分散型村庄治理形态研究——以江汉平原 B 村"嘹亮人"为个案**

"嘹亮人"补位治理作为分散型村庄农民治理的一种形态，探讨了在传统治理主体缺位或乏力的情境下，能力型农民如何维持村落治理秩序。该形态形成于分散社会结构中的缝隙，小农以生存为核心的利益动机和"嘹亮人"因能力与身份受到的双重认可，具有接点化、日常化、个体化特征。研究该形态对当下结构分散、治理主体缺乏的乡村有一定启示。

乡村社会中的文化治理：
运行机制与逻辑特征[*]

——基于鲁西南 G 村的调查

彭晓旭[1]　张慧慧[2]

(1. 华中师范大学中国农村研究院　湖北武汉　430079；
2. 华南农业大学马克思主义学院　广东广州　510642)

内容提要：乡村文化振兴是乡村振兴的铸魂工程，但乡村文化振兴不能只停留在治理乡村文化的层面。以"孝老爱亲"表彰活动为载体的文化治理模式，是以村民"不甘心"的文化心理结构为动力机制，通过受表彰者"示范"引发村民效仿，进而在村民个体"自律"中再生出公共规则的"他律"功能，形成对争贫行为的反制。乡村文化治理本质上是重塑村庄公共规则和公共秩序的过程。文化治理的过程具有相对独立性，文化边界的不清晰性、规模较小的治理单元亦是文化治理发挥作用的关键。乡村文化振兴既要注重对乡村文化的治理，更要激活优秀乡村文化的治理价值与治理功能。新时期乡村治理应以文化治理为引领，加快构建多元化乡村善治新格局，进而以乡村治理能力与治理体系现代化汇聚起推动国家治理能力与治理体系现代化的强大力量。

关键词：乡村振兴；文化振兴；文化治理；公共规则；多元化治理

在乡土社会中，优良的乡村文化丰富了乡村生活的内涵和意义，构

---

[*] 基金项目：国家社科基金重大项目"乡村振兴战略背景下多元化乡村治理问题研究"(19ZDA114)。

作者简介：彭晓旭，男，华中师范大学中国农村研究院博士研究生，主要研究基层治理；张慧慧，女，华南农业大学马克思主义学院讲师，主要研究中国政治与乡村治理。

建了和谐稳定的乡村秩序，还为乡村振兴战略的实施注入了充足动力，这说明"乡风文明"在乡村振兴进程中占据着至关重要的地位。2021年中央一号文件将"乡村文化振兴"写入指导思想，成为脱贫攻坚战取得全面胜利之后新时期三农工作的"总抓手"。从乡村治理的角度来看，乡村文化振兴不仅要大力提升乡村文化底蕴、增强乡村文化实力，更要积极探索以"文化治理"为中心的乡村治理模式，构建乡村善治新格局。

自 2017 年起，鲁西南 G 村积极发动"孝老爱亲"表彰活动，在延续村庄"孝善敬老"优良传统的同时，有效化解了村民们"争当贫困户"的治理难题。那么，孝老爱亲表彰活动的背后蕴含着怎样的治理机制？发挥作用的影响要素又是什么？基于此，本文以文化治理为切入点，对"孝老爱亲"表彰活动的作用机制和逻辑特征进行深入剖析，为新时期形成以文化治理为核心的乡村治理模式创新提供参考借鉴。

一　作为"治理对象"的文化和作为"治理工具"的文化

文化是促成乡村良序的基石，更是乡村良序得以维持的保障。文化治理的概念引起了学界的重点关注并形成了一系列重要理论。追溯其根源可以发现，文化治理理论源远流长。葛兰西最早提出"国家 = 政治社会 + 市民社会"的论述，对国家与社会的互动关系作了深入考察，并将政治社会所对应的政治领导权与市民社会所对应的文化领导权置于同等重要的位置展开分析，以此强调文化领导权的重要性。[①] 福柯则从个体实践活动与思想方式两方面指涉"治理性"，提倡用治理艺术替代君主的专制统治手段，因为权力来自社会下层且治理策略的合理性构成了权力的合理性。[②] 在此基础上，本尼特提出"文化的治理性"概念，将文化视为一种可以通过独特的运作方式对社会交往产生治理作用的机制。[③] "权力的文

[①] 参见［意］安东尼奥·葛兰西《狱中札记》，葆煦译，人民出版社 1983 年版，第 222 页。
[②] 参见［法］米歇尔·福柯《性经验史》，余碧平译，上海人民出版社 2002 年版，第 70 页。
[③] 参见［英］托尼·本尼特《本尼特：文化与社会》，王杰译，广西师范大学出版社 2007 年版，第 214 页。

化网络"即属于文化治理的代表性成果,"文化"指各种关系与组织中的象征与规范①,运用其所包含的被众人所承认并且受其约束的是非标准达到治理目标,就是"文化治理"的本质与核心。

上述研究为国内学者探析文化治理提供了重要的理论滋养。伴随着政策话语的流行,一大批成果先后涌现。从开展研究的空间场域来看,相关成果不仅包含了新兴城市与新型城镇化进程中的文化治理机制,还囊括了城市和农村社区的文化治理研究。文化治理的研究内容也包含了多个维度,如探讨公共文化服务供给的多重属性②与价值诉求③,以及对消费文化的优化与引导④等。除此之外,徐勇提出应通过提高文化产品和文化服务的供给质量推进农村文化供给侧改革,从而形成健全的供给体系。⑤通过梳理可以发现,学界围绕文化治理理论产生了大量的研究成果,形成了较为完整的发展脉络。但就其本质来讲,这些研究都可以归入两大路径:一是将文化奉为治理对象,开展对文化的治理;二是将文化视为一种治理工具,通过发挥文化的治理功能达到治理目标。可以说,无论哪一条路径下的文化治理研究,都为本文带来了极具启发的借鉴价值。

但实际上,随着过程管理的持续强化,当前基层治理中治理事务不断增多,治理过程日益规范化、标准化导致治理难度不断攀升。在这种趋势之下,既有的治理方式已无法完全满足新时期的治理需要,迫切需要将乡土社会中的文化资源、礼俗规范与现代治理方式进行整合,构建出符合现代化要求的文化治理模式。反观学界,有关文化治理的研究成果大多集中在前一种路径,即"对文化进行治理"的层面,无法形成对现实问题的观照与回应。虽有学者以文化为工具,对乡村文化振兴与乡村振兴在多重目标上的价值耦合进行了解读⑥,或是分析了以孝文化进行乡村治理的运

---

① 参见[印]杜赞奇《文化、权力与国家——1900—1942年的华北农村》,王福明译,江苏人民出版社2003年版,第9页。

② 参见颜玉凡、叶南客《文化治理视域下的公共文化服务——基于政府的行动逻辑》,《开放时代》2016年第2期。

③ 参见王杨《从脱轨到耦合:公共文化服务供给的价值诉求》,《求实》2019年第6期。

④ 参见张凤莲、靳雪《消费文化治理及其多维路径探析》,《东岳论丛》2020年第11期。

⑤ 参见徐勇《乡村文化振兴与文化供给侧改革》,《东南学术》2018年第5期。

⑥ 参见吴理财、解胜利《文化治理视角下的乡村文化振兴:价值耦合与体系建构》,《华中农业大学学报》(社会科学版)2019年第1期。

行逻辑[①]，或是建议从政策安排、社会基础和经济基础三方面优化乡村文化治理路径[②]，但这些研究不免停留在历史和理论层面，难以在实践层面对乡村社会中的文化治理机制形成具体的解释。乡村文化振兴要注重对乡村文化的治理，但文化治理不能仅仅局限在治理文化的层面上，更需要发挥文化的治理功能与治理价值，使优秀的乡村文化反过来作用于乡村文化建设与乡村文化振兴。对此，本文以"文化治理"为切入点，深度剖析G村"孝老爱亲"表彰活动的开展过程，从而形成对乡村社会中文化治理机制的一般性认识。

2019年12月，笔者在鲁西南Y镇G村[③]进行了为期20天的田野调查。本文即以调研中所获得的经验材料为基础，通过对G村"争贫"现象进行分析，阐释乡村文化治理的作用机制，并概括其逻辑特征。调研主要以半结构化访谈的形式与乡镇干部、村两委干部以及部分村民进行了座谈，兼及收集一些文献资料。

二 "争贫"：G村文化治理缘起

自古以来，优秀文化就是引领社会前进的指路明灯，也是推动政治经济社会发展的根本动力。其中，以"孝"为核心的孝文化更是我国传统文化中的瑰宝，"孝感动天""鹿乳奉亲""卧冰求鲤"等孝老爱亲故事不仅弘扬了中华文化传统美德，而且对维持社会秩序、保障社会正常运转起到了不可替代的作用。近年来，尤其是在党的十九大报告将"乡风文明"作为乡村振兴战略总要求之一提出以后，全国各地纷纷开展了乡村文化建设的具体实践，如广东佛冈、浙江德清、湖北秭归等。在此基础上，全国各地有不少农村以"孝文化"为载体对乡村文化治理模式进行了初步探索，并摸索出一条"以孝治村"的路径，如鲁西南G村。

G村发起"孝老爱亲"表彰活动的本意，是为了解决村民们"争当

---

① 参见汪倩倩《文化治理："以孝治村"的形成机理与运行逻辑》，《南京农业大学学报》（社会科学版）2020年第5期。
② 参见袁君刚、李佳琦《走向文化治理：乡村治理的新转向》，《西北农林科技大学学报》（社会科学版）2020年第3期。
③ 依据学术惯例，对文中的地名和受访者姓名进行了匿名化处理。

贫困户"的问题。2013 年以来，精准扶贫作为一项重大国策，在党的坚强领导下助力我国脱贫攻坚夺取了举世瞩目的成就。但在扶贫政策实施过程中，优厚的政策福利滋养了部分贫困户"等靠要"的依赖思想。同时，随着精准扶贫政策的深入展开，国家扶贫资源投入力度也在不断增大，促使许多村民萌生出"以当上贫困户为荣"的思想意识。如 G 村村干部所言："有些村民身强体壮、有车有房，也嚷嚷着要当贫困户，政策越好，不服气的就越多。"（访谈笔记，20191223GJP）"争贫"现象在村庄内部造成了严重的负面影响，并引发出"比贫""造贫"等不良风气，甚至成为部分村民上访的"动力"。

据村干部介绍，在扶贫政策最初施行阶段，贫困户认定存在评定标准不统一、评定过程不严谨、评定方法不周密等情况。与此同时，村民们对政策扶持力度缺乏准确认识，且村民普遍背负着"被评为贫困户很丢脸"的思想包袱。这两方面原因使得贫困户指标在扶贫政策实施初期往往由村干部主导分配。"政策下来之后，村民才了解到扶贫力度这么大，不像原来的补贴只有几百块，村民们尤其是那些与评上贫困户条件差不多的村民，就觉得自己吃了亏，甚至怀疑我们以权谋私，但名单又不能随意调整。我们私下都说，扶贫政策让我们因为 10% 的贫困户得罪了 90% 的村民。"（访谈笔记，20191223GJZ）

访谈资料反映了两个问题：一是村民"争贫"的原因，这可以从两方面进行解读。一方面，村民们对于扶贫政策认识不充分、把握不准确，在贫困户认定过程中受"嫌贫"思想的束缚而错过了享受政策福利的机会，后悔、懊恼等情绪促使他们产生了一种对村干部不满的心理结构，并参与到村庄"争贫"中来；另一方面，参与"争贫"的对象主要是与贫困户经济条件不相上下的村民，有研究者将其概括为"政策边缘人"①。从"政策边缘人"的角度来看，他们失去了"理应"获得的贫困户指标，这使得他们内心产生了一种相对剥夺感。而且，在"政策边缘人"与贫困户之间经济收入相对均质化的情况下，扶贫政策的福利加持打破了这一相对均衡的状态，导致"政策边缘人"的相对剥夺感大大增加，进一步在"政策边缘人"群体内形成了一种

---

① 刘升：《政策边缘人：理解基层政策执行难的一个视角——以精准扶贫中的"争贫"为例》，《华中农业大学学报》（社会科学版）2019 年第 4 期。

"气场"①，促使他们参与到"争贫"的集体行动当中。综合来看，不论是出于后悔和懊恼情绪，还是受气场影响而参与"争贫"，皆可归结于村民因评定过程"不公平"而形成的对于评定结果的"不认可"，并在心理层面产生了"不甘心"。这种"不甘心"在村民群体内部达成了一种文化层面的认同与共识，打造出一个行动集团，从而导致"争贫"现象的发生。

二是"争贫"现象致使村级治理遭遇合法性危机。精准扶贫政策在早期实施过程中缺乏灵活的动态调整机制，所谓的"贫困户"在政策落地过程中不断享受政策利好，进一步放大了普通村民和"政策边缘人"群体的"不甘心"，刺激更多村民参与"争贫"。其结果是扶贫政策的异化：国家围绕贫困户制定脱贫致富的福利政策，却因10%的贫困户而"得罪"了90%的村民群众，原本属于村庄边缘阶层的贫困户成了村庄的中心群体，而作为基层政权绝对支持力量的村民群众却走向边缘，形成"边缘群体主流化"而"主流群体边缘化"的局面。在此过程中，基层政权也逐渐失去了支撑，村级治理遭遇合法性危机。

面对村庄"争贫"乱象，G村尝试"借力打力"，利用村民群体间"不甘心"的文化心理结构，吸引村民参与到"孝老爱亲"表彰活动中，在村庄内部再次形成"以成为表彰对象为荣"的价值追求。

简单来看，G村举办的"孝老爱亲"表彰活动与村民"争贫"现象之间并没有直接关联。但从文化治理的角度进行分析，可以发现G村发起"孝老爱亲"表彰活动绝不仅仅是要达到发扬和继承中华传统孝老文化的目标，而是要挽回扶贫政策内卷化的颓势，帮助村级组织走出治理困境，巩固基层政权的合法性基础，这就在村庄层面对以"孝文化"为核心的"孝老爱亲"表彰活动赋予了文化治理的意涵。

三 重塑公共规则：文化治理的作用机制

如果说"争贫"现象为乡村文化展现其治理价值营造了政治契机，那么"孝老爱亲"表彰活动则为乡村文化进一步发挥其治理功能提供了

---

① 应星：《"气场"与群体性事件的发生机制——两个个案的比较》，《社会学研究》2009年第6期。

政治舞台。在表彰活动持续开展的过程中，观看表彰活动的观众"不甘心"，"争夺表彰名额"的村庄政治景观再次上演。在"争取表彰"的背后，暗藏着村庄文化共识或者说是村庄公共规则标准化、扩散化与通约化的政治过程。

（一）"示范"：公共规则的标准化

G 村开展"孝老爱亲"表彰活动的过程异常繁杂，但目的却十分明显，即希望通过树立一批"孝老爱亲"模范人物对村民群体形成良好的示范效应与带动作用，化解村民们因过度关注"争贫"而造成的村级治理危机。但在具体实施过程中，村干部又遇到了与当初评定贫困户时同样的难题：受表彰者的评选标准如何确定？

"孝"作为一种文化传统，是被社会伦理所认可和规定的最基本的道德规范，故每个个体都对孝文化存在不同程度和不同层次上的思想认识与行为表现。所以，如果 G 村"孝老爱亲"表彰活动的评选标准定得太低，普通村民会认为"受表彰者与自身没有区别"，受表彰者无法正常发挥示范效应，从而在内部瓦解了文化治理的价值；反过来看，若是评选标准定得太高，普通村民会认为"自己再怎么努力也无法达到评选标准"，进而在村民群体与受表彰者之间形成一种文化区隔，打击村民群体"争做表彰者"的积极性。

对此，G 村将评比过程划分为四个阶段：首先，由村民小组通过组内评比选出 3—4 人；其次，由小组长拍板决定 2 名候选人，并向村两委提交推荐名单；再次，由村两委进一步筛选推荐名单，基本上不会作任何更改；最后，由村两委张榜公布评选结果。通过规定评选程序，村两委将评选压力转嫁到了村民小组一级，并且选出了"合适"的表彰对象。"合适"表现在两个层面：其一，评选过程吸纳了全体在村村民的参与。相对于行政村来说，村民小组的社会结构更加稳定，在一定程度上保留了相对完整的熟人社会关系。虽然组内评选由小组长掌握最终决定权，但熟人社会内嵌一套受公众认可并且具有行为约束功能的社会评价体系，在村庄日常秩序维持中发挥着监督作用。"那个人德行不管[①]，一看就是和队长关系好才选上的。"（访谈笔记，20191225GJH）在村庄社会评价体系约束之下，小组长在确定候选人名单时就会更加看重事实而非私人关系，从而

[①] "管"是鲁西南一带的地方方言，表示赞许和肯定的意思。

选取合适的表彰对象予以上报。同时，即使小组长没有根据实际情况进行推荐，社会评价体系所具有的村庄舆论导向功能也会对"不合适"的候选人施加压力："做得好的没选上，做得孬①的倒得奖了。"（访谈笔记，20191225GD）迫使其自愿退出评选。其二，表彰对象平均分布在各个村民小组，不仅避免了因"获奖名额分配不均"而可能造成的内部矛盾与冲突，还能将表彰对象的示范带动作用发挥到最大限度。

表彰对象确定之后，G 村积极向乡镇企业、在外能人等社会力量以及上级组织和帮扶工作单位"化缘"，争取资金支持用以置办表彰奖品、筹备表彰事项。同时，为了引起村民们的重视，还请来乡镇党委书记、镇长为表彰对象颁奖。最终，G 村于 2017 年 1 月举行了第一次"孝老爱亲"表彰活动，18 位孝老爱亲模范村民受到了表扬与嘉奖，活动同时还表彰了"最美贫困户"和"脱贫光荣户"共 10 人。"乡镇书记和镇长跟那些受表扬的人握手、发奖状，还发电视机、洗衣机、大冰箱，并且拍的照片都在公示栏里贴着，旁边还拉了个大横幅，美得很！"（访谈笔记，20191227GZH）可见，"孝老爱亲"表彰活动在村庄内部引起了剧烈反响。虽不能保证村民在思想认识层面向表彰对象看齐，但毫无疑问的是，受表彰者的行为模式将被村民们奉为"示范标准"，进而争相效仿"成为被表彰者"，以达到"获得嘉奖"的根本目标。于此，G 村通过选取表彰对象并进行嘉奖的过程将新的公共规则嵌入了村庄文化网络，并带来了新的公共秩序，进而通过受表彰者"孝老爱亲""不争贫"等先进行为发挥表彰对象的示范作用。

（二）"自律"：公共规则的扩散化

自首次发起之后，G 村每年会如期举办两到三次表彰大会，并且每次的活动主题与荣誉称号都不相同，"好媳妇""好婆婆""最美家庭""最美庭院"等荣誉由村民轮番评选。尽管主题各不相同，但 G 村开展表彰活动的逻辑遵循始终如一：通过开展活动，打破村民群体因"不甘心"而参与"争贫"的集体行动逻辑，并将这种"不甘心"转移到"争取表彰"上来。

此后，在上述逻辑主导下，G 村增加了评选指标并扩大了表彰范围。由于评选指标增加和评选范围扩大的速度快于村庄内部先进行为者的再生

---

① "孬"是河南、山东等地的方言，表示不好的意思。

产速度，村庄社会评价体系的监督机制逐步失灵，导致表彰对象与普通村民之间的行为表现趋于同一层级之上，"示范"阶段所特有的文化区隔也逐渐消失。但是，村民群体内部"不甘心"的文化心理结构仍在不断发酵并进一步扩散，形成"争取表彰"的文化共识与集体行动。但是想要获得表彰，就必须符合"先进人物"的要求。因此，村民们在"示范"作用之下进入了"自律"状态，"她都能当好媳妇，我要是做得比她还好，我肯定也能当上好媳妇拿奖品"（访谈笔记，20191227GTJ）。"争取表彰"的价值追求至少在行为层面对普通村民起到了引导与自律作用。

另一方面，村民群体转入"自律"状态之后，导致受表彰者的示范带动效用无可避免地降低。但从村庄政治的角度来看，表彰对象的政治使命已然完成。同时，嵌套于熟人社会内部的监督机制虽然失灵，但社会评价体系仍在正常运转当中。因为对于受表彰者来说，他们仍是村民口中的"先进分子"与"道德模范"。所以，受表彰者更注重表彰活动赋予其自身的荣誉感与自豪感，而非普通村民更加关注表彰奖品的价值。于是，受表彰者的荣誉感与自豪感会强化自身"道德模范"的身份意识，并在思想和行为两方面表现出高度的"自律"。自此，受表彰者与普通群众都进入了不同层次的"自律"状态，原本由受表彰者示范、村民群众效仿的公共规则，在村民个体"自律"过程中形成了扩散。可以说，"自律"替代"示范"成了这一阶段村庄政治文化的主导逻辑。

（三）"他律"：公共规则的通约化

到2019年，G村"孝老爱亲"表彰活动已累计开展近十次，表彰名额的不断增加和评选范围的持续扩大使得村民们几乎全都轮流上台受过表彰。同时，活动颁发的奖品也从最初的大型家电演变为后来的暖水壶、暖手宝等相对平价的生活用品。对村民群体来说，表彰对象覆盖面过于宽泛、奖品过于普通等原因导致表彰活动失去了原有的吸引力，村民参与积极性大不如前。"现在大家都来凑个热闹，村干部也通知了，得照顾下面。"（访谈笔记，20191228GXH）虽然村民还会参与表彰活动，但"争取表彰"已经不再是他们的主要动力，更多是为了凑热闹、看节目，抑或是配合村干部"走流程"。

从表面来看，"孝老爱亲"表彰活动似乎流于形式化、空泛化，但实际上表彰活动已经实现了对村庄公共文化与公共规则的改造，这可以通过两点进行解释：其一，在表彰活动开展过程中，村两委利用村民群体

"不甘心"的心理结构促成了村民群体从"争贫"到"争取表彰"的思想认识与行为表现的转变。同时，精准扶贫战略已进入收官阶段，"争贫"乱象不会再次发生。由此，村庄文化治理的阶段性任务已然完成。

其二，从更深层次上来说，随着表彰活动的深入开展，虽然表彰奖品的价值在不断递减，表彰对象的数量在不断增加，表彰指标从村民眼中的稀缺性资源变为几乎全覆盖的普惠性指标，但是，当越来越多的村民相继成为表彰对象之后，"孝老爱亲""不争贫""不比贫"等先进思想和行为就不只是停留在"表彰对象示范、普通村民效仿"或是"表彰对象与普通村民共同自律"的阶段，而是成了村庄社会认可的文化共识与行为准则，即公共规则走向了通约化。"好媳妇""好婆婆""最美贫困户""脱贫光荣户"等荣誉称号中所包含的价值追求与行为取向重新成为整个村庄新的道德标准与行为准则。至此，嵌套在社会评价体系内部的监督机制再次恢复运转并发挥纠偏功能，任何不被新的公共规则认可的道德和行为都将受到村庄舆论的谴责和村庄社会的排斥，直到行为人主体主动改正并重新获得社会评价体系的认可为止。在这一过程中，新的公共规则发挥着"他律"的作用，并在村庄社会日复一日的秩序维持中内化为村民的自我规训。

G村开展"孝老爱亲"表彰活动的整个过程，实际上是重塑或再造村庄公共规则的过程。正是在表彰对象发挥示范作用、村民群体转入自律状态、新的社会规则再生出他律功能的过程中，新的村庄公共规则经历了标准化、扩散化与通约化三重演进阶段，完成了从嵌入村庄到与村庄深度融合的状态转换，形成了新的村庄公共秩序。需要说明的是，"自律"被普遍认为是个体思想认识层面的最高表现形式，进而影响个体行为选择。但在村庄熟人社会内部，在村民个体"自律"基础之上形成的对村民群体具有"他律"功能和约束效力的公共规则，才是村庄公共文化的更高级表现形式。况且，当村庄社会内部形成一种具有"他律"功能的公共规则和公共秩序时，更有助于村民个体"自律"意识的形成与强化。这是两个不同的逻辑。

综合来看，G村在进行文化治理的过程中形成的新公共规则与公共秩序对于大部分普通村民来说并不会带来太多的思想与行为束缚，因为真正参与"争贫"行为的"政策边缘人"在村庄社会中为数不多。但在应对精准扶贫过程中边缘群体主流化、主流群体边缘化甚至是基层政权失去合法性支撑的特殊背景下，以"孝老爱亲"表彰活动为载体进行文化治理，利用村民群体的"不甘心"，树立先进示范吸引村民效仿，进而在个体自律中形成新的村庄公共规则与公共秩序，对"争贫"行为予以排斥和纠偏，其结果就是整个村庄社会的文化共识抑或是思想认识水平得到了提升，并强化了基层政权的合法性基础，这也正是文化治理所要实现的最终目标。

四 文化治理的逻辑特征

通过对 G 村文化治理机制的深度剖析，可以发现文化治理机制在运行过程中具有如下几方面的逻辑特征。

首先，文化治理虽以"文化"为载体发挥治理功能，但治理过程中却不会对文化本身产生较强的依附性。概言之，文化治理机制在运行过程中具有相对独立性。在 G 村的文化治理实践中，包含着村干部、村民小组长、村民群体等多元主体的共同参与。村干部与村民小组长作为"孝老爱亲"表彰活动的发起者与组织者，也承担着文化治理过程中的主体责任。村组干部通过开展表彰活动，将孝老爱亲、脱贫光荣等先进文化输入村庄社会并推动其与村民价值追求相耦合，进而在村庄内部形成新的文化共识与公共规则，在化解"争贫"乱象的同时巩固基层政权的合法性支撑。包括政策边缘户在内的村民群体作为村庄文化治理的对象，其参与表彰活动的积极性来源于"不甘心"的文化心理结构以及对于表彰奖品的个体价值追求。而这一切都内生于村庄政治运作过程之中，呈现出极其鲜明的政治色彩。所以，不论是治理主体还是治理对象，皆因"文化"而参与到以"孝老爱亲"表彰活动为载体的文化治理过程中。从这个角度来看，"孝文化"只是辅助文化治理的文化表现形式之一，庙宇神灵、民俗节庆、宗族观念等不同文化表现形式一样可以成为乡村文化治理的载体。

其次，文化边界的不清晰性为文化治理的有效性提供了重要支撑。文化作为一种抽象且庞杂的概念，包括了知识、信仰、艺术、法律、伦理道德、风俗等多重内涵。[①] 这些内容在文化领域内发生交互与碰撞，并完成

[①] 参见郭莲《文化的定义与综述》，《中共中央党校学报》2002 年第 1 期。

融合与转化,为文化治理造就了广阔的弹性空间。G 村的"孝老爱亲"表彰活动即以"孝文化"为起点,通过增加表彰指标、扩大表彰范围、提升表彰频率等阶段性做法,逐步减小表彰对象与普通村民之间的文化堕距,消解二者间的文化区隔,促使"孝老爱亲""脱贫光荣"等先进文化成为村庄社会集体共识并产生集体行动,形成对"争贫"行为的反制。正是由于文化边界不清晰、不明确,"孝老爱亲"与"脱贫光荣"才能前后衔接,使村民群体从因不甘心而参与"争贫"转向因不甘心而争取表彰成为可能。

最后,规模相对较小的治理单元是文化治理发挥长效作用的关键因素。在文化治理过程中,相对较小的集团具有更大的有效性,因为规模相对较小的自治单元有益于提高治理效率、治理效能及治理效力。规模越大,群体的异质性就越高,越难以形成以价值认同为基础的文化共同体。G 村以文化治理为中心开展的一系列表彰活动虽然在村庄内部塑造了新的公共规则,但公共规则维持长效约束作用还需依靠村庄社会评价体系所具有的社会舆论导向功能与监督机制。规模相对较小的治理单元,其社会结构完整性较高,社会评价体系保存相对完整,社会舆论与监督机制的纠偏能力也就越高。

五 迈向文化治理:乡村善治的路径创新

本文以文化治理为切入点,在呈现 G 村"争贫"现象与开展"孝老爱亲"表彰活动等案例的基础上,对乡村文化治理的作用机制与逻辑特征进行了分析与总结。这一研究路径超越了以往文化治理仅仅停留在治理文化的层面,有助于学界对乡村社会中的文化治理机制形成更为深刻的理解与认识。本文认为:乡村文化振兴既要注重对乡村文化的治理,更要激活优秀乡村文化的治理价值与治理功能,使优秀的乡村文化反过来助力于乡村社会治理与乡村文化振兴。

大量研究表明,在当前以项目制为新型国家治理体制的主导背景下[①],乡村治理日益呈现出制度化、标准化、精细化之趋势。但现实情况是,治理事务并未完全规则化,治理方式与治理事务之间的不匹配导致乡

---

① 参见渠敬东《项目制:一种新的国家治理体制》,《中国社会科学》2012 年第 5 期。

村治理遭遇诸多难题，如谋利型上访专业户的涌现①以及村庄内部分利秩序的形成②等困境。甚至在国家项目资源覆盖面不断扩大、资源投入力度持续增强的情况下，以利益分配和利益交换为核心的利益治理模式逐步取代村民自治。③ 在短时间内，村庄实践中的利益治理模式看似具有一定的合理性。但从长远的角度来看，利益治理并不具有可持续性和借鉴意义。所以，新时期乡村治理应将文化治理作为重点方向进行探索和运用，引导乡村治理从"权力的利益网络"回归"权力的文化网络"。④ 同时，为避免文化治理模式同样面临治理失灵的窘境，应重点关注以下三个方面。

第一，发动多元主体，注入文化治理新能量。文化治理的核心是以人为本，发挥作用的关键是要政府、社会组织、农民群体等多元主体共同参与。一方面，要以多元参与形式激活多元主体参与热情，建立政府服务、社会参与、村民自治的乡村文化治理格局；另一方面，要畅通多元主体参与渠道，完善多元主体参与机制，建设人人参与、人人尽责、人人治理的乡村文化治理共同体。

第二，探索多元文化，打造文化治理新引擎。优秀文化是引领乡村发展的前进旗帜，更是乡村治理的宝贵资源。在推进乡村文化治理过程中，不仅要以尊老爱幼、勤劳节俭等传统文化美德为指引，辨别乡村文化的优劣，吸收优秀乡村文化的精髓，更要注重结合乡村特色，大力探索多元文化形式，充分发掘并激活乡村优秀文化资源，如乡贤文化、宗族文化等，充分发挥优秀文化的创造性引领作用。

第三，尊重乡村自主性，激发文化治理自动力。相对于城市社会，乡土社会在人口结构、资源禀赋等方面具有更高的异质性，故而治理事务与治理方式不可能完全规则化、标准化。对此，应立足乡土实际，优化乡村文化资源配置，因地制宜地通过制度化建设赋予乡村文化治理更高程度的

---

① 参见田先红《从维权到谋利——农民上访行为逻辑变迁的一个解释框架》，《开放时代》2010年第6期。
② 参见陈锋《分利秩序与基层治理内卷化 资源输入背景下的乡村治理逻辑》，《社会》2015年第3期。
③ 参见彭晓旭《经营型经纪：项目下乡与村干部角色再造——以浙江D村为例》，《天津行政学院学报》2021年第3期。
④ 参见郑永君、张大维《社会转型中的乡村治理：从权力的文化网络到权力的利益网络》，《学习与实践》2015年第2期。

自主裁量权与政策转化空间,从而健全充满活力的乡村文化治理模式。

  乡村治理能力与治理体系现代化是国家治理能力与治理体系现代化的根基所在。在乡村振兴背景下,如何利用优秀文化建立健全以文化治理为核心的乡村治理体系,创新乡村善治路径,是当下开展文化治理研究的应有之义。此外,应以文化治理为引领,加快构建乡村善治新格局,进而以乡村治理能力与治理体系现代化汇聚起推动国家治理能力与治理体系现代化的强大力量。

Cultural Governance in Rural Society: Operational Mechanism and Logical Features
——Based on the survey of G Village in Southwest Shandong

Peng Xiao xu[1] Zhang Huihui[2]

(1. Institute of China Rural Studies, Central China Normal University, Wuhan, Hubei, 430079;

2. School of Marxism, South China Agricultural University, Guangzhou, Guangdong, 510642)

Abstract: The revitalization of rural culture is the soul casting project of rural revitalization, but the revitalization of rural culture cannot only stay at the level of governance of rural culture. The cultural governance model with the recognition activity of "filial piety to the elderly and loving relatives" as the carrier is driven by the villagers' "unwilling" cultural psychological structure. Through the "demonstration" of the commended people, the villagers are inspired to follow, and then the "heteronomy" function of public rules is regenerated in the villagers' "self-discipline", forming a counter system to the behavior of fighting for poverty. In essence, rural cultural governance is a process of reshaping village public rules and public order. The process of cultural governance is relatively independent. Unclear cultural boundaries and small governance units are also the key to cultural governance. The revitalization of rural culture should not only focus on the governance of rural culture, but also activate the governance value and governance function of excellent rural culture. In the new era, rural governance should be guided by cultural governance, accelerate the construction of a new pattern of diversified rural good governance, and then gather powerful forces to promote the modernization of national governance capabilities and governance systems with the modernization of rural governance capabilities and governance systems.

Key Words: rural revitalization, cultural revitalization, cultural governance, public rules, diversified governance

"关系—行为"视角下贫农的行为逻辑研究*

——基于山西M村农业合作化运动口述史调查

冯 超

(华中师范大学中国农村研究院 湖北武汉 430079)

内容提要：关系影响人的行为，包括人的行为形塑以及拓展关系。在20世纪50年代的农业合作化运动中，私人关系、地缘关系和阶级关系构成农村的社会关系底色，并对贫农的行为产生影响。生存考量是贫农做出行为选择的根本准则，也是影响各类社会关系互动的关键变量。当个体生存能自主时，贫农以阶级关系为前提，在阶级内部开展合作；当个体生存难自主时，贫农跨越阶级关系，与村落内的个体农民平等合作，实现对个体农民的生存保护。在全面推进乡村振兴的当下，我们既要将农民间的社会关系作为一类积极的治理资源加以利用，也要加强对农民根本利益的维护。

关键词：农业合作化运动；贫农；关系；行为逻辑

20世纪50年代的农业合作化运动是新中国成立后国家对农业领域开展社会主义改造的关键性举措。在这一运动进程中，贫农扮演着重要角色，其行为选择对运动的顺利开展和推进产生了重要影响。在中国社会，关系是影响人的行为的关键因素。经过土地改革运动，国家成功将阶级这一具有政治属性的概念嵌入农村社会，并在农民之间建立起阶级关系。同

---

* 基金项目：国家社会科学基金重大项目"乡村振兴战略背景下多元化乡村治理问题研究"(19ZDA114)。

作者简介：冯超，男，华中师范大学中国农村研究院/政治科学高等研究院博士研究生，主要研究农村基层治理与中国政治。

时,传统社会中农民以情义为纽带的私人关系[1]、以地域为基础的地缘关系没有彻底消失,它们与阶级关系一道构成农业合作化运动前夕农村社会的关系底色。笔者在实地口述史调查中发现:在农业合作化运动中,农民的社会关系并未完全政治化,由国家建构的具有政治属性的阶级关系在运动的全程并不占据绝对主导性地位。阶级关系、私人关系和地缘关系在运动的不同阶段,对贫农的行为选择产生不同程度的影响。由此,本文的问题意识是:在农业合作化运动的不同阶段,阶级关系、私人关系和地缘关系对贫农的行为选择产生了怎样的影响?三种关系之间的互动呈现出怎样的特点?其背后的影响因素是什么?通过这一研究,既有助于深化对农业合作化运动中农民行为选择的认识,亦能够对当下乡村振兴中理解农民行为逻辑、促进农民主体作用发挥提供借鉴和启示。

一 文献回顾与研究视角

农民是农业合作化运动中的行为主体,他们的行为选择是认识农业合作化运动的有效窗口。既有的解释农业合作化运动中农民行为的研究,主要从主体内在维度和主体外在维度两个方面展开。

首先,主体内在维度侧重于从农民心理变迁和利益考量来解释合作化运动中农民的行为选择。就心理层面而言,农民保守的心理倾向导致了其对合作化政策的消极抵抗行为。[2] 崇尚权威、群体从众的社会心理导致了合作化运动中农民从功利性参与、观望和反对向全民狂热性参与的行为转变。[3] 利益考量视角强调农民逐利对其行为的影响。在合作化运动中,农民的利益发展决定着其政治认同,并进而影响其具体行为选择[4],获利是

---

[1] 本文中的私人关系是指在日常生产、生活中,村庄内的个体农民之间因换工、借贷、礼物往来等积淀形成的,以情义为表现和纽带的私人联系。私人关系与地缘关系、阶级关系的区别在于,私人关系是个体有意建构形成的,地缘关系是伴随个体的降生存在的(不考虑人口迁移的情况),阶级关系则是由国家建构的。

[2] 参见彭正德《新中国成立初期合作化中的政治动员与农民认同——以湖南省醴陵县为例》,《中共党史研究》2010年第5期。

[3] 参见姚广利《农业合作化运动中农民的社会心理变迁及启示》,《社会主义研究》2016年第2期。

[4] 参见高斐《农业合作化运动中农民的利益发展与政治认同》,《河南师范大学学报》(哲学社会科学版)2015年第4期。

各阶层农民做出行为选择的重要依据[1]。有研究将心理变迁和利益考量相结合来解释农民在农业合作化进程中的行为变迁，指出合作化初期的积极入社是崇拜心理、憧憬心理和从众心理作用下的有限理性行为，退社源于高级社的实际效益低于心理预期，退社后的再入社则是出于对沉淀成本和机会成本的考虑。[2]

其次，主体外在维度主要从制度变革、政策落实、政治效应、传统文化等角度对农民在农业合作化运动中的行为选择进行解释。一是制度变革。农业合作化运动中，农业生产制度、农产品分配制度、户籍制度等一系列制度的变革限制了农民的自由和自主空间，对农民的行为产生制约作用，同时，过度的制度挤压激发农民的弱势抗争行为。[3] 制度安排中，产权的完整性和缔约的自主平等性影响农民的入社行为。[4] 二是政策落实。整个合作化运动中，党和政府整体上坚持了自愿互利原则，调动了农民的参与积极性，但也存在命令主义行为方式。[5] 三是政治效应。农业合作化运动是一场涉及政治、经济和社会的综合性变革。政治效应的强化使农业合作化运动中农民"被迫"入社的现象增加[6]，农民的积极入社实际上是一种"被积极"，是总体意识形态和政治文化压力下的产物[7]。并且，农村党员干部阶级成分的下降，使农村出现了一个"利益集团"，它们催生了急躁冒进、强迫命令等行为。[8] 四是传统文化。传统的公、私文化特性

---

[1] 参见常明明《农业合作化进程中农民心态与行为研究——以鄂、湘、赣三省为中心》，《中国农史》2018年第1期。

[2] 参见易棉阳、罗拥华《农业合作化运动中的农民行为：基于行为经济学的研究视角》，《中国经济史研究》2016年第6期。

[3] 参见李增元《转变社会中的农民自由——以浙江温州1950—1958年为例》，《社会主义研究》2013年第3期。

[4] 参见王曙光《中国农民合作组织历史演进：一个基于契约——产权视角的分析》，《农业经济问题》2010年第11期。

[5] 参见谢静《试论农业合作化运动中的自愿互利原则》，《思想理论教育导刊》2013年第5期。

[6] 参见蔡清伟《中国农村社会管理模式的变迁——从解放初期到人民公社化运动》，《西南交通大学学报》（社会科学版）2013年第6期。

[7] 参见吴毅、吴帆《结构化选择：中国农业合作化运动的再思考》，《开放时代》2011年第4期。

[8] 参见赵胜《农业合作化时期农村党员阶级成分的下降及其影响》，《安徽史学》2014年第6期。

规制着农业合作化运动中农民的行为。①

除此之外，个别研究寻求一种多因素的综合性解释。如有研究指出，合作化运动中各阶层农民的经济行为是个体农民综合考虑习惯、情感和理性等多种因素而做出的判断和选择，贫农相较其他阶级成分群体，对农业合作社具有更高的认同感。②农民的快速入社是政策上的区别对待、对美好愿景的宣传、响应顶层号召以及随大流的心态所导致的，是"逼""挤"的结果。③

上述研究为我们理解、认知农业合作化运动中农民的行为选择提供了有益启示，但也存在可待拓展的研究空间：一是整体来看，既有的对农业合作化运动中农民行为的研究多偏重于事实描述，深层的行为逻辑探讨不足；二是在经历土地改革运动后，农民具有了阶级身份，不同阶级成分的农民在合作化运动中享有不同的政治地位，其做出行为选择的逻辑也存在差异，但既有的研究多将农民作为一个整体概念来对待，对不同阶级农民做出行为选择的解释不足；三是未对合作化运动中各类关系对农民行为的影响给予足够重视。

马克思指出："人的本质不是单个人所固有的抽象物，在其现实性上，它是一切社会关系的总和。"④人是社会关系的产物，人不能脱离社会关系而孤立地存在。⑤特别是社会关系"在传统中国农民日常生活中发挥着主宰性或支配性的作用，是理解传统中国农民行为及传统中国农村社会的钥匙"，"'关系—行为'范式在解释传统中国农民社会行为时具有更强的解释力"。⑥基于此，本文从"关系—行为"视角出发，分析合作化运动的不同阶段，阶级关系、私人关系、地缘关系对贫农行为选择的影响及其具体表现，探讨各类关系间的互动模式及其特点，以期为理解合作化运动中贫农的行为逻辑提供参照。

---

① 参见陈定洋、谢太平《农业合作化运动与农民的行动逻辑——从中国传统文化中宗族、家族主义角度认识》，《太原理工大学学报》（社会科学版）2007年第2期。
② 参见李飞龙《合作化时期的农民经济（1954—1956）——基于各阶层社会心理和行为选择的分析》，《贵州社会科学》2018年第10期。
③ 参见李巧宁《农业合作社与农民心态》，《浙江学刊》2005年第1期。
④ 《马克思恩格斯选集》第1卷，人民出版社2012年版，第139页。
⑤ 参见徐勇《关系中的国家》第1卷，社会科学文献出版社2019年版，第38页。
⑥ 刘金海：《农民行为研究："关系——行为"范式的探讨及发展》，《中国农村观察》2018年第5期。

二 关系影响下的贫农行为选择——以 M 村为例

M 村位于山西省东南部，距离县城约 15 公里，村域总面积 5 平方公里。在土地改革运动之前，M 村共有耕地 5000 多亩，无族田。全村约有 300 户家庭，800 多口人，人均 7—8 亩土地。1947 年冬，M 村在工作队的指导下开展土地改革运动，全村共划分地主、富农十来户，中农 120 余户，贫农、雇农合计 150 余户。[①] 在农业合作化运动中，M 村于 1952 年在上级政府宣传引导下成立互助组，1955 年村庄成立初级农业生产合作社——红星社，1956 年春，M 村与周围其他五个村庄联合成立高级农业生产合作社——六一联社，村庄内部被划分成两个生产队。

（一）自主合作：基于私人关系的贫农入组选择

在成立互助组时，M 村内的社会关系特征表现为阶级对立与"重人情"并存。一方面，经过土地改革运动，国家成功将"阶级"概念嵌入村落，农民之间依凭阶级身份建立起阶级关系，这一阶级关系特征在村庄内主要表现为"贫下中农是一家"，贫下中农群体与地主、富农群体相对立，如受访者 WZS[②] 所言："那个时候，你的思想肯定和地主、富农的不一样，他们总还有一些资产阶级的思想，贫下中农一家人，你和地主、富农就要有个界限。"另一方面，在有限的生产条件和生产水平下，村庄内的农民在长期生产、生活中，出于生存需要，彼此之间通过人情往来保持着必要的社会联系，"欠了别人的人情就得找一个机会加重一些去回个礼，加重一些就使对方反欠了自己一笔人情。来来往往，维持着人和人之间的互助合作"[③]。对此，受访者 JBS 谈道："家里的农具不够用了，那就跟门前人调换着使用，那个时候不说价钱，不说啥，农具闲着了，你就可以去借用，也不用拿人工换，现在的社会都是要钱，那个时候谁要钱呢，根本没这回事，那个时候人情重，没有人情还能行？"

从国家层面来看，为了满足土地改革运动之后获得土地的个体农民的

---

① M 村在土地改革阶段的相关数据由笔者根据调查中受访者所提供的口述资料整理得知。
② 文中对所有受访者进行了匿名处理，且受访者均为贫农成分，具体的访谈资料存储于华中师范大学中国农村研究院/政治科学高等研究院"中国农村调查数据库"。
③ 费孝通：《乡土中国 生育制度 乡土重建》，商务印书馆 2011 年版，第 76 页。

生产积极性和农民之间互助合作的积极性，中共中央于1951年9月9日通过《中共中央关于农业生产互助合作的决议（草案）》，引导农民逐步走互助合作的社会主义道路。在互助组阶段，国家充分尊重农民意愿，未强制要求农民统一入组，在生产资料所有制上，农民对牲口、农具、土地等生产资料依然保有所有权，土地的经营也由农户自主决定。互助组是私有私营基础上的农民之间的相互合作。

在成立和加入互助组的实践中，贫农以私人关系为导向，依据彼此之间私人关系的好坏来自主决定是否合作以及与哪些农户合作，受访者DYC说道："在一块惯了（关系好）就联合起来成了一个互助组，也不是地挨着，土地不相邻，就是一个巷子里的，关系好。"地主、富农群体因在土地改革运动中给留有一定的生产、生活资料，在私有私营条件下，其依靠自身的劳动可以自主生存；另一方面，在土改之前，贫下中农特别是贫雇农由于与地主、富农贫富差距较大，二者在不存在血亲关系的前提下原本交往就不多。土改之后，村落内阶级对立的关系背景以及与之相伴随的政治压力和舆论氛围，使贫下中农不敢与地主、富农走得太近。在加入互助组时，贫农主动与地主、富农划清界限，与阶级内部的农户结合在一起，受访者YGL表示："肯定不和地主、富农搭班子，和人家地主、富农就说不上话嘛，我们组里的七八家农户都是贫下中农。"由此，在互助组阶段，贫农主要以私人关系好坏为准绳，在阶级内部开展自主合作。

（二）优先合作：基于阶级关系的贫农入社选择

1953年，中共中央正式提出过渡时期总路线，即"一化三改"，同年12月，中共中央发布《关于发展农业生产合作社的决议》。在此之后，国家一方面通过下沉在村落的工作队向农民宣传国家的相关政策和入社后的美好生活图景，营造有利于成立、发展农业生产合作社的氛围和环境；另一方面通过向入社的农户供应低价肥料等利益诱导措施吸引社外的农户入社。

在生产资料所有制上，国家在《关于发展农业生产合作社的决议》中明确指出："它是走向完全社会主义化的过渡形式的合作社，包含有两方面的性质即私有的和合作的性质。"[①] 这一双重性质在实践中主要表现

[①] 《中国共产党中央委员会关于发展农业生产合作社的决议》，http://www.ce.cn/xwzx/gnsz/szyw/200705/29/t20070529_11531669.shtml。

为"土地入股,统一经营"。具体到 M 村来说,M 村于 1955 年成立初级农业生产合作社——红星社,在组织农民入社的过程中,入社的农户要将土地交给社里统一经营,并在社里集体劳动,对于牲口、农具等生产资料则依然由农户所有、保存和使用。对此,受访者 JBS 回忆道:"1955 年就入了红星社了,那就是初级社,那个时候就集中了,就是整个在一块干活。"但土地入社并没有改变土地的私有性质,农民仅是将土地作为一种投资入股到社里,依然保留着对土地的所有权。在受访者 KSJ 看来,"土地入社,那就顶算是入了股了,土地还是你个人的"。在入社方式上,《关于发展农业生产合作社的决议》指出:"发展农业合作化,无论何时何地,都必须根据农民自愿这一根本的原则。在小农经济中进行社会主义改造的事业,是绝对不可以用简单的一声号召的办法来实现的。更绝对不能够用强迫命令的手段去把贫农和中农合并到合作社里,也绝对不能够用剥夺的手段去把农民的生产资料公有化。"① 在"农民自愿"这一根本原则指导之下,M 村对农民采取了入社自愿、退社自由的政策,受访者 DYC 回忆道:"当时入社就是你情愿入你入,不情愿入也行,有的农户思想不开,不愿意组织在一起,好长时间了都还没入社,人家就慢慢动员。"从整个村落范围来看,在全村的 300 户左右家庭中,一开始加入初级农业生产合作社的也仅有 50 多户。

就贫农的入社选择而言,在初级农业生产合作社阶段,阶级关系依然是村庄政治、社会领域的一个关键因素。在国家的支持下,贫农因其阶级身份在乡村社会拥有了优势政治地位和社会地位,是国家在乡村的主要群众基础和依靠对象。在发展农业生产合作社初期,贫农自然成为国家的首要号召、动员对象,作为回应,贫农带头入社,并凭借阶级身份走上了社内的管理岗位,掌握了社内权力。例如,M 村红星社的社长、副社长、会计、保管等干部人选由社员选举产生,阶级成分是选举社内干部时考虑的首要因素,受访者 YGL 对此表示:"那个时候阶级斗争,贫下中农才能当干部,地主、富农不行,他们不能当干部。"M 村红星社的社长也是贫农成分。对于后入社的农户来说,初级社采取了有选择的吸纳方式,地主、富农等受压制的阶级群体不在吸纳范围之内,受访者 DYC 对此表示:

---

① 《中国共产党中央委员会关于发展农业生产合作社的决议》,http://www.ce.cn/xwzx/gnsz/szyw/200705/29/t20070529_11531669.shtml。

"那会社里有贫农,也有中农,地主、富农人家社里就不要,地主、富农老受压制着呢。"

综上言之,为了进一步推进农业合作化运动,逐步完成对农业的社会主义改造,国家在不根本变更生产资料所有制的前提下以"农民自愿"这一原则为指导,引导农民加入初级农业生产合作社。在村落内部,贫农因其阶级身份获得了优先入社的权利,在带头入社并掌握社里的权力后,贫农基于阶级关系以及当时的国家政策方针,优先选择在贫下中农阶级内部进行合作,地主、富农则被初级社拒之门外。

(三) 平等合作:基于地缘关系的贫农过渡选择

1955年7月31日,毛泽东同志在《关于农业合作化问题》的报告中提出:必须现在就看到,农村中不久就将出现一个全国性的社会主义改造的高潮,这是不可避免的。而"中国合作化的组织形式,基本是学习前苏联共耕社(初级社)、集体农庄(高级社),只是小有改进,而无大的创新"[①]。在这场社会主义改造高潮中,全国各地迅速由初级社转入高级社,M村也与周围其他五个村庄联合成立了高级社——六一联社,在1956年农历的二三月份,农民带青苗入社。

在转入高级社的方式上,毛泽东同志在《关于农业合作化问题》报告中指出:中国农业合作化的第三步,要"按照同样的自愿和互利的原则,号召农民进一步联合起来,组织大型的完全社会主义性质的农业生产合作社"。但这一自愿互利原则在基层实践中偏向强制,受访者JBS回忆:"1956年就不一样了,你入也得入,不入也得入,宣传的时候说是入社自愿,退社自由,实际上是强制性的,车、马什么都给你作价(入社)了。"并且,转入高级社也不再特别强调农民的阶级成分,村落内的所有农户全部统一入社。在生产资料所有制上,作为具有完全社会主义性质的农业生产合作社,高级社在初级社土地统一经营的基础上更进一步,将农户的土地、农具、牲口等生产资料吸纳入社后归社里集体所有,生产资料的经营、使用也由社里统一安排,从而在否定个体私有制的基础上实现生产资料所有权和经营权的统一,亦即公有公营。相较初级社,国家进一步掌握了农民命脉。

在高级社内,农民失去了农业生产上的自主性,个体仅仅是集体劳作

---

① 杜润生:《杜润生自述:中国农村体制变革重大决策纪实》,人民出版社2005年版,第77页。

中的一员。在农产品分配上，高级社采取了以工分制为主要形式的按劳分配制度，工分与每个社员的生活紧密联系在一起，如受访者 DYC 所说："那个时候全凭（工）分吃饭，你没有（工）分就不行，在地里加班，好比还有这一点地没干完，给你计 2 分，你把这干了，（人）都干呢。"另一方面，国家自 1953 年实行统购统销制度后，农产品具有了国家属性，其价格由国家确定，由此也导致了农民的平均工分值徘徊在一个较低的水平，农民通过劳动获得的收入也不高。对此，受访者 YGL 表示："那会就是一个心眼挣分，（上工）钟一响都走了，一天挣两毛钱，还兑不了现。"可以说，在高级社时期，仅有的低价值的劳动工分成为每个社员的重要追求与目标，不论是地主、富农，还是贫下中农，没有工分即意味着没有饭吃，个体农民对高级社产生了强烈的生存依附。

在强烈的生存依附状态下，贫农基于地缘关系与地主、富农在农业劳动、工分评定、收成分配等方面同等相待，平等合作。首先，在对待地主、富农的态度上，受访者 CCX 表示："在高级社里，没人为难地主、富农，都是一个村里的人，地主、富农（身份），这是国家政策（导致的）。"其次，在农业劳动中，每个生产队长负责本队的农活安排，劳力搭配是否得当直接影响本队一年的总收入和社员的家庭收入，这使得生产队长在派农活时不能因阶级成分耽误队里的生产，如受访者 JBS 所言："当时也没有说把脏活、累活故意派给地主、富农，脏活就是挑粪、出圈，这都是年轻小伙子干。"再者，在公分评定与收成分配上，各社员也是同等计分、平等分配，受访者 YGL 对此回忆道："记工分、分粮食都是一样的，你几口人，他几口人，按人口的分，只要你进了社就一样了。"

传统的农村社会是一个相对稳定的社会，"在稳定的社会中，地缘不过是血缘的投影，不分离的"[①]。对于村落内的农民来说，同属一个村落使他们彼此间负有一定的义务和责任，"村庄所具有的作为一个村庄的道德稳固性，事实上最终基于其保护和养育村民的能力。只要村庄成员资格在紧急情况下是重要的，乡村规范和习惯的'小传统'就博得广泛的接受"[②]。面对离开高级社的生存风险，贫农通过跨阶级的平等合作，

---

① 费孝通：《乡土中国 生育制度 乡土重建》，商务印书馆 2011 年版，第 76 页。
② [美]詹姆斯·C. 斯科特：《农民的道义经济学——东南亚的反叛与生存》，程立显、刘建译，译林出版社 2013 年版，第 55 页。

实现对地主、富农的生存保护。

三 农业合作化运动中关系的互动与贫农的行为逻辑

私人关系、地缘关系和阶级关系在农业合作化运动的三个阶段，分别对贫农的行为选择产生主导性影响。这三种关系间的互动有其前提条件，也形成了特定模式，更决定着贫农的行为选择。

（一）合作化运动中关系互动的双重条件

首先，国家与农民的持续互动保障了阶级关系在农业合作化运动中的延续。相较于私人关系、地缘关系的村落内生性，阶级关系是由国家从村落外部嵌入的，其所以能够贯穿农业合作化运动的全程，离不开国家与农民的持续互动。对于国家来说，农业合作化运动不仅是一场经济变革，更是一场政治运动。国家对阶级斗争的强调贯穿农业合作化运动的始末。在互助组时期，贫农基于对村落内政治氛围、政治压力的考量，在贫下中农阶级内部自主合作；到初级社时期，贫下中农带头入社后，地主、富农被排斥在社外，社里干部选拔的首要标准是阶级成分；当村落内的所有个体农民携手进入高级社后，地主、富农依然在政治上受压制，他们不能担任高级社的干部。在整个入社过程中，农民的行为还有可能被纳入资本主义和社会主义两条路线的斗争中。可以说，农业合作化运动推进的过程也是国家与农民持续互动的过程，在这一互动中，正是国家对阶级意识和阶级斗争的强调，保障了阶级关系在村庄内的延续。

其次，私人领域关系融入公共领域的传统为各类社会关系的互动提供了深厚土壤。在中国传统的农业文明社会中，每个人根据社会关系的远近与他人结成一张属于自己的关系网，位于中心的个体与网络中的每一个结点都保持着特定的关系并遵循着特定的道德、行为规范。由此，人与人之间的关系是一种特殊主义的关系，并产生着特殊的影响力。人们在遇到事情后，通常首先想到的是找关系、攀交情，通过关系来解决，这也造成了人们习惯性地将私人领域的关系应用于公共领域，进而为关系间的互动提供了社会土壤。在农业合作化运动中，村落内的贫农将私人关系、地缘关系融入阶级关系之中，在运动的不同阶段因关系之间的互动产生特定的合作行为：在互助组时期，贫农在遵从阶级关系的前提下，以私人关系为导向开展互助合作；在高级社时期，贫农又跨越阶级关系，因地缘关系与村落内的个体开展平等合作。

（二）生存考量：贫农在关系互动中的根本行为原则

生存自主性是贫农在农业合作化运动中做出行为选择的根本准则。在互助组和初级社时期，贫农的行为选择有一个共同特征，即在贫下中农阶级内部开展合作，这一合作行为建立在个体农民可以自主生存的前提下。一方面，国家层面所倡导的自愿互利原则在实践中得到了坚持与落实，在这一原则之下，农民有入组、入社的自由，享有较大的自主性；另一方面，互助组和初级社均没有取消农民对生产资料的所有权，这意味着在互助组、初级社之外的个体农民依然可以自主生存。在此条件下，贫农出于政治压力的考量，选择在贫下中农阶级内部进行合作。

进入高级社时，国家所倡导的自愿互利原则在实践中走向强制，个体农民被强制入社。同时，由于高级社建立在公有公营的基础上，农民失去了对生产资料的所有权和经营权，脱离了高级社，以土地为生的个体农民会变得一无所有。统购统销制度的实施也使高级社的生产行为具有了国家属性，国家进一步强化了对农民的控制。由此，入社的个体农民对高级社产生了生存依附。在这一条件下，虽然贫下中农阶级依然掌握着高级社里的权力，但贫农基于地缘关系，跨越阶级界限与地主、富农在社内平等合作，在工分评定、粮食分配等方面同等相待，从而保障村落内所有个体的生存能够延续。

（三）村落政治性关系与非政治性关系的互动模式

在私人关系、地缘关系和阶级关系三者中，前两者是村落内生的，不具有天然的政治属性，可将其归为非政治性关系；阶级关系是由国家建构的，服务于政治目标，具有明确的政治属性，可将其归为政治性关系。在农业合作化运动中，政治性关系和非政治性关系共存于村落内部，并彼此之间产生互动，而形塑其互动模式及特征的关键变量是个体农民的生存自主性。

在农业合作化进程中，当村落内的个体农民能够自主生存时，政治性关系对贫农行为选择的影响大于非政治性关系，贫农倾向于在贫下中农阶级内部开展合作，政治性关系与非政治性关系的互动特征表现为"政治性关系强，非政治性关系弱"。当村落内的个体农民难以自主生存时，非政治性关系对贫农行为选择的影响大于政治性关系，贫农会跨越阶级界限与村落内的地主、富农平等合作，进而对其进行生存保护，政治性关系与非政治性关系的互动特征表现为"政治性关系弱，非政治性关系强"（见表1）。

表1　农业合作化运动中村落政治性关系与非政治性关系的互动模式

关系类型 生存状态	政治性关系	非政治性关系
生存能自主	强	弱
生存难自主	弱	强

四　结　语

20世纪中期的农业合作化运动是一场涉及农村多领域的综合性变革。在这场运动中，不同阶层的农民遵从不同的行为逻辑。以"关系—行为"分析范式审视贫农的行为逻辑，发现生存考量是贫农做出行为选择的根本准则，在这一准则指引下，贫农在合作化运动的三个阶段分别依凭私人关系、阶级关系、地缘关系与村落内的其他个体开展合作，并做出不同的行为选择。这些关系间的互动影响着贫农行为，反之，贫农的行为选择也形塑了这些关系间的互动模式与特征。

在着力推进乡村振兴的当下，虽然贫农、中农、地主、富农等阶级身份标识已成为历史注脚，但个体农民的社会关系依然是规制、决定其行为的重要因素。一方面，随着人口的流动、职业的变更，农民不断拓展出新的社会关系类型，革新着传统的农村社会关系底色；另一方面，国家与农民之间的互动相较以往，方式更直接，频次也更多。这就要求我们既要用好农民之间的各类社会关系，发挥其积极作用来激活农民主体性，推动乡村振兴，也要以维护农民根本利益为原则，发展好国家与农民之间的关系，夯实国家稳定发展的民心之基。

Research on the Behavioral Logic of Poor Peasants from the Perspective of "Relationship-Behavior"
——Based on the Oral History Investigation of the Agricultural Cooperative Movement in Village M, Shanxi

Feng Chao

(China Rural Research Institute of Central China Normal University Wuhan, Hubei, 430079)

Abstract: Relationship affects human behavior, and human behavior shapes and expands relationships. In the agricultural cooperative movement in the 1950s, private relations, geographic relations, and class relations constituted the background of social relations in rural areas and have an impact on the behavior of poor peasants. Survival considerations are the fundamental criteria for poor peasants to make behavioral choices, as well as a key variable that affects the interaction of various social relationships. When the individual survives independently, the poor peasants use the class relationship as the premise to cooperate within the class; when the individual is difficult to survive independently, the poor peasants cross the class relationship and cooperate on an equal basis with the individual peasants in the village to realize the survival protection of the individual peasants. At the moment of promoting rural revitalization, we should not only use the social relations among farmers as a kind of active governance resource, but also strengthen the the protection of farmers' fundamental interests.

Key Words: Agricultural Cooperative Movement; Poor peasants; Guanxi; Behavioral logic

双向互动：乡村建设行动中的国家与社会互构[*]

——基于湖北省秭归县"幸福村落"建设的案例研究

杨 坤

(华中师范大学中国农村研究院　湖北武汉　430079)

内容摘要：与西方国家和社会相互控制不同，在中国的治理实践中，国家与社会不是控制与反向控制的关系，而是双向嵌入、良性互动的关系。在乡村建设行动中，政府通过培育自治组织、党建嵌入村民自治、培育积极公民的方式嵌入乡村社会；乡村社会也以自治组织、积极公民，通过声音传递、需求回应、自主参与以取得国家支持，对接国家建设的行动嵌入国家。在这种双向嵌入的过程中，国家与社会共同协商、相互问责，从而寻求问题回应、需求满足，并在互动、互构中实现服务型国家和积极公民的角色塑造，为"强国家—强社会"的理想型"国家—社会"关系模式奠定基础。国家和社会可以在互嵌中实现合作共赢，这一关系模式的探索为我国乡村振兴建设行动提供坚实保障。

关键词：乡村建设行动；双向嵌入；良性互动；角色塑造；乡村振兴

一　文献梳理及问题的提出

西方国家对于国家—社会关系的研究一直倾向于"二元对立"。马克思的"国家中心观"认为，"国家是从社会中产生，但又居于社会之上，

---

[*] 基金项目：国家社会科学基金重大项目"健全充满活力的基层群众自治制度研究"(20ZDA029)。

作者简介：杨坤，男，华中师范大学中国农村研究院/政治科学高等研究院博士研究生，主要研究基层治理与中国政治。

并且日益同社会相异化（脱离）的力量"①。在《共产党宣言》中，马克思和恩格斯又提出资产阶级掘墓人的论断。② 在这种情况下，国家培养出自己的敌人——强大的社会，并与之对立。之后，西方学者深受"国家—社会"二分法的影响，但一般呈现"强国家"和"弱社会"的特点。查尔斯·蒂利深化国家政权建设理论，他指出："国家权力不断扩大，并向下渗透和控制地方社会。"③ 米格代尔挑战了"国家中心论"，在其"社会中的国家"研究路径下，她强调国家与社会二者的力量处于一种相互转化的关系，在发展中处于双向互动之中。④ 米格代尔考察的是"强社会—弱国家"模式，她强调国家是社会结构的一部分，国家是嵌入社会的。⑤ 从国家与社会互嵌角度深化国家与社会的关系的主要学者还有波兰尼和埃文斯。波兰尼描述国家与市场的嵌入旨在消解国家与社会的二元分割状态，从制度结构的视角分析国家与市场相互嵌入，但自律性市场的发展会引起失序，并从社会脱嵌。⑥ 埃文斯进一步从政治经济学范畴解释国家与社会互动的关系，提出"嵌入性自主"这一概念，他认为国家与社会在经济发展中具有协同作用，国家对市场的控制和干预是市场有效发挥作用的重要条件。⑦

因此，在资本主义条件下，学者普遍认为国家与社会二元分离和对立，呈现的是国家与社会的对抗关系，这种对抗会引起国家和社会的失序，但这种简单的二分法忽视了国家与社会复杂的关系。以米格代尔为代表的"社会中心观"突破了传统"国家中心观"分析，并打破了国家和社会的界限，将二者的互动纳入分析，但她对于国家和社会的分析集中在

---

① 《马克思恩格斯选集》第4卷，人民出版社1995年版，第170页。
② 参见《马列主义经典著作选编（党员干部读本）》，党建读物出版社2011年版，第32页。
③ Charles Tilly, *The Formation of National States in Western Europe*, Princeton: Princeton University Press, 1975, Forward pp. 9 – 12.
④ 参见［美］乔尔·S. 米格代尔《强社会与弱国家》，张长东等译，江苏人民出版社2009年版，第41—43页。
⑤ 参见［美］乔尔·S. 米格代尔《社会中的国家：国家与社会如何相互改变与相互构成》，李杨、郭一聪译，江苏人民出版社2013年版，第57—59页。
⑥ 参见［英］卡尔·波兰尼《大转型：我们时代的政治与经济起源》，冯钢、刘阳译，浙江人民出版社2009年版，第15—19页。
⑦ 参见 Evans Peter, *Embedded Autonomy: States and Industrial Transformation*, Princeton: Princeton University Press, 2012, pp. 50 – 51.

强社会对弱国家的控制，埃文斯的嵌入性自主体现的是社会在国家的控制之下，波兰尼的国家与社会互嵌，一方面，它主要体现的是市场与社会的关系，没有过多的政治分析，另一方面，从本质上看，其观点蕴含着国家与社会嵌入式冲突理念。由此可见，西方学者关于国家与社会的关系探索作了极大贡献，但主要强调国家与社会割裂、对立、控制和冲突的状态。

我国的国家与社会没有明确的边界，西方理论在解释中国情境上存在适用性问题。从中国的基层实践来看，传统时期皇权不下县，国家未能有效渗透到乡村社会；中华人民共和国成立后，经过土地改革、合作化，国家力量不断在乡村社会渗透；随着人民公社体制的建立，国家对社会实现了"全面渗透"；人民公社解体后，乡村实行村民自治，国家力量在乡村社会"撤退"；税费改革后，国家对乡村社会的干预和服务都减少；在新时期，随着社会主义市场经济发展、政治体制完善，随着行政下乡、政党下乡以及资源下乡和服务下乡，中国塑造着"积极国家"形态，公民社会也在其引导下不断发育。因此，中国的国家与社会关系从来不是相互抵抗的，尤其在社会主义现代化建设的新时期，我国的国家与社会在双向嵌入、良性互动中不断融合，而不是国家对社会的控制，也不是社会对国家的控制状态。本文拟从脱贫攻坚工作中服务型国家建设和乡村公民社会的塑造入手，基于田野调查和实证研究，深入探讨国家与社会的良性互动和互强机理。

二　国家嵌入社会的层级功能实践

"群众自治组织一定要设立在最能够便于群众自治的层面"[①]，便于自治对自治单元、自治制度都有一定的要求。幸福村落建设中，国家嵌入社会的层级功能实践是政府依托国家权力，在行政村内部通过结构优化、制度化的方式培育村落自治组织，以党建嵌入村民自治，并通过村落建设培育积极公民。这种层级功能借助脱贫攻坚，使得国家嵌入村庄、自然村落，并与村民互动。

---

① 郝亚光、徐勇：《让自治落地：厘清农村基层组织单元的划分标准》，《探索与争鸣》2015年第9期。

（一）政府培育自治组织

村民自治对农村基层民主政治发展具有重要推动作用，建制村以下内生外动的村民自治需要通过有效形式来实现价值。秭归县村落理事会在政府推动下不断扩散，制度功能不断拓展，为村民自治注入活力，为村庄振兴奠定组织基础。

1. 村落单元划定

"居民自治的有效实现有赖于适度的组织规模"[①]，秭归属于山区农业大县，山大人稀、高差较大、居住分散，2000 年"合村并组"后，行政村的平均服务范围达到 13 平方公里，平均人口约 1700 人，但每村一般仅有 3—5 名村干部；同时，秭归大部分村庄没有集体经济，利益相关度低导致村民无法形成紧密的利益共同体[②]，农民在心理上也更加分散，需求分化明显，村庄能人也因被边缘化而无法发挥作用。秭归县在实际的农村工作中总结治理经验，发现一个村落的农户们居住集中，具有相同的生活习惯，有互帮互助的传统，会议易开展、行动易达成。因此 2012 年借助"幸福村落"创建，在县政府的推动下，村庄按照群众自愿、地域相近、文化相连、产业趋同、利益相关等原则，以每个村落 50 户左右、1—2 平方公里地域范围为标准划分村落，为村民自治找到适度的单元，并在全县推广。基于尊重群众意愿，村民形成了一个具有浓厚社会资本的村落共同体，为脱贫攻坚和村民自治提供了群众基础。

2. 村落组织结构制度化

在政府的推动下，秭归县 2012 年在划分村落单元的基础上成立了村落理事会。村落理事会由"一长八员"[③]构成，一长八员由本村落群众通过无记名投票的方式产生，专长多、能力强的村民可兼任多"员"。由此，在行政村形成"村委会—村落理事会—农户"三级治理架构。村落理事会是非正式组织，但由政府推动、村两委监督、群众选举，因此具有

[①] 白雪娇：《规模适度：居民自治有效实现形式的组织基础》，《东南学术》2014 年第 5 期。

[②] 参见邓大才《利益相关：村民自治有效实现形式的产权基础》，《华中师范大学学报》（人文社会科学版）2014 年第 4 期。

[③] 即村落理事长、经济员、帮扶员、监督员、张罗员、宣传员、调解员、环卫员、管护员。

权威性。秭归县也在村落理事会构架基础上不断进行制度完善：其一，对理事会成员进行能力培育。由县和乡镇对村落理事会成员培训，包括党的理论学习、矛盾调解、组织协商议事方式等能力的提升。其二，明确村落理事会和村两委的职能分工。村落理事会主要承担村落内公共服务组织、公益事业办理等事务，村两委主要解决村落间公共事务的组织协调。村落内无法解决的事务由理事会向村委会求助。其三，制定村落理事会制度。村庄制定《村落理事会章程》，村落不同的岗位实行分类治理、专人治理，避免理事会变为理事长一长独大。村落理事会的成立为村民公共参与和村民自治提供平台。

（二）党建嵌入村民自治

"村组层面的组织创新为村庄党建嵌入村民自治提供了契机和组织基础。"[①] 村落自治不断完善，村落内部在"一长八员"的基础上新设立党小组组长，并通过党建政治化的组织嵌入方式对村落党员进行联结，增强村庄党组织纵向联系；"两长八员"在吸纳党员的同时，也通过党建社会化的服务嵌入方式丰富村落党建与理事会及群众的横向联系。

1. 党组织建设在村落

为了更好地突出党对基层群众自治的领导地位，秭归县探索实行了"村党总支（支部）—村落党小组—党员"三级构架。村庄在有3名以上党员的村落组建村落党小组；不足3人的与邻近村落建立联合党小组，强化党组织的纵向联系。秭归县已经实现了党小组在村落层面的全覆盖，形成了党建、自治"双线运行、三级架构"的治理模式。党小组不是党的一级组织，而是党员学习交流、发挥作用的平台，通过党小组对村庄党员的管理，筑牢了基层党组织阵地。一是加强党员党性修养。秭归县通过加强对村落党小组成员的党课培训以及对党的政策、方针的学习，不断增强其党性修养，增强其为民服务的意识。二是党员活动建设。以村庄党组织为领导，坚持一月一次主题党日活动，开展每月的"两学一做"，认真学习政策和相关文件，并开展互动交流。三是党员创评考核。秭归县推动村庄积极开展争创"五星级党员"创评工作，建立了"五星"党员创评积分管理台账，使村落党员管理工作进一步制度化、规范化。党组织嵌入的

---

① 徐建宇：《村庄党建嵌入村民自治的功能实现机制：一种实践的主张——基于上海J村"巷邻坊"党建服务点的分析》，《南京农业大学学报》（社会科学版）2018年第5期。

方式将党的政治主张渗透到村落。

2. 党组织服务在村落

在与理事会的横向联系上，村落理事会"两长"中党小组组长可以兼任理事长，不兼任的村落由党小组组长担任副理事长，在"两长八员"的推选中优先推举党员，尤其是村落中部分无职党员。此外，村庄将发展党员名额的60%用于发展优秀的村落理事长，同时积极鼓励"两长八员"中的"八员"向党组织靠拢，并逐步发展成为党的后备人才。秭归县配齐配强第一书记和工作队员，在村庄内部，兼任理事长的党小组组长单独领导村落事务，不兼任理事长的党小组组长，协同理事长一起开展村落工作。村落党小组通过组织动员、资源下沉和服务下沉的方式将党组织服务嵌入村落。其一，组织动员。党小组组长传达上级党组织的精神，也组织动员党员在理事会的带领下充分发挥党员的先锋模范作用。其二，资源传递。村庄建立党员职责清单和服务承诺，设立党员示范岗，带动农户脱贫致富，提高生产能力和公共建设的积极性。其三，服务链接。党员逐一深入农户家中，了解农户生产生活情况以及所需所求，为有困难的农户送去生活物资，向他们传达党组织的关心与问候。此外，党小组也主动帮助解决村民纠纷。基于生活化的党建功能运作，深入了解和解决农户实际问题，加深信任，建立良好的群众基础，村落党员的服务能力得到提升。

（三）村落培育积极公民

积极公民是政府努力建立社区凝聚力、向社区下放权力并让群众参与以满足地方需求的核心要素。积极公民身份体现了个体与国家之间的联系。[①] 积极公民是有能力和有责任的公民，在脱贫攻坚中，国家力量下沉也实现了对农户赋权，提升了其利益表达能力、政治参与能力和公共合作的能力，也强化其公共责任意识。

1. 村民脱贫责任和能力培育

村落自治实行以前，村民表达利益诉求主要借助村委会。村落单元划分后，由理事长召开村落夜话，将会议开在"家门口"。村落也是一个好的宣传和参与平台，秭归县借助村落夜话开展扶贫思想教育行动，政协委

[①] 参见 Carol Packham, *Active Citizenship and Community Learning*, Exeter: Learning Matters, 2008, pp. 3-4.

员、人大代表、驻村干部或者理事会成员以屋场会的形式重点开展"五讲"①,动员广大群众主动参与到脱贫攻坚中来。村民脱贫中遇到困难也会通过"村落夜话"平台进行商量。议事之前,村落理事长和宣传员深入农户家中收集意见,形成议题;涉及重大议题则会张贴公告。议事之中,村民广泛交流、自由辩论,表达自己的意见,形成共识。议事结果需参与议事人员签字或按手印确认,做到留痕监督;理事会中的监督员对议事过程和议事结果实施全程监督。在发展能力上,借助村落夜话平台和田间地头,秭归县农业局展开以村落为单位的技能培训,包括种植技术、田间管理、病虫害防治等一系列的理论和实践培训,培育农户经济发展能力。此外,秭归县对脱贫攻坚中表现优秀的农户采取梯级奖励办法。例如X村按户考核人均纯收入,每户人均年纯收入梯级分为4000元以上、5000元以上和6000元以上三个等级,达到等级的贫困户分别奖励500—700元。激励措施提升了农户的脱贫能力,保障了贫困户的脱贫积极性。

2. 公共服务能力和责任培育

将公民与公共生活联系起来,并授权其参与当前社区公共建设,使其成为有能力和负责任的行为者是重新塑造公民身份的重要途径。② 秭归县通过共同体意识培育和公共服务精神的培养来塑造公民在巩固脱贫攻坚成果中的村庄集体建设行动。依托乡镇和县直机关企事业单位,秭归县引领各村逐渐探索志愿服务组织,XL村依托村落理事会建立志愿服务小队,根据村民的兴趣和特长形成不同的小队,在队长的带领下从事志愿服务,提升村民的组织服务能力。另一方面,各村落理事会也围绕农村基础设施防护,聚焦公益事项,动员群众"我为人人,人人为我","家家有事干,人人有参与"。并且秭归县积极打造积分银行,通过公益积分激励村民参与公共服务。每年村落还会依据"十好"③ 标准进行"幸福村落"评比,同时设置红黑榜激励村落形成集体建设的良好竞争氛围。在幸福村落建设

---

① 即从生活变化讲党的恩情,从条件改善讲惠民政策,从自强典型讲勤劳致富,从脱贫攻坚讲增收措施,从脱贫典型讲脱贫信心。

② 参见 Carmen Sirianni & Lewis Friedland, *Civic Innovation in America*: *Community Empowerment, Public Policy, and the Movement for Civic Renewal*, London: University of California Press, 2001, p. 7.

③ 即经济发展好、民生保障好、环境保护好、设施建设好、乡风净化好、正义伸张好、矛盾化解好、困难救助好、权益保障好、理事执行好。

下，村民逐渐形成利益共同体、精神共同体和生活共同体。

三 社会嵌入国家的梯级策略行动

给公民赋权，表达其利益诉求，公民通过集体行动参与公共事务建设、国家决策，以及对政府问责是好的扶贫方式[①]，也是激活乡村治理内生动力，形成社会与国家良性互动的重要条件。乡村社会在自身资源稀缺、半充足和富足三种梯级情景下采取不同的行动。

（一）声音传达与需求导向型建设

在脱贫攻坚行动中，不仅国家推行各种项目，村落群众也根据自己的需求，参与村落协商，通过理事会、村委会将村民的声音向上传达，争取村落无法独立完成的项目。村民也在参与中表达，在表达中选择，与政府实现互动。村落主要通过四步实现这一目标。首先，村落村民协商。村民借助"院坝会""屋场会""村落夜话"等各种形式的协商平台讨论脱贫攻坚产业项目。B 村第四村落的村民看到周围村庄发展脐橙带来较好的收益，认为本村落也有发展前景，理事会看到群众的呼声很高，所以将其作为重要议题在屋场会时进行讨论、表决，在 90% 的村民通过后将这一事项记录在册。其他村落也表达了发展产业和基础设施建设的需求。其次，理事会与村庄对接。理事会在村庄会议中向村两委表达农户诉求，在确定诉求合理后，村落理事会与村两委、驻村干部一起制定项目发展和实施方案。村落理事会按照村庄的规划要求，就项目执行标准、约束条件与群众讨论，然后对产业发展的农户数量、发展规模进行详细统计，由村委会汇总后形成项目发展规划书以及可行性报告，向县里申报。再次，村庄与政府对接。村委会将汇总好的材料提交县政府，经过政府审批通过的扶贫发展项目由政府补助产业发展资金。具体的项目发展由村庄实施，村落理事会协助村两委进行项目招标。最后，供需匹配项目的实施。竞标成功后，村庄根据发展规划备案，村落根据登记台账和花名册与村民沟通与协调，将发展项目落实到各户。因为是农户想要发展的项目，村民的发展热情都很高。

---

① 参见 Hong, Zhaohui, *The Price of China's Economic Development: Power, Capital, and the Poverty of Rights*, Lexington: The University Press of Kentucky, 2015, pp. 193 - 199.

（二）资源分配与合作共建型行动

扶贫项目作为国家资源分配的重要形式，也是国家与社会联结的中间渠道。扶贫项目在各地具有差异性和稀缺性。在项目建设过程中，积极村民在村落理事会的组织下参与发展，以集体行动倒逼村庄建设。政府也通过机制和政策创新回应村落建设需求，实现合作共建，而资源分配下的村庄赋权也发挥积极作用。首先，村民公益建设。在幸福村落建设过程中，村落理事会与村民一起制定村落发展规划，进行道路建设和村落美化，调动群众主动参与。T村第五村落理事长带领村民自发筹措资源，包括村民筹资筹劳、本土企业家资金捐助，还有专业的砖瓦匠助力，对田间小路、院落屋场间的步行道以及排水沟进行施工。村落理事长建立微信群对建设事务进行分工安排，同时对每天参加劳务的人群记工，筹资的钱由理事会合理分配，对工分积累多的村民进行补贴，通过人力、物力和财力支持参与基础设施建设。其次，村庄合作建设。村民自发建设的行动受到了村庄的认可，在了解到群众的建设热情之后，村委会积极支持村民的工作，采用"以奖代补"的方式支持村民建设积极性。村落理事会协助村庄核算村民建设过程中的成本，各村落根据建设情况，以一定的比例补偿受益农户。T村村民前期自发筹资约36900元，后期村委会为村民争取到52万吨水泥，投入资金约34200元，用3万元的水泥钱撬动25万元的公益项目建设。最后，政府制度化资源分配。村民的公益行动获得政府的支持，秭归县建立"以奖代补"的政策激励机制激发村民建设的积极性，固定每年由镇政府向村庄投入5万元"幸福村落"建设资金，村庄再根据各村落的发展情况进行资金分配。村落每年年初由理事会召集村民开会，反复商讨当年的村落发展规划，商定好后报告村委会并获得必要的帮助。村委会秉持各个村落发展机会均等的原则，根据村落发展规划项目建设的必要性和村落理事的建设积极性来决定是否给予其必要的帮助，以此来促进村落间相互竞争，避免村落建设项目烂尾。秭归县则通过"合作竞争"机制激励村落建设积极性，保障村落建设资金精准利用。

（三）公益精神发挥与服务对接型建设

公民身份反映了公民对国家的责任和义务，有组织的公民作为乡村建设者，参与建设和提供公共服务的能力更强，参与也更有效力。公民复兴以促进广泛的民主规范、增强负责任和包容性的公民意识以及建设社区和机构的公民能力的方式调动社会资本，通过公民自身的公共工作解决问题，由积极公民构成的公民社会可以与市场、国家或专业行为者合作，并通过促进自治的政策设计来解决问题。[①] 在深入推进贫困地区产业、教育、健康、生态扶贫，补齐基础设施和公共服务短板，贫困地区脱贫摘帽后，为保障贫困地区的长效发展，各地人大代表相继提出："一些贫困村，各地政府投入了大量资金，推进农村基础设施建设，建成后却存在重建轻管的现实问题。"[②] 秭归县在"幸福村落"建设过程中按照国家的规划和部署探索建立健全基础设施长效管护机制，确保设施用得上、不废弃、长受益。在村落建设中通过村民的积极行动支持国家乡村建设，这种积极建设也积累了社会资本，并在持续互动中形成社会资本良性循环。[③]

为切实做好脱贫攻坚和乡村振兴有效衔接，村落在基础设施管护以及人居环境整治方面探索社会力量合作建设、管护之道。一是划分责任区域。在公路管护方面，各村落划分为一个区域，每个区域内又划分到段；在管水方面，划分为水源地到行政村的区域、行政村到村落的区域、村落到各户的区域，在垃圾分类方面，划分为行政村的公共区域、村落的公共区域与农户庭院区域等。二是两长承担总责。公路管护上设立管水员，公路管护上设立"路长"，垃圾分类由两长负责，管水员主要职责为带领农户议定水费，负责调解用水纠纷、日常维修基础设施等；"路长"主要负责定期开展检查；两长对垃圾分类进行监督，但是总体上由两长负责。三是群众公益参与。两长有部分补贴，其他主要是群众自发参与，在公路段细化后，由农户自己认领，农户自家蓄水池与门前屋后相关的水利设施则由农户自我管理，农户房前屋后的垃圾由农户自行收集、分类；对于群众解决不了的难题，例如蓄水池修整、道路大型塌方和有害垃圾等都由群众上报理事长或者村庄进行解决。在村庄整治过程中，村民不仅给予人力支持，也提供物力和资金支持。H 村一户村民为支持"美丽乡村"建设，将原有废弃的养猪场交由村庄管理和美化，建设了一个"村落夜话吧"

[①] 参见 Carmen Sirianni & Lewis Friedland, *Civic Innovation in America*: *Community Empowerment, Public Policy, and the Movement for Civic Renewal*, London: University of California Press, 2001, pp. 2 - 4.

[②] 《黎争光代表：对建议对脱贫摘帽地区的基础设施加强管护》，http://news.hbtv.com.cn/p/1768220.html.

[③] 参见 Carmen Sirianni & Lewis Friedland, *Civic Innovation in America*: *Community Empowerment, Public Policy, and the Movement for Civic Renewal*, London: University of California Press, 2001, pp. 11 - 12.

方便群众议事。郭家坝镇百日场村为修建果园田间公路,10 个村落 618 户群众集资 220 万元,最后贯通公路 23 公里。

四 国家与社会互嵌下的合作共赢

改革开放以来,中国的基层治理表现为一种由党的基层组织、政府和基层自治组织组成的三元权威结构[①],实现政党、国家和社会三方良性互动和动态平衡,能够充分动员社会力量参与到国家治理的过程中,这是国家与社会关系的最好状态[②]。

(一) 在共同协商中保持供需对等

协商民主是一种嵌入式治理资源,在国家治理中有利于政府和社会互动。[③] 协商民主在本质上是以公共利益为价值取向,鼓励不同利益表达,在决策酝酿和实施过程中开展广泛讨论与理性对话,在政治互动中达成共识,最大限度地维护公共利益。[④] 政府培育社会组织,为国家与社会互动搭建平台,通过党建嵌入为自治引领方向,也通过积极公民的培育为协商提供有参与意识、参与能力和平等参与的主体。国家在精准扶贫中提供不同的产业扶贫政策、就业扶贫政策、易地扶贫搬迁政策、危房改造政策、健康扶贫政策和教育扶贫等政策,满足了不同群众的脱贫需求,也是对群众需求的回应。在具体的扶贫项目安排上,秭归县由村干部和驻村工作队作为国家"代理人",村落理事会作为村民的"当家人",村落理事会通过协商的方式征求村民的扶贫需求,与村干部进行反馈、协调和争取,并由村两委进行审查、把关和支持,实现脱贫人员精准识别、脱贫项目精准帮扶、脱贫资金精准管理、脱贫成效精准考核、最终贫困户精准脱贫,将扶贫效益最大化。在此过程中,政府也通过给村落理事会赋权,给予村民选择的权利,最终在协商中实现供需对接、服务对称。此外,通过制定村

---

① 参见陈家刚《基层治理:转型发展的逻辑与路径》,《学习与探索》2015 年第 2 期。
② 参见马振清、孙留萍《"强国家—强社会"模式下国家治理现代化的路径选择》,《辽宁大学学报》(哲学社会科学版)2015 年第 1 期。
③ 参见韩福国《作为嵌入性治理资源的协商民主——现代城市治理中的政府与社会互动规则》,《复旦学报》(社会科学版)2013 年第 3 期。
④ 参见郎友兴、万莼《基层协商民主的系统构建与有效运行——小古城村"众人的事由众人商量"的经验与扩散》,《探索》2019 年第 4 期。

落协商议事规则，将村落协商制度化，为乡村治理稳定和可持续发展提供保障。

（二）在互相问责中寻求问题回应

公民的信任、合作和支持是扶贫工作顺利开展的重要条件，也激励村落理事会和村干部认真履行职责，通过道德问责形成对国家的非正式问责；政府也通过考核标准对村干部进行问责，村干部则向下对村落理事会进行评议，形成国家对社会的评议考核问责机制。在两种问责机制下，扶贫问题得到回应，扶贫需求得到满足。

1. 村民问责中转变村干部工作作风

秭归县依托理事会的自治形成倒逼机制，自下而上改变着基层干部的工作方法和工作作风。一方面，"两长八员"生长在村落，生活在村落，具有"熟人社会"的天然优势和道德权威，"幸福村落"创建为理事会成员提供了施展能力的舞台，许多村落在理事长的带领下成功开展多项公益活动，一些理事长在活动中的威信逐步提高，给现任村干部造成一定的压力，倒逼着村干部主动转变工作作风。在扶贫项目和扶贫资金上，村落理事会也发挥建议和监督的作用。另一方面，随着村落自治的深入开展，村落群众主体意识增强，发展生产的热情高涨，主动找村里要求调整产业结构、兴办公益事业，逼着村里向上争取项目，这就自下而上推动着村干部为群众谋事。一位村支书坦言："现在我们的压力很大，这些理事长干得这么好，我们未来的位子还保得住不。"

2. 国家对公民问责提升脱贫成效

2020年6月29日，国务院办公厅发布《关于开展国家脱贫攻坚普查的通知》，普查重点围绕脱贫结果的真实性和准确性，全面了解贫困人口脱贫实现情况。在具体的扶贫项目落实中，秭归县村干部作为村民心中的国家代表，依托村落理事会对具体的扶贫成效进行监督。一方面，在具体的扶贫工作落实中，各村落都会通过建立夜话台账的方式罗列责任和义务清单，督促村落理事长明确自己的责任和义务，在重大扶贫工作会议上要求村民到场签到，在征集村民项目意愿时进行台账登记，同时签订知情同意书和承诺保证书。帮扶干部依据《村落会议记录》对发展任务进行验收考核，了解项目发展情况。另一方面，村干部也对理事会的工作进行评议，村干部在村落夜话上结合对理事会的工作印象和群众意见，对村落理事会成员扶贫项目执行的积极性和平时表现进行评议、考核、打分，以选取具有奉献精神的村落理事长，保证扶贫工作保质保量完成。各村落内的"红黑榜"，也在肯定群众工作的同时督促未尽责群众。

（三）在互动中形塑积极角色

改革开放后，国家对乡村社会的渗透逐渐由"行政下乡"转向"服务下乡"，国家在脱贫攻坚工作中呈现"积极国家"的形象[①]，在积极国家对公民意识和能力的培育下，脱贫行动中的国家和公民都呈现出负责任的积极状态。

1. 服务型国家建设

服务型政府的"政府官员应该通过基于价值的领导来帮助表达和满足公民的共同利益需求"[②]。服务型政党是一种以社会、公民和权利本位为指导，以实现人民当家作主为目标，以服务为重心的新型政党形态。[③] 两者在脱贫攻坚行动中表现出来的服务型国家建设是积极国家的形象，具有独立性的人格，以脱贫攻坚和巩固脱贫攻坚成果、衔接乡村振兴中服务社会为根本，其行动中表现的是"引导而不主导""参与而不干预"，与村民之间始终保持积极协调、合作的关系。国家在与村民积极互动中，与群众有机融合，这是国家治理体系和治理能力现代化的重要体现，也是在实践强化中不断提升服务能力。

2. 积极公民角色形塑

积极公民通过社区赋权而具有基于需求导向的选择权以及依托社会组织的参与权[④]，同时也具有基于关系和社会资本的责任[⑤]。在脱贫攻坚中，随着村民经济发展能力的提升、政治参与能力的提升，村民逐渐由与国家缺乏互动转变为具有公共精神、参与责任、村庄责任和国家建设责任的积

[①] 参见邓大才《积极国家：反贫困战略中的政府干预与理论基础——基于国际反贫困战略的比较研究》，《新疆师范大学学报》（哲学社会科学版）2021年第2期。

[②] ［美］罗伯特·登哈特、珍妮特·登哈特：《新公共服务：服务而不是掌舵》，丁煌译，中国人民大学出版社2004年版，第41页。

[③] 参见余湘《服务型政党的基本含义、理论基础与建构条件论析》，《长白学刊》2013年第6期。

[④] 参见 Karl Henrik Sivesind & Jo Saglie, *Promoting Active Citizenship: Markets and Choice in Scandinavian Welfare*, Palgrave Macmillan, 2017, pp. 8–11.

[⑤] 参见 Janet Newman & Evelien Tonkens, *Participation, Responsibility and Choice: Summoning the Active Citizen in Western European Welfare States*, Amsterdam: Amsterdam University Press, 2011, pp. 179–185.

极公民。国家力量在对社会的嵌入过程中，带动了积极公民的培育。一方面，村民不再只是服从国家安排的"臣民"，而是能够积极与国家产生互动，支持与配合国家建设的积极公民；另一方面，村民也不是所谓的"私民"，通过集体意识培育，集体建设行动塑造，实现熟人社会和共同体再造，村民不再是孤立的个体，也不仅仅关注个体利益，而是生活在集体中的公民，主动承担公共事务、从事公益事业，是具有公共精神的公民。此外，通过村落规约的约束、积分激励等各种措施，村落群众逐渐形成"人人有责任"的公共责任意识，并且将这种责任体现在日常生活中。积极公民的出现带动乡村公民社会建设，有利于实现村落自治，增强了行政村的服务能力。

五　基本结论与讨论

行政村是国家力量的神经末梢，村落自治组织的建立以及乡村公民社会的复兴延伸了国家与社会融合的链条。依托"双线运行、三级架构"的治理模式，国家力量在脱贫攻坚中渗透于社会之中，并通过向乡村自治组织和公民赋权，在提高其政治参与能力和公共服务责任的同时，将乡村社会的声音向国家传递，也通过村民集体行动的力量，在村落理事会的带领下由村民自我组织、自我管理、自我服务，对接国家建设。在此过程中，积极公民的培育保证村落理事会长久运转，也是保证村落自治的关键。个体化、边缘化的被动参与型村民在脱贫攻坚行动中转化为具有集体感、奉献感的主动争取的积极公民，为充满活力的自治组织和强大的国家建设力量奠定基础。在中国语境下，积极公民构成的不是与国家对抗的力量，而是在党组织领导和自治组织协调下，与国家合作共赢的力量。在积极国家与积极公民建设中，国家与社会的力量可以在互动中实现互强。在国家与社会双向嵌入的过程中也需要保持国家和社会的相对自主性，这种"嵌入式自主"保证了国家基础上、韦伯意义上的官僚体系，在非正式网络中官员的责任感和凝聚力，又保证了国家强大的执行能力。同时"嵌入式自主"下的社会能够形成强大的自我保护机制，防止集体利益受到侵害，在积极国家和积极公民建设下，国家和公民都有强大的行动能力，也有相对的行动自主性，在嵌入和自主相结合的机制中实现国家和社会利益的最优化。

Two-way interaction: the mutual construction of state and society in rural construction
—— Case study based on the construction of "Happy Village" in Zigui County, Hubei Province

Yang Kun

(Institute of China Rural Studies, Central China Normal University, Wuhan, Hubei, 430079)

Abstract: Different from the mutually control of the state and the society in western countries, the relationship between them is neither the control of the state by the society nor the control of the society by the state in the contest of China's governance practice, they are mutually embedded and interacted. The government cultivate self-governance organization, construction of the CCP embedded in village self-governance, the village community cultivate active citizenship to embedded in the village society in the rural revitalization action; the village society also embedding in the state through voice expressed, demands responded by autonomous organization and active citizens, to get state support and link up national construction. In this two-way embedded process, The service-oriented state and the active-citizenship-based society were shaped through mutually-deliberation and mutually-accountability, which lay a solid foundation of the ideal pattern of strong state and strong society. Thus, the state and the society can achieve mutually beneficial cooperation, from which the steady poverty alleviation and village rejuvenation would be guaranteed.

Key Words: Rural construction action; Two-way Embeddedness; effective interaction; Role shaping; Rural vitalization

补位治理：传统时期分散型村庄治理形态研究*

——以江汉平原 B 村"嘹亮人"为个案

邓 佼

(华中师范大学中国农村研究院 湖北武汉 430079)

内容提要："嘹亮人"补位治理作为分散型村庄农民治理的一种形态，探讨了在传统治理主体缺位或乏力的情境下，能力型农民如何维持村落治理秩序。该形态形成于分散社会结构中的缝隙，小农以生存为核心的利益动机和"嘹亮人"因能力与身份受到的双重认可，具有接点化、日常化、个体化特征。研究该形态对当下结构分散、治理主体缺乏的乡村有一定启示。

关键词：传统时期；分散型村庄；农民治理；能力型农民

在有关中国传统时期乡村治理主体的研究方面，既有文献已积累丰硕的成果，主流观点大体聚焦于国家、乡绅、宗族三类主体。在这些研究成果中，农民较多地被视为"受众"，缺乏主动性和主体性，长期处于"失语"和被审视的状态。随着部分学者从治理主体到治理规则的研究转向[②]，更多元的治理主体进入中国传统村庄的研究视野，其中不乏有关农民治理的论述，一定程度地呈现了农民的自主状态。然而，已有研究囿于"传统治理主体—农民"二分的理想模式：一方面主流研究把传统治理主体视为全能及时时在场，没有对其缺位或功能不完备的情境有所探讨；另

---

* 作者简介：邓佼，女，华中师范大学中国农村研究院博士研究生，主要研究城乡基层治理。

② 参见狄金华、钟涨宝《从主体到规则的转向——中国传统农村的基层治理研究》，《社会学研究》2014 年第 5 期。

一方面农民治理的相关研究未注意到农民在治理层面的内部分化。

笔者通过考察江汉平原 B 村的治理形态发现，传统治理主体常有缺位或功能不完备的情况，而在农民群体内部已然分化出介乎"精英—农民"之间的新型治理主体——嘹亮人。他们在传统村庄治理的多个领域发挥重要作用，有着丰富的治理行为，是基层治理中的重要补给。在现代化日益加深、社会越发呈分散样态的当下，研究传统主体缺位或有限政府情境下，农民治理如何适时补位，其产生条件及如何再造具有现实指导意义。

一 概念与视角

补位治理，是指村庄传统治理主体缺位或功能不完备的情境下，由农民群体中的"嘹亮人"对治理进行补充的一种农民治理形态，具体表现为代理国事、执行公事、主导民事。所谓嘹亮人，是指当地农民出身、善于言说，没有太多的田产房产，但是凭借出众的组织协调与沟通交流能力在底层农民中脱颖而出的能人。他们有两个特征：一是农民出身，身份受普通民众认同；二是能力出众，拥有内生权威，受农民与传统治理主体的双重认可。

谈及传统乡村治理主体，既往研究通常聚焦于三种视角。一是帝国控制视角。该视角从国家层面出发，强调帝国政权或官僚系统的强大性和包揽性，将农民视为缺乏主体性和能动性，需要被支配的相似个体。马克思在《路易·波拿巴的雾月十八日》中把小农比喻成"马铃薯"的精辟论述，抓住了法国小农受支配性的特质与共性，也为我们对中国农村和农民的认识长期沿用。[1] 以马克思为代表的宏大视野关怀下，农业人口特别是小农阶级本身具有分散性、闭塞性、隔绝性和缺乏主动性、组织性的特征。[2] 在东方，需要中央集权的政府进行干预。[3] 魏特夫的"东方专制主义"正是对帝国强制性政权的极致注解。二是乡绅/精英主导视角。该视

---

[1] 参见徐勇《"再识农户"与社会化小农的建构》，《华中师范大学学报》（人文社会科学版）2006 年第 3 期。

[2] 参见何增科《马克思、恩格斯关于农业和农民问题的基本观点述要》，《马克思主义与现实》2005 年第 5 期。

[3] 参见《马克思恩格斯选集》第 1 卷，人民出版社 2012 年版，第 851 页。

角从国家层面有所下沉,从"官治"转向"民治",聚焦于士绅与地方精英,将他们置于"皇权—民众"间的中介地位,打破了单一的帝国政权研究。代表性观点为张仲礼"中华帝国的绅士是一个独特的社会集团。他们具有人们所公认的政治、经济和社会特权以及各种权力,并有着特殊的生活方式。绅士们高踞于无数的平民以及所谓的'贱民'之上,支配着中国民间的社会和经济生活"[1]。此类研究视士绅为基层治理的主导,部分论述出现了农民参与治理的身影,但依然是以被动者的身份来突出"士绅—地方精英"的统治地位。[2] 费孝通同样认为"下层是以士绅阶层作为管事的自治团体"[3],但与前述研究不同的是,他的观点建立在"双轨政治论"而非"乡绅是国家把持乡村之工具"的基础之上。三是宗族支配视角。代表性观点为弗里德曼提出的宗族模式,该模式以"国家—宗族"框架分析乡村结构,将其他因素整合进宗族关系体系中,认为宗族是国家与村庄之间的媒介,在一定程度上将底层的村庄和上层的国家连接起来。[4] 持宗族支配观点的还有瞿同祖,他认为"家族和阶级是中国古代法律的基本精神和主要特征,在法律上占极其突出的地位"[5]。瞿未将宗族作为中介,视"家族是中国古代身份社会和伦理法律的核心与起点"[6]。综上可见,在主流的研究话语体系中,传统主体被设定为全能与时时在场,农民长期处于受众地位。

此后,黄宗智、李怀印等学者转而关注中国农村基层治理的规则,提出"简约治理""实体治理"等概念[7],乡村日常中的微观结构进入研究视野。徐勇认为,学界长期存在两大遮蔽:既有理论遮蔽丰富的事实、上

---

[1] 张仲礼:《中国绅士研究》,上海人民出版社2008年版,第1页。
[2] 比如,费正清、萧公权等的著述案例中有着农民参与治理的案例细节,但都是服务于"士绅家族不断主宰农民""皇帝任命的任何县官只有获得当地士绅的合作才能进行治理""一个乡村的发展,极大程度取决于绅士……绅士是乡村组织基石"的论点。详细参见费正清《美国与中国》、萧公权《中国乡村——19世纪的帝国控制》。
[3] 费孝通:《中国士绅——城乡关系论集》,外语教学与研究出版社2011年版,第97页。
[4] 参见邓大才《超越村庄的四种范式:方法论视角——以施坚雅、弗里德曼、黄宗智、杜赞奇为例》,《社会科学研究》2010年第2期。
[5] 瞿同祖:《中国法律与中国社会》,中华书局1981年版,第326页。
[6] 梁治平:《身份社会与伦理法律》,《读书》1986年第3期。
[7] 参见狄金华、钟涨宝《从主体到规则的转向——中国传统农村的基层治理研究》,《社会学研究》2014年第5期。

层政治遮蔽基层社会。① 依托华中师范大学中国农村研究院的"深度中国调查",一批研究者进一步下沉,着眼于微观的农民自我治理,就传统中国的治水领域提出了"横向治理""自主性治水""有—用分置"等概念②,就协商领域提出了"授权式协商""可协商性规则"等概念③。以上研究聚焦丰富的农民行为,挖掘基层小型治理,程度不一地有了农民主体性视角,但目前主要是针对某个领域的农民自我治理:一方面没有就某个村落的不同治理领域探讨传统主体与农民的治理互动,特别是没有探讨传统主体缺位或功能不完备的情境;另一方面没有注意到农民在治理层面出现的内部分化。这就为本文提供了空间。

本文将基于主体性视角,以江汉平原某分散型村庄④"嚓亮人"为个案,研究传统主体缺位或功能不完备情境下,农民出身的"嚓亮人"如何进行补位治理,具体从村落国事、公事、民事三个情境展开。由此进一步研究补位治理的产生(治理特点、权威来源、社会基础)及再造,为当下社会结构分散、治理主体欠缺的乡村提供一定借鉴。

二 "嚓亮人"的补位治理:一种被遮蔽的农民治理实践

B村地处江汉平原汈汊湖区,因地势低洼而饱受水患。在这种人与自然的环境中,村落一带形成了"稻渔共作"的传统。村民农忙时种植水稻,农闲时捕鱼摸虾。不少家庭为了维持生计,白天种稻,晚上捕鱼⑤。亦稻亦渔的底色让此地农民不必完全依附于土地,农渔皆可的谋生方式使

---

① 参见徐勇《从中国事实看"东方专制论"的限度——兼对马克思恩格斯有关东方政治论断的辨析与补充》,《政治学研究》2017年第4期。

② 参见《学习与探索》2017年11期"政治发展栏目"系列文章。

③ 参见李华胤就鄂西余家桥调查发表的两篇文章《授权式协商:传统乡村矛盾纠纷的治理逻辑及当代价值》,载《民俗研究》2020年第2期;《可协商性规则:传统村落"田间过水"的秩序基础及当代价值》,载《社会科学研究》2019年第4期。

④ 徐勇、贺雪峰等学者就中国乡村的区域和类型划分发表过理论文章,参见徐勇《"分"与"合":质性研究视角下农村区域性村庄分类》,载《山东社会科学》2016第7期;贺雪峰《论中国农村的区域差异——村庄社会结构的视角》,载《开放时代》2012第10期。本文参照贺雪峰的提法,将个案村庄划为分散型村庄。

⑤ 捕鱼在当地被称为"讨夜事",意为夜晚才做的事情。

村落内部呈松散的经济联结，衍生出众多独立而活泛的自耕农，是典型的中部地区分散型村庄。

民国时期，B 村被划分为七保、八保，分别受隔镇联保和神灵联保管辖。七保为上刘台、王家台、马家台等五个甲；八保为肖家台、徐家台两个甲。民国三年半（1914 年），倡修永丰垸。从此 7 个自然湾①共用 1 个围垸②。B 村在地理位置上靠近集镇，距离集镇中心只有两里路。传统时期，街上有鱼行、米行、榨房、菜市、铁木社、酒馆、茶馆等店铺。农民卖鱼、买米、榨油、请匠人、请吃酒都可以上街。因此 B 村历史上就与市场联结紧密。无论是地租、完粮、日常交易，均可以采用货币形式。在这里，货币流通率高，市场交易频繁，农民具有良好的风险意识与理性判断。

（一）缺位乏力的传统治理主体

B 村治理层面的事务分为国事、公事、民事三类，传统治理主体以国家、精英为代表。

所谓国事，是对传统时期受到国家政权介入的乡村事务的概括，主要有拉丁、完粮、摊派。在这一情境中，保长由望族高氏中随母嫁入而改姓的"外人"高临山担任。高氏不愿为这个应付政府推出去的保长撑腰，因此保长缺乏势力。B 村甲长则实行"轮充"，每个自然湾为一甲，甲长由居住在湾内的户主们轮流担任。甲长不拥有任何国家权力，没有相应的酬劳，同时还要面临完不成任务挨打、受抢的风险③。可见在国事情境中，国家有权无势，汲取资源有难度，精英有势无心，不干预国家事务。

所谓公事，是对传统时期涉及村落公共利益的乡村事务的概括，例如兴修水利、修路、修桥、挖渠等。在这一情境中，国家则秉持"无为而治"的一贯传统，回避乡村公事。老牌精英为代表的"先生派"和"头人"则积极参与，牵头谋划，因为他们田亩众多，公事与精英的利益高度相关。但公事往往工程浩大，需要大量劳力，在很多环节要直接与民接触。这是传统精英们难于执行的，无论碍于身份还是限于精力。可见在公

---

① 当地方言，意指自然村。
② 所谓围垸，是湖南、湖北一带特有的防水型堤坝，亦可称为"垸圩""堤圩""垸子"。
③ 据 B 村老人讲述，农民们当甲长会面临收不到钱反被下来检查的镇丁抢夺物资钱财的情况。

事情境中，国家回避，只汲取不服务，精英重视，有心但乏力。

所谓民事，是与公事相对的，传统时期涉及农民个人利益的家户事务，如矛盾纠纷等。在这一情境中，无论是国家还是精英，对于农民家户事务都采取置之不理的态度，村落中的民事治理缺乏主体。究其原因，国家虚有政治权威，无力治理，精英独享经济/文化权威，无意治理。

综上可见，B村传统治理主体在三类事务中时常处于缺位或功能不完备的情境，并不如既往研究的那样全能及时时在场。在复杂又具体的村落治理场域，农民出身、能力出众的"嘹亮人"由此脱颖而出，形成补位治理。

（二）国事"代理人"

在国事情境下，作为国家权力代表的B村保甲长不掌握实权，资源汲取能力较弱；作为B村传统精英代表的"先生派"和"头人"对国家事务避之不及，纷纷远离。这为嘹亮人留下了行动余地。他们通过提供丁役信息、协助收取派款、向上汇报情况三种途径，实现了代理人的功能。

1. 提供丁役消息

拉丁是七保[①]保长的分内事之一。但随着丁役的加重，难度随之上升。尽管保长可以带着保丁抓人，但抓丁的效率极低。这让保长和农民都为之痛苦。有农民偷偷找保长商量买丁，保长为了完成任务免于问责，对买丁事宜也越发认同。但"做驼子"[②]并不是一件易事，找到合适的替补人员需要较强的信息收集、联络互动能力。而活泛的嘹亮人让能力不足的保长颇为依赖，以至于牵线成功会给其一些钱银。钱银的发放激励了嘹亮人更积极地搜罗丁役信息。此后保长只要"做驼子"就向嘹亮人放放风声，农民若有买卖需求直接与其说即可。

2. 协助派款任务

随着国家资源汲取的逐步加深，逃跑成为农民应对的常态。但嘹亮人担任甲长时，通常能留住逃跑农民，并收到月费。保长和一些农民渐渐地观察到这个现象。每逢收月费的日子，一些轮充到甲长的农民就会去请嘹

[①] 传统时期，B村被第七保、第八保分开管辖。第七保由五个自然村落组成，人口众多，保长为盂兰堤的高临山。第八保则由三个村落组成，人口较少，保长是居住在府河对岸的下田村人。B村更多地受到第七保的影响。

[②] 当地方言，意指当中间人牵线。

亮人帮忙劝说，专门去村落内逃跑快的农户家收取月费。保长和镇丁有时抓不到逃月费的农民，也会找湾里的嘹亮人让其传话。

3. 向上汇报情况

农民轮充甲长时，常面临问责风险，但若懂得向上沟通，有时可以免于问责。这种特殊情况表现有二：一是田地受淹，二是家有重疾。此时农人会请嘹亮人帮忙向上汇报、阐述缘由，或者在上面来人时帮着宽限时日。

（二）公事"执行人"

如前文所述，在公事情境中，国家回避、精英乏力，这让善于组织和协调的嘹亮人通过执行统计、组织、协调、监督等具体工作，成为传统精英谋划公共事务时的执行补充。

1. 统计田亩

嘹亮人较之精英能更好更快地完成统计。一方面，乐于与农民交往。同为底层，他们非常习惯于和普通农民打交道，不会如精英一般有身份地位上的顾虑。另一方面，熟悉农民情况。这意味着能够在最短时间内搜集到田亩的有效数据。

2. 组织修堤

大型围垸的修建需要提前"挖仓"蓄土。围垸建设以仓为基本单位，采用仓长负责制的办法进行施工。农人通常都推选湾子内能说会道的嘹亮人当仓长。一个仓长要负责整个湾子人所涉及的工程，管几个仓的挑土。精英会制作"工单"分发给各个仓长。仓长们了解工单安排后，根据工单上各家的挑土量对农民进行排班并通知户主，以此有序地组织本湾农民修建围垸。

3. 协调堤工

嘹亮人担任仓长期间，在发挥组织功能的同时还发挥着协调的作用。受劳动力、家庭田亩数等因素的影响，村内农人的出工情况分成了自家出工、购买堤工两种情况。农人自行买工随意性大，有时还存在着耽误工期的风险。因此买工事宜便由仓长统一处理、协调。凡是需要购买堤工的家庭可通过仓长安排，向他人买工。

仓长协调堤工时，有买工需求的人首先向仓长报备，然后由仓长在湾内询问和挑选。仓长征询的对象有二：一是家庭劳动力旺盛的农户，二是家中地亩较少能够很快完成自家工挑的农户。要是湾里没有合适的人选，仓长与仓长之间也会互通有无。工钱的交付必须通过仓长，即买工人要将工挑费用一次性支付给仓长，然后由仓长代为找人和付款。做工的人也只有完成工挑后，才能从仓长那里领到工钱。在这一阶段，嘹亮人作为围垸修建的协调者，有效解决了建设中的劳动力不均衡问题，平衡了村落内的劳力。

4. 监督农民

对于一项自发形成的公共事务来说，在没有保障机制的情况下，很容易造成"搭便车"现象。此现象一出，修堤农民持续上工的动力有所削减。鉴于此，堤委会的精英们经过商讨，一致决定建立监督惩处机制，即规定仓长进行监督，并有向偷懒人罚钱的权力。规定实施后，仓长作为监督人需要天天在管辖的仓位上巡视，看农人在挑土时是否有缺斤少两的偷懒行为。若有人因偷工减料少出工，仓长有权让其出钱代工，工钱按照买工时的堤工价格算。农民权衡利弊后，偷懒行为大幅减少，"搭便车"现象得到遏制，围垸修建步入快车道。

（三）民事"填空人"

在民事情境中，保甲长因为没有权势而无力治理，传统精英因为嫌麻烦无意治理。而作为村落能人的"嘹亮人"从身份到能力都受到底层农民的认可，拥有天然的内生权威。如此便成了最佳的填空者，顶替其他两种治理主体主导村落民事。

1. 带领谋生计

（1）外出渔

B村一带可以打鱼的场所颇多，但鱼量集中又丰富的数魏家村旁的魏家河[①]。每逢开河时节，农人纷纷前往魏家河打鱼。在人多又无序的情况下，魏家河的人很难最大限度地收到"船只费"，渔民们也常常产生矛盾纠纷，面临打不到鱼的风险。此时嘹亮人的组织功能便得以体现。一方面，组织交船费。开河前，被定为"头头"的嘹亮人与渔民提前商量当年船只费的心理价位，然后各湾子的头头会再私下商量一个价格。当魏家

---

① 魏家村是魏姓家族聚居的宗族村落，距离B村大约有十里水路。靠着魏家村的府河河段被魏氏族人占有，民间称为"魏家河"，河段长度在五里左右。魏氏族人世代占河段为己有，因为此段河床上有大大小小的坑，可以形成大小不一的潭，当地人称为"槽子"。槽子可聚集鱼群。拥有大量的槽子就意味着占有了大量的渔利。魏氏族人看准形势，早早地圈河囤鱼，让魏家河形成"抢渔"氛围，借此收取"船只费"。

村的发财①喊头头过去开会时，头头们就会以商量好的价格跟发财讨价还价，最终定下双方都满意的价格。价格确定后，嘹亮人就回到村里按船收钱，开河要去打鱼的农民需提前交费。到了开河当天，嘹亮人领着湾里的农民集中到入河口交钱清点人数。另一方面，组织捕鱼。入河后，头头和湾内的农民要一起"试槽子"②，捕鱼结束后，再喊着湾里人一起划船走。若河边上的鱼行人员开的价格理想，农民就当场卖给鱼行。有了嘹亮人的组织带领后，湾里农民的打鱼环境得到了改善，捕鱼成功率也随之提高。

(2) 集体敬香

传统时期，B村所在镇有圆通寺、观音庵、青莲寺、东岳庙、四官殿五座寺庙。平日寺庙香火旺盛，前去敬香的以家中女性居多，男性只在特殊日子才到庙里敬香。寺庙的管理相对简单，通常都是一个管事的和尚和几个做事的小和尚。庵堂和寺庙的组织架构一样，不过都是尼姑。每逢本寺庙的菩萨"作生"③，和尚和尼姑都会下到各个自然湾发香帖。但是过去湾子颇多，发帖的人员又少，和尚和尼姑们会发给几个湾里熟识的香客。香客虽能发传单，但只停留在分发帖子阶段，无法为寺庙聚集更多的人气。为了在菩萨"作生"时吸引更多的香客，镇上的寺庙便效仿木兰山木兰庙的做法，即敬香的香客若以自然湾为单位一起来，寺庙就提供一顿斋饭招待，并且可以将吃剩的斋饭带走。

这一做法的提出迎合了农民的生存需求，让平日里不常去寺庙的农民纷纷有了前往寺庙的动力。在香客没有能力组织的情况下，湾里的嘹亮人自然又成了那个领头人。到了菩萨"作生"时，湾里的农人就跟着嘹亮人前往寺庙，以湾为单位围桌而坐。好多乡里的农人因为斋饭好吃，甚至把家里的小孩都带上一同敬香。集体组织吃斋饭成了湾里农人"吃上好饭"的途径，湾里人集体敬香的次数便也增多。特别是过年期间，嘹亮人还会组织农民到汉阳木兰庙敬香诵经，一去就是两三天。由于前往木兰庙路途遥远，前往敬香的甚至都是家中男性（B村女性在传统时期不被允许出远门）。几天过后，吃过斋饭的男性带着赠礼返乡。集体外出敬香慢慢便成了农民谋求生存的好选择，嘹亮人则是他们的最佳领队。

---

① 当地方言，意指家族中的话事人。
② 当地方言，详见前文"魏家村"注释。
③ 当地方言，意指菩萨生日或与菩萨相关的节日。

2. 处理家户事

（1）土地买卖当"中人"

B村一带的土地买卖都需要"中人"。"中人"作为凭证人，对买卖双方的交易进行第三方见证。请"中人"可以由买主请，也可以由卖主请，但中人必须是交易双方相熟且信任的人。中人人数不等，一至二人较为常见。请中人无须送礼或程序，只要买卖双方中的一人上门说一说，中人答应即可。事成之后，再请中人喝酒。按照惯习，中人在土地交易时的职责有三：一是议定价格，二是敲定地价，三是写"约据"。中人最重要的特质是要公正，约据上需写明中人姓名，他日双方若有反悔或矛盾，就找中人主持公道。嘹亮人通常是中人的不二人选。

（2）打官司"代讲"

曾经的B村正如费孝通所言有着乡土社会无讼的传统，不过还是会有农民与人对簿公堂。传统时期，打官司可以由自己为自己辩护，也可以请他人"代讲"。有文化的人打官司会亲自上阵，比如孟兰堤的高大钧。他能够亲自讲不仅是因为文化高，更因为其有官职在身。农民要么"把大钱"[①]请先生写状子和代讲，要么就请嘹亮人帮忙。后者虽然不认字，但是他们善于言说、思维敏捷，口才不输先生。最重要的是请他们帮忙的成本低，事成后请顿酒和饭即可。有些关系熟络的甚至不收礼，农民都记他们的恩。可见，代讲中显示的能力和德行很容易让嘹亮人在农民群体中树立权威。

3. 牵头办活动

过去，能够组织各类文化活动的自然村会被认为团结和有实力。如果不办文化活动就会被其他湾子的人看不起，不仅湾子的威望会受影响，湾里青年男女婚嫁时也会被看低。对于重视脸面的农民而言，举办文化活动就是给湾子"撑门面"。在这期间，嘹亮人又发挥了领头作用。

（1）划龙船

参与划龙船的通常是10—15名湾内的青年男性。这些人身体健康、体力过人，其中至少有1人必须是"嘹亮人"。因为划龙船从筹备到下水需要组织人员、协调好多方的关系，不"嘹亮"办不好这些事。

从准备到正式划船，嘹亮人的职责有三：一是打招呼。农民划龙船

[①] 当地方言，意指交不少钱。

之前会规划好路线，提前跟每个路过的湾子打招呼。若不打招呼，一方面会被认为划龙船人不地道，另一方面被划的湾子会觉得对方看不起自己，容易产生矛盾。因此，即使跟某个湾子关系再差，只要途经就必须打招呼。打招呼的方式是由"嘹亮人"找对方湾子里的熟人，让其给湾子里能做主的人"带个话"。二是准备船只。龙船一般是可容纳16人的长型渔船。B村一带的传统是去云梦偷船，因为偷船的耗时短、效率高、成本低。嘹亮人会领着湾里小青年们半夜集体出动，把看好的船推下水后放鞭炮。放鞭炮是偷船的规矩，一来告诉对方自己是划龙船的人，不是小偷，二来告诉对方划完会归还。三是偷盗善后。偷船者在归还船只时，不会直接上门归还，得找熟人攀关系。嘹亮人要给中间人递烟，请其帮忙"说好话"。按照惯习，还船时嘹亮人还要代表湾子向被盗者"还礼"。

（2）请戏子

每逢春节，B村一带都要"请戏子"。所谓"请戏子"就是以自然湾为单位，由湾里农民到武汉请剧团到村里搭台唱戏。这种活动需要整个湾子的人一起出钱，因此若哪个湾子春节能够"请戏子"，就变相地证明湾子里人的经济条件尚可，湾里人能力较佳。

作为代表，嘹亮人在"请戏子"时主要功能有三：一是组织人员将戏子请来。嘹亮人在"请戏子"前会组织湾里的小青年协力办事。他们之间分工合作，有的问询农民，有的当会计管钱，有的负责打听武汉的剧团位置。二是戏子来后负责配合与招待。戏子下门[①]唱戏要农人提前搭台，伙食和住宿也要当地人提供。三是唱完戏后组织开会报账。B村农民请戏子实行"多退少补"的方法。唱完戏后，嘹亮人要喊湾里农民开会，汇报请戏子的具体开支。多余款项退还，超支款项就需要大家补齐。

三 "嘹亮人"补位何以产生：治理特点、权威来源、社会基础

（一）治理特点

综合前文来看，嘹亮人补位治理的特点有三：一是作为传统治理主体

---

① 当地方言，意指下到乡村。

与普通农民的连接点。在具体的民众生活情境中，作为传统治理主体代表的国家与精英并不与民直接互动，他们碍于面子与精力，或是无意或是无力，存在治理缺位和乏力的问题。嘹亮人在村落国家事务和公共事务中如中介一般连接了国家/精英与普通农民，起到了上情下达、下情上传、互通互动的连接点作用。二是行动领域集中在具体的执行环节，沉淀于日常生活。无论是代理国事、执行公事还是填空民事，嘹亮人的补位活动大量出现于村落具体事务的操作执行层面。比如网罗丁役信息但不具有最终决定权，执行围垸建设工作但不参与前期筹划设计，深度介入民事但不涉及政治领域。三是弥散的个体性治理。与乡绅或宗族等传统治理主体不同，嘹亮人不存在群体内部的横向联结，其治理行为更多是一种弱组织化的个体行动。他们的权威分散在农民烦琐细碎的日常生活中，影响未及"板结社会"① 中难于撬动的地方内聚力。

（二）权威来源

相较传统治理主体，"嘹亮人"的权威来源有两个面向。一方面，以能力为导向。不同于国家、乡绅出自政治、经济、文化上的权威，嘹亮人建立权威的要素是其出众的能力。具体包括国事中展现的沟通交往能力、信息搜集能力，公事中展现的执行能力、协调能力，民事中展现的组织力、领导力、互动力。另一方面，受到双重认同。嘹亮人的能力构成了一种内生性权威，受到农民和传统治理主体的认可，成为两者间的重要连接点。除此之外，身份也是嘹亮人取得双重认同的一大优势。他们出身底层，田亩很少，要为生计奔命，并且几乎没有受过什么教育。农民很容易基于对自我身份的认同，进而对与他们具有共同生命状态的嘹亮人产生天然的亲近感和认同感。而对与民存有距离的传统治理主体来说，中间人来自底层内部意味着意志能更好地传达执行，信息能更高效地向上聚拢，治理所需的沟通成本能大为缩减。这种来自传统治理主体的身份认可又会进一步对嘹亮人的权威加持。能力、身份和双重认同构成了嘹亮人治理的权威来源。

（三）社会基础

进一步分析这种农民治理形态的产生，还有两个深层原因。一是社会结构存在缝隙。在古代中国，国家与基层乡村社会是隔离的。自上而下的

---

① 陈军亚：《超越内卷："板结社会"与国家渗透》，《社会科学》2022 年第 4 期。

国家权力没有也不可能全面介入以小农经济为基础的分散性日常社会生活。……士绅家族则以特殊的经济、政治和社会优势充当着沟通上与下、官与民的角色。①"国家—乡绅—民众"是公认的传统乡村治理结构状态。但这一结构并不严丝合缝，在具体村落情境中存有缝隙。一方面是特定时期的缝隙。杜赞奇曾指出，晚清时期的乡村领导受到财政和行政的双重压力……20世纪，随着国家政权的深入所产生的正式和非正式压力是如此繁重，除个别人为捞取油水而追逐职权外，大部分乡村精英都竭力逃避担任乡村公职。② 这就解释了案例中精英与望族躲避公职，推家族里的外人应付，致使保长缺乏势力需要嘹亮人助力的局面。另一方面是具体事务的缝隙。既往研究大多关注国家或精英在公共事务中的领导功能，比如费正清指出"士绅为诸如运河、堤堰、水坝、道路、桥梁、渡船之类的灌溉和交通设施进行筹款和主持修建"③，但他们忽略了众多具体事务的执行操作环节。就案例村庄烦琐的公共事务而言，顺利完成不仅靠精英的前期设计筹谋，更仰赖于嘹亮人有效执行的同步发力。二是分散型村庄生存小农的利益需求。恰亚诺夫认为，小农的偏好、行为是追求生存最大化，全年的劳作乃是在整个家庭为满足其全年家计平衡的需要的驱使下进行的。④ 生存伦理植根于农民社会的经济实践和社会交易之中。⑤ 尽管案例村庄亦稻亦渔的环境给农民提供了多种生存方案，但只是降低了小农基于土地产生的人身依附程度，本质上讲农民依然处于维持温饱的压力之中。数据显示，村庄所在县1951年土改以前，"全县雇农的人均占有耕地面积为0.699亩，贫农人均耕地1.35亩，中农人均耕地2.18亩"⑥。受访老农普遍认为当时的生活"造业"⑦。而嘹亮人为保长、精英等办事时会收获一些钱银和名望；农户与嘹亮人搞好关系能在完粮、轮充甲长、外出谋

---

① 参见徐勇《城乡差别的中国政治》，社会科学文献出版社2019年版，第79页。
② 参见［美］杜赞奇《文化、权力与国家1900—1942年的华北农村》，王福明译，江苏人民出版社2010年版，第180页。
③ ［美］费正清：《美国与中国》，张理京译，世界知识出版社1999年版，第36页。
④ 参见邓大才《社会化小农——动机与行为》，《华中师范大学学报》（人文社会科学版）2006年第3期。
⑤ 参见［美］詹姆斯·斯科特《农民的道义经济学——东南亚的反叛与生存》，程立显等译，译林出版社2013年版，第8页。
⑥ 湖北省汉川县地方志编纂委员会：《汉川县志》，中国城市出版社2010年版，第106页。
⑦ 当地方言，意指艰难凄惨。

生、土地买卖、矛盾调解等方面获得额外支持，本质是以生存为核心的间接收益。

四 小结与启示

作为传统时期农民治理的一种形态，"嘹亮人"补位治理形成于分散社会结构中的缝隙，以生存为核心的利益动机和因能力与身份受到的双重认可中。他们是传统治理主体缺位或功能不完备时的替代和补充，能深度融入农民日常生活的方方面面，是"传统治理主体—民众"两级之间的重要连接点。研究如何再造此类人群对打通治理"最后一米"、提升基层治理能力、实现治理有效具有现实意义。

当下的中国乡村治理从传统情境转入了现代化背景，但同样面临着社会结构分散、治理主体缺乏的困境。对此，国家设计了重塑乡贤文化、网格化治理等措施加以应对，但都存在一定问题。较之传统乡贤，新时代的乡贤虽门槛降低，但在具体的治理实践中依然以引领作用为主，当进入实操环节后，普通农民中仍缺乏贯彻执行、再组织化的人员。又如网格化与社会活力间的张力，网格管理面临形式化和官僚化的挑战，网格员只有来自政府单方面的认同等。有学者指出"中坚农民"[1]是乡村基层治理的新生力量，还有学者进一步提出要培育和发展"治理型中坚农民"[2]。此类研究均注意到了普通农民在治理层面的内部分化，后者作为新时期乡村的内生性主体，对传统时期的"嘹亮人"形成了一定参照。本文在此基础上认为，再造连接点群体来补位治理：一是要搭建合适的治理平台，范围可从政治和经济领域扩展至社会文化、日常生活，为农民展示能力创造条件；二是及时吸纳能力型农民，培育其成为具体事务中的执行抓手，辅助其形成合适单元的横向联结，发展村庄公共性；三是建立此类群体的参与、激励与监督机制。

---

[1] 贺雪峰：《论中坚农民》，《南京农业大学学报》（社会科学版）2015年第4期。
[2] 李华胤：《治理型中坚农民：乡村治理有效的内生性主体及作用机制》，《理论与改革》2021年第4期。

Complementary governance: a form of decentralized village peasant governance in the traditional period
——Based on the "loud people" in village B of the Jianghan Plain

Deng Jiao

(Institute of China Rural Studies, Central China Normal University, Wuhan, Hubei, 430079)

Abstract: As a form of decentralized village farmers' governance, complementary governance discusses how capable farmers can maintain village governance order in the absence of traditional governance subjects. This form is formed in the gaps in the decentralized social structure, the interest motive of farmers with survival, and the dual recognition of "loud people" due to their ability and identity, and has the characteristics of junction, routine, and individualization. The study of this form has certain enlightenment for the current rural areas with scattered structure and lack of governance subjects.

Key Words: Traditional period; Decentralized village; Peasant governance; Capable farmers

书　评

◆ 田野政治学：中国农村基层政治研究的新学科范式——读徐勇教授的《田野政治学的构建》

徐勇教授的《田野政治学的构建》开启了中国农村基层政治研究的新学科范式——田野政治学。该著作从整体上科学回答了"为什么要构建田野政治学""构建什么样的田野政治学""如何构建田野政治学"三个重大问题。该著作具有中国化的研究立场、精准化的研究指向、现场化的研究方法、合理化的构建路径、学术化的资源积淀等整体特点。

田野政治学：中国农村基层政治研究的新学科范式[*]

——读徐勇教授的《田野政治学的构建》

李全喜

（北京邮电大学　马克思主义学院　北京　100876）

内容提要：徐勇教授的《田野政治学的构建》开启了中国农村基层政治研究的新学科范式——田野政治学。该著作从整体上科学回答了"为什么要构建田野政治学""构建什么样的田野政治学""如何构建田野政治学"三个重大问题。该著作具有中国化的研究立场、精准化的研究指向、现场化的研究方法、合理化的构建路径、学术化的资源积淀等整体特点。

关键词：田野政治学；中国特色政治学；农村基层政治；学科范式

任何重大现实问题都蕴含着重大理论问题，任何重大理论都是对重大现实问题的反映。中国是一个农民大国，农村基层政治作为社会发展中的重大现实问题有着突出的政治意义。因此，学界一直以来都非常重视从政治学角度解读和研究农村基层政治问题。在对农村基层政治进行政治学研究的众多研究成果中，徐勇教授的《田野政治学的构建》（中国社会科学出版社 2021 年 9 月出版）可谓独树一帜，开启了一种崭新的研究农村基层政治的学科范式——田野政治学。徐勇教授的《田野政治学的构建》从认识论角度科学回答了"为什么要构建田野政治学"，从本体论角度回答了"到底要构建什么样的田野政治学"，从实践论角度回答了"如何构

---

[*] 作者简介：李全喜，河南新乡人，哲学博士，北京邮电大学马克思主义学院教授，硕士生导师，主要从事马克思主义与当代社会发展研究。

建田野政治学"这三个重大问题，形成了人们对田野政治学的整体性认知。通读之后，可以深深体悟到徐勇教授《田野政治学的构建》有5个显著特点，即中国化的研究立场、精准化的研究指向、现场化的研究方法、合理化的构建路径、学术化的资源积淀。具体体悟如下。

一 中国化的研究立场：政治学中国化与中国化政治学

在哲学社会科学研究过程中，学者的学术立场深刻影响着学者观点的呈现内容与呈现方式。长期以来，从政治学视角对农村基层政治的研究过程中，有两个问题一直都是学界关注的重要问题，其一是如何对包含重大政治意义的农村基层政治进行政治学学理性的阐释，其二是如何用能够充分体现中国特色、中国风格、中国气派的中国特色政治学话语进行学理性的阐释。徐勇教授的《田野政治学的构建》在论述构建田野政治学的深层缘由时，也提到了这两个问题，他将其概括为"政治问题的学术表达"与"政治问题的中国表达"[①] 两方面。对这两个问题的回答体现了徐勇教授构建田野政治学的初衷，彰显了徐勇教授构建田野政治学的立场。徐勇教授的田野政治学强调"以政治理论为拓展"[②]。这意味着对农村基层政治问题的研究，应该从专业的政治学理念出发，能够运用政治学的话语体系对农村基层政治问题进行学术表达。同时徐勇教授的《田野政治学的构建》强调以著书立说为目标[③]。也就是说，研究中国农村基层政治问题不能盲目套用西方的政治学理论，要勇于建构具有中国特色、中国风格、中国气派的中国农村基层政治的政治学话语体系，切实提升中国农村基层政治的政治学话语权。学界一般认为"政治学"这一学科源自西方，早在古希腊亚里士多德的时代就已经有政治学的雏形，之后随着资本主义的兴起，政治学也得到长足的发展。我国政治学起步较晚，改革开放之后随着中国特色社会主义制度的建立，政治学才迎来发展的春天。受西方政治

[①] 徐勇：《政治学中国化与中国化政治学提出的大课题——为何要构建田野政治学》，《北京日报》2021年11月15日第15版。
[②] 徐勇：《田野政治学的构建》，中国社会科学出版社2021年版，第233页。
[③] 参见徐勇《田野政治学的构建》，中国社会科学出版社2021年版，第254页。

学的影响，一些学者在研究农村基层政治的过程中"言必称西方"，容易将西方的政治学理论套用于中国农村基层政治的研究上，进而对中国农村基层政治进行西方政治学的话语解读，在此基础上提出的农村基层政治解决路径往往带有西方的话语色彩。长期坚持这一分析路径不仅不利于中国农民问题的解决，也不利于对中国农村基层政治本土化政治学解读的理论自信。党的十八大以来，新时代中国特色社会主义建设取得显著成就，中国农村基层政治呈现出新时代的重要特征，这在客观上呼吁构建新时代中国农村基层政治的哲学社会科学话语体系。这其中如何构建具有中国特色、中国风格、中国气派的中国农村基层政治的政治学话语就成为政治学学界思考的重大时代课题。徐勇教授的《田野政治学的构建》毫无疑问在这方面进行了积极探索，为新时代中国农村基层政治的解决提供了一种新的理论范式。徐勇教授的《田野政治学构建》立足马克思主义政治学的基本原理、基本方法和基本立场，结合中国农民问题的现实逻辑，尝试从中国之治讲出中国之理，充分彰显出中国特色政治学的世界意义，为世界政治学发展贡献出中国智慧。因此，徐勇教授的《田野政治学的构建》的中国化的构建立场非常清晰，始终站在"政治学中国化"与"中国化政治学"[①]立场上，力求用中国特色政治学话语讲好中国农村基层政治故事。

二　精准化的研究指向：田野政治现象表征与本质规律

众所周知，不管任何学科，如果没有明确的研究对象，无论如何是不能被称为一个学科的。因此构建一个新的学科首先要明确该学科的研究对象，即要明确指出该学科的问题指向。徐勇教授尝试构建的田野政治学也不例外，也需要有明确的研究对象，才能立稳学科构建的逻辑支点。在笔者看来，徐勇教授在《田野政治学的构建》中明确指出了田野政治学的研究对象，精准化指出了田野政治学的问题指向。徐勇教授认为田野政治学是政治学理论中国化和中国化政治学理论的具体体现。田野政治学的研

---

① 徐勇：《政治学中国化与中国化政治学提出的大课题——为何要构建田野政治学》，《北京日报》2021年11月15日第15版。

究对象是田野政治,也就是农村基层政治。田野政治学所要研究的是农村基层政治中的政治现象与政治规律。需要特别指出的是,徐勇教授对"田野政治"的内涵进行了深入阐释。在徐勇教授看来,田野的内涵有狭义和广义之分,狭义上的田野是指农村,特别是指生活在农村的农民;而广义上的田野则是包括农村在内的,城市社区、基础官员和政府等都属于田野的范畴①。徐勇教授在《田野政治学的构建》中用的是广义上的田野概念,从而实现了田野政治的研究从传统的农村基层政治研究转向了真正的广阔的田野,真正的平民的田野,广大农民所感受的田野。同时,在徐勇教授看来,田野也是一种方法,这是一种关注整体性基础上侧重局部性的研究,是一种关注必然性基础上侧重偶然性的研究,是一种关注确定性基础上侧重随机性的研究,是一种关注线性基础上侧重非线性的研究。自改革开放以来特别是进入新时代以来,农村基层政治发展呈现出前所未有的新环境,农民对美好政治生活的诉求日益强烈。在此背景下,全面概述农村基层政治的问题现状,深入凝练农村基层政治的问题表征,理性思考农村基层政治的本质规律便成为田野政治学构建的现实指向。

三 现场化的研究方法:事实经验与经验事实的融合

在学术研究过程中,研究方法是连接研究主体与研究客体的中介。而在学科构建过程中,选择恰当精准、稳定有效的研究方法是推动学科构建的重要支撑。徐勇教授在构建田野政治学的过程中,除了运用哲学社会科学常规性的研究方法之外,特别提到了田野政治学独特的研究方法——现场化的研究方法。徐勇教授认为田野政治学属于实证政治学的范畴,强调理论来源经验事实,而不是让事实经验与先在的理论接轨。但田野政治学比实证政治学的范围又小一些,特别强调个人的实地调查经验②。这就是说,徐勇教授所要构建的田野政治学,其研究过程中运用的最具独特魅力的研究方法实际是一种从实地、实际、实践、实验中获取材料、灵感的方

---

① 参见徐勇《田野政治学的构建》,中国社会科学出版社 2021 年版,第 7—8 页。
② 参见徐勇《政治学中国化与中国化政治学提出的大课题——为何要构建田野政治学》,《北京日报》2021 年 11 月 15 日第 15 版。

法，是一种将农村基层政治实践事实经验与农村基层政治治理的经验事实相结合的研究方法。在笔者看来，这种研究方法具有几个显著的特点：其一，该研究方法的选用需要具备坚实的政治学理论基础。也就是说，秉持这种研究方法的学者往往已经接受过严格的政治学理论训练，具有一定的政治学理论思维。在面对农村基层政治问题时，能够将大脑中已有的政治学理论运用于现实的农村基层政治分析，进而建构起强烈的农村基层政治问题意识。其二，该研究方法更加强调以实证思维为原则[1]，关切田野调查的现场感受，更加突出农村基层政治调研中的实证体验。按照马克思主义认识论的观点，理论认识的形成遵循"实践—认识—再实践—再认识"的基本原则。这就是说，实践是先于理论而存在，实践是理论形成的起点，理论是对实践的理性认识。徐勇教授的田野调查方法充分彰显了马克思主义认识论的基本原则，在构建田野政治学的过程中，他认为不能轻视理论，但绝不能从先验的理论出发裁剪实际生活，而时刻都需要事实先于价值的基本原则。其三，该研究方法彰显的是自下而上的、规范化的田野调查自觉。徐勇教授的田野调查方法不仅体现的是一种基于承担项目的田野调查与基于跟踪观察的田野调查，而且是一种基于历史使命的田野调查和基于历史比较的调查翻译。整个田野调查贴近农村社会实际、贴近农民生活实际，通过在农村的田野调查，形成自下而上的学术自觉思路。

四 合理化的构建路径：田野属性与政治学属性的融通

一个学科的构建除了需要具备明确的研究对象和恰当的研究方法之外，还需要从学理上讲清楚学科构建的实践路径，即需要从实践论角度回答清楚在具体实践中应该怎样构建学科。读完徐勇教授的《田野政治学的构建》，可以清楚看出徐勇教授构建田野政治学的实践路径，同时从其构建学科的实践路径中体会其构建田野政治学的内在逻辑。第一，徐勇教授指出了田野政治学是"以制度与人为进路"[2]。徐勇教授认为田野政治学是从政治学视角研究农村与农民，其起点和进路是制度变迁，关切的是

---

[1] 参见徐勇《田野政治学的构建》，中国社会科学出版社 2021 年版，第 86 页。
[2] 徐勇：《田野政治学的构建》，中国社会科学出版社 2021 年版，第 44 页。

农村基层政治制度的变迁,在这个过程中,始终将人的生存发展作为研究的基点。这使得田野政治学不同于以往政治学的研究路径。第二,徐勇教授指出了田野政治学是"以农民特性为视角"[1]。在徐勇教授看来,田野政治学关注的是三农问题,首先需要做到的是对农民特性的理性认识。因此田野政治学拥有以农民特性为视角的独特研究起点。徐勇教授通过对传统社会农民政治特性的二重性分析的基础上,对"农民创造性""农民理性""小农韧性""农民性"等农民群体的特性进行深入阐释,这成为田野政治学构建的重要前提。第三,徐勇教授指出了田野政治学是"以家户制度为钥匙"[2]。徐勇教授认为"家户制"是田野政治学的创新型概念,通过对家户制度的分析,可以深度理解农民,理解中国农村社会,进而理解中国的国家特性与进程。第四,徐勇教授指出了田野政治学是"以村庄类型为切口"[3]。徐勇教授认为村庄是田野政治学研究绕不过去的对象,以村庄为单位进行深度研究,有助于深层次地"解剖麻雀",进而能够对村庄的内在结构与运行机制进行深度认识。第五,徐勇教授认为田野政治学是"以国家形态为关联"[4]。在徐勇教授看来,田野政治学的创新性之一体现在将国家带入农民研究领域,进而发现农民的国家化进程。因此,研究农村基层政治尽管是一种自下而上的田野研究,但绝不是说农村基层政治的田野研究可以脱离国家政权与国家制度而存在。第六,徐勇教授指出田野政治学是"以概念建构为标识"[5]。概念是描述事物本质属性的思维方式,一个学科的构建最基本的标识就是能够提出该学科抽象化的学术概念。徐勇教授在《田野政治学的构建》中提出了诸如"社会化小农""农民理性的扩张""祖赋人权""家户制""东方自由主义""韧性小农""关系叠加"等原创性概念。

五 学术化的资源积淀:接续深耕与团队攻关的结晶

任何学科的构建都有其客观的纵向发展的历史逻辑。这里提到学科发

---

[1] 徐勇:《田野政治学的构建》,中国社会科学出版社2021年版,第125页。
[2] 徐勇:《田野政治学的构建》,中国社会科学出版社2021年版,第251页。
[3] 徐勇:《田野政治学的构建》,中国社会科学出版社2021年版,第173页。
[4] 徐勇:《田野政治学的构建》,中国社会科学出版社2021年版,第199页。
[5] 徐勇:《田野政治学的构建》,中国社会科学出版社2021年版,第275页。

展的历史逻辑，实际上包含了学科构建中三个重要的内在要素。其一，学科的形成是一个持续深耕的历史过程。读完徐勇教授的《田野政治学的构建》，可以深深感到华中师范大学在研究农村基层政治方面具有接续深耕、代际传承的优良传统。从张厚安教授的领域开拓到徐勇教授的大成贡献，再到青年后辈的持续接力，可以说从改革开放至今，华中师范大学农村基层政治的研究已经走过将近半个世纪的探索历程，形成了在农村基层政治研究领域具有重要影响地位的田野学派。其二，学科的形成是一个学术资源不断积淀的过程。学科之所以能够成为学科首先是因为学科有着明确的研究对象。也就是说，学科的建构需要对研究对象进行理性的学术反思。这样一个学术反思的过程实际上体现的是学者自己的学术研究实践。通读徐勇教授的《田野政治学的构建》，可以清楚意识到这样一个现象：徐勇教授谈到的每一个观点都有扎实理论成果作为支撑，可以说这部专著是其本人及整个团队精品学术成果的聚焦再现。正是因为徐勇教授及其团队的接续深耕与通力合作，才有着对农村基层政治问题的深度认知，才能激发其敏锐的学科洞察力，进而提出构建田野政治学的学科使命。其三，学科的形成是一个不断地进行教书育才的过程。学科的构建从教育机制上讲，如果缺失了教书育才的价值判断，在一定程度上讲，也就失去了存在的合理性。徐勇教授的《田野政治学的构建》明确提出了"田野教学"[①]的特色教书育才方法。该教学方法将校园与田野结合起来，在田野调查中实现教学相长，从而使得田野政治学能够得到不断传承。

综上所述，徐勇教授的《田野政治学的构建》中论述了构建田野政治学的宏大背景，解析了构建田野政治学的应然体系，指出了田野政治学的构建路径。徐勇教授的《田野政治学的构建》为新时代研究农村基层政治问题开启了新的研究视角，有助于激发学界对农村基层政治的研究兴趣，有助于打开学界农村基层政治的研究思维，有助于拓宽学界农村基层政治的研究视野，有助于提升学界农村基层政治的研究境界，是当前农村基层政治问题研究成果中具有重要影响地位的精品力作。

---

① 徐勇：《田野政治学的构建》，中国社会科学出版社2021年版，第206页。

Field Politics: the New Disciplinary Paradigm for studying Grass-Roots Politics in Rural China
——reading on *the Construction of Field Politics* of Professor XU Yong

Li Quan xi

(School of Marxism, Beijing University of Posts and Telecommunications, Beijing, 100876)

Abstract: The new disciplinary paradigm for studying the grass-roots politics in rural China named field politics is put forward in *the construction of field politics* of Professor XU Yong. The book answers the three important questions scientifically about "Why we should construct field politics", "What kind of field politics we should construct" and "How we should construct field politics". This book has some integral characteristics, such as the Chinese research standpoint, the precise research direction, the on-the-spot research method, the reasonable construction path and the academic resources accumulation.

Key Words: field politics; politics with Chinese characteristics; rural grass-roots politics; subject paradigm